高等学校
工程管理专业应用型本科规划教材

Real Estate Laws and Regulations

房地产法规

（第二版）

李 岫 朱 珊 主 编
杨奎臣 侯国跃 副主编
朱宏亮 主 审

人民交通出版社股份有限公司
China Communications Press Co.,Ltd.

内容提要

本书为高等学校土建学科工程管理专业应用型本科规划教材。

本书根据我国最新房地产法律法规和相关资料及编者的教学和实际工作经验，以房地产理论为基础，突出房地产法规的实用性、应用性及可操作性。本书从房地产法规导论、房地产相关的物权法律制度、建筑法律制度、土地管理及房地产开发用地、城市房屋拆迁法律制度、房地产开发、房地产交易、房地产权属登记、房地产中介服务管理、物业管理、房地产税费法律制度及房地产纠纷处理等方面对我国房地产法律法规进行了阐述，并对我国房地产法律法规的健全和完善进行了探讨。

本书可作为高等学校工程管理、房地产经营与管理、土地资源管理、物业管理、工程造价及法学专业的教材，同时可用于相关专业的成人继续教育教材，亦可作为房地产行业相关从业人员的学习参考用书和培训教材。

第二版前言

房地产业是我国新的发展阶段的一个重要支柱产业，房地产业持续稳定健康的发展，有利于保持整个国民经济平稳较快增长，有利于满足广大人民群众的基本住房消费需求，有利于实现全面建设和谐社会的目标。随着我国房地产业近几年来的快速发展和宏观调控，房地产市场和房地产企业的主观和客观环境已逐渐趋于完善，加上资本市场的日益复苏，金融市场的开放，国家继续加大对中小户型、中低价位商品房、经济适用房和廉租房的土地供应，我国的房地产业和房地产业市场已进入了良性发展的轨道，房地产开发产品质量管理越来越受到重视，房地产企业优胜劣汰过程也将提速，尤其是随着《中华人民共和国物权法》的颁布实施，标志着我国房地产法律法规走上了逐步完善的快车道。

为了顺应房地产市场中对既有房地产专业知识又懂房地产法规的复合型人才的需求，我们编写了这本教材。本书力求按工科学生特点来安排教学内容和教学学时，遵循基础教材的基本规律，理论联系实际，通过本课程学习，使学生成为既具备房地产开发经营管理的法律法规基本知识，又能够在房地产建设项目全过程中成为建设管理和法律管理的复合型人才。

为此本书彰显以下特色：第一，突出房地产法规的实用性、应用性，注重对学习者实际工作能力的培养；第二，注重工程、房地产、物业及土地专业学生学习法律的特点，力求通俗易懂，注重工作开展中程序性步骤的可操作性；第三，采用培养学生主动思考、积极创新的教学模式，为此在每一章后加入了案例展示教学，通过案例教学引导学生进行思考、复习和自学，加强学生对实际工作复杂性的认识。

本书由青岛理工大学李岫、朱珊任主编，青岛理工大学杨奎臣、西南政法大学侯国跃任副主编。

本书撰写分工如下：李岫（青岛理工大学）第1章；侯国跃（西南政法大学）第2章；汤青惠（青岛理工大学）第3章；张晓霞（北京建工学院）第4章；袁秀杰（山东农业大学）第5章；杨奎臣（青岛理工大学）第6章；王瑞霞（青岛开发区房产登记交易中心）和李海凌（西华大学）第7章；于海英（青岛理工大学）第8章；李岫、杨奎臣（青岛理工大学）第9章；刘艳（青岛理工大学）第10章；李晓珏（重庆工商大学）第11章。

本书承蒙清华大学朱宏亮教授审定，朱教授为本书提出了许多建设性的意见，为此表示感谢。

由于时间和水平有限，本书虽经全体编者用心编写，但难免有不足之处，恳请广大读者批评赐教。

编　者

2015 年 6 月

目　录

第1章
绪　论

学习导言（Learning Guidance）

“居者有其屋”一直是我们和谐社会追求的目标，房地产与我们每个人息息相关。

房地产法是在我国房地产业的快速发展中逐步发展起来的。随着城市化和城市现代化进程的不断加快，城镇住房制度的改革逐步推进，房地产开发建设和消费市场日趋活跃，呈现供求两旺的发展态势。城市建设力度加大，房地产市场的持续快速发展，对于提高城镇居民的居住水平、改善居住环境、带动相关产业发展、拉动国民经济增长起了重要作用。但在房地产开发、房产交易、物业管理、住房公积金管理、房屋拆迁等各类涉房活动中，还存在房地产市场发展过程中经营行为不规范、违规开发、虚假广告、面积缩水、中介机构欺诈等问题，广大消费者反映非常强烈。作为一个新兴行业，物业管理实践中也出现了一系列问题。一方面存在着业主委员会不能真正代表业主利益，物业管理企业的行为不规范、服务不到位、收费与服务不相符、损害业主合法权益等问题；另一方面又有业主不遵守规章制度，欠缴或拒缴物业管理费等问题。在房屋拆迁过程中，也存在侵害被拆迁人的合法权益等问题。

为保护当事人的合法权益，促进房地产业健康发展，国家制定并颁布了《中华人民共和国城市房地产管理法》、《城市房地产开发经营管理条例》等一系列法律法规，特别是2007年3月16日第十届全国人民代表大会第五次会议通过的《中华人民共和国物权法》，基本形成了规范房地产开发经营管理和其他涉及住房建设、使用领域的法规体系，成为规范相关市场主体行为，保护各有关当事人利益的法律依据。

法律的生命在于执行，但只有知法、懂法，才能守法、用法。无论是公民、行政主管部门、房地产开发经营企业、房地产交易各方、拆迁人和被拆迁人、物业管理企业和业主等都是这些法律法规规范的主体，都要了解、熟悉这些法律法规。一方面要用法律法规规范自己的行为；另一方面要运用法律法规赋予的权利，维护自己的合法权益，因此学好房地产法规知识非常重要。

房地产法是房地产开发、经营、管理和服务等工作中的行为准则，实现房地产管理的规范化和法制化，促进房地产业健康发展，必须全面掌握和正确运用国家有关房地产的法律法规。在学习这一章内容时，要关注我国房地产立法的历史进程，同时也要注重对物权法、区分所有权、住宅法理论等相关知识的掌握，并时刻关注国家新出台的有关房地产法律法规。

本章内容说明(Introduction)

房地产法的基础理论，是学习和研究房地产法规首先必须掌握的基本内容。本章内容将对房地产及房地产业、房地产法的调整对象和基本原则、房地产法律关系及我国房地产法规发展

过程和现行立法体系及国外房地产立法概况等问题进行介绍，并对完善我国房地产法律法规体系提出建议。本章涉及房地产法的基本概念和基本原理，是学习后续章节的基础。通过本章的学习，要了解房地产、房地产业和房地产法规的基本知识，掌握对房地产关系实行法律调整的重要性，认识房地产法规与相关法律的关系。

1.1 房地产及房地产业概述

房地产是人类社会中最为重要的财产。房地产业作为国民经济的“龙头”产业，对促进经济发展具有重要的意义。房地产业健康有序地发展，离不开相应法律的规范和调整。房地产法就是调整房地产使用、开发、经营、管理和服务等相关活动过程中所发生的权利义务关系。在我国，习惯用房地产（real estate ）来称不动产（real estate or real property)，把调整房地产权利义务关系的各种法律法规统称为房地产法规。在我国，房地产法是一个新兴的法律分支，房地产法是最具有中国特色的法律之一。

1.1.1 房地产

房屋和土地是人类社会生活须臾不可分离的生活资料和生产资料，由此而产生的社会关系也历来为法律所调整和规范。基于房屋和土地在物质形态和经济形态上的内在联系，人们往往将两者并称为房地产。所以，房地产是房产和地产的简称。房地产一词有狭义与广义之分：狭义的房地产是指房屋、地基和附属土地及由此产生的权利，所谓附属土地特指房屋的院落、楼间空地、道路等房产和地产在空间上紧密结合的部分；广义的房地产是指一个地区的全部土地和房屋以及附属于土地与房屋的其他建筑物等及其由此产生的权利，这里的其他建筑物、构筑物包括道路、桥梁、球场等非房屋承载体。

房地产具有不动性、长期性、资源有限性等特征。

房地产具有长期性、固定性和安全性、资源有限性、资本价值性等特征。房屋和土地总是固定在某一个地方，不能随便移动，否则就会破坏或降低其价值和使用价值。此种特点决定了房地产的流转受到严格的市场地域的限制，房地产的开发、经营等一系列活动必须就地运作，具有空间上的恒定性。因此，土地和房屋成为最典型的不动产。其长期性是指土地能持久存在、永久使用，具有不可自毁性，房屋等建筑物一旦建成，也不会在短期内消灭，亦体现了其长期性。资源有限性是指土地数量或面积是有限的，土地资源具有不可创造和再生性。基于此，必将导致房屋资源的有限性。

本书所称房地产是广义的房地产。

1. 房产

房产是指在法律上有明确的权属关系，可在不同的所有者和使用者之间进行出租、出售或者由所有者自用或做其他用途的房屋，又称房屋财产。房产具体包括住宅、厂房、仓库以及商业、服务、文化、教育、办公、医疗、体育等多方面的用房。房产不同于房屋，房屋是建筑物的自然形态，是自然科学的研究对象，而房产是建筑物的社会经济形态，是社会科学的研究对象，是房地产法调整和保护的对象之一，其调整结果就是赋予房产以房屋所有权的法律形态，并以国家强制力保证其实现。房产作为一种财产权利，体现的并不仅仅是基于房屋自然属性满足人们物质需要的关系，更是不同主体之间基于物质利益所产生的权利义务关系。

无论是大陆法系还是英美法系，都不存在房产的概念。虽然法国、日本等大陆法国家在处理土地与建筑物关系上采取的分别主义，使建筑物得以成为独产的不动产，但不动产制度并未分裂为房产与地产，亦不存在独产于物权法之外的房产制度。普通法中更不存在房产的概念，即使是经常使用房地产概念的香港和澳门地区，也从未有过与地产并列的所谓房产。而在我国，土地公有制往往使土地的所有权主体与房屋所有权主体分离，房产的概念在一定程度上具有独立于土地所有权的意义，同时，房屋与土地归属不同的部门管理，并将土地与建筑物分别作为不同的不动产处理。因此，房产是我国房地产制度中一个特有的概念。

2. 地产

地产有广义与狭义之分。狭义的地产是指在法律上有明确的权属关系，可以由所有者、经营者和使用者进行开发和经营，并能够带来相应经济效益的建设用地。广义的地产从性质上说仅是土地财产的含义，指有明确法律权属关系的土地，而这个土地是由土地物质（纯自然土地）和全部土地资本构成的。地产是作为财产的土地，也指从事土地开发和经营的产业，通常与房产相结合称为房地产业，是现代国民经济的一个重要部分。

在我国，土地所有权不可转让，故我国的地产仅指土地使用权。

在计划经济条件下，我国并不把土地和土地权利作为商品，于是便以房产代替房地产，而土地财产权事实上处于缺位或者虚无主义的状态。在我国房地产政策法规中大都使用房产或房地产的提法，而很少使用地产一词。直到改革开放以后，特别是实行土地使用权有偿转让制度以后，才开始出现地产的提法。为了最大限度地利用和保护土地资源，形成我国特有的地产权法律制度，我们有必要在不改变土地所有权关系的前提下，突破传统大陆法土地不动产概念的束缚，根据我国改革的实际需要，借鉴普通法的优点，赋予我国地产制度以新的内容。

房地产转让、抵押时，房屋所有权和该房屋占用范围内的土地使用权同时转让。

3. 房产与地产的关系

当房产与地产结合在一起的时候，它们之间的关系如何？根据《中华人民共和国城市房地产管理法》第三十一条之规定“房地产转让、抵押时，房屋所有权和该房屋占用范围内的土地使用权同时转让”。说明了房产、地产一并转让的原则。

1.1.2 房地产业

房地产业是指从事房地产开发、经营、管理和服务的行业，是具有生产经营和服务职能的行业。住房和城乡建设部《关于发展城市房地产业的报告》对房地产业的定义是：“土地的开发，房屋的建设、维修、管理，土地使用权的出让、转让，房屋所有权的买卖、租赁，房地产的抵押，以及由此而形成的房地产市场”。

房地产是国民经济发展的一个基本的生产要素，任何行业的发展都离不开房地产业。它的重要作用表现为：可以为国民经济的发展提供重要的物质条件；可以改善人们的居住和生活条件；可以改善投资环境，加快改革开放的步伐；通过综合开发，避免分散建设的弊端，有利于城市规划的实施；可以为城市建设开辟重要的积累资金和渠道；可以带动相关产业，如建筑、建材、化工、轻工、电器等工业的发展；有利于产业结构的合理调整；有利于深化住房制度的改革，调整消费结构；有利于吸引外资，加快经济建设，扩大就业面。随着国民经济和房地产业的进一步发展，房地产业在国民经济中必将发挥更广泛、更重要的作用。

房地产业是我国国民经济的主导产业，在现代社会经济生活中有着举足轻重的地位。中国房地产业现正处于向规模化、品牌化、规范运作转型的时期，房地产业的增长方式正在由偏重速度规模向注重效益和市场细分转变，从主要靠政府政策调控向依靠市场和企业自身调节的方式转变。房地产业已经成为我国国民经济发展过程中的一个重要产业，由此而引发的纠纷也日益增多。因此，关于房地产的理论和实务亦成为法学界研究和争论的热点。

随着 WTO 各项有关条款的兑现和落实，包括房地产业在内的我国经济各方面都将发生新的变化。国民经济的持续增长和居民消费结构的提升，为房地产业提供了高速发展的机会，也使房地产业面对着更加激烈的竞争。房地产行业是典型的资金密集型行业，具有投资大、风险高、周期久、供应链长、地域性强等特点。

房地产行业是典型的资金密集型行业。

1.2 房地产法的调整对象和基本原则

1.2.1 房地产法的概念

房地产市场作为我国市场体系的一个重要组成部分，其健康有序地发展离不开相应法律的规范与调整。房地产法就是调整房地产所有权人之间、房地产所有权人与非所有权人之间在房地产开发经营、房地产交易、房地产权属、房地产管理过程中发生的各种关系的法律规范的总称。

广义的房地产法是指对房地产关系进行调整的所有的法律、法规、条例等的总称。它包括宪法、物权法、民法、经济法中有关调整房地产的条款，土地管理法、城市规划法、城市房地产管理法的规定以及房地产行政法规、部门规章，如《城市私有房屋管理条例》、《城市房屋产权产籍管理办法》等。狭义的房地产法是指国家立法机关，即全国人民代表大会制定的对城市房地产关系做统一调整的基本法律——《中华人民共和国城市房地产管理法》。

1.2.2 房地产法调整的对象

房地产法规调整的对象是房地产所有人之间、房地产所有权人与非所有权人之间、非所有权人之间在房地产开发经营、房地产交易、房地产权属、房地产管理中产生的各种关系。具体为：

1. 房地产所有权人之间的关系

国家作为国有土地及国有房屋所有者有权对国有土地和国有房屋行使占有、使用、收益和处分的权利，可以出让或转让国有土地使用权。集体所有者有权对集体所有的土地及房屋行使所有权，公民个人对其所有的房屋也同样可以行使占有、使用、收益和处分的权利。

2. 房地产所有权人与使用权人之间的关系

它是指房地产所有权人转让土地使用权或将房屋出租时，与使用权人之间所形成的关系。

3. 房地产使用权人之间的关系

它是指房地产使用权人再行转让房地产使用权时，在使用权人之间所形成的权利义务关系。

4.所有权人或使用权人与房地产管理人之间的关系

房地产所有权人在房地产权属登记及房地产市场管理中与房地产管理人之间的各种关系。

1.2.3 房地产法律关系及其构成要素

房地产法律关系是房地产法律规范在调整房地产使用、开发、经营、管理和服务等相关活动过程中所发生的权利义务关系。这种法律关系具体可以体现在国家与社会组织之间，社会组织相互之间，国家、社会组织和公民之间，公民之间。

> 房地产法律关系是房地产法律规范在调整相关活动过程中所发生的权利义务关系。

房地产法律关系的构成要素是组成房地产法律关系必不可少的因素。具体由主体、客体、内容三大基本要素构成。

1.主体

房地产法律关系的主体是指房地产法律关系中的当事人，是房地产法律关系中权利和义务的享有者和承担者。从一般民事法律关系的角度，主要有以下几类：

(1) 国家机关。这类主体在房地产管理关系中居于主导地位，主要包括土地管理部门、房屋管理部门、规划管理部门、建设管理部门等。国家机关既具备是一般的民事主体，也可能是房地产经营活动的管理者，还可能具备作为国有土地资源所有者和管理者的特殊主体资格。

(2) 企业、事业单位和社会团体。这类主体主要包括开发商、建筑商、销售商、辅助商（如房地产经纪人、房地产金融和保险机构、房地产评估机构、房地产咨询人、物业管理公司以及为各类房地产活动提供法律服务的律师等）、劳动群众集体经济组织、房地产他项权利人和义务人（如房地产抵押权人及其相对人等）、非法人社会组织（如法人的分支机构、个人合伙、个体工商户、农村承包经营户等)。

(3) 公民个人。房地产法律关系中，作为公民个人，他可以对自己所享有所有权的房地产享有占有、使用、收益和依法处分的权利。

2.客体

客体即房地产法律关系主体所享有的权利和承担的义务所共同指向的对象。一般来说，客体分为土地、房屋和行为。

(1) 土地。对土地而言，国家依法转让的不是土地的所有权而是土地的使用权，土地使用者依法转让、抵押的不是土地所有权而是土地使用权。“使用权”是一种权利，所以，土地不同于地产，地产只是土地的一部分，它们之间不能完全等同。

(2) 房屋。房屋不同于房产，房产是指在法律上有明确所有权权属关系的房屋财产，它具有商品属性。房产只是房屋中的特定部分，有些房屋不具有房产的商品属性，法律上禁止其进入房地产市场，不能成为房产，比如文化遗址、军事建筑等。

(3) 行为。行为是指房地产法律关系的主体享受权利、行使职权或承担义务、履行职责而在房地产活动中的作为或不作为。比如土地、房屋的权属确认、变更、终止及其登记发证行为，建设用地审批行为，土地开发利用行为，土地复垦行为，土地使用权出让、转让、出租、抵押行为等。

3. 内容

内容即房地产法律关系主体享有的权利和承担的义务。它是房地产法律关系最基本的要素，也可说是主体双方关系的落脚点。所谓权利，是指房地产法律关系的主体在一定的条件下，按照自己的意志，为某种行为或实现某种利益的资格。所谓义务，是指房地产法律关系主体在一定的条件下，承担的某种责任或付出的某种代价。

因主体参与性质不同的关系，居于不同的地位，故其权利义务可分为两大类：一类是房地产管理关系中有关行政主管机关的经济管理职权，此时权利（权力）、义务（责任）合为一体；另一类是房地产市场运行关系中平等主体之间的经济权利、经济义务，此时权利、义务往往是对应的，没有无权利的义务，也没有无义务的权利。

由于房地产法的调整，当事人之间基于土地房产的所有、使用以及开发、交易和管理所形成的权利、义务关系，便具有了法律上的效力。

1.2.4 房地产法的基本原则

1. 土地公有和土地有偿使用原则

社会主义经济是建立在公有制基础上的，公有制经济占主导地位，多种所有制经济共同发展。土地不仅是资源，而且是资产。我国坚持社会主义道路，基本原则之一就是实行土地的社会主义公有制。我国境内的土地，除由法律规定属于国家所有的外，属于劳动群众集体所有。国家可以依法征用集体土地，一经征收即转化为全民所有。我国内地已不存在土地私有制。

国家依法实行国有土地有偿使用制度。有偿使用，包括有期限使用。

农村集体经济组织经过批准，可以采用土地使用权入股、联营等形式与其他单位、个人共同举办企业。

农民集体土地的使用权不得出让、转让或者出租用于非农业建设。但是，符合土地利用总体规划并依法取得建设用地的企业，因破产、兼并等情形致使土地使用权依法发生转移的除外。

2. 十分珍惜、合理利用土地和切实保护耕地的原则

保护土地，保护耕地，就是保护我们的生命线。十分珍惜、合理利用土地和切实保护耕地已成为我国的基本国策之一。各级人民政府应当采取措施，全面规划，严格管理，保护、开发土地资源，制止非法占用土地的行为。要坚持实行土地用途管制制度。

对耕地实行特殊保护，包括基本农田保护制度、占用耕地补偿制度。

3. 房地产综合开发原则

房地产开发经营应当按照经济效益、社会效益、环境效益相统一的原则，实行全面规划、合理布局、综合开发、配套建设。在实践中，三大效益之间可能存在矛盾，不大平衡。亦即是说，有些时候处于两难之中。我们的任务是努力谋求“三位一体”、互相促进，注意防止顾此失彼。

4. 城镇住房商品化原则

国家根据社会、经济发展水平，扶持发展居民住宅建设，逐步改善居民的居住条件，逐步推行城镇居民住房商品化，不断满足人民群众日益增长的住房需求。

5. 宏观调控与市场调节相结合的原则

鉴于房地产在国民经济中的重要性，房地产市场交易的高利润和高风险性，对房地产活动既不能管得太死，又不能放任自流，特别要警惕“泡沫经济”成分。因此，科学的管理方法是以宏观调控为指导，适当放开，由市场去调节。

近年来，我国对房地产宏观调控成效显著。2006 年 5 月 17 日，我国提出了促进房地产业健康发展的“国六条”：

(1) 切实调整住房供应结构。重点发展中低价位、中小套型普通商品住房、经济适用住房和廉租住房。

(2) 进一步发挥税收、信贷、土地政策的调节作用。严格执行住房开发、销售有关政策，完善住房转让环节税收政策，引导和调节住房需求。科学确定房地产开发土地供应规模，加强土地使用监管，制止囤积土地行为。

(3) 合理控制城市房屋拆迁规模和进度，减缓被动性住房需求过快增长。

(4) 进一步整顿和规范房地产市场次序。制止擅自变更项目、违规交易、囤积房源和哄抬房价行为。

(5) 加快城镇廉租住房制度建设，规范发展经济适用住房，积极发展住房二级市场和租赁市场，有步骤地解决低收入家庭的住房困难。

(6) 完善房地产统计和信息披露制度，增强房地产市场信息透明度，全面、及时、准确地发布市场供求信息，坚持正确的舆论导向。

1.3 我国房地产立法概况及房地产法体系

1.3.1 我国房地产立法概况

从新中国成立至今，我国房地产立法及有关政策的制定主要经历了两大阶段。

第一阶段：这个时期大体从新中国成立到1979年，立法内容包括：一是废除封建、官僚的房地产关系，没收地主、大资本家的房地产分给无地和少地者，逐渐理顺城市房屋租赁关系；二是保护公民个人合法拥有的房地产；三是对城市私有房屋进行社会主义改造，在农村继续推行合作化运动，逐步确立城市土地归国家所有，稳定农村土地归集体所有的土地制度。

主要法规有1948年的《中共中央关于城市公有房产问题的决定》，1950年的《中华人民共和国土地改革法》、《土地改革中对华侨土地财产的处理办法》、《城市郊区土地改革条例》、《内务部土地政策司对目前城市房产问题的决议》，1953年的《关于农业生产互助合作社的决议》，1955年的《农业合作化示范章程》和1955年颁布的《高新农业生产合作社示范章程》，1956年中共中央批发的《关于目前城市私有房地产基本情况及进行社会主义改造的意见》、1958年的《国家建设征用土地办法》、1962年中共中央发布的《关于改变农村人民公社基本核算单位问题的指示》、中共八届十次会议通过的《农村人民公社工作条例修正草案》（简称《六十条》）、1964年国务院批发的《关于加强全民所有制房产管理工作的报告》和《私有出租房屋社会主义改造问题的报告》。

这一时期土地使用权没有成为一种可以流转的财产，虽然在计划经济体制下存有极少量的私房，但不存在房地产市场，也没有相应的房地产立法。

第二阶段：这一时期从1979年至今，主要立法内容有国家依法实行国有土地有偿、有限期使用制度，国家实行房地产价格评估制度，国家实行房地产成交价格申报制度，国家实行房地产评估人员资格认证制度，国家实行土地使用权和房屋所有权登记发证制度。在房地产合同管理方面，设立了五种合同：土地使用权出让合同；房地产转让合同；商品房预售合同；房地产抵押合同；房屋租赁合同。凡是从事土地使用权出让、房地产转让、抵押、租赁、商品房预售等活动，都必须按规定签订书面合同。在房地产登记管理方面，建立了房地产开发企业及房地产中介服务机构的设立登记制度；商品房预售合同的登记办案制度；房地产转让、抵押、或变更使得房地产权属登记制度；房屋租赁合同的登记备案制度；土地使用权、房屋所有权的取得登记制度。在房地产权证管理方面，设立了土地使用权证书、房屋所有权证书、房地合一的房地产权证书、房地产估价师资格证书、商品房预售许可证书。

主要的法规有1983年的《城镇个人建造住宅管理办法》和《城市私有房屋管理条例》、1984年的《关于外国人私有房屋管理的若干规定》、1986年颁布的《中华人民共和国土地管理法》和1987年颁布的《城镇房屋所有权登记暂行办法》；1988年的《宪法》修正案、1988年原建设部发布的《关于建立和健全房地产交易市场管理的通知》、1990年5月国务院发布的《城镇国有土地使用权出让和转让暂行条例》、1992年原建设部发布的《城市房地产市场估价管理暂行办法》及《商品住宅价格管理暂行办法》、1994年的《中华人民共和国城市房地产管理法》（2007年修正）等。

这一时期创立了有偿出让土地使用权制度，继而创立了可流动转让的房地产，形成了房地产权利，同时形成了以土地使用权为基础的房地产市场。

1.3.2 我国房地产法规体系

广义的房地产法律，包括了从中央到地方所有立法机构和地方人民政府制定或颁布的有关房地产方面的法律规范。根据各房地产规范的法律效力不同，我国的房地产法律体系主要由以下几个层次构成。

1.宪法

我国于1982年颁布、1988年和1999年3月修正的《中华人民共和国宪法》（以下简称《宪法》），其中与房地产法律关系有关的条文，是我国房地产法律、法规制定的立法依据。其中第十条规定："城市土地属于国家所有。农村和城市郊区的土地，除由法律规定属于国家所有的以外，属于集体所有；宅基地和自留地、自留山也属于集体所有。国家为了公共利益的需要，可以依照法律规定对土地实行征收或者征用并给予补偿。任何组织或者个人不得侵占、买卖或者以其他形式非法转让土地。土地的使用权可以依照法律的规定转让。一切使用土地的组织和个人必须合理地利用土地。"这是《宪法》中对土地的最直接的规定。据此，我国制定了其他一系列的土地法律、法规。《宪法》第十三条第一款规定："国家保护公民的合法收入、储蓄、房屋和其他合法财产的所有权。"第三十九条规定："中华人民共和国公民的住宅不受侵犯。禁止非法搜查或非法侵入公民的住宅。"

2.法律

《中华人民共和国城市物权法》（以下简称《物权法》）由2007年3月16日第

十届全国人民代表大会第五次会议通过，2007 年 10 月 1 日施行。《物权法》是规范财产关系的民事基本法律，调整因物的归属和利用而产生的民事关系，包括明确国家、集体、私人和其他权利人的物权以及对物权的保护。《物权法》通过规定私人所有权、业主的建筑物区分所有权、土地承包经营权、宅基地使用权等，保护人民的切身利益，激发他们创造财富的活力，促进社会和谐。

《中华人民共和国土地管理法》（以下简称《土地管理法》）于 1986 年通过，1988 年 12 月修订，1998 年 8 月 29 日修订，1999 年 1 月 1 日起正式施行。该法对土地所有权、土地使用权、土地的利用、耕地的保护、建设用地以及法律责任等做了详细而系统的规定，是我们当前处理土地（包括宅基地）所有权、使用权、房地产开发、土地开发利用、土地承包经营权纠纷、农村土地的征用纠纷、农村村民住宅纠纷及宅基地纠纷的主要法律依据。

《中华人民共和国城市房地产管理法》于 1994 年通过，1995 年 1 月 1 日正式施行。是我国第一部全面规范房地产市场、房地产交易的法律。由七章 72 条组成。该法对房地产开发用地（包括出让、划拨）、房地产开发应遵循的原则、房地产交易、权属登记等做了详细的规定。

《中华人民共和国建筑法》于 1997 年 11 月 1 日第八届全国人民代表大会常务委员会第 28 次会议通过。

《中华人民共和国农村土地承包法》是由中华人民共和国第九届全国人民代表大会常务委员会第二十九次会议于 2002 年 8 月 29 日通过，自 2003 年 3 月 1 日起施行。该法是以稳定和完善以家庭承包经营为基础、统分结合的双层经营体制，赋予农民长期而有保障的土地使用权，维护农村土地承包当事人的合法权益，促进农业、农村经济发展和农村社会稳定，根据宪法所制定的。

3. 房地产行政法规

房地产行政法规是由国务院依法制定的调整房地产关系的条例和决定。它的效力范围及于中华人民共和国全部领域。直接调整房地产法律关系的专门性行政法规主要有：《中华人民共和国土地管理法实施条例》（1999 年 1 月 1 日起施行）、《中华人民共和国城镇国有土地使用权出让与转让暂行条例》（1990 年 5 月施行）、《外商投资开发经营成片土地管理办法》（1990 年 5 月施行）、《城市房屋拆迁管理条例》（2001 年 11 月施行）、《物业管理条例》（2003 年 9 月 1 日施行）、《建设工程质量管理条例》（2000 年 1 月施行）。2011 年 1 月出台的《国有土地上房屋征收与补偿条例》对涉及公共利益的国有土地上房屋拆迁做出了规定，2011 年 6 月 3 日，住房和城乡建设部又制定了《国有土地上房屋征收评估办法》（建房〔2011〕77 号）。

4. 地方性法规

房地产地方性法规是指由省、自治区和直辖市的人民代表大会及其常务委员会依法制定的在本辖区内具有法律效力的调整房地产关系的条例和决定。

5. 行政规章

房地产行政规章是指由国务院各部委或者地方政府依法定程序制定的调整房地产关系的行政规定、决定、命令、指示等。房地产行政规章又可分为国务院有关部委制定的部门行政规章，如住房和城乡建设部、国土资源部等国家部委发布的房地产规章和省、自治区、直辖市和较大的市人民政府制定的有关地方行政规章。国务院各部委制定的部门行政规章主要有：

《城市房屋产权产籍管理办法》、《危险房屋管理规定》、《城市房地产转让管理规定》、《房地产开发经营管理条例》、《城市商品房预售管理办法》、《商品房销售管理办法》以及2004年3月施行的《城市房屋拆迁行政裁决工作规程》、2004年1月1日施行的《物业管理收费管理办法》、2006年5月11日施行的《国家土地管理局确定土地所有权和使用权的若干规定》等。

6. 司法解释（有权解释）

司法解释是由国家司法机关在适用法律过程中对具体应用法律问题所做出的解释，其本身并不是立法行为，但在司法机关具体运用法律时具有普遍的约束力。

如1995年12月27日发布的《关于审理房地产管理法施行前房地产开发经营案件若干问题的解答》；2003年3月24日发布并于2003年6月1日施行的《最高人民法院关于审理商品房买卖合同纠纷案件适用法律若干问题的解释》；2005年6月18日发布并于2005年8月1日起施行的《最高人民法院关于审理涉及国有土地使用权合同纠纷案件适用法律问题的解释》。

7. 政策性文件

在房地产实践中，中共中央、国务院发布过许多具有重大指导意义和现实针对性的政策文件，虽然这些文件不是正式的法律，但它们可以作为处理房地产纠纷的参考，因此，具有规范性文件的性质。政策具有适应性和针对性强的特点，而法律则可能滞后，在政策经过一段时间实践后，又可以转化为具有规范性和稳定性的法律。如：

中共中央办公厅、国务院办公厅《转发关于加快落实华侨私房政策座谈会纪要的意见》（1984年12月24日）；

中共中央办公厅、国务院办公厅《关于加强中小学危房修缮和改造的通知》（1986年6月18日）；

中共中央办公厅、国务院《关于进一步加强土地管理、切实保护耕地的通知》

(1997 年 4 月 15 日);

国务院《关于深化城镇住房制度改革的决定》(1994 年 7 月 18 日);

国务院《关于发展房地产业若干问题的通知》(1992 年 11 月 4 日);

国务院《关于进一步深化城镇住房制度改革、加快住房建设问题的通知》(1998 年 7 月 3 日)等。

我国的房地产法律法规体系主要由以上七个层次的法律规范构成。但上述层次的法律规范的效力是不同的，宪法是国家的根本大法，其效力最高，基本法效力次之，依此类推。第六类地方政府规章效力最低。第七类最高人民法院的司法解释为有权解释，其效力与法律具有同等效力。当各层次的法律规定发生冲突时，以高层次的法律规定为准，低层次的法律规定自然失效。宪法、基本法、普通法都是全国人大及其常委会讨论通过而颁布的，行政法规是指国务院制定或批准颁布的法律，党中央和国务院联合颁布的规范性文件，也属于行政法规的范畴，具有同等的法律效力。以中央所属部门的名义发布的房地产政策或文件，它们都是房地产工作中必须要贯彻执行的，但它们不属于法的范畴，不具有法的效力，不是行政法规。

1.4 完善我国房地产法律体系

1.4.1 国外房地产立法状况

一些发达国家在发展中也经历了房地产过热阶段，但由于有完备的法律体系，很快都平稳退烧。世界各国对房地产立法都十分重视。20 世纪前，资本主义国家调整房地产关系的法律法规主要是民法典。第二次世界大战之后，由于房地产业的迅猛发展，原有的民法体系已不能适应社会市场对法律法规的需求。于是，各国开始用经济方法来调整房地产关系，并颁布实施了一系列房地产法规，形成了比较完善的房地产法体系。

美国“二战”后由于宏观经济调控，颁布实施了一系列房地产法律法规 ，如《美国 1976 联邦土地政策和管理法》、《美国统一商法典》、《美国统一管理法》、《公平住宅法》等。

在物业方面，美国在发展的过程中也曾经因法律不健全而出现种种问题，针对此种情况，1977 年公布了《统一区分所有物业产权法》，针对住宅小区房屋管理过程中的问题提出了有效的解决措施。到 1980 年，美国已有 12 个州几乎全盘采用，其他各地也大量吸收了此法主要内容。由此，美国物业管理中的种种问题基本得以解决。

美国房地产协会是由美国经营房地产各行业分会共同组建的集团协会，协会内部行业分工很细。在该协会下按物业形态分类有写字楼商会、住宅商会、工业物产商会、商场联合会、学校、医院等商会；按知识分类有商业房地产投资师商会、中介人商会、建筑技术商会、建筑设计商会等；按管理分类还有全球不动产联合会、物业服务联合会、设施管理协会等。这些协会活动频繁，共同构筑国家的房地产框架和推动国家的房地产产业发展，不定期与政府机构共商经济发展计划、问题，从另一个角度影响和促进国家行业的法制建设、信誉体系建设、信息化系统建设，为行业制定标准，管理生产，约束纪律，维持秩序。

英国房价自 2001 年初进入新的上涨周期之后 3 年多时间内，以每年超过 20％的速度连续增长，出现严重泡沫现象。为抑制房地产市场的过分火爆，英国政府和中央银行在已有房地产法律法规体系的基础上采取了一系列宏观调控措施和政策，到 2004 年 8 月份房地产市场开始降温。根据《产业基金法》英国政府将建立房地产投资基金，并对这种投资予以免税，让零散投资者更容易向房地产开发领域投资。同时对城市改造中以旧建新给予政策扶持。英国还颁布了大量的成文法律，主要有《新城镇法》、《土地登记法》、《住宅法》、《房屋租赁法》等。

日本和韩国在房地产相关法律体系建设中也已走在前列。日本于 1896 年颁布的《民法典》中，较为详细地规定了与房地产相关的各项权益。1899～1975 年分别对住宅管理、土地开发、建筑设计、工程施工、房产拥有、房地租的征收发布了 20 多个单行法规，主要有：《土地征用法》、《建筑标准法》、《公营住宅法》、《住宅区履行法》等，形成了房地产法规体系。韩国为了改善居民的住宅状况，促进住房建设，在 1971 年制订了《长远住宅建设规划法》，1981 年制订了《住宅建设促进法》，还根据《住宅银行法》成立了住宅银行，支持推动为中、低收入居民建设住宅。

1.4.2 我国房地产法律体系需进一步完善

保持房地产业的持续发展，最重要的就是规范市场，建立健全适合我国国情的房地产法律法规体系。

房地产开发的内容包含着广泛而复杂的法律权利义务关系，房地产开发市场法律需求主体有土地方、开发商、投资商、承包商及购房人等多个方面。而房地产开发流程决定了开发内容，包括土地运作开发、房屋施工营建以及预、销售及租赁和物业管理等全部经营活动。从土地、房地产开发到物业管理，房地产运作的全过程已经成为一个不容忽视的庞大市场。面对这样一个法律问题层出不穷、复杂的大市场，我国目前尚无全面系统完善的法律体系。例如在房地产合作开发和项目转让方面，无专门立法，具体操作性的法律法规也显得零星、散乱，当事人不得不采取合作开发和转让项目的方法，在市场运作中又缺少法律的支撑和规范，对许多具体操作问题更难以把握，这是出现大量此类纠纷的根本原因。我国房地产立法造成的不足，既有我国特殊的国情因素，也有理论上操作上的问题。有人形容我国房地产立法过程是“摸着石头过河”，最初的土地使用权出台的直接原因是经济发展推动的结果，而非成熟制度设计的结果。

在我国，要加强房地产管理的立法，健全和完善我国房地产法律法规体系，保持房地产业的持续发展，最重要的一条就是规范市场。目前我国房地产业存在的规范性和有序性问题，究其原因还在于立法滞后，立法层次低，缺乏系统性和配套性等，与国际惯例相比还有很大差距。因此，对政府来说，要加强房地产业立法，健全和完善与国际惯例接轨的、适应市场经济的、符合我国国情的房地产的法律法规体系，为房地产业提供公开、公平、公正的竞争环境。

我国现行房地产法律体系从立法原则上看，房地产立法是对房地产经济活动实践经验的总结，更多地体现为“滞后性”——立法所需的时间较长。从立法过程上看，我国的房地产立法属于行政部门立法模式，如《土地管理法》、《城市房地产管理法》，都是从管理的角度去规范房地产权，行政权力与民事权利不分。从立法内容上看，我国房地产立法原则性很强，为了使法律法规符合各个地区的实际情况，立法时往往不作过细的规定，以便各地因地制宜地适用法律。从立法依据上讲，政策是我国房地产立法的主要基础，而且在某种程度上起到了法的规范作用。

随着《物权法》的颁布实施，我国房地产法律法规体系的完善已进入了发展的快速道，亟须完善房地产法律法规体系，规范《物权法》未涵盖之处，建立以土地使用权为核心的不动产权利体系，建立统一的土地使用权规划，出台规范土地使用权的法律。同时加强对房地产开发的管理，制定房地产开发管理法，对房地产开发作全面的规范。对城市住宅所有权、住宅建设、住宅资金与融通、住宅优惠等住宅法律关系进行调整。

本章学习要点 (Learning Essentials)

◎ 房产又称房屋财产，是指在法律上有明确的权属关系，可在不同的所有者和使用者之间进行出租、出售或者由所有者自用或做其他用途的房屋。

◎ 房地产业是指从事房地产开发、经营、管理和服务的行业，是具有生产经营和服务职能的行业。

◎ 房地产法规就是调整房地产所有权人之间、房地产所有权人与非所有权人之间在房地产开发经营、房地产交易、房地产权属、房地产管理过程中发生的各种关系的法律规范之总称。

◎ 房地产转让、抵押时，房屋所有权和该房屋占用范围内的土地使用权同时转让。

◎ 房地产法律关系是房地产法律规范在调整房地产使用、开发、经营、管理和服务等相关活动过程中所发生的权利义务关系。

◎ 房地产行政法规是由国务院依法制定的调整房地产关系的条例和决定。它的效力范围及于中华人民共和国全部领域。

◎ 房地产开发的内容包含着广泛而复杂的法律权利义务关系，房地产开发市场法律需求主体有土地方、开发商、投资商、承包商及购房人等多个方面。而房地产开发流程决定了开发内容包括土地运作开发、房屋施工营建以及预、销售及租赁和物业管理等全部经营活动。从土地、房地产开发到物业管理，房地产运作的全过程已经形成了一个不容忽视的庞大的法律市场。

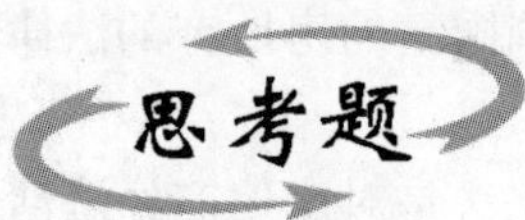

1. 什么是房地产业的概念和特点?
2. 试述房地产法律关系的构成。
3. 什么是房地产法?
4. 为什么要建立规范化的房地产市场?
5. 简述我国房地产立法的现状。
6. 提出建立和健全房地产法律体系的建议。

第2章 房地产相关法律制度

学习导言（Learning Guidance）

房地产是不动产的主要表现形式，是非常重要的生产资料与生活资料。调整房地产之归属和利用关系的法律为物权法，甚至可以说物权法是房地产法的基础。通过物权法的调整，形成以房地产所有权、房地产用益物权（如建设用地使用权、农村土地承包权等）、房地产担保物权（如土地抵押权、房屋抵押权等）为内容的房地产物权体系。因而，在学习房地产法律法规时，应当同时掌握物权法的基本原理和我国的相关规定。

房地产中的土地、房屋都与建筑活动关系密切。一般而言，房屋是依赖建筑活动而完成的，而建筑活动也常常是在土地上进行的。我国全国人大于1997年11月1日通过了《建筑法》。此外，还有《合同法》、《招标投标法》、《建筑工程勘察设计管理条例》、《建设工程质量管理条例》、《建设工程施工许可管理办法》等法律、行政法规和部门规章来规范建筑活动形成的社会关系。本章将为读者介绍这些规定的基本内容。

按照我国《环境保护法》的规定，“环境”是指影响人类生存和发展的各种天然的和经过人工改造的自然因素的总体。因而，房地产是环境的构成要素，房地产及房地产活动又将对环境产生一定的影响。所以，在学习房地产法时，同时应了解环境法的一些基本规定。本章以《物权法》、《建筑法》、《环境保护法》等为依据，将为大家介绍由宪法中的环境保护规范、综合性环境法与单行环境法、其他法律有关环境与资源保护的规定、国务院环境与资源保护行政法规、环境与资源保护管理规章等构成的环境保护法律体系。

本章内容说明 (Introduction)

本章介绍与房地产相关的一些法律制度。介绍物权法律制度，包括物权法的基本原则、物权的特征、物权的效力、物权的变动、物权的保护、不动产相邻关系等；建筑法律制度，包括建筑许可制度、建筑工程发包与承包、建设工程监理、建筑安全生产管理、建筑工程质量管理、建设工程的监管管理等问题；同时还阐述环境保护法律制度，包括环境保护法的概念和特点、环境保护法的基本原则、我国的环境法律体系、环境保护法的基本制度等。

2.1　物权法律制度

2.1.1　物权法概述

1.物权法的概念和调整对象

物权法是指调整基于人对物的支配而产生的人与人之间的物权关系的法律规范的总和。简言之，物权法是指调整物权关系的法律规范的总和。

> 物权法的调整对象为物权关系，即物的占有关系。

物权法的调整对象为物权关系，即物的占有关系。物的占有关系，是指物质资料在特定民事主体的掌握、控制、支配下发生的财产关系，它包括物的归属关系和物的利用关系。物权法调整物的归属关系和物的利用关系，由此形成了物权法中以所有权为核心、以用益物权和担保物权为两翼的三大法律制度。

2.物权法的基本原则

物权法的基本原则，就是贯穿于物权法的制定、解释、适用和研究等全过程的最基本的精神或准则。一般认为，物权法包括以下基本原则：

(1) 物权法定原则。物权法定原则，又称物权法定主义，是指物权的种类、内容及创设方式均由法律规定，禁止当事人创设法律没有规定的物权和违反法定内容和方式创设法律已经规定的物权的法律原则。物权法定原则的内容包括：第一，物权的种类由法律直接规定，禁止任何人创设法律没有规定的物权；第二，物权的权能由法律直接规定，禁止任何人违反法定内容创设物权或超越法律规定行使物权；第三，物权设立和变动的方式由法律直接规定，非依法律规定的方式不产生物权设立和变动的法律效果。物权法定原则使物权法具有明显的强行性，这与实行契约自由原则的债权法差别显著。但是这并不意味着物权法是封闭的体系，相反，物权法可以根据社会经济发展的客观要求规定新的物权种类，发展物权体系。

> 一物一权原则，是指同一物上只能成立一个所有权。

(2) 一物一权原则。一物一权原则，又称为一物一权主义，是自罗马法以来的大陆法系物权法所奉行的基本原则。一物一权原则，是指同一物上只能成立一个所有权，不能成立两个以上所有权的法律原则。一物一权原则把所有权视为自物权、完全物权，赋予所有人对其所有物总括的无所不包的管领力。除所有权人外，其他人对所有权人的所有物都只能成立他物权，为有限的支

配。他物权被视为限制物权，它只能对所有权构成限制，并不引起所有权的消灭，即使所有物已由他物权人实际支配，所有权人对其所有物仍然具有相当的管领力。当他物权消灭，所有权所受限制除去，所有权又会回复其圆满状态。实行一物一权原则的目的，在于明确物的归属性，建立以所有权为中心的层次分明的物权体系。

（3）公示公信原则。这一原则其实是公示原则和公信原则的合称。公示原则，是指物权的存在与变动必须具有法定的可以从外部查知的公示方式的法律原则。物权存在（物权享有）的公示，为物权的静态公示。根据各国物权法的规定，占有是动产物权存在的公示形式，国家不动产登记簿上所作的登记记载（以下简称“登记记载”）则是不动产物权的公示方式。物权变动的公示，为物权的动态公示。按照各国物权法的规定，动产物权变动以交付作为其公示形式，不动产物权的变动则以登记作为其公示方式。公信原则，是指法律赋予经过法定方法公示的物权以社会公信力的原则。公信原则的内容主要包括两个方面：其一，登记记载的权利人或占有动产的人，在法律上只能推定其为真正的权利人；其二，任何人因为相信登记记载的权利或占有表彰的权利而与权利人从事了移转该权利的交易，该项交易应当受到法律的保护。公示公信原则，一方面是保护物权人权利的需要，另一方面也是保护交易安全与便捷的要求。

3. 我国现行的物权法渊源

《中华人民共和国物权法》，是我国第一部形式意义上的物权法，也是物权法的主要法律渊源。在《物权法》生效之前，在我国法律实践中调整物权关系的、实质上属于物权法的法律法规包括：

（1）民法通则。居于民事基本法地位的《民法通则》第五章第一节关于“财产所有权及相关财产权”的规定，主要是关于物权的规定。

（2）民事特别法。包括《担保法》中关于抵押权、质权和留置权的规定等，《海商法》中关于船舶所有权、船舶抵押权、船舶优先权的规定，《民用航空法》关于民用飞行器所有权、抵押权和优先权的规定等。

（3）财产管理法。现行的若干财产管理法，属于行政法律性质，但其中往往关于物权的规则，主要有：《土地管理法》中关于土地的所有权和使用权的规定，《城市房地产管理法》中关于土地使用权出让、土地使用权划拨、房地产转让、房地产抵押、房地产权属登记的规定等。

（4）行政法规。按照中国的立法体制，国务院制定的法律文件，不分民事法律性质或者行政法律性质，统称行政法规。有关物权的行政法规主要有：《国有土地上房屋征收与补偿条例》（2011 年颁布）、《城市私有房屋管理条例》、《城镇国有土地使用权出让和转让暂行条例》、《土地管理法实施条例》等。物权法生效之前颁布的法律法规，在《物权法》生效之后，这些法律法规中未与《物权法》冲突的部分仍然可补充适用，《物权法》则应优先适用。

2.1.2 物权概述

1.物权的概念与性质

物权是民事主体依法对特定的物进行管领支配并享受物之利益的排他性权利。

(1) 物权所表现的经济实质是人对物的占有。物权是物权法调整物的占有关系的结果，其表现的经济实质是人对物的占有。当人对物的占有受到法律的确认和保护，占有人可以凭借国家公共权力排除他人对其占有物的侵犯、干涉、妨碍时，人对物的占有也就不再是一种简单的事实，而成为一种财产权利—物权。

(2) 物权的法律本质是人对人的权利而不是人对物的权利。在物权关系中，权利的客体是物，物权所表现的经济现象是人对物的占有，但是在法权关系上物权绝非人对物的权利，而仍然是人对人的权利。因为作为权利客体的物本身并没有意志，是不能作为义务主体与有意志的人发生法权关系的。物权虽然直观地表现为人对物的支配，但在法律赋予物权以排他效力的历史条件下，这种对物的支配隐含着对社会一般人意志的限制，即对社会一般人的权利。

2.物权的特征

(1) 物权以物为客体。所谓“物”，在法学上是指除人身之外，为人力所能支配并且有一定使用价值的物质资料。作为物权客体的物具有以下特性：第一，只能是特定物，种类物不能作为物权客体。因为物权是物之支配权，其客体如不特定就无从支配；第二，独立物不能作为物之客体的原因在于它没有独立的使用价值和交换价值；第三，原则上为有体物。物权的客体一般为有体物，但人力所能支配控制的自然力和具有独立性的无一定形体的物，如光、电、热、气、射线和建筑物区分所有权中的立体空间，均处在人类的管领支配和利用之下，也应包括在物权客体的范畴之中。而且，抵押权和质权这两种物权的客体既可以是有体物又可以是无体物。另外，人身不是法律上的物，但人体的某一部分从人体中分离出来后，则可能成为物权的客体。

(2) 物权是绝对权。物权是可对抗世间一切人的绝对权。换言之，除权利主体之外的其他任何人都是物权的义务主体，都有义务尊重他人的物权而不得为侵犯、干涉和妨碍之行为。

(3) 物权的内容是直接就物享受利益。对物进行支配，不是物权的目的而是物权的手段。物权权利主体的目的在于通过物的直接管领支配而取得或享有利益，这也是法律赋予特定人的享受利益之法律效力的体现，是权利本质之所在，也是权利内容之所在。

（4）物权具有排他性。物权的排他性是指，内容相同的物权之间具有相互排斥的性质，即同一物上不容两个以上相同内容的物权并存。内容相同的物权，包括内容完全相同的物权和内容基本相同的物权。内容完全相同的物权因其对物的支配完全相同而互相排斥，由此不能在同一物上数个并存。例如不能在同一物上设立两个以上的所有权、两个以上的经营权或使用权。类型不同的物权，如其内容基本相同，也会因互相排斥不能在同一物上并存。需要说明的是，物权的排他性具有相对性，即并非任何物权都不能并存在同一物上。首先，他物权是由所有权派生出来的，可与所有权在同一物上并存。其次，就不同方面对物进行支配的他物权，也可以在同一物上并存。例如：用益物权是就物的使用价值进行支配，担保物权是就物的交换价值进行支配，它们可以并存于同一物上。

2.1.3 物权的分类

1.所有权与他物权

根据物权的权利主体是否是物的所有人，可以把物权分为所有权和他物权。所有权，又称自物权、完全物权，是指物的所有人对其所有物依法进行全面支配的物权；他物权，是物的非所有权人根据法律的规定或所有权人的意思对他人所有物享有的进行限制支配的物权。所有权与他物权的区别表现在：

（1）所有权是自主物权，即物的所有人对自己的物享有的物权；他物权是他主物权，是非所有权人对他人之物享有的物权。

（2）所有权为原始物权，他物权为派生物权，是所有权部分权能与所有权分离的结果。

（3）所有权是完全物权，他物权是限制物权。

（4）所有权是无期物权，他物权是有期物权。

（5）所有权具有弹性力、回归力，即所有权人根据自己利益之需可在自己的所有物上为他人设定他物权，构成对所有权的限制。日后他物权消灭后，所有权所受限制除去，所有权又能回变其圆满状态。他物权则不具有这一特性。

2.用益物权和担保物权

> 用益物权是以物的使用、收益为目的而设立的物权。

根据其设立目的的不同，他物权又可分为用益物权和担保物权。用益物权是以物的使用、收益为目的而设立的物权。我国民法通则所规定的全民所有制企业经营权、国有土地使用权、采矿权、农村集体土地及其他生产资料的承包经营权，都属于用益物权。担保物权是以保证债务的履行、债权的实现为目的而设立的物权。我国担保法中规定的抵押权、质权和留置权属于担保物权。用益物权与担保物权的区别表现为：

（1）两者虽同为物之支配权，但两者对物进行支配的主要方面有所不同：一般而言，用益物权主要就物的使用价值对物进行支配；而担保物权主要就物的交换价值对物进行支配。

（2）用益物权具有独立性，依据法律的规定或当事人的约定独立存在；担保物权具有从属性，以所担保的债权为前提。

（3）用益物权须以占有标的物为前提，担保物权则不然。

（4）担保物权具有物上的代位性，若其标的物灭失，如不能归责于担保物权人，担保物权人可以请求担保人以他物替补。用益物权的标的物灭失则用益物权消灭，用益物权人不得请求所有人以他物替代。

3. 动产物权与不动产物权

按物权的客体是动产或不动产，可以将物权分为动产物权与不动产物权。动产物权是以能移动的财产为客体的物权。不动产物权是以土地、房屋等不动产为客体的物权。动产物权与不动产物权的区别表现为：

（1）动产和不动产可得设立的物权类型不同。

（2）动产物权与不动产物权的公示方法不同：一般而言，不动产以国家主管机关的登记作为向社会公示的方法，而动产则以占有和交付作为公示的方法。

（3）动产物权与不动产物权所受限制不同：相对而言，各国法律对于动产物权的取得与行使的限制明显少于不动产物权。

按物权的客体不同对物权进行分类，除动产物权、不动产物权外，还有权利物权。权利物权是指以权利为客体的物权，包括权利抵押权和权利质权。因物权的标的应为物，权利物权是一种例外，有的称为准物权。

物权的效力包括支配效力、排他效力、优先效力和追及效力。

2.1.4 物权的效力

物权的效力，是指物权基于对物的支配性质而产生的特殊法律效力。物权的效力包括支配效力、排他效力、优先效力和追及效力。

1. 支配效力

支配效力是指物权人对物权标的物为一定支配行为的效力。物权人对物权标的物的支配力可分为直接支配力和间接支配力。直接支配力是指物权人在直接占有标的物的情况下对标的物所具有的支配效力，包括对标的物的占有、使用、收益或处分。间接支配力是指物权人在不直接占有标的物的情况下，通过对标的物直接占有人意志的限制而间接支配标的物的法力。

2. 排他效力

排他效力是指物权人得排除他人侵占其标的物和干涉、妨碍其物权行使的法力。物权的排他效力集中表现为当物权标的物被他人侵占时，或者物权人行使物权受到他人非法干涉、妨碍时，物权人依法享有的请求返还原物、请求排除妨碍、请求恢复原状等三项物上请求权。

3. 优先效力

物权的优先效力，亦指物权的优先权，其基本含义是指同一标的物上有数个利益相互冲突的权利并存时，物权有排斥或先于其他权利实现的法力。

> 在同一标的物上物权与债权并存时，物权有优先性效力。

（1）物权对于债权的优先效力。在同一标的物上物权与债权并存时，物权有优先性效力。表现为：①物权破除债权。当债权的特定标的构成物权时，该物权可基于其优先效力破除债权，使已成立的债权归于消灭。在这种情况下，债权人不能请求物权人交付原债的标的物，只能请求原债务人承担违约责任。②物权对债权的优先受偿权。这里所说的优先受偿权，是指享有担保物权的债权人可就担保物优先于其他债权人受清偿。物权优于债权也不是绝对的，主要有两种例外：第一种是基于租赁权的物权化性质，成立在先的租赁权，租赁物交付后，可优先于后成立的物权，即该租赁权的效力不受以后租赁物所有权的转移或他物权的设定的影响。这种情况通常简称为“买卖不破租赁”；第二种是基于社会公益或政策的需要，法律规定某些物权不得享有优先次序。如先设定的抵押权不得优先于船长、船员的工资等劳动报酬、社会保障等费用的给付请求权。

（2）物权之间的优先效力。同一标的物上存在两个以上相同内容的物权时，适用“成立在先、权利优先”的原则。即先成立的物权优先于后成立的物权享受权利，或者先成立的物权排斥、消灭后成立的物权。当然基于法律的特殊规定或基于社会公益、政策的需要，也可不适用“成立在先、权利优先”的原则。

4. 追及效力

物权的追及效力，是指物权成立后，无论物权的标的物辗转落入谁人之手，除法律另有规定外，物权人均可追及至物之所在并行使物权的法律效力。物权的追及效力主要表现为两种情况：一是当标的物由无权处分人转让给第三人时，除法律另有规定外，物权人有权向第三人请求返还原物，在这种情况下物权的追及效力属于物上请求权的一种形式；二是当抵押人擅自转让抵押物给第三人时，抵押权人得追及至抵押物之所在行使抵押权。物权的追及效力并不是绝对的：当善意第三人按即时取得制度或时效制度取得标的物所有权时，原所有权人无权请求善意第三人返还原物，只能请示无权处分人赔偿损失；物权未按法定方式公示的，不具有对抗善意第三人的法律效力，即对善意第三人不具有追及效力；物权登记错误时，与登记名义人进行交易的善意第三人受登记公信力的法律保护，真权利人对善意第三人无追及力。

2.1.5　物权变动

1.概述

物权变动，可以从两个方面来理解：从物权的主体角度来看，是指物权的取得(设定)、变更与丧失；从物权的本体角度来看，是指物权的发生、变更与消灭。

(1) 物权的取得（发生）。物权的取得是指物权就特定主体而发生。以是否基于他人之权利与意志为标准，物权的取得可分为原始取得与继受取得。

原始取得，是指非依他人权利与意志而取得物权。物权之原始取得方法主要有：①通过生产而取得产品的物权；②通过收益而取得天然孳息的物权；③国家通过税收、国有化、征收、没收而取得物权；④国家按法定程序取得无人继承的遗产、无人认领的遗失物和所有人不明的埋藏物、隐藏物的所有权；⑤集体组织取得其成员的无人继承的遗产的所有权；⑥在法律允许的范围内通过先占取得无主动产的所有权；⑦取得添附物的物权；⑧通过时效制度取得物权；⑨通过即时取得制度取得物权。

继受取得，是指基于他人的权利与意志而取得物权。

物权之继受取得可分为：

转移之继受取得，即原物权人的物权完整地转移给新物权人，其方法有买卖、互易、赠与、遗赠、继承等；

创设之继受取得，指所有权人为他人创设所有权以外的物权，其方法有民事与行政两类方法：民事方法是指所有权人通过与他人订立契约的方式为他人创设物权，如订立地上权契约、土地使用权出让契约，抵押权契约等；行政方法是指国家行政主管机关通过划拨或特许为法人、自然人创设他物权，如创设土地使用权、采矿权、水产养殖权、水产资源捕捞权、取水权等。

(2) 物权的变更。物权法中的物权变更通常指狭义的物权变更，即物权客体与内容的变更。物权客体的变更，是指物权的标的物量的改变，即标的物在数量上的增减。物权内容的变更，指物权的质的改变，即物权权利义务存在状态的变更。

(3) 物权的消灭。物权的消灭，是指特定主体与物权分离，即主体物权的丧失。物权消灭包括：物权的绝对消灭，是指物权与特定主体分离，且他人又未取得其权利。物权标的物灭失、物权人抛弃其物权、他物权与所有权混同等，都能引起物权的绝对消灭。

物权的相对消灭，是指物权与原主体分离而又与新主体结合而归于新主体。例

如，转让人因转让而丧失物权。

2. 物权变动的原因

物权变动是物权法上的一种民事法律效果，能够引起这种法律效果的法律事实即原因有三类：物权法律行为，简称物权行为；物权行为以外的法律事实，包括生产、天然孳息、时效、先占、遗失物之拾得、埋藏物之发现、标的物之灭失、混同、法定期限的届满、加工、附合、债务清偿等；某些公法行为，如法院的强制执行、国有化、征收等。

2.1.6　物权的公示

物权的公示是指物权的享有及变动可取信于社会公众的外部表现方式。我国民法通则第七十二条对所有权转移的公示问题作了原则的规定，此外，我国制定的有关土地、房屋登记的单行法规也直接涉及物权的公示问题。

1. 不动产物权的公示——登记

不动产物权公示的方法为行政主管机关的登记。不动产物权登记是指不动产行政管理机关根据申请人的申请或依职权将不动产物权设立、变更、消灭等情况依法记载于其专门设置的登记簿上。在我国，对不动产物权登记享有职权的行政机关有国有土地管理机关、房产管理机关、矿产管理机关、水行政机关、渔政管理机关、林业管理机关等。它们分别对基于土地、房屋、矿产资源、水资源、森林资源而发生的物权或准物权行使登记管理权。根据我国现行有关法律的规定，不动产物权不经登记不发生物权变动的效力。当然，在物权中以登记为公示方法的并不限于不动产物权，以民用航空器、船舶、机动车辆为客体的动产物权的公示方法也是登记。不过这些特殊动产物权登记从效力上讲是不经登记其物权变动不能产生对抗善意第三人的效力。

2. 动产物权的公示——占有与交付

动产物权，除法律另有规定或当事人另有约定外，以占有与交付为其公示方法。这里所称法律另有规定者，除前述以民用航空器、船舶、机动车辆为客体的物权外，还包括动产抵押权和某些权利质权。占有是指人对物的直接或间接的掌握与控制。占有是动产物权享有的公示手段，或称动产物权的静态公示。交付是指当事人一方将物之占有移转给另一方。交付作为动产物权变动的公示方法，须以交付人让与动产物权的意思为前提。交付的方式有现实交付、简易交付、占有改定和指示交付等四种。

3. 物权公示的公信力

（1）物权登记的公信力。物权登记的公信力，是指物权登记机关在其物权登记簿上所作的各种登记具有使社会公众相信其正确、全面的效力。基于物权登记的公信力，即使登记错误或者遗漏，因相信登记正确、全面而与登记名义人进行交易的善意第三人所得利益受法律保护。

（2）动产占有的公信力。法律规定动产物权的享有以占有为其公示手段。依此规定，动产的实际占有也就具有了使社会公众相信占有人对占有的动产享有物权的公信力。基于占有的这种公信力，即使占有人对其占有的动产无处分权，自占有人受让动产的善意第三人的利益亦受法律保护。这种保护善意第三人利益，维护交易安全的法律制度称为善意取得制度。依照这一制度，自无权转让人受让动产的第三人，在具备法律规定的条件时，可即时取得其受让动产的权利，原权利人的权利消灭。在这种情况下，原权利人只能请求无权转让人赔偿损失，而不能请求受让人返还原物。

民法对物权的保护是通过赋予物权人以请求权的方法来实现的。

当物权是否存在或归属不明发生争执时，当事人可以向法院提起诉讼，请求确认物权。

2.1.7 物权的民法保护

物权的法律保护，是指国家运用各种法定方法保护物权人对财产进行管领和支配的各种权利。保护物权，是各部门法的共同任务，但各部门法的保护方法不同。本书所说的物权的保护，是民法上对物权的保护。

1. 请求确认物权

当物权是否存在或归属不明发生争执时，当事人可以向法院提起诉讼，请求确认物权。确认物权是保护物权的一种独立方法；在某些情况下，确认物权还是其他物权法律保护的前提。

2. 请求排除妨碍

当他人的行为非法妨碍物权人行使物权时，物权人可以请求妨碍人排除妨碍，也可请求法院责令排除妨碍。由于请求排除妨碍的事实依据是他人的行为构成了对物权人行使物权的妨碍，因此排除妨碍之请求，物权人都可以提出；所请求排除的妨碍，既可以是已经构成之妨碍，也可以是可能出现的妨碍；与之对应排除妨碍之请求分别为“请求除去妨碍”和“请示防止妨碍”。

3. 请求恢复原状

当物权的标的物因他人的侵权行为而损坏时，如果能够修复，物权人可以请求侵权行为人加以修理以恢复物之原状。请求恢复原状的目的在于恢复物之完好状态。恢复原状请求的提出，须具备以下条件：①有财产损坏之事实存在；②财产之损坏出于他人之违法行为，包括故意损坏财产的行为和因使用不当而致使财产损坏

的行为；③损害的财产有恢复的可能。如无修复的可能物权人只能请求侵权人赔偿损失。被损坏的财产经修复后，如果其价值有所降低，物权人还有权请求侵权行为人赔偿损失。

4. 请求返还原物

当物权人的财产被他人非法占有时，物权人可以依法请求不法占有人返还原物，或请求法院责令占有人返还原物。请求返还原物的必要前提是原物须为特定物而且必须存在。若原物为种类物，请求返还原物没有必要；若原物已经灭失，请求返还原物则不可能，只能要求赔偿损失。

5. 请求赔偿损失

当他人侵害物权的行为造成物权人的经济损失时，物权人可以直接请求侵害人赔偿损失，也可请求法院责令侵害人赔偿损失。赔偿损失之请求，既可以单独提出，也可以在行使物上请求权时同时提出。

2.1.8　不动产相邻关系

1. 相邻关系的概念和特征

相邻关系，是指不动产的相邻各方在行使所有权或使用权时，因相互间应当给予方便或接受限制而发生的权利义务关系。

> 相邻关系是土地或房屋等相邻不动产的所有人或使用人的权利的延伸或限制。

相邻关系的特征：

(1) 相邻关系是一种由法律直接规定的而非当事人相互约定或以一定的法律行为所设定的关系。

(2) 相邻关系的主体必须是两个或两个以上相邻接不动产的所有人或使用人。

(3) 相邻关系是因为主体所有或使用的不动产相邻而产生的。

(4) 相邻关系的客体是因行使不动产所有权或使用权所体现的财产利益或其他利益，而对于不动产本身并无争议。

(5) 相邻关系的内容包括积极的作为和消极的不作为两个方面，具体表现在相邻任何一方都要以自己的财产为对方提供某种必要的便利，相邻各方在行使权利时，不得损害他方的合法权益。从本质上讲，相邻关系是土地或房屋等相邻不动产的所有人或使用人之权利的延伸或限制。相邻关系的处理应遵循有利生产、方便生活、团结互助、公平合理的原则。

2. 几种主要的相邻关系

(1) 相邻土地的通行关系。被相邻土地包围以致与公用道路隔离的土地所有人或使用人，有权通行邻地以直达公用道路。但通行人在选择道路时，应当选择最必要、损失最少的路线。并且，对邻地享有通行权的人，应当依法赔偿邻人遭受的相应损失。对于历史上形成的通道，土地所有人或使用人无权任意堵塞或改道，以免妨碍邻人通行，如果确实需要改道，应取得邻人的同意。

（2）相邻土地的使用关系。相邻土地的使用关系有：①相邻管线安设关系。相邻人因埋设管道、架设线路需要经过他方土地时，他方应当允许，但相邻人应当选择损害最小的地点及方法安设。相邻人还应对所占土地及施工造成的损失给予赔偿，并于事后清理现场，恢复原状。②因建筑施工临时占用邻人土地而发生的相邻关系。相邻一方因建筑施工需要占用他方土地时，他方应当允许。但是占用方应按双方约定的范围、用途和期限使用。使用完毕后，应当及时清理现场，恢复原状。给他方造成损失的，应给予经济补偿。

（3）相邻用水、流水、截水及排水关系。在我国，水资源属于国家所有，相邻各方均有使用的权利。因此，相邻人应当保持水的自然流向，在需要改变流向并影响相邻他方用水时，应取得他方同意，并对由此造成的损失给予适当的补偿。为了灌溉土地，需要提高上游的水位，建筑水坝必须附着于对岸时，对岸的土地所有人或使用人应当允许；如果对岸的土地所有人或使用人也使用水坝或其他设施时，应按受益的大小，分担一部分费用。水流经过地的所有人或使用人，均应遵循“由近及远，由高至低”的原则依次用水。一方擅自改变、堵截或独占自然水流，影响他方正常生产和生活的，他方有权请求排除妨碍，造成他方损害的，应负责赔偿损失。高地所有人或使用人有向低地排水的权利。但低地所有人或使用人对高地的排水所承担的义务，则因排放的水是自然流水或人工流水的不同而有所不同。对自然流水，低处的土地所有人或使用人有承水的义务，高处的土地所有人或使用人没有将水一直引到江河或公用排水系统的义务，对自然流水给低处地所有人或使用人造成的损害，若高处土地的所有人或使用人无过错，他们不承担任何民事责任。而对于人工流水，低地所有人或使用人没有承水义务，只有过水义务，即允许流水通过的义务。高处地所有人或使用人必须采取适当措施，将其人工流水安全通过低地，直达江河或公共排水系统。排放人工流水给他人造成损害或存在损害、危害的，受害方有权请求停止侵害、消除危险及赔偿损失。需要注意的是，屋檐滴水，表面上似乎属于自然流水，但从实质上看，应划归人工流水。因此，修建房屋应注意不得将屋檐滴水向邻人屋面排流，以防对邻人房屋的侵害。因屋檐滴水造成邻人损害的，受害人有权请求排除妨碍，赔偿损失。

（4）建筑物相邻关系。相邻各方修建房屋等建筑物时，应不妨碍邻近建筑物的通风和采光。如果邻近建筑物之所有人或使用人，在修建新建筑物时不针对通风、采光问题提出异议，而建筑完工后又受到损害，受害人只能请求赔偿损失，不能请求排除防碍。对于一方所有的或者使用的建筑物范围内历史形成的通道，其所有人或使用人不得堵塞、拆除。但有条件另开通道的，也可以另开通道。相邻建筑物共用墙如为双方共同所有，则双方的权利义务关系适用共有的有关规定；如果共用墙仅为一方所有，则双方的权利义务关系应适用相邻关系的规定，即共有墙的所有人应承认历史现状允许相邻方在原有的使用范围内继续合理使用；共有墙的所有人使用共有墙时，不得妨碍对方的学习、生活。

（5）相邻环保关系。相邻人，尤其是工业企业，在生产、研究过程中，排放废气、废水及废渣不得超过国家规定的排放标准。若超标排放，受害人有权请求消除危害，排除妨碍和赔偿损失。此外，相邻人也不得以高音、噪音、喧嚣妨碍邻人的工作、生活和休息。否则，受害人有权请求停止侵害、赔偿损失。

（6）相邻防险关系。相邻人从事高度危险作业时，应当采取必要的安全防范措施，防止对邻人的侵害。即便不是从事高度危险作业，也应注意不妨碍邻人财产的安全。例如，在自己所有的土地上挖沟、池或窖，极有可能动摇邻人建筑物的地基等。因此，相邻人在以上作业中，必须充分的注意，采取一切必要措施，防范危险的发生。

（7）相邻地界关系。相邻人对于相邻他方地上的竹木根枝超越地界，并影响己方土地使用的，相邻人有权请求对方割除越界的竹木根枝。如果对方经请求仍不予割除，相邻人可以自行割除。

2.2 建筑法律制度

2.2.1 建筑法概述

1. 建筑法的概念

建筑法有广义与狭义之分。广义的建筑法，是指调整工程勘察、设计、施工以及建筑设备安装等过程中发生的建筑活动管理关系和建筑活动民事关系的法律规范的总和。狭义的建筑法，仅指1997年11月1日第八届全国人民代表大会通过并于1998年3月1日起实施《中华人民共和国建筑法》（2011年修订，以下简称《建筑法》）。

2. 建筑法的渊源

建筑法的法律渊源，除《建筑法》外，还包括：《合同法》（第16章）、《招标投标法》、《建筑工程勘察设计管理条例》、《建设工程质量管理条例》、《建设工程施工许可管理办法》、《建筑工程勘察和设计单位资质管理规定》、《建筑业企业资质管理规定》、《造价工程师注册管理办法》、《建筑工程设计招标投标管理办法》、《建筑工程勘察设计市场管理规定》、《工程建设项目招标范围和规模标准规定》、《建筑工程施工发包与承包价格管理暂行规定》、《工程建设监理规定》、《建设工程监理范围和规模标准规定》、《建设工程质量管理办法》、《建设项目（工程）竣工验收办法》、《城市住宅小区竣工综合验收管理办法》、《房屋建筑工程和市政基础设施工程竣工验收备案管理办法》、《房屋建筑和市政基础设施工程质量监督管理规定》、《房屋建筑工程质量保修办法》等法律、行政法规和部门规章，以及调整建筑活动的地方性法规和地方人民政府规章。

3. 建筑法的调整对象

《建筑法》的调整对象是建筑活动民事关系与建筑活动行政管理关系。建筑活动民事关系发生的民事关系，以及房地产开发主体与建筑勘察设计单位、建筑安装施工单位、建筑工程监理单位、建筑材料设备供应单位及其他相关民事主体之间因建筑活动而发生的民事关系。建筑活动行政管理关系，是指国家机关与从事建筑活动的企业之间发生的管理与被管理关系。具体内容包括政府建设行政主管部门对建筑业、房地产业及市政公共事业的管理关系，政府建设行政主管部门对建筑单位、设计单位、施工单位、工程咨询监理单位的管理关系等。对于建筑法的调整对象，我国《建筑法》第二条有规定，即："在中华人民共和国境内从事建筑活动，实施对建筑活动的监督管理，应当遵守本法。本法所称建筑活动，是指各类房屋建筑及其附属设施的建造和与其配套线路、管道、设备的安装活动。"

2.2.2 建筑许可制度

1. 从业资格

国家实行建筑从业资格许可制度。

国家实行建筑从业资格许可制度。从事建筑活动的建筑施工企业、勘察单位、设计单位和工程监理单位，应当具备下列条件：①有符合国家规定的注册资本。②有与从事的建筑活动相适应的具有法定执业资格的专业技术人员。③有从事相关建筑活动所应有的技术装备。④法律、行政法规规定的其他条件。从事建筑活动的建筑施工企业、勘察单位、设计单位和工程监理单位，按照其拥有的注册资本、专业技术人员、技术装备和已完成的建筑工程业绩等资质条件，划分为不同的资质等级，经资质审查合格，取得相应等级的资质证书后，方可在其资质等级许可的范围内从事建筑活动。此外，从事建筑活动的专业技术人员，应当依法取得相应的执业资格证书，并在执业资格证书许可的范围内从事建筑活动。

2. 建筑工程施工许可

（1）申请建筑工程施工许可证的范围。建筑工程开工以前，建设单位应当按照

国家有关规定向工程所在地县级以上人民政府建设行政主管部门申请领取施工许可证；但是，国务院建设行政主管部门确定的限额以下小型工程除外。工程投资额在300万元以下的，或者建筑面积在300平方米以下的建筑工程可以不申请办理施工许可证。

（2）申请领取施工许可证。申请领取施工许可证，应当具备下列条件：①已经办理建筑工程用地批准手续；②在城市规划区的建筑工程，已经取得规划许可证；③需要拆迁，其拆迁进度符合施工要求；④已经确定建筑施工企业；⑤有满足施工需要的施工图纸及技术资料；⑥有保证工程质量和安全的具体措施；⑦建筑资金已经落实。建筑工期不足1年的，到位资金原则上不得少于工程合同价的50%；建筑工期超过1年的，到位资金原则上不得少于工程合同价的30%。建筑单位应当提供银行出具的到位资金证明，有条件的可以实行银行付款保函或者其他三方担保；⑧法律、行政法规规定的其他条件。

（3）建设工程施工许可证的效力。建设行政主管部门应当自收到申请之日起15日内，对符合条件的申请颁发施工许可证。建设单位应当自领取施工许可证之日起3个月内开工。因故不能按期开工的，应当向发证机关申请延期；延期以两次为限，每次不超过3个月。既不开工又不申请延期或者超过延期时限的，施工许可证自动废止。在建的建筑工程因故中止施工的，建设单位应当自中止施工之日起1个月内，向发证机关报告，并按照规定做好建筑工作的维护管理工作。建筑工程恢复施工时，应当向发证机关报告；中止施工满1年的工程恢复施工前，建设单位应当报发证机关核验施工许可证。按照国务院有关规定批准开工报告的建筑工程，因故不能按期开工或者中止施工的，应当及时向批准机关报告情况。因故不能按期开工超过6个月的，应当重新办理开工报告的批准手续。

2.2.3　建筑工程发包与承包

1.一般规定

建筑工程的发包单位与承包单位应当依法订立书面合同，明确双方的权利与义务。发包单位和承包单位应当全面履行合同约定的义务。不按照合同约定履行义务的，依法承担违约责任。建筑工程发包与承包的招标投标活动，应当遵循公开、公正、平等竞争的原则，择优选择承包单位。建筑工程的招标投标，建筑法没有规定的，适用有关招标投标法律的规定。发包单位及其工作人员在建筑工程发包中不得收受贿赂、回扣或者索取其他好处。承包单位及其工作人员不得利用向发包单位及其工作人员行贿、提供回扣或者给予其

> 建筑工程的发包单位与承包单位应当依法订立书面合同，明确双方的权利与义务。

他好处等不正当手段承揽工程。建筑工程造价应当按照国家有关规定，由发包单位与承包单位在合同中约定。公开招标发包的，须遵循招标投标法律的规定。发包单位应当按照合同的约定，及时拨付工程款项。

2. 发包

建筑工程依法实行招标发包，对不适于招标发包的可以直接发包。建筑工程实行公开招标的，发包单位应当依照法定程序和方式发布招标公告，提供载有招标工程主要技术要求、主要的合同条款、评标的标准和方法以及开标、评标、定标的程序等内容的招标文件。开标应当在招标文件规定的时间和地点公开进行。开标后应当按照招标文件规定的评标标准和程序对标书进行评价、比较，在具备相应资质条件的投标者中择优选定中标者。建筑工程招标的开标、评标、定标由建设单位依法组织实施，并接受有关行政主管部门的监督。建筑工程实行招标发包的，发包单位应当将建筑工程发包给依法中标的承包单位。建筑工程实行直接发包的，发包单位应当将建筑工程发包给具有相应资质条件的承包单位。政府及其所属部门不得滥用行政权利，限定发包单位将招标发包的建筑工程发包给指定的承包单位。

提倡对建筑工程实行总承包，禁止将建筑工程肢解发包。建筑工程的发包单位可以将建筑工程的勘察、设计、施工、设备采购一并发包给一个工程总承包单位；但是，不得将应当由一个承包单位完成的建筑工程肢解成若干部分发包给几个承包单位。按照合同约定，建筑材料、建筑构配件和设备由工程承包单位采购的，发包单位不得指定承包单位购入用于工程的建筑材料、建筑构配件和设备或者指定生产厂、供应商。

承包建筑工程的单位应当持有依法取得的资质证书，并在其资质等级许可的业务范围内承揽工程。

3. 承包

承包建筑工程的单位应当持有依法取得的资质证书，并在其资质许可的业务范围内承揽工程。

承包建筑工程的单位应当持有依法取得的资质证书，并在其资质许可的业务范围内承揽工程。根据建设部2001年3月14日通过并于2001年7月1日起施行的《建筑业企业资质管理规定》规定，建筑业企业资质分为施工总承包、专业承包和劳务分包三个序列。获得施工总承包资质的企业，可以对工程施工总承包或者对主体实行工程承包。承担施工总承包的企业可以对所承包的工程全部自行施工，也可以将非主体工程或者劳务作业分包给具有相应专业承包资质的其他建筑企业。获得劳务分包资质的企业，可以承接施工总承包企业或者专业承包企业分包的劳务作业。施工总承包资质、专业承包资质、劳务分包资质序列按照工程性质和技术特点分别划分为若干资质类别。各资质类别按照规定的条件划分为若干等级。禁止建筑施工企业超越本企业资质等级许可的业务范围或者以任何形式用其他建筑单位的名义承揽工程。禁止承包单位将其承包的全部建筑工程转包给他人，禁止承包单位将其承包的全部建筑工程肢解以后以分包的名义转包给他人。禁止总承包单位将工程分包给不具备相应资质条件的单位。禁止分包单位将其承包的工程再分包。大型建筑工程或者结构复杂的建筑工程，可以由两个以上的承包单位联合共同承包。共同承包的各方对承包合同的履行承担连带责任。两个以上不同资质等级的单位实行联合共同承包的，应当按照资质等级低的单位的业务许可范围承揽工程。

建筑工程总承包单位可以将承包工程中的部分工程发包给具有相应资质条件的分包单位；但是，除总承包合同中约定的分包外，必须经建设单位认可。施工总承包的，建筑工程主体结构的施工必须由总承包单位自行完成。建筑工程总承包单位按照总承包合同的约定对建设单位负责；分包单位按照分包合同的约定对总承包单位负责。总承包单位和分包单位就分包工程对建设单位承担连带责任。

2.2.4　建设工程监理

为了加强对工程监理企业资质管理，维护建筑市场秩序，保证建设工程的质量、工期和投资效益的发挥，建设部根据《建筑法》、《建设工程质量管理条例》于2001年8月29日通过了《工程监理企业资质管理规定》。

1. 国家推行建筑工程监理制度

实行监理的建筑工程，由建设单位委托具有相应资质条件的工程监理单位监理。建设单位与其委托的工程监理单位应当订立书面委托监理合同。

建筑工程监理应当依照法律、行政法规及有关的技术标准、设计文件和建筑工程承包合同，对承包单位在施工质量、建设工期和建设资金使用等方面，代表建设单位实施监督。工程监理人员认为工程施工不符合工程设计要求、施工技术标准和合同约定的，有权要求建筑施工企业改正。工程监理人员发现工程设计不符合建筑工程质量标准或者合同约定的质量要求的，应当报告建设单位要求设计单位改正。实施建筑工程监理前，建设单位应当将委托的工程监理单位、监理的内容及监理权限，书面通知被监理的建筑施工企业。工程监理单位与被监理工程的承包单位以及建筑材料、建筑构配件和设备供应单位不得有隶属关系或者其他利害关系。工程监理单位不得转让工程监理业务。工程监理单位不按照委托监理合同的约定履行监理义务，对应当监理检查的项目不检查或者不按照规定检查，给建设单位造成损失的，应当承担相应的赔偿责任。工程监理单位与承包单位串通为承包单位谋取非法利益，给建设单位造成损失的，应当与承包单位承担连带赔偿责任。

工程监理单位应当在其资质等级许可的范围内，承担工程监理业务。

工程监理单位应当在其资质等级许可的范围内，承担工程监理业务。

2. 工程监理企业的资质

依据现行《工程监理企业资质管理规定》，[1]工程监理单位应当在其资质等级许可的范围内，承揽工程监理业务。工程监理企业的资质分为综合资质和专业资质，其中专业资质又划分为甲级、乙级和丙级，并按照工程性质和技术特点划分为若干工程类别。综合监理资质可以承担所有专业工程类别建设工程项目的工程监理业务，甲级工程监理企业可以监理经核定的工程类别中一、二、三等工程；乙级工程监理企业可以监理经核定的工程类别中二、三等工程；丙级工程监理企业可以监理经核定的工程类别中三等工程。

2.2.5 建筑安全生产管理

1. 建筑工程产品的安全生产管理

建筑工程安全生产管理必须坚持安全第一、预防为主的方针，建立健全安全生产的责任制度和群防群治制度。建筑工程设计应当符合按照国家规定制度的建筑安全规定和技术规范，保证工程的安全。建筑施工企业在编制施工组织设计时，应当根据建筑工程的特点指定相应的安全技术措施；对专业性较强的工程项目，应当编制安全施工组织，并采取安全技术措施。建筑施工企业应当在施工现场采取维护安全、防范危险、预防火灾等措施；有条件的，应当对施工现场实行封闭管理。施工现场对毗邻的建筑物、构筑物和特殊作业环境可能造成损害的，建筑施工企业应当采取安全防护措施。建筑单位应当向建筑施工企业提供与施工现场相关的地下管线资料，建筑施工企业应当采取措施加以保护。建筑施工企业应当遵守有关环境保护和安全生产的法律、法规的规定，采取控制和处理施工现场的各种粉尘、废气、废水、固体废物以及噪声、振动对环境的污染和危害的措施。

2. 建筑工程安全生产的监督管理

建设行政主管部门负责建筑安全生产的管理，并依法接受劳动行政主管部门对建筑安全生产的指导和监督。建筑施工企业必须依法加强对建筑安全生产的管理，执行安全生产责任制度，采取有效措施，防止伤亡和其他安全事故的发生。建筑施工企业的法定代表人对本企业的安全生产负责。施工现场安全由建筑施工企业负责。实行施工总承包的，由总承包单位负责。分包单位向总承包单位负责，服从总

[1] 《工程监理企业资质管理规定》（2011 年施行，建设部令第 102 号）已废止，现行为《工程监理企业资质管理规定》（2007 年施行，建设部令第 158 号）。

承包单位对施工现场的安全生产管理。

3. 对职工的安全教育管理

建筑施工企业应当建立健全劳动安全生产教育培训制度，加强对职工安全生产的教育培训；未经安全生产教育培训的人员，不得上岗作业。建筑施工企业和作业人员在施工过程中，应当遵守有关安全生产的法律、法规和建筑行业安全规章、规程，不得违章指挥或者违章作业。作业人员有权对影响人身健康的作业程序和作业条件提出改进意见，有权获得安全生产所需的防护用品。作业人员对危及生命安全和人身健康的行为有权提出批评、检举和控告。建筑施工企业必须为从事危险作业的职工办理意外伤害保险，支付保险费。涉及建筑主体和承重结构变动的装修工程，建筑单位应当在施工前委托原设计单位或者具有相应资质条件的设计单位提出设计方案；没有设计方案的，不得施工。房屋拆除应当由具备保证安全条件的施工单位承担，由建筑施工单位负责人对安全负责。施工中发生事故时，建筑施工企业应当采取紧急措施减少人员伤亡和事故损失，并按照有关规定及时向有关部门报告。

2.2.6　建筑工程质量管理

为了加强对建设工程质量的管理，保证建设工程质量，保护人民生命和财产安全，国务院于 2000 年 1 月 30 日根据《建筑法》规定发布《建筑工程质量管理条例》。该条例对于不同单位的建筑工程质量义务作了详细规定。

1. 建设单位的质量责任与义务

（1）依法发包的义务。建设单位应当将工程发包给具有相应资质等级的单位，建设单位不得将建设工程肢解发包。建设工程发包单位不得迫使承包单位以低于成本的价格竞标，不得任意压缩合理工期。建设单位不得明示或暗示设计单位或者施工单位违反工程建设强制性标准降低建设工程的质量。

> 建设单位应当将工程发包给具有相应资质等级的单位，建设单位不得将建设工程肢解发包。

（2）依法招标的义务。建设单位应当依法对工程建设项目的勘察、设计、施工、监理以及与工程建设有关的重要设备、材料等的采购进行招标。建设单位必须向有关的勘察、设计、施工、工程监理等单位提供与建设工程有关的原始资料。原始资料必须真实、准确、齐全。

（3）委托监理的义务。根据规定，下列建设工程必须实行监理：①国家重点建设工程；②大中型公用事业工程；③成片开发建设的住宅小区工程；④利用外国政府或者国际组织贷款、援助资金的工程；⑤国家规定必须实行监理的其他工程。实行监理的建设工程，建设单位应当委托具有相应资质等级的工程监理单位进行监理，也可以委托具有工程监理相应资质等级并与被监理工程的施工承包单位没有隶属关系或者其他利害关系的该工程的设计单位进行监理。

(4) 保证施工的义务。建设单位在领取施工许可证或者开工报告前，应当按照国家有关规定办理质量监督手续。按照合同约定，由建设单位采购建筑材料、建筑构配件和设备的，建设单位应当保证建筑材料、建筑构配件和设备符合设计文件和合同要求。建设单位不得明示或者暗示施工单位使用不合格的建筑材料、建筑构配件和设备。涉及建筑主体和承重结构变动的装修工程，建设单位应当在施工前委托原设计单位或者具有相应资质等级的设计单位提出设计方案；没有设计方案的，不得施工。房屋建筑使用者在装修过程中，不得擅自变动房屋建筑主体和承重结构。

(5) 验收的责任。建设单位收到建设工程竣工报告后，应当组织设计、施工、工程监理等有关单位进行竣工验收。建设工程竣工验收应当具备下列条件：①完成建设工程设计和合同约定的各项内容；②有完整的技术档案和施工管理资料；③有工程使用的主要建筑材料、建筑构配件和设备的进场实验报告；④有勘察、设计、施工、工程监理等单位分别签署的质量合格文件；⑤有施工单位签署的工程保修书。建设工程验收合格的，方可交付使用。

2.勘察、设计单位的质量责任与义务

(1) 在资质范围内承揽工程的义务。从事建设工程勘察、设计的单位应当依法取得相应等级的资质证书，并在其资质等级许可的范围内承揽工程。禁止勘察、设计单位超越其资质等级许可的范围或者以其他勘察、设计单位的名义承揽工程。禁止勘察、设计单位允许其他单位或者个人以本单位的名义承揽工程。勘察、设计单位不得转包或者违法分包所承揽的工程。

(2) 依法进行勘察设计的义务。勘察、设计单位必须按照工程建设强制性标准进行勘察、设计，并对其勘察、设计的质量负责。注册建筑师、注册结构工程师等注册执业人员应当在设计文件上签字，对设计文件负责。勘察单位提供的地质、测量、水文等勘察成果必须真实、准确。设计单位应当根据勘察成果文件进行建筑工程设计。设计文件应当符合国家规定的设计深度要求，注明工程合理使用年限。设计单位在设计文件中选用的建筑材料、建筑构配件和设备，应当注明规格、型号、性能等技术指标，其质量要求必须符合国家规定的标准。除有特殊要求的建筑材料、专用设备、工艺生产线等外，设计单位不得指定生产厂、供应商。设计单位应当就审查合格的施工图设计文件向施工单位作出详细说明。设计单位应当参与建设工程质量事故分析，并对因设计造成的质量事故，提出相应的技术处理方案。

3.施工单位的质量责任与义务

(1) 在资质许可范围内承揽工程。施工单位应当依法取得相应等级的资质证书，并在其资质等级许可的范围内承揽工程。禁止施工单位超越本单位资质等级许可的业务范围或者以其他施工单位的名义承揽工程。禁止施工单位允许其他单位或者个人以本单位的名义承揽工程。施工单位不得转包或者违法分包工程。

(2) 施工单位对建设工程的施工质量负责。施工单位应当建立质量责任制，确定工程项目的项目经理、技术负责人和施工管理负责人。建设工程实行总承包的，总承包单位应当对全部建设工程质量负责；建设工程勘察、设计、施工、设备采购的一项或者多项实行总承包的，总承包单位应当对其承包的建设工程或者采购的设备的质量负责。总承包单位依法将建设工程分包给其他单位的，分包单位应当按照分包合同的约定对其分包工程的质量向总承包单位负责，总承包单位与分包单位对分包工程的质量承担连带责任。施工单位必须按照工程设计图纸和施工技术标准施工，不得擅自修改工程设计，不得偷工减料。施工单位在施工过程中发现设计文件和图纸有差错的，应当及时提出意见和建议。施工单位必须按照工程设计要求、施工技术标准和合同约定，对建筑材料、建筑构配件、设备和商品混凝土进行检验，检验应当有书面记录和专人签字；未经检验或者检验不合格的，不得使用。施工单位必须建立、健全施工质量的检验制度，严格工序管理，作好隐蔽工程的质量检查和记录。隐蔽工程在隐蔽前，施工单位应当通知建设单位和建设工程质量监督机构。

4. 工程监理单位的质量责任与义务

(1) 在资质范围内承揽工程的义务。工程监理单位应当依法取得相应等级的资质证书，并在其资质等级许可的范围内承担工程监理业务。禁止工程监理单位超越本单位资质等级许可的范围或者以其他单位的名义承担工程监理业务。禁止工程监理单位允许其他单位或者个人以本单位的名义承担工程监理业务。工程监理单位不得转让工程监理业务。工程监理单位与被监理工程的施工承包单位以及建筑材料、建筑构配件和设备供应单位有隶属关系或者其他利害关系的，不得承担该项建设工程的监理业务。

(2) 对施工承担监理责任。工程监理单位应当依照法律、法规以及有关技术标准、设计文件和建设工程承包合同，代表建设单位对施工质量实施监理，并对施工质量承担监理责任。工程监理单位应当选派具备相应资格的总监理工程师和监理工程师进驻施工现场。未经监理工程师签字，建筑材料、建筑构配件和设备不得在工程上使用或者安装，施工单位不得进行下一道工序的施工。未经总监理工程师签字，建设单位不得拨付工程款，不得进行竣工验收。监理工程师应当按照工程监理规范的要求，采取旁站、巡视和平行检验等形式，对建设工程实施监理。

5. 建设工程质量保修

(1) 建设工程实行质量保修制度。建设工程承包单位在向建设单位提交工程竣工验收报告时，应当出具质量保修书。质量保修书中应当明确建设工程的保修范围、保修期限和保修责任等。

（2）建设工程的最低保修期。在正常使用条件下，建设工程的最低保修期限为：①基础设施工程、房屋建筑的地基基础工程和主体结构工程，为设计文件规定的该工程的合理使用年限；②屋面防水工程、有防水要求的卫生间、房间和外墙面的防渗漏为5年；③供热与供冷系统，为2年采暖期、供冷期；④电气管线、给排水管道、设备安装和装修工程，为2年。其他项目的保修期限由发包方与承包方约定。建设工程的保修期，自竣工验收合格之日起计算。建设工程在保修范围和保修期限内发生质量问题的，施工单位应当履行保修义务，并对造成的损失承担赔偿责任。建设工程在超过合理使用年限后需要继续使用的，产权人应当委托具有相应资质等级的勘察、设计单位鉴定，并根据鉴定结果采取加固、维修等措施，重新界定使用期。

2.2.7 建设工程的监督管理

1.建设工程质量监督管理体制

国家实行建设工程质量监督管理体制。国务院建设行政主管部门对全国的建设工程质量实施统一监督管理。国务院铁路、交通、水利等有关部门按照国务院规定的职责分工，负责对全国的有关专业建设工程质量的监督管理。县级以上地方人民政府建设行政主管部门对本行政区域内的建设工程质量实施监督管理。县级以上地方人民政府交通、水利等有关部门在各自的职责范围内，负责对本行政区域内的专业建设工程质量的监督管理。国务院建设行政主管部门和国务院铁路、交通、水利等有关部门应当加强对有关建设工程质量的法律、法规和强制性标准执行情况的监督检查。

国家实行建设工程质量监督管理体制。

2.监督管理部门的职权与职责

县级以上人民政府建设行政主管部门和其他有关部门履行监督检查职责时，有权采取下列措施：

（1）要求被检查的单位提供有关工程质量的文件和资料；

（2）进入被检查单位的施工现场进行检查；

（3）发现有影响工程质量的问题时，责令改正。有关单位和个人对县级以上人民政府建设行政主管部门和其他有关部门进行的监督检查应当支持与配合，不得拒绝或者阻碍建设工程质量监督检查人员依法执行职务。供水、供电、供气、公安消防等部门或者单位不得明示或者暗示建设单位、施工单位购买其指定的生产供应单位的建筑材料、建筑构配件和设备。

建设单位应当自建设工程竣工验收合格之日起15日内，将建设工程竣工验收报告和规划、公安消防、环保等部门出具的认可文件或者准许使用文件报建设行政主管部门或者其他有关部门备案。建设行政主管部门或者其他有关部门发现建设单位在竣工验收过程中有违反国家有关建设工程质量管理规划行为规定的，责令停止使用，重新组织竣工验收。

建设工程发生质量事故，有关单位应当在24小时内向当地建设行政主管部门和其他有关部门报告。对重大质量事故，事故发生地的建设行政主管部门和其他有关部门应当按照事故类别和等级向当地人民政府和上级建设行政主管部门和其他有关部门报告。特别重大质量事故的调查程序按照国务院有关规定办理。任何单位和个人对建设工程的质量事故、质量缺陷都有权检举、控告、投诉。

2.2.8 法律责任

1.建设单位的法律责任

建设单位将建设工程发包给不具有相应资质等级的勘察、设计、施工单位或者委托给不具有相应资质等级的工程监理单位的，责令改正，处50万元以上100万元以下的罚款。建设单位将建设工程肢解发包的，责令改正，处工程合同价款0.5%以上1%以下的罚款；对全部或者部分使用国有资金的项目，并可以暂停项目执行或者暂停资金拨付。

建设单位有下列行为之一的，责令改正，处20万元以上50万元以下的罚款：①迫使承包方以低于成本的价格竞标的；②任意压缩合理工期的；③明示或者暗示设计单位或者施工单位违反工程建设强制性标准降低工程质量的；④施工图设计文件未经审查或者不合格，擅自施工的；⑤建设项目必须实行工程监理而未实行工程监理的；⑥未按照国家规定办理工程质量监督手续的；⑦明示或者暗示施工单位使用不合格的建筑材料、建筑构配件和设备的；⑧未按照国家规定将竣工验收报告、有关认可文件或者准许使用文件报送备案的。此外，建设单位未取得施工许可证或者开工报告未经批准，擅自施工的，责令停止施工，限期改正，处工程合同价款1%以上2%以下的罚款。

建设单位有下列行为之一的，责令改正，处工程合同价款2%以上4%以下的罚款；造成损失的，依法承担赔偿责任：①未组织竣工验收，擅自交付使用的；②验收不合格，擅自交付使用的；③对不合格的建设工程按照合格工程验收的。建设工程竣工验收后，建设单位未向建设行政主管部门或者其他有关部门移交建设项目档案的，责令改正，处1万元以上10万元以下的罚款。

2.勘察、设计、施工、工程监理单位的法律责任

勘察、设计、施工、工程监理单位超越本单位资质等级承揽工程的，责令停止违法行为，对勘察、设计单位或者工程监理单位处合同约定的勘察费、设计费或者监理酬金1倍以上2倍以下的罚款；对施工单位处工程合同价款2%以上4%以下的罚款，可以责令停止整顿，降低资质等级；情节严重的，吊销资质证书；有违法所得的，予以没收。未取得资质证书承揽工程的，予以取缔，依照前款规定处以罚款；有违法所得的，予以没收。以欺骗手段取得资质证书承揽工程的，吊销资质证书，依照本条第一款规定处以罚款；有违法所得的，予以没收。

勘察、设计、施工、工程监理单位允许其他单位或者个人以本单位名义承揽工程的，责令改正；没收违法所得，对勘察、设计单位和工程监理单位处合同约定的勘察费、设计费和监理酬金1倍以上2倍以下的罚款；对施工单位处工程合同价款2%以上4%以下的罚款；可以责令停业整顿，降低资质等级；情节严重的，吊销资质证书。承包单位将承包的工程转包或者违法分包的，责令改正，没收违法所得，对勘察、设计单位处合同约定的勘察费、设计费25%以上50%以下的罚款；对施工单位处工程合同价款0.5%以上1%以下的罚款；可以责令停业整顿，降低资质等级；情节严重的，吊销资质证书。

有下列行为之一的，责令改正，处10万元以上30万元以下的罚款：①勘察单位未按照工程建设强制性标准进行勘察的；②设计单位未根据勘察结果文件进行工程设计的；③设计单位未按照建设强制性标准进行设计的。有前述行为，造成工程质量事故的，责令停业整顿，降低资质等级；情节严重的，吊销资质证书；造成损失的，依法承担赔偿责任。

此外，《建筑法》对施工、工程监理单位的法律责任还有如下规定：

施工单位在施工中偷工减料的，使用不合格的建筑材料、建筑构配件和设备的，或者有不按照工程设计图纸或者施工技术标准施工的其他行为的，责令改正，处工程合同价款2%以上4%以下的罚款；造成建设工程质量不符合规定的质量标准的，负责返工、修理，并赔偿因此造成的损失；情节严重的，责令停业整顿，降低资质等级或者吊销资质证书。施工单位未对建筑材料、建筑构配件、设备和商品混凝土进行检验，或者未对涉及结构安全的试块、试件以及有关材料取样检测的，责令改正，处10万元以上20万元以下的罚款；情节严重的，责令停业整顿，降低资质等级或者吊销资质证书；造成损失的，依法承担赔偿责任。施工单位不履行保修义务或者拖延履行保修义务的，责令改正，处10万元以上20万以下的罚款，并对在保修期内因质量缺陷造成的损失承担赔偿责任。

工程监理单位有下列行为之一的，责令改正，处50万元以上100万元以下的罚款，降低资质等级或者吊销资质证书；有违法所得的，予以没收；造成损失的，

承担连带赔偿责任：①与建设单位或者施工单位串通，弄虚作假、降低工程质量的；②将不合格的建设工程、建筑材料、建筑构配件和设备按照合格签字的。工程监理单位与被监理工程的施工承包单位以及建筑材料、建筑构配件和设备供应单位有隶属关系或者其他利害关系承担该项建设工程的监理业务的，责令改正，处5万元以上10万元以下的罚款，降低资质等级或者吊销资质证书；有违法所得的，予以没收。

3. 直接责任人员的法律责任

注册建筑师、注册结构工程师、监理工程师等注册执业人员因过错造成质量事故的，责令停业执业1年；造成重大质量事故的，吊销执业资格证书，5年以内不予注册；情节特别恶劣的，终身不予注册。

给予单位罚款处罚的，对单位直接负责的主管人员和其他直接责任人员处单位罚款数额5%以上10%以下的罚款。

建设单位、设计单位、施工单位、工程监理单位违反国家规定，降低工程质量标准，造成重大安全事故，构成犯罪的，对直接责任人员依法追究刑事责任。

国家机关工作人员在建设工程质量监督管理工作中玩忽职守、滥用职权、徇私舞弊，构成犯罪的，依法追究刑事责任；尚不构成犯罪的，依法给予行政处分。

建设、勘察、设计、施工、工程监理单位的工作人员因工作调动、退休等原因离开该单位后，被发现在该单位工作期间违反国家有关建设工程质量管理规定，造成重大工程质量事故的，仍应当依法追究法律责任。

2.3　环境保护法律制度

2.3.1　环境保护法的概念和特点

1. 环境保护法的概念和调整对象

环境保护法是调整环境社会关系之法，又称为环境法，是以实现人类社会的可持续发展为目的而制定的用以全面协调人与环境的关系，并调整人类在开发、利用、保护、改善环境的活动中所产生的环境社会关系的法律规范的总和。简言之，环境保护法是调整环境社会关系的法。

环境保护法的调整对象是环境社会关系。

环境保护法的调整对象是环境社会关系。所谓“环境”，按照我国《环境保护法》第二条的规定，是指影响人类生存和发展的各种天然的和经过人工改造的自然因素的总体，包括大气、水、海洋、土地、矿藏、森林、草原、野生生物、自然遗迹、人文遗迹、自然保护区、风景名胜区、城市和乡村等。这个定义中的“环境”，主要有如下三层法律含义：首先，环境的范畴不是无限的，它仅相对于人类而言，特指对人类的生存与发展有影响的那些自然因素的总体，而不包括社会或经济等其他因素在内；其次，这个定义中的自然因素，包括各种天然的以及经过人工改造的自然因素；再次，在立法中列举的某些自然资源、历史文物、自然状态等，也由于其具有自然因素的属性而属于环境的范畴，所以自然资源也是中国环境法所调整的对象。

环境社会关系，则是指人类在开发利用和保护改善环境的过程中，在以自然资源为劳动对象的生产活动中和以环境为基本生存条件的社会生活中发生的社会关系。包括：

(1) 生态环境保护关系，即与合理开发利用自然资源和保护生态环境有关的社会关系；具体表现为人类在开发和合理利用大气、水、土地、矿藏、森林、草原、野生动植物等自然环境要素或自然资源过程中所产生的社会关系。

(2) 污染防治关系，即在防治环境污染和其他公害、改善环境质量过程中发生的社会关系；具体表现为在防治大气污染、水质污染、固体废弃物污染、噪声污染、有毒有害物质污染、电磁波污染、食品污染等活动中形成的各种社会关系。

2.环境保护法的特征

环境保护法与其他法律部门相比，具有以下特点：

(1) 广泛性。环境保护法的保护对象具有广泛性，包括各种环境要素以至整个人类环境；环境保护法所调整的社会关系具有广泛性，涉及行政关系、民事关系、甚至刑事关系、诉讼关系等；环境保护法所涉及的主体也具有广泛性，不仅包括公民、法人及其他组织，也包括国家甚至全人类，还包括尚未出生的后代人。

(2) 综合性。环境保护是一个综合的系统工程，环境法所调整的社会关系也涉及生产、流通、生活各个领域，并与开发利用、保护环境和资源的广泛社会活动有关，这就决定了需要结合运用各种调整手段，从多个方面对环境法律关系进行综合性调整。它不仅可以适用宪法、行政法、刑法等公法予以解决，也可以援引民商法予以救济，甚至还可以诉诸国际法予以调整。环境法的这种综合性特征，一方面表现在环境立法体系中除包括专门性环境法规外，还包括其他公法、私法等的法律部门（如宪法、民法、刑法、劳动法和经济法等）中有关环境保护的规范；另一方面还表现在环境法所采取的法律措施涉及经济、技术、行政教育多种因素，环境法既有实体法又有程序法，既包括国家立法也包括地方立法。环境法的这一特征还启发人们，法律虽然必须稳定，但是就环境问题对人类及其生态环境的危害是不可逆的特点而言，环境法又必须在科学认识的基础上较传统法要有更多的灵活性以及事前的预见性。

（3）科学技术性。环境保护法的终极目标是为了实现人类社会的可持续发展，这就决定了环境保护法必须体现自然规律的要求，将生态学规律作为制定环境法的自然科学理论基础，把大量的技术规范、操作规程、环境标准、控制污染的各种工艺技术要求等纳入到环境法中，从而使环境法较多地运用科学手段来调整人与自然的关系。环境法的科学技术性还表现在它促进对科学技术成果的运用方面。例如，如果环境法不对淘汰落后的技术设备以及运用先进科学技术作出规定的话，企业出于自身利益和生产成本的考虑就不太容易接受新的科学知识和技术改良。这样也不利于科学技术的进步和发展。环境法的这一特征提醒我们，环境法的方法与传统法的方法存在着一些不同之处，它的众多法律规范必须遵循和建立在自然规范（法则）的基础之上，而不能人为的、强制性的凭借主观判断予以确定。为此，必须不断通过对自然的发现、以新的价值观对在传统法基础上建立起来的人类与环境在伦理上的权利义务关系予以重新评价。

（4）社会公益性。环境保护法不仅反映政治阶级的意志，同时它也反映全社会公众的共同要求，以保护和改善生活环境和自然环境、防治污染环境、保障人体健康、促进社会经济的持续发展为其主要任务和基本目标，因而它具有社会公益性。因此，我们也不能简单地套用过去使用的阶级分析的方法来解释环境法律现象。

（5）国际性。环保问题是全世界所面临的共同问题，环境法正日益受到人们的普遍重视，从而成为第二次世界大战以来发展最快的法律之一。同时，各国的环保对策大同小异，90 年代以后世界各国环境立法发展有趋同化、国际化和一体化倾向。

2.3.2　环境保护法的基本原则

1. 协调发展原则

协调发展原则，是指为了实现经济社会的可持续发展，必须使环境保护同经济建设、社会发展相协调的原则。该原则非常概括地阐明了环境与发展的相互关系，是环境立法的一项重要的原则。该原则要求经济建设和社会发展的规模与速度不能超越环境与资源的承受能力。我们既要达到经济建设和社会发展的目标，又要使环境符合人类对环境质量的要求，二者应是互相促进、共同发展的关系。故而，我国《环境保护法》第四条规定：“国家制定的环境保护规划必须纳入国民经济和社会发展计划，国家采取有利于环境保护的经济、技术政策和措施，使环境保护工作同经济建设和社会发展相协调。”可以说，经济建设与环境保护协调发展的原则反映了当代环境保护法的实质，体现了当代环境保护法的价值取向。符合当代环境保护法的发展趋势。

2. 预防为主、防治结合、综合治理原则

该原则由预防、防治、综合治理三个部分组成。所谓预防，是指预防一切环境污染或环境破坏造成的危害，它包括通常不会发生的危害，时间和空间上距离遥远的危害，以及累积型的危害。所谓防治，是指对一切环境污染或环境破坏所进行的治理。也就是说，只要干扰环境的行为对自然环境或人体健康造成了损害或具有这种可能性，就应该对其加以防治。所谓综合治理，又称综合整治，则是指根据环境污染或环境破坏的具体情况，对预防和防治进行统筹安排，综合运用各种手段来保护和改善环境。

解决环境问题只能是立足于预防，防患于未然。要积极治理已经产生的污染，但工作重点要放在预防新的污染方面。预防理当优先，当然防治亦不可或缺，只有根据各种具体情况运用各种手段和措施，正确处理防与治、单项治理与区域治理的关系，对环境进行综合整治，才能达到保护和改善环境的目的。

3. 公众参与原则

公众参与原则，是指在环境保护领域里，公民有权通过一定的程序或途径参与一切与环境利益相关的决策活动，使得该项决策符合广大公民切身利益的原则。此项原则首先体现为要保证公众有获得环境信息的知情权；其次体现为要保障公众对有关环境活动的决策参与权；最后表现为公众的环境权益遭受非法侵害时，可以请求赔偿或补偿，享有获得法律救济的权利。此外，按照我国《环境保护法》第六条的规定，一切单位和个人都有保护环境的义务，并有权对污染和破坏环境的单位和个人进行检举和控告。

4. 环境责任原则

环境责任原则，又称为污染者负担原则。该原则要求，开发利用环境和资源，排放污染物影响或危害环境质量的，必须治理其所造成的环境污染与破坏，或者支付治理由于其活动所造成的环境损害的有关费用，即所谓“开发者养护，利用者补偿，污染者治理，破坏者恢复”。该原则是中国在借鉴国际社会普遍采用的“污染者付费原则”的基础上，结合中国的实际提出的。中国目前所实行的资源有偿使用制度、排污收费制度、企业环境保护责任制度以及限期治理制度等，通过具体的环境与资源保护单行法来明确各种强制性环境与资源整治措施和养护责任，从而使该原则得以贯彻和实行。而《环境保护法》第二十四条规定，即“产生环境污染和其他公害的单位，必须把环境保护工作纳入计划，建立环境保护责任制度；采取有效措施，防治在生产建设或者其他活动中产生的废气、废水、废渣、粉尘、恶臭气体、放射性物质以及噪声、振动、电磁波辐射等对环境的污染和危害”，是该原则的集中体现。

5. 协同合作原则

协同合作原则，是指以可持续发展为目标，在国家内部各部门之间、在国际社会国家（地区）之间重新审视原有利益与环境利益的冲突，实行广泛的技术、资金和情报交流与援助，联合处理环境问题的原则。国内的协同合作主要体现为环境保护行政主管部门与其他有关资源、能源、经济等行政主管部门和公共事业管理机关之间的协同合作以及各行政区划、各级人民政府之间的协同合作。国际社会的环境保护合作主要是基于政府间国际环境保护组织、国际货币基金组织、非政府国际组织等发起和组织的。此外，由发达国家向发展中国家提供的环境保护援助属于环境保护协同合作的一种形式。

2.3.3　我国的环境法律体系

环境法律体系，是指由一国现行的有关保护和改善环境与自然资源、防治环境污染和其他公害的各种规范性文件所组成的相互联系、相辅相成、协调一致的法律规范的统一体。我国环境法律体系的内容包括：宪法中的环境保护规范、综合性环境法与单行环境法、其他法律有关环境与资源保护的规定、国务院环境与资源保护行政法规、环境与资源保护管理规章等构成的环境保护法律体系。综合性环境法主要指《环境保护法》。单行环境法包括两类：一类是以环境污染防治和公害控制为目的的法律；二类是以管理自然资源和保护生态为目的的法律。其他法律有关环境与资源保护的规定，主要包括：《民法通则》有关合理利用自然资源（第八十一条）、相邻关系（第八十三条）、过错责任和无过失责任原则（第一百零六条）、涉及环境侵权（第一百二十三条、一百二十四条和一百二十七条）的规定等；《刑法》有关“走私罪”（第一百五十五条）、“破坏环境与资源保护罪”（第三百三十八至三百四十六条）以及“渎职罪”的规定。此外，还有《农业法》、《标准化法》、《城市规划法》、《文物保护法》、《企业法》、《乡镇企业法》、《对外贸易法》等法律中的相关规定。国务院环境与资源保护行政法规是指由国务院依照宪法和法律的授权，按照法定权限和程序颁布或通过的关于环境与资源保护方面的行政法规。目前国务院环境与资源保护行政法规的规定几乎涵盖了全部环境与资源保护行政管理领域。

2.3.4　环境保护法的基本制度

环境保护法的基本制度大致可分为环境污染防治监督管理制度和自然资源保护制度两大类。

环境保护法的基本制度，是指由调整特定的环境保护社会关系的一系列环境保护法律规范所组成的具有普遍意义的、相对完整的规则系统。它是环境保护管理制度的法律化，是环境保护法律规范体系的具体组成部分。按照所调整的环境保护社会关系不同，环境保护法的基本制度大致可分为环境污染防治监督管理制度和自然资源保护制度两大类。

1. 环境污染防治监督管理制度

环境污染防治监督管理制度，主要是调整环境污染防治监督管理方面的环境社会关系的，主要包括：环境影响评价制度；环境保护设施配套制度；排污申报登记制度；许可证制度；征收排污费制度；限期治理制度；污染事故处理制度；环境标准管理制度；环境监测制度；禁止国内污染非法转移和防止境外污染转嫁制度；现场检查制度等。

2. 自然资源保护制度

自然资源保护制度，主要是调整自然资源保护方面的环境社会关系的，一般包括：环境计划制度；森林资源保护制度；草原资源保护制度；渔业资源保护制度；水资源保护制度；土地资源保护制度；水土保持制度；野生动植物保护制度等。

2.3.5 环境保护法律责任

1. 环境保护法律责任的概念和特点

环境保护法律责任包括环境保护行政责任、民事责任和刑事责任。

环境保护法律责任包括环境保护行政责任、民事责任和刑事责任。

环境保护法律责任，是指因不履行环境保护义务而依法必须承担的否定性的法律后果。环境保护法律责任包括环境保护行政责任、民事责任和刑事责任。与其他法律责任相比，环境保护法律责任具有以下特点：责任的承担不以违法为必要前提；民事责任与行政责任重合；实行无过错责任原则；环保违法具有重罚趋势，表现为：加重了处罚的程度，实行惩罚性损害赔偿，以特别刑事手段严厉惩罚环境犯罪，实行两罚或多罚制度。

2. 环境保护行政责任

环境保护行政责任，是指环境保护行政法律关系的主体违反环境保护行政法律规范或不履行环境保护行政法律义务而应承担的否定性的法律后果。环境保护行政责任根据责任主体的不同，可以分为：①环保行政管理主体的环境行政责任，是指具有一定环保行政管理职权的机构及其工作人员因违反环保法或其他有关法律规定而所应承担的法律责任；②环保行政相对人所承担的责任，是指因环保行政相对人违反环保法或不履行环境保护义务而受到行政处罚和行政处分。根据性质和作用的不同，环境保护行政责任可以分为：①制裁性的环保行政责任，即指为了达到一般预防和特殊预防的效果，而对违反环保行政法律规范的公民或法人所设定的惩罚措

施；②补救性的环保行政法律责任，即指为了弥补环保违法行为所造成的危害，而对违反环保行政法律规范或者不履行环保行政法律义务的公民或法人而设定的责任。

3. 环境保护民事责任

环保民事责任，是指环境保护法律关系主体因不履行环境保护法律义务而且侵害了他人的环境权益而必须承担的否定性的法律后果。其特征有：①环保民事责任是侵权行为责任；②环保民事责任是因环境侵权损害而承担的责任；③即使侵权行为人本身无过错，但只要给他人造成损害，也得承担责任，即它是一种特殊的侵权行为责任。

4. 环境保护刑事责任

环境保护刑事责任，是指行为人违反国家的法律造成或可能造成环境严重污染或破坏，构成犯罪时，依法所应承担的以刑罚为处罚方式的法律后果。它是对环境违法行为最为严厉的制裁方式。

本章学习要点 (Learning Essentials)

◎ 物权法是调整基于人对物的支配而产生的人与人之间的物权关系的法律规范。物权法包括物权法定原则、一物一权原则、公示公信原则等基本原则。

◎ 物权以物为客体，其内容是直接就物享受利益，基本特点有排他性、绝对性。

◎ 物权的效力，包括支配效力、排他效力、优先效力、追及效力。

◎ 物权变动，从物权的主体角度来看，是指物权的取得（设定）、变更与丧失；从物权的本体角度来看，是指物权的发生、变更与消灭。

◎ 引起物权变动的法律事实为物权法律行为以及物权行为以外的法律事实。

◎ 物权需要公示。不动产物权的公示方法为登记，动产物权的公示方法为占有和交付。经过公示的物权，具有可以使社会公众信赖的公信力。

◎ 民法对物权的保护是通过赋予物权人以请求权的方法来实现的。包括请求确认物权、请求返还原物、请求排除妨碍、请求恢复原状、请求赔偿损失。

相邻关系是指不动产的相邻各方在行使所有权或使用权时因相互间应当给予方便或接受限制而发生的权利义务关系。相邻关系的处理应遵循有利生产、方便生活、团结互助、公平合理的原则。

◎ 环境保护法是调整环境社会关系之法，具有广泛性、综合性、科学技术性、社会公益性、国际性等特点。环境法要贯彻协调发展原则、预防为主、防治结合、综合治理原则、公众参与原则、环境责任原则、协同合作原则。

环境保护法的基本制度包括环境污染防治监督管理制度和自然资源保护制度两大类。

环境保护法律责任包括环境保护行政责任、民事责任和刑事责任。

案例展示教学（Case Application）

案例：不动产相邻关系案例

【案情介绍】

原告：酒某某

被告：姜某某

原、被告均系河南省新乡县大召营镇大召营村人，两家东西相邻，原告居西，被告居东，两家之间有一米的风道，原告有一水泥杆在风道中放置。2011年6月，被告姜某某修建房屋之后，将部分建筑垃圾堆集到两家之间的风道上，埋藏住了原告的水泥杆，原告要求被告将建筑垃圾清理出去，被告不从，双方未能达成协议，现原告提起诉讼，要求被告清除两家宅基之间风道中的建筑垃圾。

法院经审理后，依据《中华人民共和国民法通则》第八十三条、《中华人民共和国民事诉讼法》第一百三十条之规定，判决如下：限被告姜某某于本判决生效之日起十日内清理干净原、被告宅基风道中的建筑垃圾以及案件受理费100元由被告姜某某承担。❷

【法理评析】

本案涉及不动产相邻关系的问题。不动产相邻关系，从权利的角度审视又称为相邻权，其本质是土地或房屋等相邻不动产的所有权人或使用人行使权利的延伸或限制。按照我国法律规定，相邻关系的处理应遵循有利生产、方便生活、团结互助、公平合理的原则。原告与被告之房屋属于物权法上的“相邻不动产”，不动产的相邻各方，应当按照上述原则和精神，正确处理截水、排水、通行、通风等方面的相邻关系。给相邻各方造成妨碍的，应当停止侵害，排除妨害。本案中，原、被告之间的风道应视为双方宅基地使用权权利的延伸，双方均具有通过风道进行维修房屋、排水、通风等方面的权利，也均具有不妨碍对方行使上述权利的义务，被告将建筑垃圾堆集于双方之间的风道中，妨碍了原告权利的行使，并直接影响了原告对其物权（水泥杆）的正当使用，应当予以清理。双方应本着互谅互让，相互尊重，加强沟通与交流，和平共处的原则，处理相邻关系，以增进和谐邻里关系。

---

❷摘自河南省新乡县人民法院（2012）新民初字第12号《民事判决书书》。

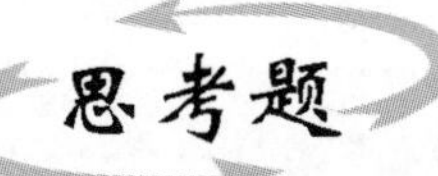

1. 物权法的基本原则有哪些？

2. 简述物权法定原则的内容。

3. 物权有何特征？

4. 简述物权的分类。

5. 简述物权的效力。

6. 物权的取得方法主要有哪些？

7. 简述物权公示的方法及其公信力。

8. 民法保护物权的方法有哪些？

9. 简述不动产相邻关系的处理原则。

10. 简述我国的建筑许可制度的主要内容。

11. 简述关于建筑工程发包与承包的一般规定。

12. 简述工程监理企业的资质的规定。

13. 简述建设单位、勘察与设计单位、施工单位、工程监理单位的质量责任与义务。

14. 简述环境保护法的概念和调整对象。

15. 环境保护法有哪些基本原则？

16. 我国的环境法律体系是如何构成的？

17. 我国环境保护法的基本制度包括哪些？

18. 简述环境保护法律责任特点和种类。

第3章
房地产开发用地法律制度

学习导言（Learning Guidance）

土地是财富之母，也是整个社会经济发展的基础和前提。就房地产业而言，土地更是房地产开发活动中必不可少的生产资料。面对我国复杂独特，又在不断变化的土地法律制度，即使是房地产领域的专业人士，也视土地问题为贯穿于每一个房地产开发项目始终的操作难点。为使读者得以深入理解我国土地制度的全貌，迅速掌握土地法的操作精髓，本章以我国各项具体土地制度为主线，对我国土地法律制度进行了系统化的整理和概括。主要依据：《物权法》、《土地管理法》、《土地管理法实施条例》、《确定土地所有权和使用权的若干规定》、《城市房地产管理法》、《城市房地产开发经营管理条例》、《城镇国有土地使用权出让和转让暂行条例》、《协议出让国有土地使用权规定》等。

由于特定的历史原因，在人们的传统观念上，习惯把土地制度理解为狭义的土地制度，即土地的所有制度、土地的使用制度和土地的国家管理制度。随着我国社会经济制度的不断变化和发展，应不断深化和发展人们对我国土地制度含义的理解，增强人们对新形势下由新的土地关系所产生的新的土地制度的关注程度。

在学习本章内容时，既要理解掌握现行法律法规，又要注意将国家在不同时期发布的法律法规加以比较，透过法律法规的内容了解我国土地制度的历史沿革。

本章内容说明 (Introduction)

作为房地产开发用地研究的基础和起点，本章首先论述土地所有及使用法律制度。在此基础上，重点探讨国有土地使用权出让、划拨、转让、租赁法律制度以及集体土地征收等法律制度。最后，结合典型案例具体分析，理论联系实际，以帮助读者深刻理解有关房地产开发用地法律制度的相关内容。

3.1 土地制度概述

土地制度作为一种制度安排，是一定社会制度下土地关系的总和，是关于土地这一基本生产资料的所有、使用的制度。它反映着因利用土地而发生的人与人、人与地之间的社会经济关系。土地制度的主要内容包括土地所有制度和土地使用制度。

土地所有制度是指人们在一定的社会经济条件下拥有土地的经济形式。它表明土地这一生产资料的分配问题，谁应当享有土地所有权及其责、权、利。它是整个土地制度的核心，是土地关系的基础。土地所有制的法律表现形式是土地所有权，即土地所有者对其土地享有占有、使用、收益和处分的权利。

土地使用制度是人们在一定的土地所有制下使用土地的形式、条件和程序的规定，它表明人们如何对土地加以利用和取得收益，谁应当享有土地使用权及其责、权、利。土地使用制度的核心内容是确定独立于土地所有权的土地使用权，以解决土地资源的合理与有效利用问题。土地使用权是依法对土地进行占有、使用并取得收益的权利，是土地使用制度的法律表现形式。

土地所有制与土地使用制的关系具体表现为：

(1) 土地所有制是土地使用制的前提。在整个土地制度中，土地所有制决定着土地使用制，土地使用制只能建立在一定的土地所有制基础上。每一种社会形态都存在与土地所有制相适应的土地使用制及其具体形式。

(2) 土地使用制不仅是土地所有制的反映和体现，而且也是实现和巩固土地所有制的一种形式和手段。

(3) 土地所有制也为土地使用制服务。理想的土地所有制是引导土地使用制有效运行、保证土地得到良好利用的手段。

(4) 土地使用制具有相对独立性。同一种土地所有制可以有多种不同的使用制及其形式，而且不同使用制对土地所有制的实现和巩固，对土地资源的利用会产生不同的作用和影响。土地使用制的实施，也并不总与土地所有制的要求一致，它可能违反土地所有制的要求，或者促使土地所有制改变。

3.2　土地所有权

3.2.1　土地所有权概述

1. 土地所有权的概念和特征

> 土地所有权是指土地所有权人依法对土地享有占有、使用、收益和处分的权利。

土地所有权属于财产所有权的一种，具有所有权的一般属性。《物权法》第三十九条规定：“所有权人对自己的不动产或者动产，依法享有占有、使用、收益和处分的权利。”

(1) 占有权能。指土地所有权人对于土地的实际控制。这是土地所有权最基本的一项内容，也是土地所有权人直接支配土地的前提和基础。因为对财产的持续占有是拥有所有权的最明显证据。对于土地所有权人来说，占有土地并不是最终目的，它是土地所有权人行使对土地的其他权利的前提。没有这个前提，便无所谓对土地的使用、收益和处分。

（2）使用权能。指土地所有权人按照土地的性质和用途加以利用，从而实现其利益的权利。使用权是所有权四项权能中最为重要的一个环节。因为拥有所有权的目的，一般来说，正是为了对财产加以利用。使用权也可以依法律或当事人的意思与所有权相分离，形成相对独立的使用权。

（3）收益权能。指土地所有权人在土地之上获得经济利益的权利。收益权可以通过两种方式实现：一是利用物的自然属性而获得，如获取动物的幼仔、植物的果实；二是依一定的法律关系而获得，如储蓄得利息、出租得租金。从另一个角度讲，也就是说收益权不仅包括物的使用价值和交换价值，所有权人还可以获得物所派生出来的价值。

（4）处分权能。处分权一向被认为是拥有所有权的最根本标志。土地所有权的处分权能主要是指土地权利的变动，即对土地权利的法律处分，如土地的出让、抵押等。

作为一种重要的财产权利，与其他财产权利相比，土地所有权具有以下特征：

第一，土地所有权主体的限定性。根据我国《宪法》和《土地管理法》的规定，土地所有权的主体只能是国家和集体，其他任何组织或个人都不能享有土地所有权，这是由于我国实行的土地社会主义公有制所决定的。

第二，土地所有权客体的特殊性。土地所有权的客体为土地，属于不动产的范畴。土地所有权的取得、丧失和变更必须履行一定的法律手续（如登记），以表征其权利状况。

第三，土地所有权交易的禁止性。根据《宪法》、《民法通则》和《土地管理法》的规定，任何单位和个人不得侵占、买卖或者以其他形式非法转让土地。

第四，土地所有权权属的稳定性。土地所有权主体的限定性和土地所有权交易的禁止性决定了我国土地所有权权属的高度稳定性。除了国家为了公共利益的需要征收集体所有的土地外，土地所有权的权属状况不会改变。

第五，土地所有权内容的可分离性。土地所有权的内容，是指土地所有权人对土地可依法行使占有、使用、收益和处分的权利。在我国土地公有制情况下，法律规定土地所有权不可转让。为了物尽其用，充分利用土地资源，法律允许将土地占有、使用、收益和处分等权能的一项或多项同土地所有权相分离，以使土地的经济价值得到充分利用。

2. 土地所有权的行使

土地所有权的行使，是指国家和集体经济组织依照法律规定，对国有土地和集体土地进行的占有、使用、收益和处分的行为。

> 地方人民政府在中央人民政府的授权范围内分级行使一定土地所有权。

作为国家土地所有权人的国家，有权为实现社会利益依法直接占有、使用、收益和处分国有土地，其他任何组织和公民个人不得干涉。根据《土地管理法》的规定，国务院代表国家行使对土地的经营管理权，地方人民政府在中央人民政府的授权范围内分级行使一定土地所有权。这就是所谓的国家土地所有权的“统一享有、分级行使”制度。同时，《土地管理法》第十条规定：“农民集体所有的土地依法属于村民集体所有的，由村集体经济组织或者村民委员会经营、管理；已经分别属于村内两个以上农村集体经济组织的农民集体所有的，由村内各该农村集体经济组织或者村民小组经营、管理；已经属于乡（镇）农民集体所有的，由乡（镇）农村集体经济组织经营、管理。”

> 禁止买卖或以其他形式非法转让土地。

土地所有权的行使事关社会整体利益和公共利益，有必要对其进行一定的限制。我国《宪法》、《土地管理法》等有关法律的规定：“禁止买卖或以其他形式非法转让土地。”我国实行社会主义土地公有制，土地属于全民所有，其使用权可以依法出让、转让、租赁、抵押，但国有土地所有权不得买卖，也不得以赠与、互易、破产还债等形式非法转让国有土地所有权。集体所有的土地是农民的基本生活资料和主要生活来源，除了国家建设用地需征收集体所有的土地外，其他任何组织或公民个人不得买卖或以其他形式非法转让集体土地。

3.2.2 国家土地所有权

1.国家土地所有权的概念

国家土地所有权是指国家代表全体人民对国有土地依法占有、使用、收益和处分的权利。国务院及其所属土地行政管理部门有权决定国有土地的占有、使用、收益，并保留国有土地的最终处分权。

国家土地所有权是国家享有的一项民事权利，《物权法》第四十一条规定：“法律规定专属于国家所有的不动产和动产，任何单位和个人不能取得所有权。”在这种民事法律关系中，国家与其他民事主体具有平等法律地位，国家土地所有权与其他民事主体的权利同样受法律保护。

2.国家土地所有权的特征

> 只有国务院才能代表国家行使国家土地所有权。

国家土地所有权在主体、客体、内容等方面具有明显的特征：

（1）国家土地所有权的主体具有唯一性和统一性。唯一性是指我国社会主义全民所有的土地只能由代表全体人民共同意志和根本利益的中华人民共和国享有，国家以外的任何单位和个人在任何情况下都不能成为国有土地的所有者或与国家共同成为国家土地所有权的主体。统一性是指国家土地所有权只能由国家统一行使。具体而言，只有国务院才能代表国家行使国家土地所有权。非经国家授权，任何单位和个人都无权行使这一权利或其中某些权能。

（2）国家土地所有权的客体具有广泛性的特征。作为国家土地所有权客体的土地，除了包括城市土地、耕地、林地、草原、荒地、滩涂等，还包括通过征收集体所有的土地为国家所有的土地，以及在土地所有权发生争议时，凡不能依法证明争议土地属于农民集体所有者，即属于国家所有。

（3）国家土地所有权流转上的单向性。我国法律禁止土地所有权的买卖。《物权法》第一百三十三条规定："通过招标、拍卖、公开协商等方式承包荒地等农村土地，依照农村土地承包法等法律和国务院的有关规定，其土地承包经营权可以转让、入股、抵押或者以其他方式流转。"即土地所有权只能流进，即由非国有土地（在我国只限于集体土地）转为国有土地，而不能流出。

3. 国家土地所有权的范围

《物权法》第四十七条规定："城市的土地，属于国家所有。法律规定属于国家所有的农村和城市郊区的土地，属于国家所有。"根据现行法律法规规定，国家土地所有权的范围包括：

（1）城市的土地。城市土地的范围，通常认为以城市建制区为准。所谓城市建制区，一般是指已进行城市配套建设，具备城市功能基本连片的区域。

（2）农村和城市郊区的土地。根据《土地管理法实施条例》第二条的规定，下列城市市区以外的土地属于国家所有：

①农村和城市郊区中已经依法没收、征收、征购为国有的土地；

②国家依法征收的土地；

③依法不属于集体所有的林地、草地、荒地、滩涂及其他土地；

④农村集体经济组织全部成员转为城镇居民的，原属于其成员集体所有的土地；

⑤因国家组织移民、自然灾害等原因，农民成建制地集体迁移后不再使用的原属于迁移农民集体所有的土地。

（3）推定为国家享有所有权的土地。

根据国家土地管理局1995年发布的《确定土地所有权和使用权的若干规定》第十八条的规定，土地所有权有争议，不能依法证明争议土地属于农民集体所有的，属于国家所有。

土地所有权有争议，不能依法证明争议土地属于农民集体所有的，属于国家所有。

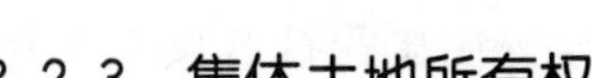

3.2.3 集体土地所有权

集体土地所有权是指农民集体依法对土地进行占有、使用、收益和处分，并排除他人非法干涉的权利。它是土地集体所有制在法律上的表现，在地位上与国家所有权是平等的。

1. 集体土地所有权的主体

《物权法》第五十九条规定："农民集体所有的不动产和动产，属于本集体成员集体所有。"集体土地所有权由各个农民集体享有，其主体具有多样性。目前，我国集体所有的土地呈现三级所有的结构：第一级所有是村内两个以上农村集体经济组织的农民集体所有；第二级所有是村农民集体所有；第三级所有是乡（镇）农民集体所有。

农民集体同国家一样，也需要有一定的机构组织代表集体行使权力，经营、管理集体土地。我国《物权法》第六十条的规定，对于集体所有的土地，依照下列规定行使所有权："（一）属于村农民集体所有的，由村集体经济组织或者村民委员会代表集体行使所有权；（二）分别属于村内两个以上农民集体所有的，由村内各该集体经济组织或者村民小组代表集体行使所有权；（三）属于乡镇农民集体所有的，由乡镇集体经济组织代表集体行使所有权。"

2. 集体土地所有权的客体

我国《土地管理法》第八条第二款规定："农村和城市郊区的土地，除由法律规定属于国家所有的以外，属于农民集体所有；宅基地和自留地、自留山，属于农民集体所有。"

3. 集体土地所有权的内容

集体土地所有权的内容包括占有、使用、收益、处分等权能。但集体土地所有权的权能并不完整。具体体现在：

（1）由于强化对耕地及其他农用地的特殊保护，因此除非经过审批，集体所有的农用地只能用于农业生产。集体土地中的建设用地也只能用于本集体成员的住宅建设、乡镇企业建设、乡村公益事业建设和公共设施建设等。如果农民集体所有的土地由本集体经济组织以外的单位或者个人承包经营的，则必须经村民会议2/3以上成员或者2/3以上村民代表的同意，并报乡（镇）人民政府批准。

集体所有土地不能直接用于房地产开发，而必须先由国家征收转变为国家所有后方可出让。

（2）根据《城市房地产管理法》第九条的规定，"城市规划区内的集体所有的土地，经依法征收转为国有土地后，该幅国有土地的使用权方可有偿出让"。也就是说，集体所有土地不能直接用于房地产开发，而必须先由国家征收转变为国家所有后方可出让。

（3）我国《土地管理法》第六十三条规定："除符合土地利用总体规划并依法取得建设用地的企业，因破产、兼并等情形致使土地使用权依法发生转移的除外，农民集体所有的土地的使用权不得出让、转让或者出租用于非农业建设。"

（4）根据我国《担保法》第三十四、三十六、三十七条的规定，可设定抵押的集体土地使用权只限于以下两种情况：依法承包并经发包方同意抵押的荒山、荒沟、荒丘、荒滩等荒地的土地使用权；以乡（镇）、村企业的厂房等建筑物抵押的，其占用范围内的土地使用权同时抵押。除此以外的耕地、宅基地、自留地、自留山等集体所有的土地使用权，均不得设定抵押。

3.3 土地使用权

3.3.1 建设用地使用权概述

1.建设用地使用权的概念及特征

建设用地使用权人应当合理利用土地，不得改变土地用途；需要改变土地用途的，应当依法经有关行政主管部门批准。

建设用地使用权，是指为在他人所有的土地上建造并所有建筑物或其他附着物而使用他人土地的权利。建设用地使用权具有以下的特征：

第一，建设用地使用权的客体原则上为国有土地。农村集体所有土地之上的建设用地称之为为农村集体建设用地使用权，其不能够直接进入一级流通市场，必须先收归国有之后，才能够交易。

第二，具有期限性。根据《国有土地使用权出让和转让暂行条例》第十二条的规定，按照土地的不同用途，土地使用权出让的最高年限为：

（1）居住用地70年；

（2）工业用地50年；

（3）教育、科技、文化、卫生、体育用地50年；

（4）商业、旅游、娱乐用地40年；

（5）综合或者其他用地50年。

第三，国有土地使用权的目的限制性，主要用于建设方面。《物权法》第一百四十条规定："建设用地使用权人应当合理利用土地，不得改变土地用途；需要改变土地用途的，应当依法经有关行政主管部门批准。"《土地管理法》第五十六条规

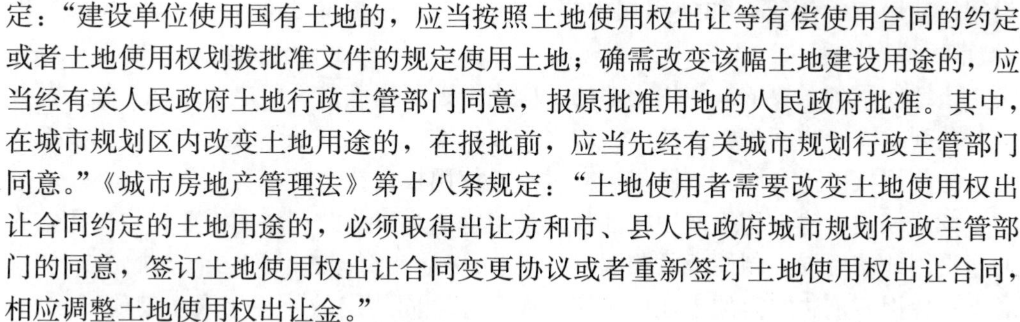

定："建设单位使用国有土地的，应当按照土地使用权出让等有偿使用合同的约定或者土地使用权划拨批准文件的规定使用土地；确需改变该幅土地建设用途的，应当经有关人民政府土地行政主管部门同意，报原批准用地的人民政府批准。其中，在城市规划区内改变土地用途的，在报批前，应当先经有关城市规划行政主管部门同意。"《城市房地产管理法》第十八条规定："土地使用者需要改变土地使用权出让合同约定的土地用途的，必须取得出让方和市、县人民政府城市规划行政主管部门的同意，签订土地使用权出让合同变更协议或者重新签订土地使用权出让合同，相应调整土地使用权出让金。"

2. 建设用地使用权的取得

建设用地使用权的取得方式主要有以下两种：

（1）有偿方式。是指土地使用者通过向国家支付土地使用权出让金或缴纳土地有偿使用费以取得国有土地使用权。根据我国《城市房地产管理法》和《城镇国有土地使用权出让、转让暂行条例》的规定，有偿方式中还包括土地使用权作价入股、土地使用权出租等方式。

（2）无偿方式。是指土地使用者在没有支付土地使用权出让金或国有土地使用费的情况下，由国家通过行政划拨的方式而取得国有土地使用权。按照《土地管理法》第五十四条中的规定，下列建设用地，经县级以上人民政府依法批准，可以以划拨方式取得：国家机关用地和军事用地；城市基础设施用地和公益事业用地；国家重点扶持的能源、交通、水利等基础设施用地；法律、行政法规规定的其他用地。

3. 建设用地使用权的内容

（1）建设用地使用权人应当合理利用土地，不得改变土地用途。

（2）建设用地使用权人应当依照法律规定以及合同约定支付出让金等费用。

（3）建设用地使用权人有权将建设用地使用权转让、互换、出资、赠与或者抵押，但法律另有规定除外。

（4）建设用地使用权期间届满前，因公共利益需要提前收回该土地的，应当依照物权法的规定对该土地上的房屋及其他不动产给予补偿，并退还相应的出让金。

4. 建设用地使用权的终止

（1）期限届满。建设用地使用权属于有期物权，期限届满之时，如果使用权人没有申请续展，或者申请续展没有获得批准的，建设用地使用权终止，土地所有人重新获得对土地的圆满支配权，重新享有占用、使用、收益、处分等全部权能。《城镇国有土地使用权出让和转让暂行条例》第四十九条规定："土地使用权期满，土地使用权及其地上建筑物、其他附着物所有权由国家无偿取得。土地使用者应当交还土地使用证，并依照规定办理注销登记。"使用权期限届满，并不必然导致建设用地使用权的消灭。如使用权人提起申请续展并获得批准，则可以继续延续。《城市房地产管理法》第二十二条规定："土地使用权出让合同约定的使用年限届满，土地使用者需要继续使用土地的，应当至迟于届满前一年申请续期，除根据社会公共利益需要收回该幅土地的，应当予以批准。经批准准予续期的，应当重新签订土地使用权出让合同，依照规定支付土地使用权出让金。"

（2）征收。建设用地使用权征收，是指国家为了公共利益的需要，将使用权人的建设用地使用权强制性地收归国有。《城市房地产管理法》第二十条规定："国家对土地使用者依法取得的土地使用权，在出让合同约定的使用年限届满前不收回；在特殊情况下，根据社会公共利益的需要，可以依照法律程序提前收回，并根据土地使用者使用土地的实际年限和开发土地的实际情况给予相应的补偿。"所谓特殊情况一般指国家重点项目建设需要、国防需要或环保需要等，范围应严格控制。

（3）撤销。在发生法定原因时，土地所有权人可撤销建设用地使用权。这种法定原因有两种：一是建设用地使用权人违反交付租金的义务，二是建设用地使用权人违反按土地用途使用土地的义务。同时，法律也对此进行了一定限制，只有建设用地使用权人严重违反以上两项义务，所有权人方可行使撤销权。

（4）使用权人抛弃。使用权人对于所拥有的建设用地使用权当然可以放弃，放弃可以以明示方式提出，也可以以默示方式表现。划拨土地使用权人因特定事由停止使用，也是抛弃的一种形式。《城镇国有土地使用权出让和转让暂行条例》第四十七条第一款规定："无偿取得划拨土地使用权的土地使用者，因迁移、解散、撤销、破产或者其他原因而停止使用土地的，市、县人民政府应当无偿收回其划拨土地使用权，并可依照本条例的规定予以出让。"

（5）因逾期开发而被无偿收回。根据《城市房地产管理法》第二十六条的规定，以出让方式取得土地使用权进行房地产开发的，必须按照土地使用权出让合同约定的土地用途、动工开发期限开发土地。超过出让合同约定的动工开发日期满二年未动工开发的，可以无偿收回土地使用权。但是，因不可抗力或者政府、政府有关部门的行为或者动工开发必需的前期工作造成动工开发迟延的除外。

（6）土地灭失。建设用地使用权要以土地的存在或土地能满足某种需要为前提，因土地灭失而导致使用人实际上不能继续享受土地，建设用地使用权自然终止。土地灭失是指由于自然原因造成原土地性质的彻底改变或原土地面貌的彻底改变，诸如因地震、火山爆发、水灾、地面塌陷等自然灾害导致土地实际使用价值的消失，致使土地使用者无法按照合同约定或批准文件规定的用途利用土地，从而终止建设用地使用权。《城市房地产管理法》第二十一条规定，土地使用权因土地灭失而终止。对于划拨土地，国家可以另行划拨一块土地给原土地使用权人使用。对于出让土地，权利人可请求退还土地灭失部分剩余年限的出让金。

3.3.2　国有土地使用权划拨

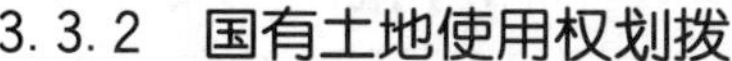

1. 土地使用权划拨的概念、特征

土地使用权的划拨，是指县级以上人民政府依法批准，在土地使用者缴纳补偿、安置等费用后，将该幅土地交付其使用，或者将土地使用权无偿交付给土地使用者使用的行为。以划拨方式取得土地使用权，是出让方式以外的另一种取得国有土地使用权的方式。

土地使用权划拨具有以下特征：

(1) 根据我国《土地管理法》第五十四条和《城市房地产管理法》第二十三条第一款的规定，土地使用权划拨只针对国有土地而言，集体土地只有在征收为国有土地后方可划拨。

(2) 土地使用权划拨是一种无偿的行为，土地使用者取得使用权无需支付地价，但这并不等于使用者不需支付任何费用。一般情况下，土地使用者必须对原先土地使用者支付补偿费和安置费，同时，土地使用者必须依照《城镇土地使用税暂行条例》的规定缴纳土地使用税。

(3)《城市房地产管理法》第二十三条规定："依照本法规定以划拨方式取得土地使用权的，除法律、行政法规另有规定外，没有使用期限的限制。"

(4) 划拨的土地使用权，不可以转让、租赁、抵押。《国有土地使用权出让和转让暂行条例》第四十五条规定："划拨土地使用权，在补签土地使用权出让合同后，方可抵押。"

2. 土地使用权划拨的范围

土地使用权划拨因其是政府行为、无偿行为，故需具备一定的条件方可划拨土地使用权。《城市房地产管理法》第二十四条规定："下列建设用地的土地使用权，确属必需的，可以由县级以上人民政府依法批准划拨：

(1) 国家机关用地和军事用地；

(2) 城市基础设施用地和公益事业用地；

(3) 国家重点扶持的能源、交通、水利等项目用地；

(4) 法律、行政法规规定的其他用地。新修订的《土地管理法》也作了类似规定，并将上述第（3）项改为"国家重点扶持的能源、交通、水利等基础设施用地"，进一步限定了划拨土地的范围。

3. 划拨土地使用权的转让、出租、抵押

划拨土地使用权，只有在符合一定条件情况才可以转让、出租、抵押：①土地使用者必须是企业、公司、其他经济组织和个人。这就排除了非营利性的单位，如机关、事业单位享有此项权利的可能性。②领有国有土地使用证。③具有地上建筑物、其他附着物合法的产权证明。④依照有关土地使用权出让的规定签订土地使用权出让合同，向当地市、县人民政府补交土地使用权出让金或者以转让、出租、抵押所获得收益抵交土地使用权出让金。

4. 划拨土地使用权的收回

依照《城镇国有土地使用权出让和转让暂行条例》第四十七条，收回行政划拨土地使用权的前提有下列两种：

（1）土地使用者因迁移、解散、撤销、破产或者其他原因而停止使用土地的，市、县人民政府应当无偿收回其划拨土地使用权；

（2）对划拨的土地使用权，市、县人民政府可以根据城市建设发展需要和城市规划要求无偿收回。

> 无偿收回划拨土地使用权时，对其地上建筑物、其他附着物，市、县人民政府应当根据实际情况给予适当补偿。

最新《土地管理法》规定的可以收回划拨的国有土地使用权的情形，更为具体：①为公共利益需要使用土地的；②为实现城市规划进行旧城区改建，需要调整使用土地的；③土地出让等有偿使用合同约定的使用期限届满，土地使用者未申请续期或者申请续期未获批准的；④因单位撤销、迁移等原因，停止使用原划拨的国有土地的；⑤公路、铁路、机场、矿场等经核准报废的。

无偿收回划拨土地使用权时，对其地上建筑物、其他附着物，市、县人民政府应当根据实际情况给予适当补偿。对于因第一、第二种收回土地使用权情形而产生的补偿，应当按照《城市房屋拆迁管理条例》等法律规定予以适当补偿。

3.3.3 国有土地使用权出让

1. 土地使用权出让的概念和特征

国有土地使用权出让，是指国家以土地所有者的身份将土地使用权在一定年限内让与土地使用者，并由土地使用者向国家支付土地出让金的行为。

国有土地使用权出让有两种情况：一是根据国家建设需要，将城市规划区内的国有土地，即按行政建制设立的直辖市、市、镇规划区范围内的国有土地有偿让与用地单位使用。二是集体土地征收后出让，即根据公共利益需要，将城市规划区内的集体土地，经依法征收转为国有土地后，再有偿让与用地单位使用。

国有土地使用权出让具有以下特征：

（1）受让主体广泛性。《中华人民共和国城镇国有土地使用权出让和转让暂行条例》第三条规定：“中华人民共和国境内外的公司、企业、其他组织和个人，除法律另有规定者外，均可依照本条例规定取得土地使用权。”因此，只要法律未作禁止性规定的公司、企业、其他组织和个人，无论是在我国境内还是境外，均可以成为我国城镇国有土地使用权出让行为的受让方。

(2) 有偿性。通过出让方式取得土地使用权，必须签订土地使用权出让合同，在支付完全部土地使用权出让金以后，依照有关规定办理土地登记，领取土地使用权证书，方可取得土地使用权。

(3) 计划性。《城市房地产管理法》第十条规定：“土地使用权出让，必须符合土地利用总体规划、城市规划和年度建设用地计划。”第十条规定：“县级以上地方人民政府出让土地使用权用于房地产开发的，须根据省级以上人民政府下达的控制指标拟定年度出让土地使用权总面积方案，按照国务院规定，报国务院或省级人民政府批准。”

2. 土地使用权出让方式、程序

《城市房地产管理法》第十三条规定：“土地使用权出让，可以采取拍卖、招标或者双方协议的方式。商业、旅游、娱乐和豪华住宅用地，有条件的，必须采取拍卖、招标方式；没有条件，不能采取拍卖、招标方式的，可以采取双方协议的方式。”《招标拍卖挂牌出让国有土地使用权规定》第四条规定：“商业、旅游、娱乐和商品住宅等各类经营性用地，必须以招标、拍卖或者挂牌方式出让。上述规定以外用途的土地的供地计划公布后，同一宗地有两个以上意向用地者的，也应当采用招标、拍卖或者挂牌方式出让。”《物权法》第一百三十七条规定：“工业、商业、旅游、娱乐和商品住宅等经营性用地以及同一土地有两个以上意向用地者的，应当采取招标、拍卖等公开竞价的方式出让。”由此可见，我国目前土地使用权出让方式主要包括协议、招标、拍卖、挂牌四种。

1) 协议方式

协议出让国有土地使用权，是指国家以协议方式将国有土地使用权在一定年限内出让给土地使用者，由土地使用者向国家支付土地使用权出让金的行为。出让国有土地使用权，除依照法律、法规和规章的规定应当采用招标、拍卖或者挂牌方式外，方可采取协议方式。

《协议出让国有土地使用权规定》第四、五条规定：“以协议方式出让国有土地使用权的出让金不得低于按国家规定所确定的最低价”、“协议出让最低价不得低于新增建设用地的土地有偿使用费、征地（拆迁）补偿费用以及按照国家规定应当缴纳的有关税费之和有基准地价的地区，协议出让最低价不得低于出让地块所在级别基准地价的70%。”

协议出让的程序一般为：

(1) 申请。协议出让首先由土地使用权有意受让人根据生产经营需要，或生活及办公条件需要，向土地所有者提出使用土地的申请，说明用地依据、面积、用途、出让金的来源及数额等。

（2）协商。出让人根据有意受让人的申请，结合有关规定，与有意受让人就用地面积的大小、出让金的多少等具体问题进行谈判，直至最后取得一致意见。

（3）签约。出让方与有意受让人把协商的结果，即达成的一致意见，以书面形式签订出让合同。

（4）登记。土地使用权有意受让人按照合同规定的出让金数额和支付方式交付完出让金以后，在土地管理部门办理土地使用权登记手续，并领取土地使用证。

2）招标方式

招标方式，是指在规定的期限内，由符合规定条件的单位和个人，以书面投标方式，竞投某一地块土地的使用权，由招标方择优确定土地使用者的出让方式。招标出让引入了市场竞争机制，比较充分地体现了商品交换的原则。投标人是靠各自的竞标，获得中标机会，而且每个投标人只有一次投标的机会，招标人在确定中标人时，不仅要考虑投标标价，而且也要参考投标规划设计方案、投标人的业绩等，因此，中标者不一定是投标标价的最高者。招标这种出让方式，一般适用于开发性用地或有较高技术性要求的建设用地。招标出让的程序为：

招标出让分为公开招标和邀请招标两种方式。

（1）招标。招标通常先由招标人通过各种新闻媒介或其他形式发出招标通告，公布招标出让土地使用权地块的位置、面积、用途、年限、投标者的资格及范围、报名地点、截止报名日期及其他事项。由有意受让人提出投标申请，然后由招标人根据确定的投标人资格范围对有意受让人进行资格审查，并向合格者发送招标文件。招标出让分为公开招标和邀请招标两种方式。招标人采用公开招标方式的，应当发布招标公告，招标公告应当通过国家指定的报刊、信息网络或者其他媒介发布。招标人采用邀请招标方式的，应当向3个以上具备承担招标项目的能力、资信良好的特定的法人或者其他组织发出投标邀请书。

（2）投标。土地使用权有意受让人，收到或领取招标文件以后，按招标人规定的时间、地点，向招标人交纳投标保证金，按照招标文件的要求编制投标文件。投标文件应当对招标文件提出的实质性要求和条件作出响应。投标人应当在招标文件要求提交投标文件的截止时间前，将投标文件送达投标地点。招标人收到投标文件后，应当签收保存，不得开启。在招标文件要求提交投标文件的截止时间后送达的投标文件的，招标人应当拒收。投标人在招标文件要求提交投标文件的截止时间前，可以补充、修改或者撤回已提交的投标文件，并书面通知招标人，补充、修改的内容为投标文件的组成部分。

（3）开标、评标和中标。开标时，由投标人或者其推选的代表检查投标文件的密封情况，也可以由招标人委托的公证机构检查并公证，经确认无误后，由工作人员当众拆封，宣读投标人名称、投标价格和投标文件的其他主要内容。评标是根据招标文件的规定和要求，对投标文件所进行的审查、评审和比较。评标由招标人依法组建的评标委员会负责，其评标委员会由招标人的代表和有关技术、经济等方面的专家组成，成员人数为5人以上单数，其中技术、经济等方面的专家不得少于成员总数的2/3。评标委员会应当按照招标文件确定的评标标准和方法，对投标文件进行评审和比较，设有标底的，应当参考标底。评标委员会完成评标后，应当向招标人提出书面评标报告，并推荐合格的中标候选人。

（4）签约。中标者在接到中标证明书后，在规定的日期内持中标证明书与招标人签订出让合同。

（5）登记。中标者交付合同规定的全部出让金后，到土地管理部门办理土地使用权登记手续并领取土地使用证。

3）拍卖方式

拍卖方式，是指土地管理部门在指定的时间、地点、利用公开场合，就所出让土地使用权的地块公开叫价竞投，按“价高者得”的原则，确定土地使用权受让者的一种方式。拍卖出让与招标出让都是竞争性签约的方式，但拍卖出让的竞争性更激烈。拍卖出让公开进行，每个竞买人公开竞争报价，按“价高者得”的原则确定竞买人，在拍卖出让中，竞买人有多次报价的机会。拍卖出让这种方式，适用于商业用地、娱乐用地或居住用地。拍卖出让的程序为：

（1）拍卖公告。土地使用权出让方，在拍卖活动开始前数日，要通过新闻媒介传播或刊登拍卖公告。公告内容包括：①拍卖地块的位置、面积；②拍卖地块的用途；③拍卖地块的使用年限；④拍卖的规则；⑤拍卖叫价的方式，即由高向低叫价，或由低向高叫价；⑥拍卖保证金的数额和支付方式；⑦拍卖的地点和日期；⑧其他需要公告的内容。

（2）交验有关证件、领取入场证。土地使用权有意受让人即竞买者，要在拍卖开始前规定的时间以内到拍卖人指定的地点交验有关证件。

（3）拍卖。在规定的地点和时间，由土地所有者代表或委托人主持拍卖。拍卖时，首先由主持人介绍拍卖土地的位置、面积、用途、使用年限，公布底价以及每次应价的加价额。拍卖主持人介绍完上述情况及说明要求以后，开始应价。竞投人应价时，采取举手方式，手举的牌子应价数目“第一次”、“第二次”后，没有人举牌应价时，主持人一锤敲下，该幅地块的土地使用权由最后举牌应价者得。公证员宣读公证词。

（4）签约。经过激烈的竞投，应价高者与土地使用权出让人签订土地使用权出让合同。

(5) 登记。土地使用权受让人交纳土地使用权出让金以后，到土地管理部门办理土地使用权登记手续，领取土地使用证。

4) 挂牌方式

挂牌出让国有土地使用权，是指市、县人民政府土地行政主管部门发布挂牌公告，按公告规定的期限将拟出让土地的交易条件在指定的土地交易场所挂牌公布，接受竞买人的报价申请并更新挂牌价格，根据挂牌期限截止时的出价结果确定土地使用者的行为。挂牌出让的程序为：

(1) 发布挂牌公告。出让人至少在挂牌开始日前 20 天发布挂牌公告，公布挂牌出让宗地的基本情况和挂牌时间、地点。

(2) 出售挂牌文件。在挂牌公告规定时间内出售挂牌文件，并组织现场踏勘。

(3) 受理竞买申请。在挂牌公告规定的时间内，竞买人持竞买申请书、营业执照副本、房地产开发资质证明（另有规定除外）、法定代表人身份证复印件（或授权委托书、委托代理人身份证复印件）办理竞买申请，并缴纳竞买保证金。

(4) 审查挂牌资格。根据挂牌文件要求，对竞买人的开发资质、诚信纪录等进行审查，对符合条件的通知其参加挂牌活动。

(5) 挂牌。在挂牌公告规定的时间和交易场所，出让人将宗地的地块情况、最新报价情况等信息挂牌公告，并不断接受新的报价、更新显示挂牌报价。

(6) 揭牌。挂牌公告规定的截止时间确定竞买人，竞得人与出让人签订成交确认书，同时缴纳定金。

(7) 公布成交结果。活动结束后 10 个工作日内，出让人将挂牌出让结果在土地有形市场或者指定的场所、媒介公布，并退还竞买保证金。

(8) 签订出让合同。成交确认书约定的时间，签订《国有土地使用权出让合同》。

3. 土地使用权出让合同

1) 土地使用权出让合同的概念

土地使用权出让合同，是指市、县人民政府土地管理部门与土地使用者之间，就出让城市国有土地使用权所达成的明确相互之间权利义务关系的协议。土地使用权出让合同分为三种类型：

(1) 宗地出让合同，是指市、县人民政府土地管理部门根据有关规定，出让某一宗地的国有土地使用权，与土地使用者签订的合同。

(2) 成片开发土地出让合同，是指市、县人民政府土地管理部门根据有关规定，将国有土地使用权出让给开发者，与开发者签订的土地成片开发经营的合同。

(3) 划拨土地使用权补办出让合同，是指已经由国家行政划拨方式分配给土地

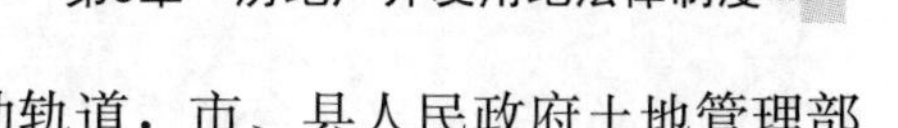

使用者使用的土地，纳入有偿、有限期、可流动轨道，市、县人民政府土地管理部门根据有关规定与土地使用者补签的土地使用权出让合同。

2）土地使用权出让合同的主要内容

土地使用权出让合同的内容，是指合同当事人用以确定关于土地使用权出让中双方权利和义务的各项条款。一般包括下列内容：

（1）合同当事人的名称、身份及特征。

（2）标的。具体指出让土地的位置、四邻界至、用途和面积。

（3）使用年限。土地使用权出让年限的约定应当遵从国家有关土地使用权最高年限的规定，它是关系到土地出让者与使用者利益分配的重要条款。

（4）开发期限。开发期限是指土地使用人在取得土地使用权后开发利用土地的期限。明确这项内容，是保证有效开发利用土地的依据，防止不按期开发、闲置土地等现象。

（5）出让金数额及支付方式。土地使用权出让金实际上是土地使用价值的货币表现，即土地使用权价格。一般来说，出让金包括三个方面的因素：地租、征地费（包括补偿费、安置补助费、耕地占用税等所有征地过程中所支付的各种费和税）、投资开发费以及征地费和投资开发费的孳息等。土地使用权出让金一般是根据对土地状况评估后确定的，公平、合理是基本准则，可采用拍卖、招标等竞争方式确定，也可采用协议方式确定，但不得低于国家所确定的最低价。

（6）开发进度与分期投资额度。成片开发土地的土地规模比较大，开发时间也比较长，因此应当明确每期付款的数额、开发进度及分期投资额。

（7）担保方式。担保合同是指根据法律规定或当事人约定而采取的确保合同能够履行的法律行为。土地出让合同的担保方式可由当事人约定，可以采用定金、抵押、保证等担保方式。

> 土地出让合同的担保方式可由当事人约定，可以采用定金、抵押、保证等担保方式。

（8）土地使用规则。土地使用权出让方应在符合城市总体规划的前提下，编制出所出让土地使用的总平面布置图、建筑密度和高度控制指标、环境保护、园林绿化、消防要求，这是土地使用权出让合同的重要内容。

（9）合同的变更、解除及违约责任。

（10）争议的解决方式。

3）土地使用权出让合同的变更、解除及违约责任

土地使用者必须按照出让合同约定，支付土地使用权出让金，未按照出让合同约定支付土地使用权出让金的，土地管理部门有权解除合同，并可以请求违约赔偿。

土地使用者按照出让合同约定支付土地使用权出让金的，市、县人民政府土地

管理部门必须按照出让合同约定，提供出让的土地，未按照出让合同约定提供出让土地的，土地使用者有权解除合同，由土地管理部门返还土地使用权出让金，土地使用者并可以请求违约赔偿。

土地使用者需要改变土地使用权出让合同约定的土地用途的，必须取得出让方和市、县人民政府城市规划行政主管部门的同意，签订土地使用权出让合同变更协议或者重新签订土地使用权出让合同，相应调整土地使用权出让金。

4）土地使用权有偿出让的双方的权利与义务

土地使用权有偿出让是一种民事法律行为，根据《城镇国有土地使用权出让和转让暂行条例》的规定，在土地使用权出让法律关系中，受让方的权利主要包括如下内容：

（1）占有和使用土地的权利。使用人在出让合同规定的范围内，有权占有该土地而排除他人的占有，并可以为了生产、经营或生活的目的使用该土地。

（2）收益权。使用人不仅可以使用土地，而且有权获得该土地的收益，例如使用人取得土地使用权后将土地开发经营，获得由此产生的收益。

（3）出租与转让的权利。使用人在获取土地使用权之后，有权将该使用权出租或交给第三人租用，使用人得由此而收取租金。使用人还可将已经取得的使用权转让给他人。

（4）设定抵押的权利。土地使用权人为了某种目的，可以将使用权作为一项财产设定抵押权，当不能清偿债务时，该土地使用权便属于抵押权人。

（5）物上请求权。即排除妨害，恢复权利人实际有效支配状态的请求权。土地使用权作为一种使用土地的权利，以实际占有土地为前提。因此，当土地使用权的实现受到妨害时，同所有权人一样，使用权人具有物上请求权，包括请求返还占有、排除妨碍、防止危险等权利。

（6）相邻权。相邻的土地使用权人之间，应当按照有利生产、方便生活、团结互助、公平合理的精神，正确处理截水、排水、通行、通风、采光等方面的相邻关系，给相邻方造成妨碍或损失的，受害方有权要求停止妨碍、赔偿损失。

受让方在取得土地使用权的同时，应承担下列义务：

（1）在签订土地使用权出让合同后60日内，支付全部土地使用权出让金。

（2）按照土地使用权出让合同的规定和城市规划的要求，开发、利用、经营土地，不得违反国家法律、法规的规定，不得损害社会公共利益。

（3）在支付土地使用权出让金后，依照规定办理登记，领取土地使用证，取得土地使用权。

（4）需要改变土地使用权出让合同规定的土地用途的，须征得出让方的同意并经土地管理部门和城市规划部门批准，重新签订合同。

土地使用权出让方享有下列权利：

(1) 以所有者的身份出让城镇国有土地使用权并收取相应的出让金。出让金是指土地使用权受让方为获得土地使用权而同意向土地所有者支付的一定数额的货币，也称为“地价”。出让金一般在出让方与受让方签订合同后由受让方一次性支付或在较短时间内分期支付。

(2) 土地使用权出让合同规定的土地使用期限届满时，有权无偿收回土地使用权和地上建筑物、附着物。

(3) 在特殊情况下，在土地使用权期限届满前，可根据社会公共利益的需要以行政管理者的身份提前收回土地使用权，但应对由此而给使用人造成的损失给予一定的补偿。

(4) 作为土地管理部门，有权对土地使用权的转让、抵押、出租及其终止进行监督检查，对于未按合同规定的期限和条件开发、利用土地的，有权予以纠正，并根据情节可以给予警告、罚款直至无偿收回使用权的处罚。

土地使用权出让方的义务主要包括：

(1) 根据土地资源优化配置的原则，按照社会经济计划、公共利益、城市规划合理安排土地使用权的出让。

(2) 根据合同规定，在一定期限内向土地使用者提供土地使用权，不得无故提前解除合同。

(3) 在特殊情况下依法律程序提前收回土地使用权时，有义务根据已使用土地的年限和开发利用土地的实际情况给予相应的补偿。除上述义务外，出让方还负有一项不作为的义务，即不得干涉土地使用权人行使其权利的独立性，确保土地使用权的真实性。

3.3.4 国有土地使用权转让

1.土地使用权转让的概念

土地使用权转让是指以出让方式取得的国有土地使用权在民事主体之间再转移的行为，是平等民事主体之间发生的民事法律关系。

土地使用权转让的基本形式有出售、交换和赠与。

(1) 出售。即买卖，是指当事人约定一方将财产权转移给他方，他方支付价金的行为。土地使用权的出售必须是符合法定条件的国有土地使用权者的行为，并且按照平等、自愿、等价有偿的原则，由双方当事人通过协商，招标或拍卖成交。

(2) 交换。在民法上也称“互易”，就是以物换物。土地使用权的交换是指当事人双方交换各自具有使用权的土地，不同于以款项支付方式的土地使用权的买卖，但当事人双方的法律地位与买卖的当事人双方相当。

(3) 赠与。是指赠与人一方自愿将自己的财物无偿地交给受赠人一方的行为。土地使用权的赠与是赠与人（国有土地使用权原受让人或者再受让人）将土地使用权无偿转移给受赠人的行为，受赠人成为土地使用权新的受让人。与出售一样，赠与的只是土地使用权，土地所有权仍归国家。

2. 土地使用权转让的条件

土地使用权转让的条件有以下两种情况：

(1) 直接通过出让方式取得土地使用权的转让条件。《城市房地产管理法》第39条对直接通过出让方式取得土地使用权的转让条件作了如下规定：按照出让合同约定已经支付全部土地使用权出让金，并取得土地使用证书；按照出让合同的约定进行投资开发，属于房屋建设工程的，完成开发投资总额的25%以上；属于成片开发土地的，形成工业用地或者其他建设用地条件。转让房地产时房屋已建成的，还应当持有房屋所有权证书。

(2) 以划拨方式取得的土地使用权转让的条件。首先应当报经有批准权的人民政府审批。有批准权的人民政府准予转让的，有两种处置方式：一是由受让方办理土地使用权出让手续，并依照国家规定缴纳土地使用权出让金，受让方由此取得出让土地使用权；二是有批准权的人民政府按照国务院规定，决定可以不办理土地使用权出让手续的，转让方应当将转让划拨土地使用权所获土地收益上缴国家或作其他处理。

3. 土地使用权转让的内容

国有土地使用权转让的内容主要有以下几个方面：

(1) 权利、义务转移。土地使用权转让时，国有土地使用权出让合同和登记文件中所载明的权利、义务随之转移给新的受让人。

(2) 建筑物、附着物转让。国有土地使用权转让时，其地上的建筑物、其他附着物随之转让；土地使用权者转让地上建筑物、其他附着物所有权时，其使用范围内的土地使用权随之转让，但地上建筑物、其他附着物作为动产转让的除外。

(3) 使用期限。受让国有土地使用权的使用年限为国有土地使用权出让合同规定的使用年限减去原使用者已使用年限的剩余年限。

(4) 转让价格。对于国有土地使用权转让价格，如明显低于市场价格的，市、县人民政府有优先购买权。如市场价格不合理上涨时，市、县人民政府可以采取必要的措施，平稳价格。土地使用权与地上建筑物、其他附着物一同转让的，其价格应分别作出评估，一同支付。

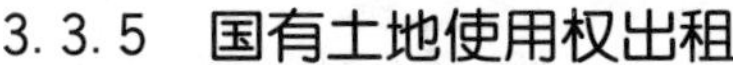

3.3.5　国有土地使用权出租

1. 土地使用权出租的概念及特征

土地使用权出租是指合法取得国有土地使用权的民事主体（即出租人）将土地使用权及地上建筑物、其他附着物全部或部分提供给他人（承租人）使用，承租人为此而支付租金的行为。

土地使用权出租具有以下特征：

（1）土地使用权出租的主体是出租人和承租人。出租人，为土地使用权人，是提供土地并接受租金的一方；承租人，是使用被出租土地并为此支付租金的一方。

（2）土地使用权出租是一种民事法律行为。双方当事人在出租关系中法律地位平等，应遵循平等、自愿、等价、有偿、诚实、信用的民事法律原则。

（3）土地使用权出租的方式是租赁。依照法律规定，租赁法律关系成立的要件是：出租人将土地随同地上建筑物、其他附着物提供给承租人使用、收益；承租人支付租金。

（4）土地使用权出租不是单一的出租土地，而是连同地上建筑物、其他附着物一起出租。承租人以支付租金为代价取得对土地和地上建筑物、其他附着物的使用和收益权。

（5）土地使用权出租是一种继续性的经营行为。土地使用权出租人是在保持自己仍是土地使用权人的法律地位不变的前提下，将自己享有使用权的土地租赁给他人使用，并收取租金。这是经营行为的一种继续，或者说它就是一种经营行为。

（6）土地租赁关系属于债权法律关系。债权法律关系的内容具有较大的随意性，双方的权利义务是通过协商订立租赁合同来进行确定的。当然，合同的内容必须合法，不能违背法律、法规。

2. 国有土地使用权出租的条件和程序

国有土地使用权出租必须具备以下条件：

（1）出租人必须是通过出让、转让依法取得土地使用权的受让人，持有国有土地使用证。

（2）出租人要有地上建筑物、其他附着物的所有权证，而且土地使用权人和房屋所有权人必须是一致的。

（3）出租时，土地使用权人必须已经按照出让合同的约定支付了全部出让金，并依照法定和合同规定的期限、条件进行了一定的投资开发。

（4）土地使用权出租不得违背土地使用权出让合同的规定。出租土地的期限、用途、条件受土地使用权出让合同的制约。如：期限不得长于出让合同的剩余年限，用途不得改变。

（5）出租土地使用权必须在法律上是可以转移的。如：无权属纠纷，未受到司法、行政机关任何形式的限制等。

（6）共有土地使用权出租的，必须征得其他共有人的书面同意。

按现行法律规定，国有土地使用权出租的程序包括签约和登记。

①签约。签约是由出租人和承租人签订土地使用权出租合同的行为。《出让转让条例》第二十九条规定："土地使用权出租，出租人和承租人应当签订租赁合同。"可见，签约是出租土地使用权法律关系确立的要式行为。

②登记。土地使用权出租登记，由出租人分别向地政部门和房产管理部门办理土地使用权和地上建筑物、其他附着物出租登记。《出让转让条例》第三十一条规定："土地使用权和地上建筑物、其他附着物出租，出租人应当依照规定办理登记。"可见，不经登记的出租行为无法律效力。对登记的具体办法，法律没作具体规定，可根据登记主管部门的要求进行办理。

3. 土地使用权出租合同

土地使用权出租合同（租赁合同）是土地使用权人（即出租人）将土地使用权随同地上建筑物和其他附着物一并交给他人（承租人）使用，承租人向出租人支付租金，并在租赁关系终止时返还所租土地使用权的协议。土地使用权出租合同不得违背国家法律、法规及土地使用权出让合同的规定。出租合同须到有权登记机关办理登记才生效。

土地使用权出租合同的主要条款有：

（1）出租合同的标的，是指出租的土地（含地块的位置、四至、面积、用途等）。

（2）租期，即出租土地使用期限，应在合同中明确规定，也可不约定，只要承租人按合同规定支付租金和使用，合同就继续。最长出租期限为出让合同规定的出让期限减去出让合同生效后有关土地使用权受让人已经使用年限的余额。短期租赁期限以3～5年为宜。年租期限一般以1年为期限。

（3）租金。因不同地块而有差别。目前，国家没有统一规定租金标准，当事人双方应到土地评估机构进行地价评估，确定合理的租价。

（4）使用条件。所出租地块的使用条件一般由出让合同予以专门规定；所出租地块必须按照出让合同的规定，由出租人向土地所有者或其代表提出申请。出租合同无权改变出让合同规定的土地使用条件。

（5）违约责任。具体指合同一方或双方当事人违反租赁合同和有关租赁法律规定而承担的法律后果。责任承担的具体方式应在合同的违约条款中作具体的约定。主要责任有：

①土地使用权出租合同经到有权登记机关登记生效后，出租人应按合同规定将土地使用权交付承租人使用，不按时交付，应偿付违约金。

②出租人未按合同约定的使用标准提供土地，使承租人达不到对土地的承租使用目的，承租人有权要求出租人降低租金或者解除合同，并赔偿由此而造成的损失。

③承租人不按合同规定或约定数额、期限交付租金时，除补交租金，还应偿付违约金。

④由于承租人使用不当，造成租赁地块使用条件破坏的，承租人如不能使其恢复原有状况，应承担赔偿责任。

⑤承租人将租赁土地非法转租或进行非法活动的，出租人有权解除合同。

3.3.6　集体土地使用权征收

1. 土地征收的概念及特征

土地征收指国家为了公共利益的需要，依法将农民集体所有土地变为国有土地的行为。土地征收的过程，就是将待征土地的集体所有权转变为国有土地所有权的过程。土地征收与土地征用是有区别的，土地被征收以后，会发生土地所有权的改变，而土地征用只是土地使用权的改变，一般用于临时用地。二者的共同点是：都是为了公共利益的需要；都要经过法定程序；都要依法给予补偿。

土地征收具有以下特征：

（1）土地征收的公益性。国家动用征地权，征收农民集体土地，必须是为了公共利益的需要。十届全国人大二次会议通过的《中华人民共和国宪法修正案》将《宪法》第十条第三款修改为："国家为了公共利益的需要，可以依照法律规定对土地实行征收或者征用并给予补偿"，突出了征地的公益性。

（2）土地征收的强制性。由于土地征收是基于公共利益的需要，从公共利益全局出发，无论被征地单位是否愿意，政府可以依法动用征地权。

（3）土地征收的有偿性。国家征收农民集体土地，按宪法和土地管理法规定，必须给予补偿。

（4）土地征收程序的合法性。为了保障征地行为的合法性、公正性、透明性，保障被征地人的合法权益，征收土地必须按法定程序进行。

2. 土地征收补偿与安置标准

《中华人民共和国土地管理法》第二十二条规定，国家建设征用土地，建设单位应支付土地补偿费、青苗和附着物补偿费、安置补助费，具体标准如下：

（1）土地补偿费。

①征用耕地、蔬菜地，根据国家规定的价格政策，按该土地征用前三年平均年

产值（下同）的六倍计算；

②征用鱼塘、藕塘、养殖场、果园、竹园、林地等土地，按该土地年产值的五倍计算；

③征用柴山、滩地、水塘、苇塘和其他有收益的非耕地，按该土地年产值的三倍计算；

④征用宅基地按邻近耕地的补偿标准计算；房屋由建设单位另行征地移迁重建的，原宅基地不再给予补偿；

⑤征用无收益的非耕地，一般不予补偿。

（2）青苗和附着物补偿费。

①青苗补偿费，一般按一季农作物的产值计算；能收获的不予补偿。多年生经济林木，可以移植的，由建设单位付给移植费；不能移植的，由用地单位给予合理补偿或作价收购；

②房屋拆迁，按房屋结构、面积、新旧程度，给予合理补偿；违章建筑物和开始协商征地后突击抢栽的树木、突击抢建的建筑物，不予补偿；

③农田水利工程及机电排灌设施、水井、人工鱼塘、养殖场和电力、广播、通讯设施等附着物，按照实际情况付给迁移费或补偿费。

（3）安置补助费。

①征地前农业人口人均耕地在一亩以上的被征地单位，征用耕地的安置补助费为该耕地被征用前三年平均每亩年产值的三倍；征地前农业人口人均耕地不满一亩的被征地单位，征用每亩耕地安置补助费以年产值的四倍起算，人均耕地每减少零点一亩，安置补助费相应增加年产值的一倍，但最高不得超过年产值的十倍；

②征用非耕地安置补助费，按该土地年产值和略低于邻近耕地的安置补助倍数计算；

③征用房屋和其他建筑物的地基以及无收益的非耕地，不支付安置补助费。

按照本条规定支付的土地补偿费和安置补助费，尚不能使需要安置的农民保持原有生活水平的，经省人民政府批准，可以增加安置补助费，但土地补偿费和安置补助费的总和最高不得超过土地被征用前三年平均年产值的二十倍。

本章学习要点 (Learning Essentials)

◎ 土地制度的主要内容包括土地所有制度和土地使用制度。

◎ 土地所有制的法律表现形式是土地所有权，即土地所有者对其土地享有占有、使用、收

益和处分的权利。

◎ 土地使用权是依法对土地进行占有、使用并取得收益的权利，是土地使用制度的法律表现形式。

◎ 国务院代表国家行使对土地的经营管理权，地方人民政府在中央人民政府的授权范围内分级行使一定土地所有权。

◎ 我国集体所有的土地呈现三级所有的结构：第一级所有是村内两个以上农村集体经济组织的农民集体所有；第二级所有是村农民集体所有；第三级所有是乡（镇）农民集体所有。

◎ 建设用地使用权，是指为在他人所有的土地上建造并所有建筑物或其他附着物而使用他人土地的权利。

◎ 建设用地使用权的取得方式包括有偿和无偿两种。

◎ 土地使用权划拨只针对国有土地而言，集体土地只有在征收为国有土地后方可划拨。

◎ 无偿收回划拨土地使用权时，对其地上建筑物、其他附着物，市、县人民政府应当根据实际情况给予适当补偿。

◎ 土地使用权有偿出让，是指国家将国有土地使用权在一定年限内出让给土地使用者，由土地使用者向国家支付土地使用权出让金的行为。

◎ 土地使用权出让的最高年限：居住用地为 70 年，工业用地为 50 年，教育、科技、文化、卫生、体育用地为 50 年，商业、旅游、娱乐用地为 40 年，综合或者其他用地为 50 年。

◎ 土地使用权出让，可以采取拍卖、招标或者双方协议的方式。

◎ 土地使用权转让的基本形式有出售、交换和赠与。

◎ 土地使用权出租是指合法取得国有土地使用权的民事主体（即出租人）将土地使用权及地上建筑物、其他附着物全部或部分提供给他人（即承租人）使用，承租人为此而支付租金的行为。

◎ 土地征收的过程，就是将待征土地的集体所有权转变为国有土地所有权的过程。

◎ 土地补偿费和安置补助费的总和达到法定上限，尚不足以使被征地农民保持原有生活水平的，当地人民政府可以用国有土地有偿使用收入予以补贴。

案例展示教学（Case Application）

案例：违法转让土地使用权开发公司输了官司

【案情介绍】

A 公司系正式注册成立的房地产开发公司，B 公司不是房地产开发公司。1992 年初，A 公司在没有办理土地使用证的情况下将其尚未合法取得的 100 亩土地使用权以每亩 20 万元的价格私下转让给 B 公司，但未办任何土地转让手续。同年 11 月，B 公司将土地使用权转让金 2000 万元支付给 A 公司，A 公司出具了发票，并协助 B 公司在土地主管部门取得了该 100 亩地的国有土地使用权。之后，B 公司再未对该100亩土地进行投资开发建设。1998年，该土地主管部门以B公司多年未对其使用的土地进行开发，长期空闲为由，依据国家有关土地管理法规的规定，收回了B公司对该100亩土地的使用权。

1999年5月，B公司向法院提起诉讼，要求A公司返还土地使用权转让金2000万元。理由是：A公司没有取得该土地使用权的许可，该100亩土地使用权的转让合同无效。A公司认为，导致B公司土地使用权收回的原因是B公司将该土地长期闲置，故不同意返还土地使用权出让金。

【法理评析】

土地使用权出让，是指国家土地使用权（以下简称土地使用权）在一定年限内出让给土地使用者，由土地使用者向国家支付土地使用权出让金的行为。根据我国《城市房地产管理法》的规定，土地使用权出让，应当签订书面出让合同；土地使用者必须按照出让合同约定，支付土地使用权出让金；未按照出让合同约定支付土地使用权出让金的，土地管理部门有权解除合同，并可以请求违约赔偿；以出让或者划拨方式取得土地使用权，应当向县级以上地方人民政府土地管理部门申请登记，经县级以上地方人民政府土地管理部门核实，由同级人民政府颁发土地使用权证书。在《城市房地产管理法》颁布之前，国务院于1990年发布的《中华人民共和国城镇国有土地使用权出让和转让暂行条例》亦规定："土地使用权出让应当签订出让合同；土地使用者应当在签订土地使用权出让合同60日内，支付全部土地使用权出让金；逾期未全部支付的，出让方有权解除合同，并可请求违约赔偿；土地使用者在支付全部土地使用权出让金后，应当依照规定办理登记，领取土地使用证，取得土地使用权。"

土地使用权转让是指土地使用者，在取得土地使用权以后，依照国家有关法律法规的规定，通过一定的法律程序，将自己依法取得的土地使用权有偿转让给他人使用。

本案中，A公司在未实际取得土地使用权，亦未办理任何转让手续的情况下，即将土地使用权让与他人，并收取土地使用权转让金，该行为是违反国家有关法律规定的。最高法院在《关于审理房地产管理法施行前房地产开发经营案件若干问题的解答》中规定："转让合同的转让方，应当是依法办理了土地使用权登记或变更登记手续，取得土地使用证的土地使用者。未取得土地使用证的土地使用者为转让方与他人签订的合同一般应认定无效。"但是，B公司在与A公司签订土地使用权转让合同时，未对A公司是否取得该土地使用权及是否办理了有关土地使用权转让手续的情况予以核实致使其在实际开发中受阻，对此，B公司应承担审查不严之责。法院依法酌情判决A公司返还B公司土地使用权转让金1700万元是正确的。

思考题

1. 我国土地所有权具有哪些特征？
2. 国有土地所有权的范围包括哪些？
3. 集体土地所有权的行使主体有哪些？
4. 建设用地使用权的终止条件有哪些？
5. 土地使用权出让方式有哪些？
6. 土地使用权出让合同的主要内容是什么？
7. 简述土地使用权转让的内容。
8. 国有土地使用权出租应具备哪些条件？
9. 简述土地征收补偿费的构成及安置标准。

第 4 章

国有土地上房屋征收法律制度

学习导言（Learning Guidance）

伴随着我国城市化的飞速发展，房屋拆迁活动日益频繁。2001 年 6 月 13 日国务院第 305 号令发布《城市房屋拆迁管理条例》，作为调整城市房屋拆迁工作的重要法律依据。除此之外，建设部也发布了一系列调整拆迁领域的规范性文件，主要包括：《城市房屋拆迁单位管理规定》（1991 年 7 月 8 日建设部令第 12 号发布）、《城市房屋拆迁工作考核标准（试行）》（1993 年 9 月 22 日发布）、《城市房屋拆迁估价指导意见》（2003 年 12 月 1 日发布）、《城市房屋拆迁行政裁决工作规程》（2003 年 12 月 30 日发布）和《城市房屋拆迁工作规程》（2005 年 10 月 31 日发布）。

然而随着拆迁纠纷的大量出现，对国有土地上房屋不加区分地进行公共利益拆迁和商业拆迁，其合法性受到质疑。2007 年《中华人民共和国物权法》对单位、个人的房屋及其他不动产征收作出了原则性规定。2011 年 1 月 21 日，国务院总理温家宝签署国务院令，公布《国有土地上房屋征收与补偿条例》，对涉及公共利益的国有土地上房屋拆迁作出了规定。2011 年 6 月 3 日，住房和城乡建设部又制定了《国有土地上房屋征收评估办法》（建房〔2011〕77 号），为房屋征收的补偿提供了法律依据。

目前《国有土地上房屋征收与补偿条例》刚实施不久，实施效果以及存在的问题尚未完全显现，国家有关征收的法律和政策还处于不断完善之中，法律规定及政策的变化较为频繁。在具体实施方面，由于征收具有很强的地域性，不同地方法规、政策差异较大，在学习时应对此加以关注。

在学习本章内容时，既要理解掌握现行法律法规，又要注意将国家在不同时期发布的法律法规加以比较，透过法律法规的内容了解我国对于征收领域政策的前后变化。同时，要注意区分征收以及补偿过程中民事和行政两种不同性质的法律关系。

本章内容说明 (Introduction)

本章主要阐述国有土地上房屋征收法律制度。主要分析国有土地上房屋征收的概念与基本原则、房屋征收法律关系、征收决定、征收补偿、补偿决定等；介绍了征收中的法律责任以及征收纠纷的解决等问题，本章的最后通过一起房屋征收典型案例，帮助读者进一步理解征收法律制度的相关内容。

4.1　城市房屋拆迁制度及立法变迁

财产征收是世界各国通行的基于公共利益的需要而由政府强制征收征用私人财产的一种法律制度。房屋征收即属于财产征收的一种。虽然从严格意义上讲，房屋拆迁与房屋征收是两个不同的概念，但在我国长期以来房屋征收被称为房屋拆迁。立法领域由房屋拆迁到房屋征收的演变，折射出这一领域的立法变迁。

新中国成立后，1954 年《宪法》第八条规定："国家依照法律保护农民的土地所有权和其他生产资料所有权。"第十三条规定："国家为了公共利益的需要，可以依照法律规定的条件，对城乡土地和其他生产资料实行征购、征用或者收归国有。"可见当时国家是采用征用的方式解决城市建设的用地需求，当征用建设用地涉及地上房屋时，给予安置或补偿。1958 年 1 月 6 日国务院公布的《国家征用土地办法》规定："遇有因征用土地必须拆除房屋的情况，应当在保证原来住户有房屋居住的原则下，给房屋所有人相当的房屋，或者按照公平的原则发给补偿费。"

1982 年《宪法》开始将土地划分为国家所有和集体所有，并规定"国家为了公共利益的需要，可以依照法律规定对土地实行征用"。之后 1986 年全国人大常委会颁布的《土地管理法》规定了土地征用制度，但仅适用于农村土地。依据该法第二十一条的规定，国家进行经济、文化、国防建设以及兴办社会公共事业，需要征用集体所有的土地或者使用国有土地的，按照第四章规定办理，而第四章"国家建设用地"中并没有规定拆迁。1998 年、2004 年《土地管理法》两次修订也没有涉及城市房屋拆迁这一问题。

实质上，1982 年《宪法》和 1986 年《土地管理法》中规定的"征用"应为"征收"。因此，2004 年《宪法》修正案将征用改为征收，并确立了新的征用制度。随后，《土地管理法》也做了相应修改，将第二条第四款修改为："国家为了公共利益的需要，可以依法对土地实行征收或者征用并给予补偿"。

改革开放之后，随着经济快速发展，城市不断扩张，同时也开始大规模实施旧城改造，重新规划和建设现代城市催生了城市房屋拆迁制度。

20 世纪九十年代之后，我国一直处于快速的城市化进程之中，大规模的城市扩张和旧城改造不断发生，同时，城市房屋也经历着商业化改革历程。随着市场经济的发展和城市化建设的推进，为了解决政府资金严重短缺与不断增长的危房改造和现代化城市建设的需求之间的矛盾，政府在危房改造中开始与房地产开发商结合起来，"政府出政策，开发商出资金"的城市危房改造的模式逐渐形成，由此演绎出城市房屋拆迁制度。

为了完善城市拆迁制度并规范城市房屋拆迁行为，1991 年国务院颁布了《城市房屋拆迁管理条例》，对城市房屋拆迁的管理体制、审批权限和程序、补偿安置原则、法律责任等做出了原则性规定。该条例实施以后，我国的城市房屋拆迁制度在实践中不断发展、完善，逐步走上了法制化的轨道。

但是，这种最初作为改善城市居住条件和环境推出的措施，后来演变为取得城市建设用地的唯一方式，各种各样的城市建设（包括商业开发）均通过拆迁取得存量建设用地。再加上随着城市住房商品化改革的推进，人们对私有财产的保护意识增强，拆迁纠纷大量出现。因拆迁而引发的各类矛盾、冲突、群体性事件时有发生，不仅有损当事人的合法权益，也影响社会的和谐稳定。

为加强被拆迁人利益的保护，规范拆迁行为，2001 年 6 月 6 日，国务院在 1991 年条例的基础上又发布了新的《城市房屋拆迁管理条例》（本书以下简称《拆迁条例》），建设部依据《城市房屋拆迁管理条例》，于 2003 年底又制定并下发了《城市房屋拆迁估价指导意见》和《城市房屋拆迁行政裁决工作规程》两项规章，2005 年又发布了《城市房屋拆迁工作规程》（2005 年 10 月 31 日发布）。

虽然 2001 年的《拆迁条例》与 1991 年的条例相比，有了很大的进步，但是城市房屋拆迁制度设计的缺陷仍然存在。表现为：第一，拆迁的形式和实质冲突。《拆迁条例》第 2 条虽然明确将拆迁限定在城市规划区内国有土地上实施的“房屋拆迁”，但其实质是收回建设用地使用权的行为。在我国，城市建设用地使用权受法律保护并被房屋所有权所吸附。然而，拆迁制度只考虑对房屋进行拆迁和补偿，未考虑房屋所有权所吸附的建设用地使用权的价值。在肯定房屋所有权人拥有建设用地使用权的情形下，仅仅对房屋加以补偿即消灭建设用地使用权，显然既不公平，也不合法。第二，拆迁行为定位模糊。依据《宪法》、《物权法》、《城市房地产管理法》的规定，国家只有基于公共利益的需要，才能对单位和个人的房屋以及其他不动产进行征收。而拆迁制度不管是用于公共利益还是商业目的，凡城市建设（诸如旧城改造等）需要拆除房屋的，都一律采用拆迁方式。

第三，拆迁行为的定性模糊。与定位模糊相联系，拆迁行为摇摆于民事行为和行政行为之间，没有清晰的法律定性。拆迁制度将拆迁人确定为建设单位（包括房地产开发商）而不是政府，由此拆迁补偿应属平等自愿的范畴，拆迁人与被拆迁人之间订立的拆迁补偿安置协议应当属于民事法律关系。但是在现实中，拆迁的实施又受到政府部门的干预，充满着强制性，所谓平等自愿交易根本无法实现。按照《拆迁条例》，拆迁法律关系发生在建设单位与房屋所有人之间，二者之间发生直接的拆迁补偿关系，政府只是拆迁的管理机构。但是，在拆迁制度中存在一些特殊安排，使政府并非超脱于拆迁关系之外。一是拆迁必须经过政府许可。拆迁人需取得房屋拆迁许可证，没有许可不能拆迁，而有了许可证，一切拆迁行为就合法化（就

会得到政府的支持)。二是拆迁行为往往是由拆迁办——具有拆迁资格的事业单位——完成的。拆迁办直属于拆迁主管机构，行使着某些政府的权力。三是拆迁补偿安置由拆迁人与被拆迁人之间协商，一旦达不成协议就由主管部门行政裁决；而经过裁决，原来属于民事范畴的拆迁行为就具有了行政执行力。因此，政府始终在拆迁中扮演着积极干预的角色。从形式看，拆迁的基础是平等主体之间的民事行为，但事实上具有明显的政府行为痕迹或特征。本质上，拆迁是政府直接参与下的“民事行为”。

房屋拆迁及其所引发的种种矛盾，一度成为公众高度关注的社会问题。尤其是《物权法》出台后，原有拆迁制度的合法性受到越来越多的质疑。

2011 年 1 月 21 日，国务院总理温家宝签署国务院令，公布《国有土地上房屋征收与补偿条例》(以下简称《征收与补偿条例》)，《拆迁条例》同时废止。与《拆迁条例》相比，《征收与补偿条例》仅调整为了公共利益目的进行的国有土地上的房屋征收与补偿活动。2011 年 6 月 3 日，根据《征收与补偿条例》，住房和城乡建设部又制定了《国有土地上房屋征收评估办法》(建房〔2011〕77 号)，《城市房屋拆迁估价指导意见》同时废止。

4.2　国有土地上房屋征收与补偿概述

在我国，城市的土地属于国家所有，城市中的绝大多数房屋所占用的土地都是国有土地，房屋所有权人对其房屋所占用的土地只享有使用权。当国家为了维护保障国家安全、促进国民经济和社会发展等公共利益，需要使用现城市房屋所占用的土地时，便出现了房屋征收。

4.2.1　国有土地上房屋征收与补偿的概念与特点

国有土地上房屋征收与补偿是指为了公共利益的需要，市、县人民政府依法作出房屋征收决定，对国有土地上单位、个人的房屋进行征收，并对被征收房屋的所有权人予以公平补偿的一系列法律行为。征收的目的是为了保障国家安全、促进国民经济和社会发展等公共利益的需要。物权法明确了征收单位、个人所有的房屋及其他不动产的公益目的性，《物权法》第四十二条第一款规定：“为了公共利益的需要，依照法律规定的权限和程序可以征收集体所有的土地和单位、个人的房屋及其他不动产。”征收体现了特定条件下社会公共利益、国家利益和人民长远利益与公民个人利益的冲突。这种冲突决定了征收行为的实施与否不以被征收人的意志为转移，带有明显的强制性。另一方面，在强制剥夺公民私人财产权利的同时，又必须给予其相应的补偿。

国有土地上房屋征收与补偿具有如下法律特点：

1. 国有土地上房屋征收与补偿以公共利益的实现为目的

房屋征收实质上是对土地资源占有使用关系的重新调整，是资源使用利益的重新分配。它直接关系到被征收人的切身利益和他们的财产权利，所以征收行为不能任意而为，必须服务于社会公共利益。只有为了保障国家安全、促进国民经济和社会发展等公共利益的需要，确需征收房屋的，市、县级人民政府才能作出房屋征收决定。对于公共利益的界定，应当从严。《征收与补偿条例》第八条将公共利益界定为六种情形，即：国防和外交的需要；由政府组织实施的能源、交通、水利等基础设施建设的需要；由政府组织实施的科技、教育、文化、卫生、体育、环境和资源保护、防灾减灾、文物保护、社会福利、市政公用等公共事业的需要；由政府组织实施的保障性安居工程建设的需要；由政府依照《城乡规划法》有关规定组织实施的对危房集中、基础设施落后等地段进行旧城区改建的需要；法律、行政法规规定的其他公共利益的需要。

2. 国有土地上房屋征收与补偿具有强制性

征收行为发生是为了公共利益的需要、是城市建设发展的需要、是城市规划实施的要求，它体现的是社会公共利益、国家整体利益和人民长远利益的要求，因此不论是征收决定的作出还是补偿决定的作出，均不以被征收人同意为前提，带有明显的强制性。从整体利益和长远利益出发，被批准列入征收范围的房屋的所有者和使用者必须服从公共利益的需要。强制性也是征收与等价有偿市场交易区别之处。征收是一种“强制购买”，而市场交易是一种“自愿买卖”，任何一方不得将自己的意志强加于对方，不得带有任何的强制性。

3. 国有土地上房屋征收应当对被征收人给予公平、合理的补偿

尽管房屋征收的前提是公共利益的需要，是社会公共利益和长远利益的要求，但房屋征收的直接后果是被征收人丧失房屋的所有权。这意味着被征收人财产的损失和居住条件的改变。因此，他们在服从需要的同时，应当获得公平、合理的补偿。有关补偿的范围、标准和方式，《国有土地上房屋征收与补偿条例》都作了明确的规定。征收人在进行房屋征收时，必须依法对被征收人所受的损失先行给予公平补偿，使他们的生产、生活能够正常进行，这是房屋征收得以实现的基本前提条件。

4.2.2 国有土地上房屋征收与补偿的基本原则

按照《征收与补偿条例》的规定，房屋征收与补偿应当遵循决策民主、程序正

当、结果公开的原则。

1. 决策民主原则

民主决策是实现党的民主集中制的重要环节。在国有土地上房屋征收与补偿活动中，决策民主是贯穿征收与补偿整个过程的基本原则。其目的是确保征收过程中的决策能广泛吸取各方意见、集中各方智慧、符合本地区实际、反映事物发展规律。在征收活动中，征收决定的作出、房屋征收补偿方案的拟定、补偿决定的作出以及纠纷的协商解决等，都必须贯彻决策民主原则。贯彻决策民主原则的目的是弱化房屋征收的行政强制色彩，广泛听取被征收人、社会公众的意见，最大限度地保护人民群众的合法财产权利。为贯彻该原则，《征收与补偿条例》第九条要求，市、县级人民政府在制定国民经济和社会发展规划、土地利用总体规划、城乡规划和专项规划时，应当广泛征求社会公众意见，经过科学论证。在作出征收决定前，房屋征收部门应当对房屋征收范围内房屋的权属、区位、用途、建筑面积等情况组织调查登记，作为民主决策的基础。《征收与补偿条例》第十二条规定："房屋征收决定涉及被征收人数量较多的，应当经政府常务会议讨论决定。"而政府常务会议的议事规则，就是遵循决策民主原则。

2. 程序正当原则

作为一条重要的法治观念与宪法原则，正当程序日益成为现代法治国家共同的价值取向。要切实规范国有土地上房屋征收与补偿活动，维护公共利益，保障被征收房屋所有权人的合法权益，就必须遵循程序正当原则。根据程序正当原则，征收决定、补偿决定的作出都必须遵循法定的程序和步骤，征收与补偿决定的作出机关不得同时为征收补偿救济的裁决机关，行政机关不得享有行政强拆权，禁止暴力搬迁，禁止建设单位参与搬迁活动，房地产价格评估机构应当由被征收人确定，任何纠纷和争议事项都应依法纳入司法审查的范畴。

3. 结果公开原则

国有土地上房屋征收与补偿的过程是由一系列阶段性的程序步骤组成的，每个程序步骤的完成都会产生一项或数项阶段性的结果。结果公开原则要求这些阶段性结果都必须依法予以公开。《征收与补偿条例》规定了下列事项的公开：房屋征收部门拟定的补偿方案必须公开，对补偿方案的征求意见情况和根据公众意见的修改情况必须公开，征收决定必须公开，被征收房屋的调查登记情况必须公开，补偿决定必须公开，分户补偿情况必须公开，对征收补偿费用的审计结果必须公开等。结果公开原则是决策民主原则、程序正当原则的进一步落实与深化，旨在避免暗箱操作，增加征收补偿工作的透明度，预防和化解征收纠纷与矛盾，保障征收过程的顺利进行和房屋所有权人的合法权益。

4.2.3 国有土地上房屋征收与补偿法律关系

国有土地上房屋征收与补偿法律关系中既包含行政法律关系，又包含民事法律关系，呈现出两者相融合的状态。

1.征收与补偿行政法律关系

征收与补偿行政法律关系主要包括征收决定法律关系、征收补偿决定法律关系和征收委托实施法律关系。

根据《征收与补偿条例》第八条的规定，房屋征收决定由市、县人民政府作出。由此，在征收决定人（市、县级人民政府）与被征收人（被征收房屋的所有权人）之间形成征收决定法律关系。《征收与补偿条例》第二十六条规定："房屋征收部门与被征收人在征收补偿方案确定的签约期限内达不成补偿协议，或者被征收房屋所有权人不明确的，由房屋征收部门报请作出房屋征收决定的市、县级人民政府依照本条例的规定，按照征收补偿方案作出补偿决定，并在房屋征收范围内予以公告。"由此形成的征收补偿决定法律关系主体分别是作出征收决定的市、县及人民政府和被征收人。根据《征收与补偿条例》第五条的规定，房屋征收部门可以委托房屋征收实施单位，承担房屋征收与补偿的具体工作。房屋征收实施单位不得以营利为目的。房屋征收部门对房屋征收实施单位在委托范围内实施的房屋征收与补偿行为负责监督，并对其行为后果承担法律责任。可见，征收委托实施法律关系的当事人是房屋征收部门和房屋征收实施单位。

2.征收与补偿民事法律关系

《征收与补偿条例》第二十五条规定："房屋征收部门与被征收人依照本条例的规定，就补偿方式、补偿金额和支付期限、用于产权调换房屋的地点和面积、搬迁费、临时安置费或者周转用房、停产停业损失、搬迁期限、过渡方式和过渡期限等事项，订立补偿协议。补偿协议订立后，一方当事人不履行补偿协议约定的义务的，另一方当事人可以依法提起诉讼。"根据这条规定，房屋征收部门与被征收人就房屋征收补偿的相关事项达成补偿协议，形成征收协议补偿民事法律关系。与征收补偿决定法律关系不同的是，根据《征收与补偿条例》的规定，协议补偿的一方主体是市、县人民政府确定的房屋征收部门，而不是作出征收决定的市、县人民政府。

4.3 征收决定

《征收与补偿条例》以征收决定代替了《拆迁条例》中的拆迁许可制度。征收决定是征收合法性的凭证，是房屋征收部门实施征收的依据。

4.3.1 征收决定的作出

作出征收决定的前提条件有以下几个：

1. 以实现公共利益为目的

根据《征收与补偿条例》第八条的规定，为了保障国家安全、促进国民经济和社会发展等公共利益的需要，有下列情形之一，确需征收房屋的，由市、县级人民政府作出房屋征收决定：

(1) 国防和外交的需要；

(2) 由政府组织实施的能源、交通、水利等基础设施建设的需要；

(3) 由政府组织实施的科技、教育、文化、卫生、体育、环境和资源保护、防灾减灾、文物保护、社会福利、市政公用等公共事业的需要；

(4) 由政府组织实施的保障性安居工程建设的需要；

(5) 由政府依照《城乡规划法》有关规定组织实施的对危房集中、基础设施落后等地段进行旧城区改建的需要；

(6) 法律、行政法规规定的其他公共利益的需要。

2. 符合各项规划的要求

根据《征收与补偿条例》第九条的规定，确需征收房屋的各项建设活动，应当符合国民经济和社会发展规划、土地利用总体规划、城乡规划和专项规划。保障性安居工程建设、旧城区改建等，应当纳入市、县级国民经济和社会发展年度计划。制定国民经济和社会发展规划、土地利用总体规划、城乡规划和专项规划，应当广泛征求社会公众意见，经过科学论证，对建设项目是否满足上述规划要求的审查，构成征收决定作出的前置程序。由于市、县级国民经济和社会发展年度计划须由同级人民代表大会审议通过，可见地方权力机关已经开始部分介入地方政府的房屋征收活动。

3. 征收补偿方案须经过论证并予以公布，公开征求意见

根据《征收与补偿条例》的规定，市、县人民政府作出征收决定后，由房屋征收部门拟定征收补偿方案，报市、县级人民政府。市、县级人民政府应当组织有关部门对征收补偿方案进行论证并予以公布，征求公众意见。征求意见期限不得少于30日。

市、县级人民政府应当将征求意见情况和根据公众意见修改的情况及时公布。此外，《征收与补偿条例》第十一条第二款规定："因旧城区改建需要征收房屋，多数被征收人认为征收补偿方案不符合本条例规定的，市、县级人民政府应当组织由被征收人和公众代表参加的听证会，并根据听证会情况修改方案。"这一规定针对

现实中问题多发的旧城区改建需要征收房屋的情形，在公开征求意见的对象和方式上作了特别规定，即除了应向被征收人征求意见外，还应向社会公众的代表征求意见，并且规定了征求意见的具体方式为召开听证会。

4. 进行社会稳定风险评估

《征收与补偿条例》第十二条第一款规定："市、县级人民政府作出房屋征收决定前，应当按照有关规定进行社会稳定风险评估；房屋征收决定涉及被征收人数量较多的，应当经政府常务会议讨论决定。"自 2008 年海南省委省政府下发《关于预防和处置农村群体性事件的意见》，拉开海南探索建立社会稳定风险评估机制的序幕以来，重大项目上马前和重大决策出台前进行社会稳定与经济效益"双评估"的机制已在全国推广。国家"十二五"规划纲要也提出，"建立重大工程项目建设和重大政策制定的社会稳定风险评估机制"。社会稳定风险评估主要集中在三大领域：一是重大决策。包括涉及面广、与群众利益密切相关的重大政策、改革改制方案、社会管理措施以及建设规划的出台。二是重大项目。包括基础设施项目、公益性项目、工业项目、房地产开发项目。三是其他重大事项。包括影响大、涉众广、情况复杂的大型活动等。评估的内容主要集中在合法性、合理性、可行性和安全性四个方面。合法性主要指是否有充分的政策、法律依据；合理性主要指是否符合科学发展观要求和大多数群众的根本利益，是否兼顾各利益群体的不同诉求，是否遵循公开、公平、公正原则；可行性主要指是否征求了广大群众意见，是否符合当地经济社会发展总体水平，时机是否成熟、适时，实施方案是否周密、完善；安全性主要指是否存在引发群体性事件和其他影响社会稳定的隐患，是否有相应的预警措施、应急处置预案和对策措施。国有土地上房屋征收与补偿事关广大人民群众的切身利益，对此进行社会稳定风险评估，并将其作为作出征收决定的前置条件是必要的。只有这样，才能做到未经社会稳定风险评估的不审批，未经批准或虽经批准但涉稳重大隐患尚未消除的不实施，为经济社会发展提供稳定和谐的社会环境。

5. 预存证收补偿费用

为了保障被征收人的合法权益、保证征收补偿费用的足额到位与落实，《征收与补偿条例》第十二条第二款规定："作出房屋征收决定前，征收补偿费用应当足额到位、专户存储、专款专用。"为了保证该制度的落实，《征收与补偿条例》第二十七条规定："实施房屋征收应当先补偿、后搬迁。……"第二十八条第二款规定："作出房屋征收决定的市、县级人民政府在申请人民法院强制执行时，强制执行申请书应当附具补偿金额和专户存储账号、产权调换房屋和周转用房的地点和面积等材料。"

4.3.2　征收范围内房屋的调查登记

《征收与补偿条例》第十五条规定："房屋征收部门应当对房屋征收范围内房屋的权属、区位、用途、建筑面积等情况组织调查登记，被征收人应当予以配合。调查结果应当在房屋征收范围内向被征收人公布。"对征收范围内的房屋进行调查登记旨在摸清被征收房屋的自然状况及权属状况，为征收后续工作的开展、被征收房屋价值的确定、补偿工作等提供基础资料和依据。

4.3.3　征收决定的作出与公告

在确定了征收符合公共利益的要求、建设项目符合国民经济和社会发展规划、土地利用总体规划、城乡规划和专项规划的要求、征收补偿方案经过了论证并予以公布，公开征求意见、进行了社会稳定风险评估、征收补偿费用已经预存、完成了征收范围内房屋的调查登记后，对于确需征收房屋的，市、县级人民政府应当作出征收决定。作出房屋征收决定是一项具体行政行为，市、县级人民政府在作出征收决定时，除应遵照《征收与补偿条例》的相关规定外，还须遵循具体行政行为作出的相关规定。为慎重起见，《征收与补偿条例》第十二条还规定："房屋征收决定涉及被征收人数量较多的，应当经政府常务会议讨论决定。"

根据结果公开原则，市、县级人民政府在作出房屋征收决定后应当及时公告。公告应当载明征收补偿方案和行政复议、行政诉讼权利等事项。市、县级人民政府及房屋征收部门应当做好房屋征收与补偿的宣传、解释工作。

房屋被依法征收的，国有土地使用权同时被收回。

4.3.4　征收决定公布后的禁止事项

根据《征收与补偿条例》第十六条的规定，房屋征收范围确定后，不得在房屋征收范围内有新建、扩建、改建房屋和改变房屋用途等不当增加补偿费用的行为出现；有违反规定实施的，不予补偿。

房屋征收部门应当书面通知有关部门暂停办理相关手续。暂停办理相关手续的书面通知应当载明暂停期限。暂停期限最长不得超过1年。

4.3.5　对征收决定不服的救济

根据《征收与补偿条例》第十四条的规定，被征收人对市、县级人民政府作出的房屋征收决定不服的，可以依法申请行政复议，也可以依法提起行政诉讼。

4.4 征收补偿

根据《宪法》的规定，国家、全民、集体所有的财产受法律保护，国家保护公民的合法收入、储蓄、房屋和其他合法财产的所有权。《物权法》也规定，征收单位、个人的房屋及其他不动产，应当依法给予拆迁补偿，维护被征收人的合法权益，征收个人住宅的，还应当保障被征收人的居住条件。房屋作为所有人的财产，由于其凝结了原住户的资金与劳动，并且是原用户、住户赖以生存和生活的基本物质条件，因而在再建设过程中，必须对原用户、住户的损失给予适当补偿，并对其进行妥善的安置。

4.4.1 征收补偿的内容

根据《征收与补偿条例》第十七条的规定，征收补偿的内容包括：被征收房屋价值的补偿；因征收房屋造成的搬迁、临时安置的补偿；因征收房屋造成的停产停业损失的补偿。此外，市、县级人民政府还应当制定补助和奖励办法，对被征收人给予补助和奖励。

1.被证收房屋的价值补偿

根据《国有土地上房屋征收评估办法》第十一条的规定，被征收房屋价值是指被征收房屋及其占用范围内的土地使用权在正常交易情况下，由熟悉情况的交易双方以公平交易方式在评估时点自愿进行交易的金额，但不考虑被征收房屋租赁、抵押、查封等因素的影响。所谓不考虑租赁因素的影响，是指评估被征收房屋无租约限制的价值；不考虑抵押、查封因素的影响，是指评估价值中不扣除被征收房屋已抵押担保的债权数额、拖欠的建设工程价款和其他法定优先受偿款。被征收房屋的价值包括被征收的建筑物、附属设施及其占用范围内的建设用地使用权的价值。被征收房屋的价值由具有相应资质的房地产价格评估按照房屋征收评估办法评估确定。

房地产价格评估机构评估的对象仅限于合法建筑和未超过批准期限的临时建筑，不包括违法建筑和超过批准期限的临时建筑。房屋征收部门在对房屋征收范围内的房屋进行调查登记时，应当同时对征收范围内未经登记的建筑进行调查，摸清情况。市、县级人民政府及其有关部门应当依法加强对建设活动的监督管理，对违反城乡规划进行建设的，依法予以处理。市、县级人民政府作出房屋征收决定前，应当组织有关部门依法对征收范围内未经登记的建筑进行调查、认定和处理。根据《征收与补偿条例》第二十四条第二款的规定，对认定为合法建筑和未超过批准期

限的临时建筑的，应当给予补偿；对认定为违法建筑和超过批准期限的临时建筑的，不予补偿。

对被征收房屋价值的补偿，不得低于房屋征收决定公告之日被征收房屋类似房地产的市场价格。被征收人对评估确定的被征收房屋价值有异议的，可以向房地产价格评估机构申请复核评估。对复核结果有异议的，可以向房地产价格评估专家委员会申请鉴定。

2. 搬迁补偿

《征收与补偿条例》第二十二条规定："因征收房屋造成搬迁的，房屋征收部门应当向被征收人支付搬迁费。"所谓搬迁费，是指被征收房屋拆除后，被征收人原地安置或者异地安置所需支出的必要合理费用。搬迁费用通常分为住宅与非住宅两种类型，具体补偿标准一般由各地方自行制定公布。

3. 临时安置补偿

《征收与补偿条例》第二十二条规定："选择房屋产权调换的，产权调换房屋交付前，房屋征收部门应当向被征收人支付临时安置费或者提供周转用房。"因此，临时安置补偿适用于选择房屋产权调换作为补偿方式的被征收人。在过渡期内，被征收人自行安排住处的，房屋征收部门应当向被征收人支付临时安置费。临时安置费的补偿标准，由各地方政府制定，一般按照被征收房屋的用途（住宅、商业经营用房、生产经营用房等）和被征收房屋的建筑面积计算。周转用房应当以适于居住、不降低被征收人的生活水平、适于生产经营为标准。

4. 停产停业损失补偿

《征收与补偿条例》第二十三条规定："对因征收房屋造成停产停业损失的补偿，根据房屋被征收前的效益、停产停业期限等因素确定。具体办法由省、自治区、直辖市制定。"因征收非住宅房屋造成停产、停业的，被征收人所受的损失除了房屋本身的价值外，还会遭受停产停业所带来的损失，即被征收人通过正常生产经营活动能够获得的可期待利益丧失。而这部分损失直接与房屋征收有关，因此应给予补偿。对因征收房屋造成停产停业损失的补偿，应根据房屋被征收前的效益、停产停业期限等因素确定。

5. 补助与奖励

在国有土地上房屋征收的实践中，房屋征收部门往往以给予被征收人一定补助和奖励的形式，促使被征收人配合征收和搬迁工作。为此，《征收与补偿条例》第十七条第二款规定："市、县级人民政府应当制定补助和奖励办法，对被征收人给予补助和奖励。"

4.4.2　征收补偿的方式

《征收与补偿条例》第二十一条规定："被征收人可以选择货币补偿，也可以选择房屋产权调换。被征收人选择房屋产权调换的，市、县级人民政府应当提供用于产权调换的房屋，并与被征收人计算、结清被征收房屋价值与用于产权调换房屋价值的差价。因旧城区改建征收个人住宅，被征收人选择在改建地段进行房屋产权调换的，作出房屋征收决定的市、县级人民政府应当提供改建地段或者就近地段的房屋。"根据本条的规定，房屋征收补偿的方式有两种：即货币补偿和房屋产权调换。被征收人享有补偿方式选择权。

1. 货币补偿

货币补偿是指在征收补偿中，经房屋征收部门与被征收人协商，被征收人放弃产权，由房屋征收部门按市场评估价为标准，对被征收房屋的所有权人进行货币形式的补偿。货币补偿后，如果所有权与使用权分离，房屋征收部门不再承担对使用人的安置责任，而转由所有人对使用人进行安置。货币补偿是一种以支付货币的形式，赔偿被征收人因征收房屋所造成的经济损失的补偿方式。被征收房屋的价值，由具有相应资质的房地产价格评估机构按照房屋征收评估办法评估确定。为规范国有土地上房屋征收评估活动，保证房屋征收评估结果客观公平，2011 年 6 月 3 日，住房和城乡建设部制定了《国有土地上房屋征收评估办法》（建房〔2011〕77 号），（2003 年 12 月 1 日原建设部发布的《城市房屋拆迁估价指导意见》同时废止）为房地产价格评估机构评估国有土地上被征收房屋和用于产权调换房屋的价值，测算被征收房屋类似房地产的市场价格，以及对相关评估结果进行复核评估和鉴定，提供了法律依据。

采取货币补偿方式的前提是被征收房屋的所有权人愿意放弃被征收房屋的产权，又不需要安置。货币补偿作为《征收与补偿条例》确定的主要补偿方式，具有操作简单、一次性了断，不会产生延长过渡期限、不能及时回迁等问题，同时方便被征收人选择住房，有利于减少社会矛盾，简化征收补偿的程序。

2. 产权调换

产权调换是指被征收人选择用被征收人的房屋与房屋征收部门提供的房屋按一定标准进行交换的一种替代性补偿方式。产权调换作为房屋征收补偿的方式，其特点是以实物形态来体现征收人对被征收人的补偿，即以房换房。实际上，房屋产权调换同时包含着建设用地使用权的调换。无论是居住房屋还是非居住房屋，均可以采用产权调换的方法。在实践中，实行产权调换时，调换房屋的建筑面积与被征收房屋的建筑面积往往是不相等的，即使调换的面积相等，也往往由于地理位置、结构、质量等方面的不同，而使实际价格不等，因而产生了差价结算的问题。对此，《征收与补偿条例》第二十一条第二款规定："被征收人选择房屋产权调换的，市、县级人民政府应当提供用于产权调换的房屋，并与被征收人计算、结清被征收房屋价值与用于产权调换房屋价值的差价。"

除此之外，《征收与补偿条例》第十八条还规定："征收个人住宅，被征收人符合住房保障条件的，作出房屋征收决定的市、县级人民政府应当优先给予住房保障。具体办法由省、自治区、直辖市制定。"依照本条规定，政府对符合住房保障条件的被征收人除给予补偿外，还应优先安排被征收人享受住房保障，使其不再等待轮候保障房。为了保障被征收人的回迁权利，《征收与补偿条例》第二十一条第三款规定："因旧城区改建征收个人住宅，被征收人选择在改建地段进行房屋产权调换的，作出房屋征收决定的市、县级人民政府应当提供改建地段或者就近地段的房屋。"

4.4.3 被征收房屋价值的评估

1. 房地产价格评估机构的确定

被征收房屋的价值，由具有相应资质的房地产价格评估机构按照房屋征收评估办法评估确定。根据《征收与补偿条例》第二十条的规定，房地产价格评估机构由被征收人协商选定；协商不成的，通过多数决定、随机选定等方式确定，具体办法由省、自治区、直辖市制定。《国有土地上房屋征收评估办法》（以下简称《评估办法》）第四条也规定，房地产价格评估机构由被征收人在规定时间内协商选定；在规定时间内协商不成的，由房屋征收部门通过组织被征收人按照少数服从多数的原则投票决定，或者采取摇号、抽签等随机方式确定。具体办法由省、自治区、直辖市制定。

上述规定确立了三种方式确定房地产价格评估机构：一种是协商选定；第二种是多数选定；第三种是随机选定。

《评估办法》第五条还规定，同一征收项目的房屋征收评估工作，原则上由一家房地产价格评估机构承担。房屋征收范围较大的，可以由两家以上房地产价格评估机构共同承担。

两家以上房地产价格评估机构承担的，应当共同协商确定一家房地产价格评估机构为牵头单位；牵头单位应当组织相关房地产价格评估机构就评估对象、评估时点、价值内涵、评估依据、评估假设、评估原则、评估技术路线、评估方法、重要参数选取、评估结果确定方式等进行沟通，统一标准。

《评估办法》还要求房地产价格评估机构选定或者确定后，由房屋征收部门作为委托人，向房地产价格评估机构出具房屋征收评估委托书，并与其签订房屋征收评估委托合同。房屋征收评估委托书应当载明委托人的名称、委托的房地产价格评估机构的名称、评估目的、评估对象范围、评估要求以及委托日期等内容。房屋征收评估委托合同应当载明下列事项：

（1）委托人和房地产价格评估机构的基本情况；

（2）负责本评估项目的注册房地产估价师；

（3）评估目的、评估对象、评估时点等评估基本事项；

（4）委托人应提供的评估所需资料；

（5）评估过程中双方的权利和义务；

（6）评估费用及收取方式；

（7）评估报告交付时间、方式；

（8）违约责任；

（9）解决争议的方法；

（10）其他需要载明的事项。

2. 房地产价格评估机构的工作原则

房地产价格评估机构不得采取迎合征收当事人不当要求、虚假宣传、恶意低收费等不正当手段承揽房屋征收评估业务。《征收与补偿条例》第二十条第二款规定："房地产价格评估机构应当独立、客观、公正地开展房屋征收评估工作，任何单位和个人不得干预。"该条确定了房地产价格评估机构的工作原则是独立、客观、公正。"独立"是指估价机构不受任何单位和个人的干预，能够独立自主地开展评估工作，与房屋征收当事人有利害关系的，应当回避；"客观"是指评估过程、评估结果应当真实、符合客观情况，不主观随意化；"公正"是指评估结果应当不偏不倚、科学合理。

3. 被征收房屋价值的评估确定

《征收与补偿条例》第十九条第一款规定："对被征收房屋价值的补偿，不得低于房屋征收决定公告之日被征收房屋类似房地产的市场价格。被征收房屋的价值，由具有相应资质的房地产价格评估机构按照房屋征收评估办法评估确定。"根据《评估办法》第三十条的规定，被征收房屋的类似房地产是指与被征收房屋的区位、用途、权利性质、档次、新旧程度、规模、建筑结构等相同或者相似的房地产。被征收房屋类似房地产的市场价格是指被征收房屋的类似房地产在评估时点的平均交易价格。确定被征收房屋类似房地产的市场价格，应当剔除偶然的和不正常的因素。

房地产估价师在对被征收房屋进行价值评估时应当考虑被征收房屋的区位、用途、建筑结构、新旧程度、建筑面积以及占地面积、土地使用权等影响被征收房屋价值的因素。

房地产价格评估主要有市场法、收益法、成本法、假设开发法等评估方法。注册房地产估价师应当根据评估对象和当地房地产市场状况，对市场法、收益法、成本法、假设开发法等评估方法进行适用性分析后，选用其中一种或者多种方法对被征收房屋价值进行评估。被征收房屋的类似房地产有交易的，应当选用市场法评估；被征收房屋或者其类似房地产有经济收益的，应当选用收益法评估；被征收房屋是在建工程的，应当选用假设开发法评估。

房地产估价师在对被征收房屋进行价值评估时，可以同时选用两种以上评估方法评估的，应当选用两种以上评估方法评估，并对各种评估方法的测算结果进行校核和比较分析后，合理确定评估结果。

此外，根据《评估办法》的规定，在进行被征收房屋价值评估时，房地产价格评估机构应当安排注册房地产估价师对被征收房屋进行实地查勘，调查被征收房屋状况，拍摄反映被征收房屋内外部状况的照片等影像资料，做好实地查勘记录，并妥善保管。

4.房地产价格复核评估与鉴定

被征收人或者房屋征收部门对房地产价格评估机构出具的评估报告有疑问的，出具评估报告的房地产价格评估机构应当向其作出解释和说明。被征收人或者房屋征收部门对房地产价格评估机构评估确定的被征收房屋价值有异议的，可以在收到评估报告之日起十日内，向房地产价格评估机构申请复核评估。申请复核评估的，应当向原房地产价格评估机构提出书面复核评估申请，并指出评估报告存在的问题。原房地产价格评估机构应当自收到书面复核评估申请之日起十日内对评估结果进行复核。复核后，改变原评估结果的，应当重新出具评估报告；评估结果没有改变的，应当书面告知复核评估申请人。

被征收人或者房屋征收部门对原房地产价格评估机构的复核结果有异议的，可以自收到复核结果之日起十日内，向被征收房屋所在地评估专家委员会申请鉴定。各省、自治区住房城乡建设主管部门和设区城市的房地产管理部门应当组织成立评估专家委员会，评估专家委员会由房地产估价师以及价格、房地产、土地、城市规划、法律等方面的专家组成。评估专家委员会应当选派成员组成专家组，对复核结果进行鉴定。专家组成员为3人以上单数，其中房地产估价师不得少于二分之一。

评估专家委员会应当自收到鉴定申请之日起十日内，对申请鉴定评估报告的评估程序、评估依据、评估假设、评估技术路线、评估方法选用、参数选取、评估结果确定方式等评估技术问题进行审核，出具书面鉴定意见。经评估专家委员会鉴定，评估报告不存在技术问题的，应当维持评估报告；评估报告存在技术问题的，出具评估报告的房地产价格评估机构应当改正错误，重新出具评估报告。

4.4.4 征收补偿协议

根据《征收与补偿条例》第二十五条的规定，房屋征收部门与被征收人应当依法就补偿方式、补偿金额和支付期限、用于产权调换房屋的地点和面积、搬迁费、临时安置费或者周转用房、停产停业损失、搬迁期限、过渡方式和过渡期限等事项，订立补偿协议。

补偿协议订立后，一方当事人不履行补偿协议约定的义务的，另一方当事人可以依法提起诉讼。

征收补偿协议应当具备以下主要条款：

(1) 当事人（征收人、被征收人）的姓名或名称；

(2) 被征收房屋的坐落、楼层、间数、四至、面积、结构、质量等基本情况；

(3) 被征收房屋的估价；

(4) 补偿方式；

(5) 补偿金额；

(6) 支付期限；

(7) 用于产权调换房屋的地点和面积；

(8) 搬迁费、临时安置费或者周转用房；

(9) 停产停业损失；

(10) 搬迁期限；

(11) 过渡方式和过渡期限；

(12) 违约责任；

(13) 纠纷解决方式等当事人约定的其他事项。

补偿协议订立后，双方当事人都应当按照协议的约定履行义务，任何一方不履行补偿协议约定的义务的，另一方当事人可以依法提起诉讼。鉴于补偿协议在性质上属于私法性质，是一种无名合同，准用《合同法》的有关规定，因而有关一方不履行补偿协议引发的纠纷也属于民事诉讼范畴，不按行政诉讼对待。

4.4.5 征收补偿决定

一般而言，房屋征收部门与被征收人之间能够通过协商达成征收补偿协议，在意思自治和合意的基础上解决征收的各种问题。但是《征收与补偿条例》也就房屋征收部门与被征收人无法达成补偿协议或者被征收人不明确的情况进行了规定。根据《征收与补偿条例》第二十六条的规定，房屋征收部门与被征收人在征收补偿方案确定的签约期限内达不成补偿协议，或者被征收房屋所有权人不明确的，由房屋征收部门报请作出房屋征收决定的市、县级人民政府依照条例的规定，按照征收补偿方案作出补偿决定，并在房屋征收范围内予以公告。被征收人对补偿决定不服的，可以依法申请行政复议，也可以依法提起行政诉讼。

征收补偿决定与征收补偿协议不同，前者是征收决定者单方意志的体现，而后者是双方合意的结果。在性质上，补偿协议属于私法上的契约，而补偿决定是公法上的具体行政行为。《征收与补偿条例》对补偿决定的内容作出了限制性规定，即补偿决定必须按照征收补偿方案作出，还应当满足公平要求，内容上包括法定补偿协议的所有事项。

征收补偿决定作出后，市、县级人民政府应当在房屋征收范围内予以公告。

作为一种具体行政行为，征收补偿决定作出后，对被征收人的救济方式是申请行政复议或者依法提起行政诉讼。

4.4.6　补偿结果的公开和审计监督

为了长期妥善保存房屋征收补偿的相关信息，《征收与补偿条例》第二十九条规定房屋征收部门应当依法建立房屋征收补偿档案。《评估办法》第十八条也要求房地产价格评估机构应当在房屋征收评估业务完成后，将评估报告及相关资料立卷、归档保管。

为了增加房屋征收补偿的透明度，《征收与补偿条例》规定房屋征收部门应当将分户补偿情况在房屋征收范围内向被征收人公布。《评估办法》第十六条也规定：“房地产价格评估机构应当按照房屋征收评估委托书或者委托合同的约定，向房屋征收部门提供分户的初步评估结果。房屋征收部门应当将分户的初步评估结果在征收范围内向被征收人公示。公示期间，房地产价格评估机构应当安排注册房地产估价师对分户的初步评估结果进行现场说明解释。存在错误的，房地产价格评估机构应当修正。”

《征收与补偿条例》还规定：“审计机关应当加强对征收补偿费用管理和使用情况的监督，并公布审计结果。”

4.5　征收与补偿法律责任与征收纠纷的解决

4.5.1　征收与补偿法律责任

《征收与补偿条例》第三十条至第三十四条规定了市、县级人民政府及房屋征收部门的工作人员、被征收人、房地产价格评估机构以及房地产估价师等征收法律关系主体在征收中的各种违法行为及应承担的法律责任。

市、县级人民政府及房屋征收部门的工作人员在房屋征收与补偿工作中不履行本条例规定的职责，或者滥用职权、玩忽职守、徇私舞弊的，由上级人民政府或者本级人民政府责令改正，通报批评；造成损失的，依法承担赔偿责任；对直接负责的主管人员和其他直接责任人员，依法给予处分；构成犯罪的，依法追究刑事责任。

采取暴力、威胁或者违反规定中断供水、供热、供气、供电和道路通行等非法方式迫使被征收人搬迁，造成损失的，依法承担赔偿责任；对直接负责的主管人员和其他直接责任人员，构成犯罪的，依法追究刑事责任；尚不构成犯罪的，依法给予处分；构成违反治安管理行为的，依法给予治安管理处罚。

采取暴力、威胁等方法阻碍依法进行的房屋征收与补偿工作，构成犯罪的，依法追究刑事责任；构成违反治安管理行为的，依法给予治安管理处罚。

贪污、挪用、私分、截留、拖欠征收补偿费用的，责令改正，追回有关款项，限期退还违法所得，对有关责任单位通报批评、给予警告；造成损失的，依法承担赔偿责任；对直接负责的主管人员和其他直接责任人员，构成犯罪的，依法追究刑事责任；尚不构成犯罪的，依法给予处分。

房地产价格评估机构或者房地产估价师出具虚假或者有重大差错的评估报告的，由发证机关责令限期改正，给予警告，对房地产价格评估机构并处 5 万元以上 20 万元以下罚款，对房地产估价师并处 1 万元以上 3 万元以下罚款，并记入信用档案；情节严重的，吊销资质证书、注册证书；造成损失的，依法承担赔偿责任；构成犯罪的，依法追究刑事责任。

4.5.2 征收纠纷的处理与强制搬迁

征收纠纷主要包括因被征收人对房屋征收决定不服、被征收人对市、县级人民政府作出的补偿决定不服、房屋征收部门不按照“先补偿，后搬迁”的原则履行补偿协议约定的义务，被征收人在补偿协议约定或者补偿决定确定的搬迁期限内拒不搬迁或者因为强制搬迁而产生的各种纠纷。

其中，征收决定与补偿决定都属于市、县级人民政府的具体行政行为，由其引发的纠纷采用行政复议或者行政诉讼的方式解决。具体而言，被征收人对市、县级人民政府作出的房屋征收决定不服的，可以依法申请行政复议，也可以依法提起行政诉讼。被征收人对补偿决定不服的，可以依法申请行政复议，也可以依法提起行政诉讼。被征收人在法定期限内不申请行政复议或者不提起行政诉讼，在补偿决定规定的期限内又不搬迁的，由作出房屋征收决定的市、县级人民政府依法申请人民法院强制执行。强制执行申请书应当附具补偿金额和专户存储账号、产权调换房屋和周转用房的地点和面积等材料。

根据《征收与补偿条例》的规定，实施房屋征收应当先补偿、后搬迁。作出房屋征收决定的市、县级人民政府对被征收人给予补偿后，被征收人应当在补偿协议约定或者补偿决定确定的搬迁期限内完成搬迁。房屋征收部门与被征收人订立补偿协议后，一方当事人不履行补偿协议约定的义务的，另一方当事人可以依法提起诉讼。该诉讼属于民事诉讼范畴。

由此可见，《征收与补偿条例》确定的征收纠纷的解决机制是：征收决定—不服—行政复议或者行政诉讼；协商—达成征收补偿协议—不履行约定义务—民事诉讼；协商—达不成补偿协议（或被征收人不明确）—补偿决定—行政复议或者行政诉讼（或在法定期限内不申请行政复议、不提起行政诉讼，又不搬迁，申请法院强制执行）。

一般情况下，被征收人在作出房屋征收决定的市、县级人民政府对其给予补偿后，在补偿协议约定或者补偿决定确定的搬迁期限内应当自行完成搬迁。为了保障被征收人的合法财产权利，《征收与补偿条例》对于强制搬迁作了较为严格的规定，与《拆迁条例》相比，取消了行政机关的强制执行权。根据《征收与补偿条例》的规定，在房屋征收部门与被征收人达成补偿协议后，如被征收人不履行搬迁义务的，房屋征收部门可以依法提起民事诉讼，在取得人民法院的生效裁判后，如被征收人仍拒不履行生效裁判确定的搬迁义务，房屋征收部门可以向人民法院申请强制执行。而在房屋征收部门与被征收人未能在补偿方案确定的期限内达成补偿协议，市、县级人民政府作出补偿决定的情况下，被征收人于法定期限内对补偿决定不申请行政复议或者不提起行政诉讼，在补偿决定规定的期限内又不搬迁的，才能由作出房屋征收决定的市、县级人民政府依法申请人民法院强制执行。可见，强制搬迁只能由人民法院依法进行。

为了解决我国愈演愈烈的暴力搬迁问题，维护社会稳定和谐，《征收与补偿条例》第二十七条第三款规定："任何单位和个人不得采取暴力、威胁或者违反规定中断供水、供热、供气、供电和道路通行等非法方式迫使被征收人搬迁。禁止建设单位参与搬迁活动。"

本章学习要点 (Learning Essentials)

◎ 国有土地上房屋征收与补偿是指为了公共利益的需要，市、县人民政府依法作出房屋征收决定，对国有土地上单位、个人的房屋进行征收，并对被征收房屋的所有权人予以公平补偿的一系列法律行为。

◎ 国有土地上房屋征收与补偿法律关系中既包含行政法律关系，又包含民事法律关系，呈现出两者相融合的状态。

◎ 征收决定是征收合法性的凭证，是房屋征收部门实施征收的依据。

◎ 征收补偿的内容包括：被征收房屋价值的补偿；因征收房屋造成的搬迁、临时安置的补偿；因征收房屋造成的停产停业损失的补偿。此外，市、县级人民政府还应当制定补助和奖励办法，对被征收人给予补助和奖励。

◎ 被征收人可以选择货币补偿，也可以选择房屋产权调换。

◎ 房屋征收部门与被征收人在征收补偿方案确定的签约期限内达不成补偿协议，或者被征收房屋所有权人不明确的，由房屋征收部门报请作出房屋征收决定的市、县级人民政府依照条例的规定，按照征收补偿方案作出补偿决定，并在房屋征收范围内予以公告。

◎ 市、县级人民政府及房屋征收部门的工作人员、被征收人、房地产价格评估机构以及房地产估价师等征收法律关系主体在征收中实施违法行为应当承担法律责任。

◎ 征收纠纷的解决机制是：征收决定—不服—行政复议或者行政诉讼；协商—达成征收补偿协议—不履行约定义务—民事诉讼；协商—达不成补偿协议（或被征收人不明确）—补偿决定—行政复议或者行政诉讼（或在法定期限内不申请行政复议、不提起行政诉讼，又不搬迁，申请法院强制执行）。

案例展示教学（Case Application）

案例：脱启英不服北京市东城区房屋土地管理局城市房屋拆迁纠纷裁决案

【案情介绍】

原告：脱启英

被告：北京市东城区房屋土地管理局

第三人：北京市天创房地产开发公司

原告脱启英不服被告北京市东城区房屋土地管理局（以下简称东城房地局）2000年11月20日作出的京东房地裁字（2000）第53号城市房屋拆迁纠纷裁决，向北京市东城区人民法院提起诉讼。法院受理后，依法组成合议庭，于2001年1月20日公开开庭审理了本案。原告、被告、第三人以及委托代理人到庭参加诉讼。

被告作出的拆迁纠纷裁决认定，天创公司根据北京市规划局（1999）市规地字0071号建设用地规划许可证及东城房地局东拆许字（2000）007号拆迁许可证批准对东城区魏家胡同及东四北大街西侧部分地区进行办公楼项目建设并实施拆迁工作。脱启英共有私房8间，建筑面积93.5平方米，位于本市东城区东四北大街273号、275号，属拆迁范围。其房产全部用于经营，其中一部分用于经营艺宏美术装潢社，一部分用于经营嘉利美容中心，艺宏美术装潢社的法定代表人和嘉利美容中心的业主均是脱启英之妻李春荣。该户在册户口为9人，分为两户，第一户户主脱启英，之女脱云青、脱秀琴、之子脱继海、之孙脱悦、之外孙王梓、之外孙王俊鹏。第二户户主脱秀云，之母李春荣。天创公司根据脱启英对房产的使用情况及在册户口人数，对脱启英共补偿 1130395 元，脱启英拒绝接受补偿，要求原地回迁，故天创公司要求东城区房地局依法裁决。被告认为，天创公司对脱启英的拆迁补偿，符合《北京市城市房屋拆迁管理办法》（以下简称《拆迁管理办法》）的有关规定，脱启英拒绝接受，理由不足，被告不予支持。根据《拆迁管理办法》第十八条、第三十六条第一款、第三十八条之规定，裁决如下：一、脱启英自收到裁决书之日起五日内，迁入本市东城区连丰西巷 15 号院 2—5 号房进行周转，同时将原房屋腾空，交天创公司拆除。二、待周转结束时，脱启英应一次性向天创公司交纳周转房屋的各项费用。三、待周转房腾空后三日内，天创公司一次性将拆迁补偿款，计人民币 1130395 元整交付脱启英。四、逾期不搬，将根据《拆迁管理办法》第二十一条执行。

原告诉称，天创公司向被告提交的原告私有房屋建筑面积是 1987 年前的建筑面积。原告早在 1987 年就将房屋依法改建，其建筑面积明显大于 93.5 平方米。天创公司未根据《拆迁管理办法》的有关规定进行实际测量，以确定房屋真实的面积；被告也未依法履行职责，认真核实天创公司所提供的关于原告房屋补偿款中“拆迁商业用房评估款”的根据。天创公司补偿原告内外装修费用与实际相差甚远，严重损害了原告的合法权益。由于被告没有认真履行法定职责以及依法作出裁决，导致原告的权利即将遭受重大损失。请求人民法院判决撤销京东房地裁字（2000）第 53 号裁决。

被告辩称，我局指定的房地产评估所工作人员对原告房产进行评估，被原告无理拒之门外后，评估人员按房屋基本现状进行了评估。因原告未向我局提供其私有房屋所有权证，故我局依据房屋档案的记载认定该房的房屋面积是正确的。我局所作裁决认定事实清楚，适用法律、法规正确，程序合法，请求人民法院维持我局裁决，驳回原告的诉讼请求。

第三人陈述，在我公司与原告协商过程中，原告未提供任何证据，在未达成拆迁协议的情况下，我公司向被告申请裁决。被告裁决合法有效，请法院予以维持。

法院经审理查明，第三人天创公司根据京东令国用（1999 临）字第 0018 号中华人民共和国国有土地使用证、北京市计划委员会（1999）京计基函字第 73 号《关于建设天创公司魏家综合楼二期的复函》、北京市城市规划管理局（1999）市规地字 0071 号建设用地规划许可证及东城房地局东拆许字（2000）第 007 号拆迁许可证批准，对本市东城区魏家胡同 8 号、东四北大街 261—277 号等地区进行办公楼项目建设并委托北京昊海拆迁服务咨询中心（以下简称昊海拆迁服务中心）实施拆迁工作。原告脱启英所有的位于东四北大街 273 号、275 号私有房屋属拆迁范围。原告曾于1988年7月12日经北京市东城区城市规划管理局批准，对其所有的房屋实施翻建。翻建许可证申请书标明同意翻建住房95.02平方米。翻建设计图纸标明翻建房屋后为5间，原告按批准的面积进行了施工，但房屋实际翻建后为6间，面积为95.02平方米。原告翻建其私有房屋竣工后至今未到房管部门办理房屋现状变更登记。原告脱启英之妻李春荣分别于1993年1月和1994年8月在北京市东城区工商行政管理局（现为北京市工商行政管理局东城分局）领取了北京市东城区京爱嘉利美容院个体工商户营业执照和北京市艺宏美术装潢社企业法人营业执照、北京市工商行政管理局东城分局审核登记其经营面积京爱嘉利美容院为50平方米，艺宏美术装潢社为30平方米。原告一家于该地址在册户口二户9人，第一户户主脱启英，之女脱云青、脱秀琴、之子脱继海、之孙脱悦、之外孙王梓、之外孙王俊鹏；第二户户主脱秀云、之母李春荣。第三人于2000年3月1日委托北京市东城区房地产价格评估所（以下简称东城区房地产评估所）对原告所有的非住宅房屋进行评估。东城区房地产评估所根据房地产价格评估的有关规定及技术标准，于2000年3月6日作出评估报告，评估金额为987210元（其中包括房屋重置价款62614元、房屋内外装修8296元及拆迁商业用房评估款916300元）。第三人根据评估金额、《北京市城市房屋拆迁补偿的有关规定》第五条，对原告的停产停业损失按照原建筑面积每平方米1500元的标准给予一次性综合补助费140250元、搬家费2400元及电话、有线电视费535元，共计补偿人民币1130395元。原告拒绝接受该补偿方案。第三人于2000年5月12日向被告申请裁决。被告根据原告房屋建筑面积、房屋性质及《拆迁管理办法》第十八条、第三十六条第一款、第三十八条规定，2000年11月20日作出京东房地裁字（2000）第53号城市房屋拆迁纠纷裁决。

被告在庭审中向本院提交了建设用地规划许可证及附件、规划图，建设工程规划许可证及附件，国有土地使用证，房屋拆迁许可证，北京市房屋拆迁公告，北京市城市房屋拆迁分户登记表，京计基函字（73）号批复，天创公司营业执照，昊海拆迁服务中心营业执照，委托拆迁合同，房屋拆迁资格证书，拆迁纠纷裁决申请书，评估报告中的非住宅房屋的拆迁价格因素表，房屋现场核查登记表及北京市城区房屋估算表，询问笔录等证据。原告认为房屋现场评估登记表上标明的房屋间数、建筑面积、用材、结构、布局均与实际情况不符；被告从未要求原告提供有关材料；被告裁决前应听取原告的意见，但被告提交法庭的询问笔录中询问人、记录人为一人，被谈话人也没有签字，且脱继林没有原告的授权委托。被告认为其向法院提交的评估报告说明是按房屋现状进行的评估，是本着实事求是的态度对待原告的私有房屋；原告翻建房屋竣工后3个月应依法向被告申请房屋现状变更登记，原告未履行自己的义务，不应受到法律的保护。第三人对被告的证据没有异议。法院认为，被告提交的建设用地规划许可证及附件、规划图，京计函字（73）号批复、建设工程规划许可证及附件，国有土地使用证，房屋拆迁许可证，北京市房屋拆迁公告、天创公司营业执照，昊海拆迁服务中心营业执照及房屋拆迁资格证书是经国家行政机关批准的合法有效文件，应予认可；北京市城市房屋拆迁分户登记表，委托拆迁合同，拆迁纠纷裁决申请书能够证明本案中原告一家在册户口情况、第三人委托昊海拆迁服务中心实施拆迁及原告与第三人未达成拆迁协议的情况下第三人依法向被告申请裁决的事实，法院亦予以采信；非住宅房屋的拆迁价格因素表、房屋现场核查登记表及北京市城区房屋估算表中的有关事项，经请北京市东城区房地产价格评估所的工作人员到庭，向法庭解释有关评估技术标准及法律依据，法院予以采信；询问笔录虽不能全面反映原告的请求，但能够证明被告通知原告到被告处接受调查询问，故法院予以认可。

原告在庭审中向法院提交了中国建筑标准设计研究所设计的东四北大街273号、275号房屋翻建图纸，残疾人证，北京市艺宏美术装潢社企业法人营业执照，北京市东城区京爱嘉利美容院个体工商户营业执照，娱乐服务场所重新审核登记表及房产所有证。被告认为原告提交的以上证据并不能说明被告裁决与事实有误。第三人对以上证据未提出异议。法院认为，原告提交的中国建筑标准设计研究所设计的房屋翻建图纸，是原告对其房屋进行翻建的标准及施工依据，并不成为其翻建后房屋的合法有效证件，故对该份证据，法院不予认可；残疾人证对本案事实无证据力，不能作为本案定案证据；北京市艺宏美术装潢社企业法人营业执照，北京市东城区京爱嘉利美容院个体工商户营业执照及娱乐服务场所重新审核登记表能够证明原告房屋使用性质及房屋经营用地面积，法院对此予以采信；房产所有证是北京市房地产管理局依法核发给原告的唯一合法的房屋产权证件，能证明房屋建筑面积等情况，且与被告房屋档案记载一致，故法院亦予以采信。

法院认为，第三人天创公司依法领取了国有土地使用证、建设用地规划许可证和房屋拆迁许可证后，对本市东城区魏家胡同、东四北大街261—277号进行办公楼建设并委托昊海拆迁服务中心实施拆迁，天创公司办理的上述拆迁手续齐全、合法以有效。被告东城房地局认定原告脱启英所有的房屋间数、建筑面积虽与原告现有的私有房屋间数、建筑面积不符，但根据《北京市贯彻实施〈城市私有房屋管理条例〉若干具体问题的规定》及《北京市城镇房屋所有权登记暂行办法》的规定，原告在私有房屋翻建房屋现状变更后，其应在3个月内依法到房屋主管部门办理房屋现状变更登记，以获得国家法律保护。原告未能依法履行其义务，失去了法律的支持。关于京爱嘉利美容院和艺宏美术装潢社经营面积一节，根据北京市人民政府有关行政机关作出的《娱乐服务场所重新审核登记的条件和要求》的规定，京爱嘉利美容院的娱乐服务场所重新审核登记表上标明的经营面积是其使用面积，而艺宏美术装潢社的经营面积属建筑面积或属使用面积未有明确规定。根据《拆迁管理办法》的有关规定，私有房屋建筑面积以房屋产权证上标明的面积为准，故对被告认定原告私有房屋全部用于经营，法院予以认可。被告根据《拆迁管理办法》第十八条、第三十六条第一款、第三十八条及《北京市城市房屋拆迁补偿的有关规定》第五条规定，以及原告所有房屋的档案记载、房屋使用性质及房屋市场价格评估结果等事实根据，依法进行裁决，是正确的。该裁决认定事实清楚，证据确实充分，适用法规正确，程序合法，应予维持。原告要求撤销被告裁决的诉讼请求，理由不当，不予支持。综上，依照《中华人民共和国行政诉讼法》第五十四条第（一）项之规定，北京市东城区人民法院作出维持被告北京市东城区房屋土地管理局2000年11月20日作出的京东房地裁字（2000）第53号城市房屋拆迁纠纷裁决的判决。

【法理评析】

本案是关于房屋拆迁中补偿和安置问题争议的典型案例。

本案中双方争议的主要焦点在于被拆除房屋的间数、建筑面积。原告曾经于1988年7月12日经北京市东城区城市规划管理局批准，对其所有的房屋进行翻建。翻建许可证申请书标明同意翻建住房95.02平方米。由于原告翻建房屋竣工后一直未到房屋管理部门办理房屋现状变更登记，所以原告在诉讼中提交的房屋翻建图纸不能证明其为翻建后房屋的合法所有人。因而，关于被拆除房屋的面积，应以其产权证上标明的面积为准，即93.5平方米。故被告东城区房地局认定的原告房屋的间数、建筑面积虽与原告现有的私有房屋间数、建筑面积不符，但由于原告未能依法履行变更登记的法定义务，最终失去了法律对他的支持。本案法院判决维持北京市东城区房屋土地管理局的裁决是正确的。

思考题

1. 什么是国有土地上房屋征收？国有土地上房屋征收应当遵循哪些基本原则？

2. 国有土地上房屋征收过程中涉及哪些法律关系？这些法律关系的性质如何？

3. 试述房屋征收决定程序。

4. 房屋征收补偿有哪几种补偿的方式？

5. 房地产价格评估机构如何确定被征收房屋的价值？

6. 《国有土地上房屋征收与补偿条例》规定的征收中的行政责任和刑事责任有哪些？

7. 房屋征收纠纷有哪几种常见的情形，应当如何处理和解决？

第 5 章

房地产开发建设管理法律制度

学习导言（Learning Guidance）

房地产开发是房地产业的核心环节，房地产开发管理，包括针对房地产开发活动的所有行政管理，如房地产开发企业管理、房地产开发用地管理、与房地产开发有关的城市房屋拆迁和建筑管理、房地产开发项目及开发过程管理、房地产开发项目转让管理等。房地产业的发展带动了整个社会经济的发展，但是，由于投资体制、管理体制以及一些管理制度不健全、措施不得力等原因，在房地产开发经营中还存在着一些不容忽视的问题，如房地产开发企业管理混乱、房地产开发项目转让不规范及土地使用权转让与项目建设脱节等。这些问题的存在影响了房地产业的发展，为了加强对房地产开发经营行为的监督，保障和促进房地产业的顺利健康发展，国家及有关部门陆续发布了一系列有关法律、法规、规定和管理办法。主要包括：1994 年全国人大常委会通过发布、2007 年修正的《城市房地产管理法》、1998 年 7 月国务院第 248 号令发布的《城市房地产开发经营管理条例》、2000 年 3 月建设部以第 77 号令发布的《房地产开发企业资质管理规定》。此外，《城乡规划法》、《建筑法》、《土地管理法》、《建设工程质量管理条例》等法律、行政法规及建设部发布的一系列配套法规等，也对房地产开发建设环节的相关活动进行了详细规定。

本章内容说明 (Introduction)

本章主要阐述我国房地产开发法律制度，包括房地产开发的概念、特征、类别、原则、管理，房地产开发企业的概念、设立条件和程序、管理机制，以及房地产开发过程存在的法律风险等。本章所指房地产开发，是指在依法取得国有土地使用权的土地上进行基础设施、房屋建设的行为。房地产开发是房地产业的重要组成部分，也是房地产业的主体，因此，有关房地产开发的法律制度也就成为房地产法律制度中的重要内容。通过本章的学习，要了解房地产开发的概念、特征以及房地产开发应注意的事项，特别是房地产开发的几项基本制度，主要有：项目资本金制度、两书（即质量保证书和使用说明书）制度、预售许可制度、项目手册制度、质量责任制度、竣工综合验收制度；掌握房地产开发企业的概念、设立条件和管理机制；了解房地产开发过程涉及的法律问题，以及违背相关法律规范应承担的风险等。

5.1 房地产开发

5.1.1 房地产开发的概念

1.房地产开发的定义

本章所指房地产开发包括土地开发和房屋开发，是综合性的开发。

《城市房地产管理法》第二条对房地产开发作了如下定义："房地产开发，是指在依据本法取得国有土地使用权的土地上进行基础设施、房屋建设的行为。"由此可见，我国的房地产开发在合法取得土地使用权的前提下包括两种行为：一是进行基础设施建设，通常称为土地开发；二是进行房屋建设，也称为房屋开发。

土地开发有狭义和广义的概念。狭义的土地开发，是指对未开发土地的开垦。在原始社会或者在当今经济不发达的区域，还有大量的原始土地存在，土地开发就是将这些原始土地开垦出来加以利用，为人类、为社会服务。广义的土地开发，既包括对未开发土地的开垦，也包括对已开发利用的土地通过一定量资金、劳动等的投入，调整用地结构，完善城市基础设施，以提高现有土地的使用功能，提高土地利用效益集约利用，也称土地再开发。如对工矿废弃地的复垦，农村闲散地的开发，中低产田和旧城区的改造等。在城市中，土地开发往往是指通过对未利用土地或利用不充分的土地投入一定的资金及劳动，搞好"三通一平"（通水、通电、通路、平整土地）、"五通一平"（通水、通电、通路、通气、通讯、平整土地）和"七通一平"（通水、通电、通路、通邮、通讯、通暖气、通天然气或煤气、平整土地）等，使之成为能够满足一定用途的建筑地段。

房屋开发，包括住宅、工业用房、商业楼宇、办公用房和其他专门用房的开发，主要包括：①在具备建设条件的土地上新建各类房屋；②为提高现有房屋的使用功能和利用效益，对现有房屋进行较大规模的扩建和改建；③拆除使用效益严重下降的旧有房屋并重新建造房屋的活动。

2.房地产开发的特征

房地产开发的特征主要是由房地产本身的特性决定的。

(1) 房地产开发投资数额巨大。房地产单项开发往往需要几千万甚至上亿元的资金投入，而小区开发和成片开发，投资数量更是巨大，可达几十亿之巨。因此，绝大多数房地产开发企业都很难具备独立完成房地产开发项目投资的能力，大多数房地产开发活动都是在获得了金融业的支持的情况下完成的，特别是小区开发和成片开发的情况。从国际情况看，无论是发达国家还是发展中国家，都充分利用房地产金融筹资融资的职能作用来支持房地产开发，并取得了较好的效果。

(2) 房地产开发周期性长。房地产开发须经过多个程序，一个开发项目从工程立项、勘察到规划设计、工地动迁、开发土地、各类房屋的建造竣工验收、交付使用、经营一直到房屋管理等，最少需要一两年时间，一般一个中等项目需要三、四年时间，大型项目需要五、六年时间，特大型项目需要更长时间。

(3) 房地产开发具有高风险性。房地产开发投资额大和周期长的特点决定了房地产开发具有高风险性。在进行房地产投资时，主要参考现时的经营能创造的未来的回报。当前的投资是确定性的，而未来的回报却是不确定性的，同时，由于房地产开发工程周期较长巨额的投资需要几年甚至更长时间才能收回，而在整个投资回收过程中，社会需求的变化、市场行情的变化以及不可抗力的发生等都会对房地产开发活动以及开发投资的回收产生一定的影响，所以房地产开发是具有极高的风险性的活动。

(4) 房地产开发涉及面广泛。房地产开发要涉及诸多部门，需要这些部门的密切配合、通力合作才能顺利进行。房地产开发商在从事开发活动时需要与土地管理、建设管理、房产管理、规划、建筑施工、测量、设计、市政、通讯、供电、金融、商业、服务、文教卫生、园林、环保等近百个行业和部门发生经济管理关系及经济协作关系，因而它是一项复杂的经济活动。

3.房地产开发的分类

房地产开发是一种复杂的综合性的生产活动，按照不同的分类标准可以划分为不同的类型。

(1) 按照开发方式的不同，房地产开发可以分为新建开发和再开发两类。

新建开发是在已经开发的土地上直接进行房地产建设的房地产开发，这是目前我国最主要的房地产开发方式。

再开发包括对已有房地产的改建、扩建和旧房拆迁后的重建。对已有房地产的改建、扩建是在保留现有房地产的基础上，为提高房地产的使用功能或利用效益而进行的房地产开发活动。扩建达到一定的规模和程度，才能成为房地产的再开发，否则仅为对房地产的一般性修缮或装修。旧房拆迁后的重建主要是指城市建设的旧城改造过程中拆除旧房建设新房的活动。随着我国城市建设的进一步发展，土地整理活动的不断深入，这种形式的房地产开发将越来越多。

(2) 按照开发规模的大小，房地产开发可划分为单项开发、小区开发和成片开发三类。

单项开发。单项开发是指开发方式规模小，占地不大，项目功能单一，配套设施简单的开发形式。这种开发形式往往在新区总体开发和旧城区总体改造中形成一个相对独立的项目，但其外貌、风格、设施等要求与总体开发项目相协调，并在较短时间内完成这类开发。

小区开发。这种开发有两种形式：①指新城区开发中的一个小区综合房地产开发，要求在开发区范围内做到基础设施和配套项目齐全，功能完善，这是目前住宅开发的主要方式；②指在旧城区更新改造中的局部改建，即某个相对独立的街区的更新改造。与单项开发相比，小区开发规模大、占地大、投资多、建设周期较长，一般分期、分批开发。

成片开发。成片开发是指开发范围广阔（其范围大到可以相近于开辟一个新的城区）、投入资金巨大、项目众多、建设周期长的综合性开发。在成片开发中，房地产开发往往成为基础产业和先行项目，发挥其启动和引导作用。

(3) 按照开发机构的不同，房地产开发可以分为政府开发和非政府开发两类。

政府开发是指由政府组织人力和物力进行的房地产开发，一般先进行土地开发，然后再在此基础上进行房屋开发，如政府为自身建设的公用房等。

非政府开发主要是由房地产开发公司进行的房地产开发，是我国房地产开发的最主要的方式。除此之外，非政府开发还包括私人房地产机构的开发、半官方半民间的法人团体的开发。

(4) 根据开发目的的不同，房地产的开发可以划分为经营性房地产开发和自用性房地产开发两类。

经营性房地产开发。经营性房地产开发是指由专业化的房地产开发企业进行，通过房地产的投资开发活动将开发产品（房屋、基础设施、土地使用权）作为商品进行交易，以追求利润回报的开发活动。

自用性房地产开发。自用性的房地产开发是指为自用而进行的房地产开发活动，开发者即使用者，开发的房地产产品不进行流通领域，只是满足开发者自己进行生产、经营或消费的需要，开发环节本身不追求营利。

我国目前经营性的房地产开发和自用性的房地产开发都占有一定的比例，随着我国市场经济的不断发展和社会分工的细致深化，房地产商品化的程度将不断提高。单位、个人必将更多地通过房地产交易市场获取房地产，自建自用式的房地产开发将逐渐减少，而经营性的房地产开发将日益增多。

(5) 按照开发区域的不同，房地产开发可以分为新区开发和旧区改建两类。

根据城市规划，在旧城区以外的区域进行基础设施和房屋建设的，属于新区开发；根据城市规划，在旧城区进行房屋拆迁、基础设施改造和房屋建设的，属于旧区改建。

(6) 按照开发的内容不同，房地产开发可划分为：单纯的土地开发和再开发；

单纯的房屋开发和再开发；土地房屋一体化开发三大类。

土地房屋一体化开发是指从事土地开发和房屋开发，或从事土地再开发和房屋开发全过程的房地产开发活动。我国目前的房地产开发此类形式居多。

(7) 按照开发主体的不同，房地产开发可以分为单独开发和联合开发两类。

单独开发即一个开发主体进行房地产开发，包括独资开发和项目公司开发；联合开发是指两个或两个以上主体根据协议共同投资开发房地产，并且按照协议共享利润、共担风险。

(8) 房地产开发按照开发对象的不同，可以分为民用开发、商业开发、工业开发、交通开发等类型。

4. 房地产开发的原则

房地产开发的基本原则是指从事房地产开发活动和国家对房地产开发活动进行管理所应遵循的基本准则。我国《城市房地产管理法》第二十四条规定："房地产开发必须严格执行城市规划，按照经济效益、社会效益、环境效益相统一的原则，实行全面规划、合理布局、综合开发、配套建设。"综合上述规定，房地产开发的基本原则主要有以下几项：

(1) 严格执行城市规划的原则。城市规划是城市人民政府对城市建设进行宏观调控和微观管理的重要措施，也是对城市房地产开发进行合理控制，实现土地资源合理配置的有效手段。城市规划是城市开发、城市建设和城市管理的依据。近年来我国已经逐步认识到城市规划对合理利用有限的土地资源和合理部署城市经济、文化、公用事业等各项建设的作用，加强了对房地产开发的建设规划管理，并取得了一定的成果。

(2) 综合开发、配套建设的原则。所谓综合开发、配套建设是指按照城市规划的功能分区，将某一地区各类物业的土地开发和房屋建设与基础设施和配套设施的建设进行统一规划、同步建设。我国《城市房地产管理法》和《城市房地产开发经营管理条例》都规定了综合开发、配套建设的原则。房地产的购买者也开始重视房地产的配套设施和基础设施的综合情况，而不再单纯考虑房屋的面积。

(3) 坚持经济效益、社会效益、环境效益三者相统一的原则。房地产开发必须坚持经济效益、社会效益、环境效益相统一的原则，这也是城市建设的重要目标。经济效益是房地产开发的基本目标之一，也是房地产开发商最为关注的，没有经济效益，房地产开发就将失去对开发商的吸引力。社会效益则是房地产开发所产生的社会效果和给社会带来的利益。房地产开发只有取得良好的社会效益，才能为全社会所接受，更好地实现经济效益。环境效益也是房地产开发所必须重视的，否则可能是自毁前程。经济效益、社会效益、环境效益三者之间的关系应是相互促进、相互协调、相互发展的，忽视任何一个都是不足取的。

(4) 鼓励开发、建设居民住宅的原则。《城市房地产管理法》第四条规定:“国家根据社会、经济发展水平,扶持发展居民住宅建设,逐步改善居民的居住条件。”该法第二十九条也规定:“国家采取税收等方面的优惠措施鼓励和扶持房地产开发企业开发建设居民住宅。”居民住宅建设是房地产开发的重要内容之一,但由于开发居民住宅的经济效益相对没有开发商业用房好,是房地产开发的薄弱环节。随着我国住房体制改革的推进和居民生活水平的提高,人们对居民住宅的需求量将逐步增大,因此我国采用了鼓励开发、建设居民住宅的原则。目前我国为鼓励居民住宅的开发、建设,已经在住宅建设投资方面,在调节税和土地增值税上给予了优惠,并且在住宅开发、建设上给予优惠的贷款条件等。

(5) 严格按标准和规范设计、施工,保证开发房屋质量合格的原则。房地产开发的质量直接关系到人民的生命和财产安全,一旦发生由质量原因引起的事故,其后果不仅是财产的巨额损失,甚至可能造成人员伤亡,因此房地产开发必须严格贯彻按标准和规范设计、施工,保证开发的房地产质量合格的原则。按标准和规范设计、施工,是指开发建设的房屋的设计和施工必须符合国家或行业的强行性标准,不允许开发商为了经济利益偷工减料。为了贯彻这一原则,我国《城市房地产管理法》第二十七条规定:“房地产开发项目的设计、施工,必须符合国家的有关标准和规范。房地产开发项目竣工,经验收合格后,方可交付使用。”

5.2 房地产开发企业

5.2.1 房地产开发企业的概念

1.房地产开发企业的概念

《城市房地产管理法》第三十条规定:“房地产开发企业是以营利为目的,从事房地产开发和经营的企业。”建设部2000年3月29日颁布的《房地产开发企业资质管理规定》第二条规定:“本规定所称房地产开发企业是指依法设立、具有企业法人资格的经济实体。”综上可以得出,房地产开发企业,是指依法设立的、以营利为目的、具有法人资格的从事房地产开发经营的经济实体,也称为开发商。其内涵包括三个方面:

(1) 房地产开发企业是具有企业法人资格的经济实体。房地产开发企业是依法成立的具备法人资格的企业,有独立的组织机构、名称、经营场所和必要的资本金,对外能以自己的名义独立享有民事权利和承担义务、责任。另外,房地产开发企业作为一个经济实体,必须具有必要的资金和其他物质条件。

（2）房地产开发企业是以营利为目的的经营性企业。房地产开发企业的经营的根本目的是为了获取经济利益，即为了使公司自身的财产增加并获取利润，而非公益等其他目的。

（3）房地产开发企业的经营范围限于房地产开发和经营。房地产开发和经营不仅是房地产开发企业的经营范围，也是房地产开发企业的权利能力范围。房地产开发企业不能超过该范围进行经营，超范围的经营行为一般是无效的。

2.房地产开发企业的特征

房地产企业的特征，受其所经营产品和服务特殊性的影响，与其他行业的企业相比较，主要有以下几个方面的特征：

（1）经营对象的不可移动性。一般商品属于动产，具有实体的流动性，可以随时在地区之间，甚至是不同国家之间进行流动，因而通常面对的市场竞争范围比较大，企业要根据国内、国际市场的情况进行决策，任何市场环境发生变化都可能会对这类企业产生直接的影响。对于房地产开发企业来说，其经营对象都是不动产，具有固定性和不可移动性。这种特性使房地产开发企业的经营活动受周围环境的影响较大，因此其面对的市场竞争范围较小一些，主要是本地市场，当地市场的供求关系及其变化趋势对房地产企业的经营绩效至关重要。

（2）经营活动的资金和人才密集性。房地产开发的每一个项目都需要投入大量的资金，多者甚至要几个亿。从房地产开发前期的安置补偿费用、前期工作中的勘察设计费用、可行性研究费、建筑安装工程费、财务费用到最终销售费用等，每个环节都需要巨额资金，通常完全依靠自有资金进行房地产开发的企业微乎其微，往往要依赖各种金融工具和金融手段。

房地产开发过程中涉及到不同的行业，需要大量的不同专业的人才，如建筑工程类、经济分析类、金融类等。房地产开发企业在实际经营活动中涉及建筑安装方面的技术知识，也涉及市场调研、项目管理、各专业领域协调等知识和技能，往往只有借助各类专业人员的协同合作才能完成房地产开发。

（3）经营活动过程的行业限制性。一是房地产业的竞争范围主要是本地市场，并且面向特定区域的，全国及世界性的竞争主要来源于资金流动；二是房地产业进入障碍比较大，主要是由于进入房地产业需要较大的启动资本，所以存在较高的进入壁垒障碍；三是由于房地产开发资金量投入大、风险高，企业经营得当，其营利水平也会高一些，目前房地产行业竞争者的数量较大。

5.2.2　房地产开发企业的设立

1.房地产开发企业设立的条件

任何企业的设立均应满足一定的条件，房地产开发企业也不例外。根据我国

《城市房地产管理法》、《城市房地产开发经营管理条例》、《房地产开发企业资质管理规定》以及《公司法》等法律法规的规定，设立房地产开发企业需具备以下条件：

（1）有自己的名称和组织机构。房地产开发企业是一个法人组织，必须有自己的名称和组织机构。房地产开发企业的名称是一个房地产开发企业区别于其他企业的重要标志，该名称应在设立时由工商行政主管部门核准。房地产开发企业采用公司这一组织形式时，还应在名称中标明“有限责任公司”或“股份有限公司”的字样。

房地产开发企业的组织机构是对内管理企业事务，对外代表企业从事民事活动的机构的总称，是企业的开发和经营活动正常运行的重要保证。房地产开发企业的组织机构应依其形态的不同而有差异。我国《公司法》对有限责任公司、股份有限公司的组织机构作了详尽的规定，凡是采用公司形态的房地产开发企业应遵从此规定，设立组织机构。一般说来，房地产开发企业的组织机构主要包括：股东会（股东大会）：股东会（股东大会）是房地产开发公司的决策机构，即形成企业的意志、决定企业重大事务的机构，它是企业的最高权力机关。董事会、经理：董事会是房地产开发公司的执行机构，即负责贯彻执行决策机关的决议、指示，经理是受董事会聘用、具体管理企业日常业务活动的机构。监事会：监事会是房地产开发公司的监督机构，即对企业执行机构的活动进行监督的机构（在房地产开发有限公司，如股东人数较少和规模较小的，可以不设监事会，而只设 1 至 2 名监事）。另外，在具体的项目开发过程中，房地产开发公司通常包括以下机构，负责各项工作：规划设计部、征地拆迁部、工程设计部、计划部、财务部、材料供应部、经营部、人事部、办公室等。各部门工作由总经理统一协调，有关部门负责人对总经理负责。

（2）有固定的经营场所。固定的经营场所一般是指企业的住所，包括自有的或租赁的经营场所，是企业的主要办事机构所在地。设立房地产开发企业必须要有固定的经营场所，这是企业对外进行经营联系的主要场所，也是国家对房地产开发企业进行管理所必需的。房地产开发企业必须拥有固定的经营场所，有企业法人的固定地址，不能是游动性地从事生产经营活动。

（3）有符合国务院规定的注册资本。《城市房地产开发经营管理条例》第五条规定：“房地产开发企业须有 100 万元以上的注册资本。”企业的注册资本是企业经营必要的物质条件，也是企业对外承担责任的基础。注册资本的多少在一定程度上反映了企业的经济实力。为保证投资开发房地产的能力，房地产开发企业的注册资本必须适应房地产开发的规模，不得低于最低限额。由于房地产开发具有投资量大、资金占用期长的特点，房地产开发企业是资金密集型企业，其经营特点不同于一般的流通企业，注册资金的要求比一般流通企业要高。

（4）有足够的专业技术人员。房地产开发企业除具有资金密集的特点外，还具有技术密集的特点，需要建筑、设计、经济、法律、会计、统计等方面的专业人员。足够的专业技术人员是房地产开发企业进行开发经营活动所必需的人力投入，是企业运转的必要条件。《城市房地产开发经营管理条例》第五条规定："设立房地产开发企业必须具有4名以上持有资格证书的房地产专业、建筑工程专业的专职技术人员；2名以上持有资格证书的专职会计人员；省、自治区、直辖市人民政府可以根据本地方的实际情况，对设立房地产开发企业的专业技术人员的条件作出更高的规定。"此外，按照《房地产开发企业资质管理规定》的规定，不同资质等级的企业对专业技术人员的要求也不同。

（5）法律法规规定的其他条件。这是指除《城市房地产管理法》等专门性法规规定的条件外，设立房地产开发企业还应满足其他相关法律法规规定的条件。具体而言，法律法规规定的其他条件主要是《公司法》、《全民所有制企业法》、《中外合资经营企业法》、《中外合作经营企业法》、《外商独资企业法》、《企业法人登记管理条例》等法律、法规规定的有关企业组织形式、登记条件、审批程序条款等。

只有同时具备上述全部五项条件才能设立房地产开发公司。

2.房地产开发企业设立的程序

根据《公司法》、《城市房地产开发经营管理条例》的规定，设立房地产开发企业一般需要申请登记和备案两个程序。

（1）设立登记。《城市房地产开发经营管理条例》第七条规定："设立房地产开发企业，应当向县级以上人民政府工商行政管理部门申请登记。工商行政管理部门对符合本条例第五条规定条件的，应当自收到申请之日起30日内予以登记；对不符合条件不予登记的，应当说明理由。工商行政管理部门在对设立房地产开发企业申请登记进行审查时，应当听取同级房地产开发主管部门的意见。"设立有限责任公司、股份有限公司，从事房地产开发经营的，还应当执行《公司法》的有关规定。

（2）申请备案。《城市房地产开发经营管理条例》第八条规定："房地产开发企业应当自领取营业执照之日起30日内，持下列文件到登记机关所在地的房地产开发主管部门备案：营业执照复印件；企业章程；验资证明；企业法定代表人的身份证明；专业技术人员的资格证书和聘用合同。"《房地产开发企业资质管理规定》第六条规定："新设立的房地产开发企业应当自领取营业执照之日起30日内，持下列文件到房地产开发主管部门备案：①营业执照复印件；②企业章程；③验资证明；④企业法定代表人的身份证明；⑤专业技术人员的资格证书和劳动合同；⑥房地产开发主管部门认为需要出示的其他文件。"实践中各地备案一般所需的材料为：房地产开发企业备案表一式三份；营业执照及工商局盖章的公司章程；银行出资单或资金证明及银行对照单；法定代表人简历及身份证；有职称的专业技术人员聘用合同、职称证书、身份证；股东决议；开发项目相关材料等。

5.2.3 房地产开发企业的资质等级管理

为了加强房地产开发企业资质管理，规范房地产开发企业经营行为，《城市房地产开发经营管理条例》第九条规定："房地产开发主管部门应当根据房地产开发企业的资产、专业技术人员和开发经营业绩等，对备案的房地产开发企业核定资质等级。房地产开发企业应当按照核定的资质等级，承担相应的房地产开发项目。"企业的资金实力、管理能力与企业所能承担开发任务的规模、数量是正相关的，通过资质等级的审核管理，可以有效地避免房地产企业随意承担自身没能力开发的项目，实现对房地产开发的有效管理，避免人力物力的损失。建设部 2000 年 3 月 29 日发布的《房地产开发企业资质管理规定》，将房地产开发企业分为四个资质等级，并对不同资质等级的房地产开发企业实行分级审批、分级年检的制度，任何从事房地产开发经营业务的企业都必须取得房地产开发资质等级证书。

1. 房地产开发企业资质等级条件

房地产开发企业按照企业条件分为四个资质等级。各级企业的资质条件如下：

（1）一级资质企业。一级资质的房地产开发企业必须具备以下条件：①注册资本不低于 5000 万元；②从事房地产开发经营 5 年以上；③近 3 年房屋建筑面积累计竣工 30 万平方米以上，或者累计完成与此相当的房地产开发投资额；④连续 5 年建筑工程质量合格率达 100%；⑤上一年房屋建筑施工面积 15 万平方米以上，或者完成与此相当的房地产开发投资额；⑥有职称的建筑、结构、财务、房地产及有关经济类的专业管理人员不少于 40 人，其中具有中级以上职称的管理人员不少于 20 人，持有资格证书的专职会计人员不少于 4 人；⑦工程技术、财务、统计等业务负责人具有相应专业中级以上职称；⑧具有完善的质量保证体系，商品住宅销售中实行了《住宅质量保证书》和《住宅使用说明书》制度；⑨未发生重大工程质量事故。

一级资质的房地产企业由省、自治区、直辖市人民政府建设行政主管部门初审，报国务院建设行政主管部门审批。一级资质的房地产企业的资质年检由国务院建设行政主管部门或者其委托的机构负责。

（2）二级资质企业。二级资质的房地产开发企业必须具备下列条件：①注册资本不低于 2000 万元；②从事房地产开发经营 3 年以上；③近 3 年房屋建筑面积累计竣工 15 万平方米以上，或者累计完成与此相当的房地产开发投资额；④连续 3 年建筑工程质量合格率达 100%；⑤上一年房屋建筑施工面积 10 万平方米以上，或者完成与此相当的房地产开发投资额；⑥有职称的建筑、结构、财务、房地产及有关经济类的专业管理人员不少于20人，其中具有中级以上职称的管理人员不少于10人，持有资格证书的专职会计人员不少于3人；⑦工程技术、财务、统计等业务负责人具有相应专业中级以上职称；⑧具有完善的质量保证体系，商品住宅销售中实行了《住宅质量保证书》和《住宅使用说明书》制度；⑨未发生过重大工程质量事故。

二级及二级以下资质企业的审批办法由省、自治区、直辖市人民政府建设行政主管部门制定，其年检办法也由省、自治区、直辖市人民政府建设行政主管部门制定。

(3) 三级资质企业。三级资质的房地产开发企业的标准如下：①注册资本不低于800万元；②从事房地产开发经营2年以上；③房屋建筑面积累计竣工5万平方米以上，或者累计完成与此相当的房地产开发投资额；④连续2年建筑工程质量合格率达100%；⑤有职称的建筑结构、财务、房地产及有关经济类的专业管理人员不少于10人，其中具有中级以上职称的管理人员不少于5人，持有资格证书的专职会计人员不少于2人；⑥工程技术、财务等业务负责人具有相应专业中级以上职称，统计等其他业务负责人具有相应专业初级以上职称；⑦具有完善的质量保证体系，商品住宅销售中实行了《住宅质量保证书》和《住宅使用说明书》制度；⑧未发生过重大工程质量事故。

三级资质企业的审批、年检、承担开发项目的规模均由各省、自治区、直辖市人民政府建设主管部门具体规定。

(4) 四级资质企业。四级资质的房地产开发企业应符合下列标准：①注册资本不低于100万元；②从事房地产开发经营1年以上；③已竣工的建筑工程质量合格率达100%；④有职称的建筑、结构、财务、房地产及有关经济类的专业管理人员不少于5人，持有资格证书的专职会计人员不少于2人；⑤工程技术负责人具有相应专业中级以上职称，财务负责人具有相应专业初级以上职称，配有专业统计人员；⑥商品住宅销售中实行了《住宅质量保证书》和《住宅使用说明书》制度；⑦未发生过重大工程质量事故。

四级资质企业的审批、年检、承担开发项目的规模均由各省、自治区、直辖市人民政府建设主管部门具体规定。

对于新设的房地产开发企业，我国实行暂定资质等级制度。《房地产开发企业资质管理规定》第六条规定："房地产开发主管部门应当在收到备案申请后30日内向符合条件的企业核发《暂定资质证书》。"申请《暂定资质证书》的条件除已从事开发经营的时间条件外，不得低于四级资质企业的条件。《暂定资质证书》有效期1年。房地产开发主管部门可以视企业经营情况延长《暂定资质证书》有效期，但延长期限不得超过2年。自领取《暂定资质证书》之日起1年内无开发项目的，

《暂定资质证书》有效期不得延长。房地产开发企业应当在《暂定资质证书》有效期满的前1个月内，向房地产开发主管部门申请核定资质等级，并根据该企业的开发经营业绩核定相应的资质等级。

2. 房地产开发企业的业务范围

《房地产开发企业资质管理规定》第十八条规定："一级资质的房地产开发企业承担房地产项目的建设规模不受限制，可以在全国范围承揽房地产开发项目；二级资质及二级资质以下的房地产开发企业可以承担建筑面积25万平方米以下的开发建设项目，承担业务的具体范围由省、自治区、直辖市人民政府建设行政主管部门确定。各资质等级企业应当在规定的业务范围内从事房地产开发经营业务，不得越级承担任务。"

3. 违反资质管理的法律责任

(1) 无资质开发经营行为。《房地产开发企业资质管理规定》第十九条规定："企业未取得资质证书从事房地产开发经营的，由县级以上地方人民政府房地产开发主管部门责令限期改正，处5万元以上10万元以下的罚款；逾期不改正的，由房地产开发主管部门提请工商行政管理部门吊销营业执照。"

(2) 超资质开发经营行为。《房地产开发企业资质管理规定》第二十条规定："企业超越资质等级从事房地产开发经营的，由县级以上地方人民政府房地产开发主管部门责令限期改正，处5万元以上10万元以下的罚款；逾期不改正的，由原资质审批部门吊销资质证书，并提请工商行政管理部门吊销营业执照。"

(3) 资质证书作弊行为。《房地产开发企业资质管理规定》第十三条规定："任何单位和个人不得涂改、出租、出借、转让、出卖资质证书。"第二十一条规定："企业隐瞒真实情况、弄虚作假骗取资质证书，或者涂改、出租、出借、转让、出卖资质证书的，由原资质审批部门公告资质证书作废，收回证书，并处以1万元以上3万元以下的罚款。"

(4) 项目工程发生重大质量事故。《房地产开发企业资质管理规定》第二十二条规定："企业开发建设的项目工程质量低劣，发生重大工程质量事故的，由原资质审批部门降低资质等级；情节严重的吊销资质证书，并提请工商行政管理部门吊销营业执照。"

(5) 未执行《住宅质量保证书》和《住宅使用说明书》制度。《房地产开发企业资质管理规定》第二十三条规定："企业在商品住宅销售中不按照规定发放《住宅质量保证书》和《住宅使用说明书》的，由原资质审批部门予以警告、责令限期改正、降低资质等级，并可处以1万元以上2万元以下的罚款。"

(6) 未按规定办理变更手续。《房地产开发企业资质管理规定》第二十四条规

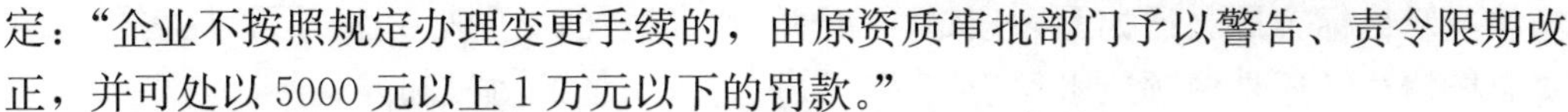

定："企业不按照规定办理变更手续的，由原资质审批部门予以警告、责令限期改正，并可处以5000元以上1万元以下的罚款。"

(7) 主管部门工作人员渎职。《房地产开发企业资质管理规定》第二十五条规定："各级建设行政主管部门工作人员在资质审批和管理中玩忽职守、滥用职权，徇私舞弊的，由其所在单位或者上级主管部门给予行政处分；构成犯罪的，由司法机关依法追究刑事责任。"

5.3 房地产开发建设管理

房地产开发建设一般指房地产开发企业以营利为目的投资开发房地产项目，从立项、规划、土地出让或转让、拆迁、建设到销售等一系列经营行为。因此，房地产开发工作是一项涉及人流、物流、资金流的复杂系统工程。

5.3.1 房地产开发建设的程序

房地产开发的基本程序，是房地产开发工作的主线，遵循正确的开发程序，是确保房地产开发取得成功的关键之一。实际工作中出现这样那样的事故、失败，许多是由于违背了工作程序而导致的。一般情况下房地产开发主要包括以下几个基本程序：

> 房地产开发的基本程序包括项目决策、项目准备、建设施工和租售与物业管理。

1.项目决策阶段

房地产开发项目决策阶段的工作质量直接关系到房地产开发工作的成败。因此，越来越多的开发商在该阶段都聘请专业的咨询公司、顾问公司参与到项目的调查、评估论证中来。在该阶段工作中，主要包括五个重要环节。

(1) 开发项目选定。项目取决于市场，能否通过市场调研准确把握市场的动向和发展趋势，已成为项目选择思考的重点。

在选择开发项目时，首先要根据房地产项目的初步设想，对城市总体规划、周边环境、区域房地产市场及走势、各类物业的市场状况等因素进行全面分析了解。根据地块的自然条件、经济条件及市场特性等多方面分析，确定具体的项目选址以及该地块最合适的开发用途，比如是建商场、写字楼还是建住宅、公寓等。

在确定项目所要开发的物业类型后，就需对拟开发的目标物业进行特定的市场分析及预测，进一步把握同类物业市场的动态及走势、市场潜力，竞争性项目的多少、特点，成交量有多少等；通过分析各竞争项目的特点，明确拟开发项目的竞争优势。以此为基础，对物业类型进行进一步的市场细分，确定拟开发项目的具体市场定位及目标客户（比如写字楼是面向国际化大公司，还是小型公司；住宅楼是面向商界精英，还是白领或工薪阶层等）以及进入市场的时机和方式。

（2）开发方案设计。在根据对市场的客观分析，确定了拟开发项目的物业类型，物业目标客户后，需要对目标客户的需求状况、购买行为、购买能力等方面进行详细的分析，按照分析的结论，结合项目自身资源条件，构思项目建设方案。是采用高层还是多层，是采取何种建筑风格——是欧洲风情还是南美情调，是现代风格还是古典情怀等。在确定项目建设方案的同时，还应根据地块的建筑工程规划许可证的规定以及市场分析指标，确定项目开发规模（总建筑面积、配套设施面积、绿化面积、车位数量等各项经济技术指标）和开发建设周期等。

（3）经济分析。主要分析房地产项目的成本和收益。经济分析一般以动态分析为主，以静态分析为辅。主要进行开发成本分析，现金流量分析，财务净现值、动态投资回收期、内部收益率等指标的测算，以及对项目进行盈亏分析、敏感性分析、风险决策分析等几方面的评估。其中项目成本分析主要包括：

①土地费用：包括土地出让金、城市建设配套费、拆迁安置补偿费等。

②前期工程费：可行性研究、勘察设计费等。

③房屋开发费：包括建安工程、附属工程费、室外工程及其他相关费用。

④开发商管理费。

⑤融资费用及占有资金的利息。

⑥不可预见费。

⑦营销费用。

（4）项目投资决策。经过市场分析、经济分析，在法律、市场、经济都可行的基础上，在进行项目的投资决策时，我们还需要对开发商所拥有的开发资源进行综合分析，这些资源一般包括开发商的开发能力、管理能力、融资能力等因素。众所周知，拥有足够的资金是项目完成的前提条件，我们进行项目的市场分析、经济分析等可行性分析都是建立在开发商能够通过不同的方式获得开发资金假设上面的，而在实际操作中，房地产开发资金的来源渠道是很有限的，往往资金因素是取舍一个项目的关键因素。

在各方面条件都比较成熟的情况下，我们需要对多个项目的市场机会进行评级，经过总投资、项目建设周期、建筑技术、销售周期、资金筹措、收益状况等各因素的比较，从中选择一个最适合开发商的项目及适宜的开发方式，提出项目开发计划，确定市场营销策略、技术计划、财务计划、管理计划，正式进入项目的实际操作。

房地产的项目投资决策是一个多目标、多因素的分析过程，是对项目风险与收益权衡的结果，同时也是科学分析与直觉判断的综合考虑。在实际操作中，不能只看各种理论数据、理论指标，还要对项目开发过程中可能发生的各种风险，进行客观的估计和预测，综合分析，以得出最终的投资决策结论。

2.项目准备阶段

项目准备阶段是指从申报项目立项开始，到具备开工条件前的工作阶段，重点包括以下几个环节：

（1）准备立项材料，申请立项；

（2）根据城市总体规划编制项目建设规划；

（3）申请建设用地（实施建设用地招标出让的城市，本环节主要是筹集土地资金参加土地竞标工作）；

（4）组织设计招标、委托项目设计；

（5）筹集开发建设资金；

（6）动迁、拆迁；

（7）办理相关通水、通电、通路、通讯、人防等手续，做到“七通一平”。

总体而言，房地产开发的准备，主要包括技术准备、资金准备、经营管理人才准备和土地准备。

3.建设施工阶段

这一阶段的开发工作主要由建筑承包商按合同和规划设计的方案实施。开发方的主要任务是：通过招投标，确定建设施工单位；保证工程施工进度，控制开发成本，解决施工中出现的纠纷，确保工程质量。要完成上述任务，开发方必须密切注意建设工程的进展，定期视察现场，加强有效的工程监理，直至竣工验收。

4.租售与物业管理阶段

如果房地产租售达不到预期的目的，将给开发商今后的开发工作带来不利的影响，为了尽快回收资金，减少风险，开发商往往在建设施工阶段就开始预售房屋。随着国家对房地产业调控的力度不断加强，目前大部分地区只有在房屋主体结构竣工后，才能进入营销阶段。目前许多开发商在进入销售阶段或建设阶段就委托世界知名的物业管理公司、销售公司参与销售工作。

5.3.2　房地产开发项目立项管理

立项，是指房地产开发企业提出的房地产开发项目，经可行性研究并由主管部门批准后确立。我国对房地产开发实行项目审批制度。《城市房地产开发管理暂行办法》第五条规定：“房地产开发项目，应当根据城市规划、年度建设用地计划和市场需求确定，并经批准立项。”

对房地产开发项目进行可行性研究，是一项重要的工作。《房地产开发项目可行性研究报告》主要包括项目概况、市场分析、资源供应、基本数据、建设进度安排、成本估算、财务评估、风险分析、国民经济评价以及结论等内容。

确立房地产开发项目，应当坚持旧区改建和新区建设相结合的原则，注重开发基础设施薄弱、交通拥挤、环境污染严重以及危旧房屋集中的区域，保护和改善城市生态环境，保护历史文化遗产。

按照建设部1995年颁布实施的《城市房地产开发管理暂行办法》第六条的规定，房地产开发项目用地的土地使用权出让或划拨前，主管部门应当组织有关部门对项目的规划设计、开发期限、基础设施和配套建筑的建设、拆迁补偿安置等提出要求，并出具《房地产开发项目建设条件意见书》。《房地产开发项目建设条件意见书》应当包括以下内容：①项目性质、规模和开发期限；②规划控制指标及规划设计要求；③基础设施和公共服务配套建筑的建设要求；④基础设施和公益设施建成后的产权界定；⑤项目拆迁补偿安置要求；⑥项目经营方式等。《房地产开发项目建设条件意见书》的内容应当作为土地使用权出让合同的必备条件或划拨土地使用权批准文件的内容之一。

房地产开发企业应当在签订土地使用权出让合同或取得划拨土地使用权批准文件后的15日内，到建设行政主管部门备案，领取“房地产开发项目手册”。房地产开发企业应当将房地产开发项目建设过程中的主要事项记录在“房地产开发项目手册”中，并定期送房地产开发主管部门备案。

5.3.3 房地产开发项目规划管理

城市规划行政主管部门对房地产开发项目的管理集中体现在“一书两证”制度上。

房地产开发必须严格执行城市规划，城市规划行政主管部门对房地产开发项目进行规划管理。对房地产规划管理集中体现在“一书两证”制度上。

1.“建设项目选址意见书”制度

城市规划区内的房地产开发项目的选址和布局应当符合城市规划。为保障建设项目的选址和布局科学合理，与城市规划密切结合，提高综合效益，实行建设项目选址规划管理制度。

《建设项目选址规划管理办法》规定，城市规划行政主管部门应当了解建设项目建议书阶段的选址工作。各级计划主管部门在审批项目建议书时，对拟安排在城市规划区内的建设项目，要征求同级人民政府规划行政主管部门的意见。城市规划行政主管部门应当参加建设项目可行性研究报告阶段的选址工作，对安排在城市规划区内的建设项目从城市规划方面提出《建设项目选址意见书》。可行性研究报告报请批准时，必须附有城市规划行政主管部门的《建设项目选址意见书》。

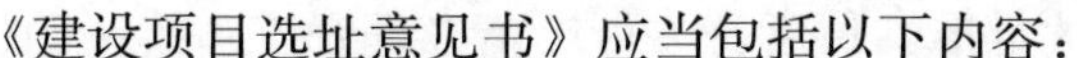

《建设项目选址意见书》应当包括以下内容：

（1）建设项目的基本情况。包括建设项目名称、性质，用地与建设规模，供水与能源的需求量等。

（2）建设项目规划选址的主要依据。包括经批准的项目建议书，建设项目与城市规划布局的协调，建设项目与城市交通、通讯、能源、市政、防灾规划的衔接与协调，建设项目配套的生活设施与城市生活居住及公共设施规划的衔接与协调，建设项目对于城市环境可能造成的污染影响，以及建设项目与城市环境规划和风景名胜、文物古迹保护规划的协调。

（3）建设项目选址、用地范围和具体规划要求。《建设项目选址意见书》按建设项目计划审批权限实行分级规划管理。对符合手续的项目，各级人民政府城市规划行政主管部门应在规定的审批期限内核发选址意见书，不得无故拖延。

2.“建设用地规划许可证”制度

在城乡规划区内进行房地产开发，房地产开发企业应当依法向县级以上人民政府城乡规划行政主管部门申领《建设用地规划许可证》。

依据《城乡规划法》第三十七条的规定，在城市、镇规划区内以划拨方式提供国有土地使用权的建设项目，经有关部门批准、核准、备案后，建设单位应当向城市、县人民政府城乡规划主管部门提出建设用地规划许可申请，由城市、县人民政府城乡规划主管部门依据控制性详细规划核定建设用地的位置、面积、允许建设的范围，核发建设用地规划许可证；建设单位在取得建设用地规划许可证后，方可向县级以上地方人民政府土地主管部门申请用地，经县级以上人民政府审批后，由土地主管部门划拨土地。

依据《城乡规划法》第三十八条的规定，在城市、镇规划区内以出让方式提供国有土地使用权的，在国有土地使用权出让前，城市、县人民政府城乡规划主管部门应当依据控制性详细规划，提出出让地块的位置、使用性质、开发强度等规划条件，作为国有土地使用权出让合同的组成部分；未确定规划条件的地块，不得出让国有土地使用权；以出让方式取得国有土地使用权的建设项目，在签订国有土地使用权出让合同后，建设单位应当持建设项目的批准、核准、备案文件和国有土地使用权出让合同，向城市、县人民政府城乡规划主管部门领取建设用地规划许可证；城市、县人民政府城乡规划主管部门不得在建设用地规划许可证中，擅自改变作为国有土地使用权出让合同组成部分的规划条件。

3.“建设工程规划许可证”制度

在城市规划区内进行房地产开发，房地产开发企业应当依法向县级以上人民政府城市规划行政主管部门申领《建设工程规划许可证》。房地产开发企业在取得

《建设工程规划许可证》和其他有关批准文件后，方可申请办理开工手续。《城乡规划法》第四十条规定了“建设工程规划许可证”制度。

按照《关于统一实行建设用地规划许可证和建设工程规划许可证的通知》的规定，申请《建设工程规划许可证》的一般程序如下：

(1) 凡在城市规划区内新建、扩建和改建建筑物、构筑物、道路、管线和其他工程设施的，必须持有关批准文件向城市规划行政主管部门提出建设申请；

(2) 城市规划行政主管部门根据城市规划提出建设工程规划设计要求；

(3) 城市规划行政主管部门征求并综合协调有关行政主管部门对建设工程设计方案的意见，审定建设工程初步设计方案；

(4) 城市规划行政主管部门审核建设单位提供的工程施工图后，核发《建设工程规划许可证》。

《建设工程规划许可证》所包括的附图和附件，按照建筑物、构筑物、道路、管线以及个人建房等不同要求，由发证单位根据法律法规和实际情况制订。附图和附件是《建设工程规划许可证》的配套证件，具有同等法律效力。

5.3.4 房地产开发项目的招标、投标制度

1.招标投标的概念

招投标是开发企业用标价的经济手段优选施工单位。

《招标投标法》第三条规定，在中华人民共和国境内进行大型基础设施、公用事业等关系社会公共利益、公众安全的项目以及全部或者部分使用国有资金投资或者国家融资的项目和使用国际组织或者外国政府贷款、援助资金的项目的工程建设项目必须进行招标。

房地产开发项目招标与投标是指房地产开发企业根据有关的法律法规，将拟建工程项目的内容和要求，通过新闻媒介发布通告，或者通过公关方式发出邀请，招引愿意承包并合乎资质的建筑施工单位投标，由开发企业择优选定标价合理、能保证质量和工期、经济效益好、社会信誉高的建筑施工单位为中标人。简言之，招投标就是开发企业利用标价的经济手段优选施工建设单位；施工单位则得用投标的经济手段去承接房地产开发项目的工程建设任务。根据协议，作为交易一方的建筑安装企业（承包人)，负责为交易的另一方的外发公司（发包人）完成某一工程的全部或其中一部分施工任务，并按一定的价格取得相应的报酬。承发包双方之间存在着经济上的权利和义务关系，必须通过合同予以约定和明确。

房地产开发项目招标投标的原则是：招标投标双方应坚持自愿、公平、等价、有偿和守信，讲求职业道德的原则。招标投标作为一种制度，受国家法律的约束和

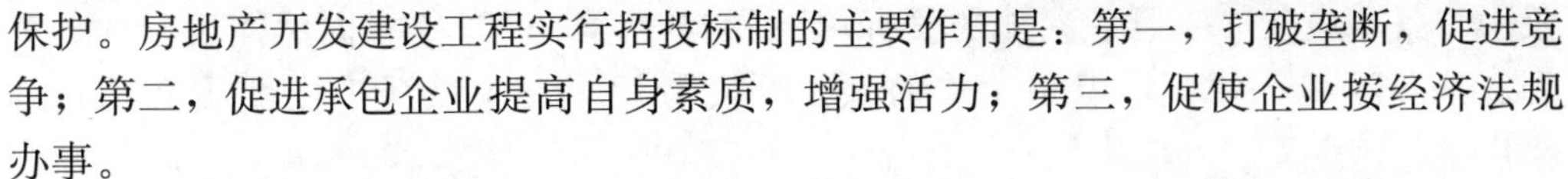

保护。房地产开发建设工程实行招投标制的主要作用是：第一，打破垄断，促进竞争；第二，促进承包企业提高自身素质，增强活力；第三，促使企业按经济法规办事。

2. 招标投标的类型与内容

（1）全过程招标投标。全过程招标投标也称工程总承包招标投标，即从项目建议书开始，直到竣工交付使用，包括可行性研究设计任务、勘察设计、设备材料询价和采购、工程施工等，实行全部招标投标。这种招标投标要求承包单位或企业具有工程设计、设备采购、施工等总承包能力。这种方式一般在具备下面条件时才进行：

①项目建议书、可行性研究报告、设计任务书已经审定；

②建设资金已全部落实；

③单位造价、总造价已经主管部门审核；

④工程建设的地址和地界已明确。

在获取总承包任务后，总承包单位或企业往往以分包的方式组织工程施工。

（2）材料、设备供应招标投标。材料、设备供应招标投标也称货物采购的招标投标。包括以下三种情况：

①单纯货物采购。这种方式居多，供货内容明确，货物规格清楚，供应商都有较成熟的产品，比较容易接受。

②工程项目货物的综合采购。除主体设备的规格和数量明确之外，组成工程项目的装置也由买方在招标文件中具体规划，同时要求卖方承担不同设备和装置间连接材料和联络设施的供给及设计，有时还要卖方做现场试验工作。

③对工程项目供货并进行安装，这种方式较少见。

材料、设备供应招标投标在实际工作中以询价方式采购材料和通用设备，因此，对总承包单位而言，询价可在投标报价或中标之前进行。

（3）工程施工招标投标。其目的是在众多施工单位中择优选择，使建设项目做到质量优、工期短、造价合理。

（4）勘察设计招标投标。设计招标的评价标准和施工的标底不同，主要是评估设计方案的优劣、工艺技术水平和经济效益的好坏，设计进度快慢，以及社会资信的好坏。设计招标可以一次性总招标，也可以分单项、分专业招标，并且以设计任务书为依据。

3. 招标投标的方式

目前房地产开发项目工程建设招投标的办法主要有两种。

（1）公开招投标。招标单位通过报刊、电视、广播等途径公开发表招标广告，吸引具备相应条件并愿意参加的投标单位参与竞争。公开招标固然体现全面、公开、平等的竞争原则，但是工作繁杂、开支费用大，应该视工作性质有选择地采用。

(2) 邀请招投标。这是一种非公开方式的招标，是由开发商向有承包能力的单位发出招标通知书或邀请函进行招标的方式。一般可选择3～10家单位参加招标。由于这种方式有针对性，招投标双方往往相互了解、彼此信任，比公开招标大大节省人力、物力、财力，所以目前被广泛采用。

4. 招标投标机构

房地产开发建设工程的招标投标机构包括两类：一是由金融机构、企业集团或非经营性项目的主管部门作为拟建项目的发包者，或者以建设单位作为发包者，通过招标方式选择工程或项目承包者。二是由建设单位、企业集团、工程承包公司、施工单位等以投标者的身份，按规定的投标程序和投标方式，承包工程或设计任务。招标投标是商品经济的产物，是开发商以及施工单位之间通过公平竞争的方式促使房地产开发的顺利完成。

5. 招标的程序步骤

(1) 准备阶段。一是要准备招标文件。开发商完成建设前期的准备工作，编制好招标文件，向有关部门提出招标申请。招标文件是整个工程招标的核心，具有法律约束力。针对不同招标方式，内容也有所侧重，通常包括下述内容：工程综合说明；施工图纸、设计资料、设计说明书；工程主要实物量清单；工程的局部精度、装修等级、特殊做法等特殊要求，采用的新技术、新材料等；工程款项支付方式及主要合同条款；材料、设备供应方式，加工订货情况，材料差价结算方式；中标评定条件；投标起止日期和开标日期、地点。

二是要准备标底。根据总概算情况，在考虑到发包和承包双方单位利益前提下，合理确定标底。值得提醒的是，在开标前标底应严格保密，不得泄露。

(2) 组织招标。工程建设房地产开发项目招标经主管部门批准后，招标单位开始组织招标活动。招标单位首先对投标单位进行资格审查，认定其投标资格，然后向审查合格的单位发出正式邀请，分发招标文件和全套施工图，并请投标单位踏勘现场后，由招标单位主持召开投标单位、设计单位、经办银行、主管部门参加的招标会议，发布招标要求。

这里所提及的投标单位资格审查主要包括：

①企业注册资格。

②企业的基本情况。主要是了解投标单位的性质、规模、设计施工能力、技术装备水平、组织状况、企业人员构成及企业领导者、技术队伍、主要管理人员等。

③经营管理状况。要掌握投标单位历年任务分布和完成情况，以及财务收支及盈亏、工程质量、文明施工、社会信誉等情况。

④承包同类工程的经历。调查投标单位过去承包过哪些同类工程，目前正在进行什么工程，这些工程的地点、规模、竣工日期、工程质量及使用效果、合同条件等。

（3）开标、评标、定标。在确定的时间和地点，由招标单位主持，各投标单位、经办银行和招标单位主管部门参加，当众开标，宣读报价和标函内容。然后由评标小组审核招标文件，并负责对各投标单位报送的标函进行比较、评价，作出说明。最后由招标单位最高决策部门确定最佳中标单位，招标和中标单位共同签订工程承包合同。

评标是这一阶段的重点，先对投标文件进行初步审查，看其有无计算上及技术错误、是否符合各项要求等，进而评价其优劣。评价的内容通常包括工程技术评价、施工组织设施评价、施工进度评价、价格评价和标函全部内容的综合评价。

6.投标的程序步骤

工程建设房地产开发项目投标是工程承包单位根据招标文件的要求编制标书，参加承包工程的投标活动。工程投标所遵循的程序如下：

（1）报送投标申请书。向招标单位申请参与投标，并向招标单位提供本企业财务、资信等基本情况的介绍书。

（2）填写标书。根据文件的内容和要求，填写工程量清单，编写专项计划表，包括本企业承包后将需要的内外劳务、服务、材料、施工设备、外币要求及现金流量等的用量计划。

（3）合理报价、提交标书、参与投标。投标的关键在于报价。一个好的报价，既可以使企业有利可图，又能节约投资，击败竞争对手。提交标书的同时，投标单位向委托担保银行支付一笔违约保证金，由银行出具保证书。担保该企业一旦中标，即能履行招标合同，承包该项房地产开发项目的工程建设任务。

5.3.5 房地产开发项目的施工与监理管理制度

1.施工管理

（1）领取《建设工程施工许可证》。房地产开发项目建设工程开工前，房地产开发企业应当按照《建筑法》、《建筑工程施工许可管理办法》的规定，向工程所在地县级以上人民政府建设行政主管部门申请领取《建筑工程施工许可证》。但工程投资额在30万元以下或者建筑面积在30万平方米以下的建筑工程，可以不申请办理施工许可证。按照国务院规定的权限和程序批准开工报告的建筑工程，不再领取施工许可证。

（2）施工。承包房地产开发项目建筑工程的施工企业，必须严格按照工程设计图纸和施工技术标准施工，不得偷工减料。建筑施工企业不得擅自修改工程设计，要对工程的施工质量负责。

建筑施工企业必须严格执行《建筑法》、《建设工程质量管理条例》的有关规定，确保建筑生产安全和建设工程质量。

2.监理管理

工程监理是房地产开发项目建设施工管理中的另一个环节。旨在对工程建设中的技术经济活动进行监督和管理，使之符合有关的法规、政策、技术标准、规范及合同的规定，促使工程进度、质量、造价按计划实现。

工程建设监理的主要任务是：运用科学的方法，从组织和管理的高度采取措施，确保建设项目的总目标——工期目标、质量目标和费用目标按合同规定最合理地实现。

实行工程建设监理制度对于房地产开发项目建设具有重要作用，该制度有利于提高建设管理水平，有利于维护工程建设各方的合法权益，同时有利于加强对工程建设各环节的控制。

房地产开发项目建设工程监理的主要内容包括四个方面：

（1）工程进度监理。①建设项目总周期的论证与分析；②编制项目总进度计划，内容包括设计、采购、施工等有关工作在内的综合进度计划；③编制阶段详细进度计划，包括项目的开、竣工时间、公共工程及配套项目的施工、交付，道路修筑和现场清理等计划，整个工程的竣工日期应和合同吻合；④控制和监督工程进度，其主要工作是注意设计进度，避免对施工进度产生负面影响；控制设备、材料和预制构配件采购进度、到货日期和检测手段落实；及时掌握施工进度情况，了解其中单项工程的完成情况。

（2）工程质量监理。工程质量监理是监理单位以合同中规定的质量目标或以国家的标准、规定为目标所进行的监督与管理活动。

工程质量监理的主要内容有：①督促承包建设单位建立工程项目质量保证体系；②设计过程的质量监控；③材料、半成品、机具的质量监控；④施工过程的质量监控。

（3）工程造价监理。工程造价监理是监理单位在不影响工程、质量和安全施工的条件下，确保工程费用不超过合同规定标准所采取的监督管理活动。

工程造价监理的主要内容有：①制定造价控制计划；②制定合理的工程造价标准；③实施对工程造价的控制。

（4）工程竣工验收。竣工验收，指一个项目经过施工和设备安装后达到了该项目设计文件规定的要求，具备了投产或使用的条件，经过验收合格，正式移交给建设单位或使用单位。

工程竣工验收的主要内容为：①核对工程竣工验收的依据；②做好竣工验收的准备工作；③竣工验收的程序一般分为两个阶段进行，包括单项工程竣工验收和综合验收；④竣工决算，在竣工验收后，施工企业要在规定时间内编好竣工决算，时间一般不超过一个月。

5.3.6　项目资本金制度

> 房地产开发项目应当建立资本金制度，资本金占项目总投资的比例不得低于20%。

投资项目资本金，是指在投资项目总投资中，由投资者认缴的出资额，对投资项目来说是非债务性资金，项目法人不承担这部分资金的任何利息和债务；投资者可按其出资的比例依法享有所有者权益，也可转让其出资，但不得以任何方式抽回。《城市房地产开发经营条例》第十三条规定："房地产开发项目应当建立资本金制度，资本金占项目总投资的比例不得低于20%。"2009年，为应对国际金融危机，扩大国内需求，有保有压，促进结构调整，有效防范金融风险，保持国民经济平稳较快增长，国务院再次决定对固定资产投资项目资本金比例进行适当调整。保障性住房和普通商品住房项目的最低资本金比例为20%，其他房地产开发项目的最低资本金比例为30%。

投资项目资本金可以用货币出资，也可以用实物、工业产权、非专利技术、土地使用权作价出资。对作为资本金的实物、工业产权、非专利技术、土地使用权，必须经过有资格的资产评估机构依照法律、法规评估作价，不得高估或低估。以工业产权、非专利技术作价出资的比例不得超过投资项目资本金总额的20%，国家对采用高新技术成果有特别规定的除外。

房地产开发是一种投资活动，其产品直接关系到消费者的切身利益。房地产开发又涉及拆迁、预售等行为，一旦房地产开发项目出现问题，不能按时按质完成，不但房地产开发企业本身的利益受到损害，被拆迁人、商品房的预购人的权益也将受到损害。从房地产开发的实践来看，出现楼盘"烂尾"等项目进行不下去的主要原因就是开发企业缺乏必要的资本金。很多项目的开发建设中房地产开发企业注册资金不到项目总投资的10%，在市场情况好、预售良好的情况下，可能勉强能将项目完成，但一旦预售出问题，整个项目很难进行下去。实行资本金制度，规定房地产开发企业承揽项目必须有一定比例的资本金，可以有效地防止部分不规范企业的不规范行为的出现，减少楼盘"烂尾"等现象的发生。

1996年8月23日国务院以国发（1996）35号发布了《关于固定资产投资项目试行资本金制度的通知》，该通知规定从1996年开始，对各种经营性投资项目，包括国有单位的基本建设、技术改造、房地产开发项目和集体投资项目试行资本金制度，投资项目必须首先落实资本金才能进行建设。

5.3.7 项目手册制度

《城市房地产开发经营管理条例》第十九条规定："房地产开发企业应当将房地产项目建设过程中的主要事项记录在房地产开发项目手册中，并定期送房地产开发主管部门备案。"

房地产开发项目实行项目手册制度是政府行业管理部门对房地产开发企业是否按照有关法律、法规规定，是否按照合同的约定进行开发建设而建立的一项动态管理制度。其目的主要是为了在项目实施过程中对房地产开发企业的开发活动进行监控，保护消费者的合法权益。政府行业管理部门的监控主要包括是否按申请预售许可证时承诺的时间表进行开发建设、预售款项是否按期投入，拆迁安置是否按要求进行，工程项目是否发生变化等内容。

《房地产开发项目手册》是为加强对房地产开发项目的动态管理而设的，是一种制度性、常规性的监控措施。通过项目手册的实施，可以加强对房地产市场的监测，及时了解和掌握房地产开发项目的进展情况，督促开发企业按城市规划实施开发，按要求分期投入开发所需资金、进行配套建设、完成拆迁安置；加强对工程进度、质量的监管，有效地防止楼盘"烂尾"等现象的发生。

5.3.8 质量责任制度

房地产开发企业应当对其开发建设的房地产开发项目的质量承担责任。

《开发经营条例》第十六条规定：" 房地产开发企业开发建设的房地产项目，应当符合有关法律、法规的规定和建筑工程质量、安全标准、建筑工程勘察、设计、施工的技术规范以及合同的约定。房地产开发企业应当对其开发建设的房地产开发项目的质量承担责任。勘察、设计、施工、监理等单位应当依照有关法律、法规的规定或者合同的约定，承担相应的责任。"

要求房地产开发企业对其开发建设的房地产开发项目承担质量责任，是新形势下商品房质量责任的重大调整。房地产开发企业作为房地产项目建设和营销的主体，是整个活动的组织者。尽管建设环节中许多工作都是由勘察设计、施工等单位承担，出现质量责任可能是勘察设计、施工或者材料供应商的责任，但开发商是组织者，其他所有参与部门都是开发商选择的，都和开发商发生合同关系，出现问题也理应由开发商与责任单位协调。以前由于质量责任不明确，设计单位、施工单位、开发建设单位、材料供应单位等互相推诿质量责任的现象比较普遍，购房者购

买的房子出了责任问题，没有明确的责任单位可找。

至于设计单位、施工企业和材料供应单位的质量责任，《建筑法》第五十八条规定："建筑施工企业对工程的施工质量负责。"在实际操作中，具体的质量责任问题主要通过开发企业与有关单位的合同中明确。特别是在商品房销售环节推行《商品住宅质量保证书》和《商品住宅使用说明书》制度后，开发企业更要在合同中明确质量责任，开发企业在质量保证书中承诺的内容，一定要与有关企业签订相关的保修合同。如开发企业在销售商品房时向购房者承诺屋面防水3年，同时必须和做屋面防水的企业签订相应保修合同，或者在价格方面有所考虑，留出相应的费用。

勘察、设计、施工、工程质量、安全标准等方面的法律、法规，既包括国家发布的法律、行政法规和部门规章，也包括各地出台的地方性法规和地方性规章。《建筑法》第五十二条规定："建筑工程勘察、设计、施工的质量必须符合国家有关建筑工程安全标准的要求。"第五十六条规定："建筑工程的勘察、设计单位必须对其勘察、设计的质量负责。勘察、设计文件应当符合有关法律、行政法规的规定和建筑工程质量、安全标准、建筑工程勘察、设计技术规范以及合同的约定。"

工程建设技术规范是指对各类工程的勘察、设计、施工、安装、验收等需要协调的事项所制定的标准，包括规范和规程等。工程建设方面除国家发布的法律、法规外，许多内容都是通过技术规范规定的，有些技术规范是强制性的，称为强制性规范，如建筑物必须配有必要的消防设施等。还有些规范不具备强制内容，属于推荐性标准的范畴。要求房地产开发企业开发建设的房地产项目，应当符合建筑工程质量、安全标准、建筑工程勘察、设计、施工的技术规范，主要是指强制性规范。

合同主要是指房地产开发企业与勘察设计单位、施工单位、材料供应单位之间以及涉及到的其他单位之间签订的合同。在这些合同中有些内容可能会高于或严于法律和规范的要求。如要求屋面防水的保修期，法律规定为三年，房地产开发企业为了提高开发建设质量，可能会在合同中作出高于三年的规定。

房地产开发企业开发建设的房地产项目，必须要经过工程建设环节，必须符合《建筑法》及建筑方面的有关法律规定，符合工程勘察、设计、施工等方面的技术规范，符合工程质量、工程安全方面的有关规定和技术标准，这是对房地产开发项目在建设过程中的最起码的要求。

5.4　房地产开发中的法律风险

随着房地产法律、法规的建立健全，政府监管力度的加强，公众法律意识的增强，房地产开发商必须依法开发，否则，可能面临严厉的行政处罚。

5.4.1 房地产开发商主体资格不合格所面临的风险

1.未取得营业执照

《城市房地产开发经营管理条例》第二章明确规定了设立房地产企业的具体条件。如果房地产开发商未取得营业执照，而擅自从事房地产开发经营的，根据该条例第三十四条的相关规定，由县级以上人民政府工商行政管理部门责令停止房地产开发经营活动，没收违法所得，可以并处违法所得5倍以下的罚款。

2.房地产开发商未取得资质等级证书或者超越资质等级从事房地产经营

《房地产开发企业资质管理规定》规定“未取得房地产开发资质等级证书（以下简称资质证书）的企业，不得从事房地产开发经营业务”、“各资质等级企业应当在规定的业务范围内从事房地产开发经营业务，不得越级承担任务”。根据《城市房地产开发经营管理条例》及《房地产开发企业资质管理规定》的相关规定，企业未取得资质证书从事房地产开发经营的以及企业超越资质等级从事房地产开发经营的，应由县级以上人民政府房地产开发主管部门责令限期改正，处5万元以上10万元以下的罚款；逾期不改正的，由工商行政管理部门吊销营业执照。

5.4.2 建设规划不合法所面临的风险

1.无规划手续或未按规划进行建设

《城乡规划法》第四十条规定，在城市、镇规划区内进行建筑物、构筑物、道路、管线和其他工程建设的，建设单位或者个人应当向城市、县人民政府城乡规划主管部门或者省、自治区、直辖市人民政府确定的镇人民政府申请办理建设工程规划许可证。而未取得建设工程规划许可证件或者违反建设工程规划许可证件的规定进行建设，严重影响城市规划的，由县级以上地方人民政府城市规划行政主管部门责令停止建设，限期拆除或者没收违法建筑物、构筑物或者其他设施；影响城市规划，尚可采取改正措施的，由县级以上地方人民政府城市规划行政主管部门责令限期改正，并处罚款。

2.因规划行为引发行政诉讼案件，法院裁决撤销违法规划行政行为

《行政诉讼法》规定，公民、法人、其他组织对具体行政行为包括规划行政行为可进行行政诉讼。若具体规划行政行为违法，法院将依法撤销该规划行政行为。那么，依据该规划行政行为的房地产开发将被停止建设，甚至已建建筑物被拆除。

5.4.3 非法买卖土地所面临的风险

《土地管理法》规定国家实行土地用途管制制度。应依法改变土地权属和用途，

办理土地变更登记手续。买卖或者以其他形式非法转让土地的，由县级以上人民政府土地行政主管部门没收违法所得；对不符合土地利用总体规划的，没收在非法转让的土地上新建的建筑物和其他设施，可以并处罚款。

5.4.4　违规招标面临的风险

房地产开发企业进行的工程招标应严格按照《招标投标法》的相关规定来进行，不得将依法必须进行招标的项目化整为零或者以其他任何方式规避招标；不得以不合理的条件限制或者排斥潜在投标人，不得对潜在投标人实行歧视待遇；在确定中标人前，不得与投标人就投标价格、投标方案等实质性内容进行谈判；招标人和中标人不得再行订立背离合同实质性内容的其他协议等。对于违反上述规定的行为，《招标投标法》规定可以进行责令限期改正、从一万元直至十万元的罚款、没收非法所得、吊销营业执照的严厉行政处罚。

5.4.5　违规开工所面临的风险

《建筑法》规定未取得施工许可证或者开工报告未经批准擅自施工的，责令改正，对不符合开工条件的责令停止施工，可以处以罚款。《建设工程质量管理条例》具体规定建设单位未取得施工许可证或者开工报告未经批准，擅自施工的，责令停止施工，限期改正，处工程合同价款百分之一以上百分之二以下的罚款。

5.4.6　违规验收所面临的风险

房屋主体结构质量涉及房地产开发企业，工程勘察、设计单位，施工单位，监理单位，材料供应部门等。房屋主体结构质量的好坏直接影响房屋的合理使用和购房者的生命财产安全。房屋竣工后，必须验收合格后方可交付使用。商品房交付使用后，购买人认为主体结构质量不合格的，可以向工程质量监督单位申请重新核验。经核验，确属主体结构质量不合格的，购买人有权退房；给购买人造成损失的，房地产开发企业应当依法承担赔偿责任。这样规定的目的主要是为了确保购买商品房的消费者的合法权益不受损害。

将未经验收的房屋交付使用的，由县级以上人民政府房地产开发主管部门责令限期补办验收手续；逾期不补办验收手续的，由县级以上人民政府房地产开发主管部门组织有关部门和单位进行验收，并处10万元以上30万元以下的罚款。经验收不合格的，依照《城市房地产开发经营管理条例》第三十七条的规定处理。

将验收不合格的房屋交付使用的，由县级以上人民政府房地产开发主管部门责令限期返修，并处交付使用的房屋总造价2%以下的罚款；情节严重的，由工商行政管理部门吊销营业执照；给购买人造成损失的，应当依法承担赔偿责任；造成重大伤亡事故或者其他严重后果，构成犯罪的，依法追究刑事责任。

5.4.7 违规转让房地产项目所面临的风险

《城市房地产管理法》第三十八条规定："以出让方式取得土地使用权的，转让房地产时，应当符合下列条件：(1) 按照出让合同约定已经支付全部土地使用权出让金，并取得土地使用权证书；(2) 按照出让合同约定进行投资开发，属于房屋建设工程的，完成开发投资总额的百分之二十五以上，属于成片开发土地的，形成工业用地或者其他建设用地条件。转让房地产时房屋已经建成的，还应当持有房屋所有权证书。"擅自转让房地产开发项目的，由县级以上人民政府负责土地管理工作的部门责令停止违法行为，没收违法所得，可以并处违法所得5倍以下的罚款。

本章学习要点 (Learning Essentials)

◎ 房地产开发，是指在依据本法取得国有土地使用权的土地上进行基础设施、房屋建设的行为。

◎ 确定房地产开发项目，应当符合土地利用总体规划、年度建设用地计划和城市规划、房地产开发年度计划的要求；按照国家有关规定需要经计划主管部门批准的，还应当报计划主管部门批准，并纳入年度固定资产投资计划。

◎ 房地产开发企业的注册资本与投资总额的比例应当符合国家有关规定。

◎ 房地产开发企业应当按照核定的资质等级，承担相应的房地产开发项目。

◎ 房地产开发项目应当建立资本金制度，资本金占项目总投资的比例不得低于30%。

◎ 房地产开发企业应当将房地产开发项目建设过程中的主要事项记录在房地产开发项目手册中，并定期送房地产开发主管部门备案。

◎ 房地产开发项目的设计、施工，必须符合国家的有关标准和规范。房地产开发项目竣工，经验收合格后，方可交付使用。

案例展示教学（Case Application）

案例1：中国建筑第一工程第四建筑公司诉北京富华建设发展有限公司建设工程施工合同纠纷案

【案情介绍】

原告：中国建筑第一工程局第四建筑公司

被告：北京富华建设有限公司

1994年中国建筑第一工程局第四建筑公司（以下简称中建一局四公司）与北京富华建设有限公司（以下简称富华公司）签订建设工程施工合同及补充条款，约定富华公司将富华大厦部分工程发包给中建一局四公司，后因合同履行纠纷，中建一局四公司诉至法院。

原告诉称：1994年6月13日，我公司与富华公司签订北京市建设工程施工合同及补充条款，之后又达成补充协议，该施工合同及补充协议明确约定富华公司将富华大厦土建安装工程发包给我公司施工。后我公司先后完成了富华大厦前栋、后栋的施工，竣工日期均比合同约定的工期提前，工程验收质量合格。依合同约定，富华公司应向我公司支付工期奖和再提前工期奖计1155万元。1996年12月11日，双方签订结算协议，确定工程造价2.4亿元，富华公司已拨付工程款2.28亿元。结算协议签订后，富华公司扣留工程尾款476万元作为保修金，其余尾款全部付清。1998年9月10日，双方就工程遗留项目达成结算协议，确定富华公司再向我公司支付工程款1000万元。现该工程的保修期已经到期，富华公司应依合同约定返还我公司保修金476万元，对于工期奖和再提前工期奖，富华公司现尚欠484万元未付。我公司为维护自己的合法权益，特起诉要求判令：由富华公司支付我公司工程尾款1000万元、保修金476万元、工期奖及利息672万元、拖欠工程款和保修金的利息309万元。

被告答辩并反诉称：中建一局四公司承建了我公司富华大厦前栋、后栋工程属实，但是中建一局四公司并未依照双方所签合同约定的竣工日期完工，其中前栋及地下室于1996年4月24日以后竣工，后栋于1996年7月15日以后竣工，均超过合同约定的竣工日期。因此中建一局四公司无权要求我公司支付工期奖，依照补充合同的约定，中建一局四公司必须返还我公司已付的工期奖及利息，同时，因中建一局四公司逾期完工，还应按补充条款的约定，每逾期一天退回措施费的1%。由于中建一局四公司逾期过了100天，因此其应返还全部赶工措施费。另外因中建一局四公司在保修期内对应由其保修的项目未尽保修义务，由我公司自行和委托其他单位对保修的项目进行了修理，所发生费用应在保修金中扣除。中建一局四公司所建工程存在严重质量问题，由于其在施工中过量使用了含有氨成分的防冻剂，导致部分房屋中氨气含量严重超标，我公司对此自行进行了治理，发生费用555万元应由中建一局四公司承担，由此给我公司造成了经济损失819万元亦应由中建一局四公司予以赔偿，故反诉要求判令由中建一局四公司将富华大厦竣工资料移交我公司；返还我公司已付工期奖672万元，并支付利息；返还我公司已付赶工措施和其他措施费用2000万元并支付利息；承担保修费用244.5万元；支付我公司因氨气污染所付治理费555万元，赔偿经济损失819万元。

中建一局四公司针对富华公司的反诉答辩称：我公司所建富华大厦工程的竣工日期与双方所签合同中约定的工期相符。我公司并未逾期完工，故富华公司应依约支付我公司工程奖和赶工措施费和其他措施费用。该工程经质检部门验收确定合格，并不存在工程质量问题。富华公司所述发生的保修费用，系已经超过了保修期，我公司没有义务承担该笔费用，其所诉因氡气污染造成的费用和损失，缺乏事实和法律依据，因此我公司不同意富华公司的反诉请求。

一审法院判决：法院认为，中建一局四公司与富华公司签订的北京市建设工程施工合同及补充条款、补充合同以及结算协议书，系双方真实意思表示，合法有效，双方均应依约履行。富华公司应依结算协议约定将工程尾款1000万元支付中建一局四公司。中建一局四公司应将竣工资料移交富华公司。在中建一局四公司施工后，对富华大厦前栋及地下室、后栋工程，先后组织了有建设单位、施工单位、设计单位、监理单位参加的验收，并分别于1995年12月20日、1996年4月24日形成了验收纪要，均确认了中建一局四公司所承建的工程基本完工，此后，北京市建设工程质量监督总站分别进行了质检验收，核定同意四方验收意见，工程可以交付使用。因此，中建一局四公司所承建的工程中前栋及地下室竣工日期应确定为1995年12月20日，后栋工程竣工日期为1996年4月24日。富华公司所述中建一局四公司逾期完工，缺乏事实根据，法院不予采信，故其应依照施工合同和补充合同的约定向中建一局四公司支付工期奖和再提前工期奖。保修期依照合同约定为一年，应从中建一局四公司前后栋工程竣工日期起分别计算，富华公司所提维修费用除其中一笔外其他费用发生时间虽已超过保修期，但双方在结算协议中约定富华公司自行维修的中建一局四公司在保修期中未完成的保修项目所发生的费用，由中建一局四公司负担，故该笔费用应从保修金中扣除。富华公司将扣除后尚余的保修金退还中建一局四公司。至于富华公司所述治理氡气污染的费用及因此导致业主退房所产生经济损失由中建一局四公司赔偿一节，因中建一局四公司在施工过程中并无过错，且富华公司亦未能证实费用的发生是由于治理氡气含量超标所致，故对其该项请求法院不予支持。中建一局四公司的诉讼请求，于法有据，法院应予支持。综上所述，依据《民法通则》第八十四条第二款、第一百一十一条之规定，法院判决如下：

1. 北京富华建设发展有限公司于本判决生效后三十日内给付中国建筑第一工程局第四建筑公司工程款1000万元及利息（自1998年9月11日起至判决生效之日止，按中国人民银行同期同类贷款利率计算）；

2. 北京富华建设发展有限公司于本判决生效后三十日内给付中国建筑第一工程局第四建筑公司保修金231万元及利息（自1997年4月25日起至判决生效之日止，按中国人民银行同期同类贷款利率计算）；

3. 北京富华建设发展有限公司于本判决生效后三十日内给付中国建筑第一工程局第四建筑公司工期奖483万元及利息（自1996年4月25日起至判决生效之日止，按中国人民银行同期同类贷款利率计算）；

4. 中国建筑第一工程局第四建筑公司于本判决生效后三十日内将全部竣工资料移交北京富华建设发展有限公司；

5. 驳回中国建筑第一工程局第四建筑公司其他诉讼请求；

6. 驳回北京富华建设发展有限公司其他反诉请求。

二审诉辩观点：

一审判决后，富华公司不服，以原判对富华大厦竣工日期以及工程质量等问题认定有误，且适用法律不当为由上诉至法院，请求撤销原判，依法改判。

中建一局四公司同意原判。

二审法院判决

二审法院认为：

1. 中建一局四公司与富华公司签订的建设工程施工合同及补充条款、补充合同以及结算协议书均属有效合同；

2. 富华公司主张中建一局四公司逾期完工，缺乏事实根据；

3. 中建一局四公司在施工过程中并无过错。依照《民事诉讼法》第一百五十条三条第一款第（一）项之规定，判决如下：

驳回上诉，维持原判。

【法理评析】

1. 建设施工合同

建设施工合同属于建设工程合同的一种，是指发包人和承包人为完成商定的施工工程，明确相互权利、义务的合同。按照建设施工合同的规定，承包人（施工单位）应当完成发包人（建设单位）交给的施工任务，建设单位应按照规定提供必要条件，并支付工程价款。建设施工合同的主要内容一般包括以下几项：

（1）工程范围；

（2）建设工期；

（3）中间交工工程的开工和竣工时间；

（4）工程质量；

（5）工程造价；

（6）技术资料交付时间；

（7）材料和设备的供应责任；

（8）拨款和结算；

（9）竣工验收；

(10) 质量保修范围和质量保证期;

(11) 相互协作条款等等。

本案中所涉及的中建一局四公司与富华公司所签订的北京市建设工程施工合同以及补充条款、补充合同与结算协议书等,均构成建设施工合同。

2. 实际违约、拒绝履行与迟延履行

在履行期限到来以后,当事人不履行或者不完全履行合同义务的,构成实际违约。实际违约主要有以下几种类型:拒绝履行、迟延履行、不适当履行、部分履行等等。所谓拒绝履行是指在合同期限到来以后,一方当事人无正当理由拒绝履行合同规定的全部义务。《合同法》第一百零七条规定:"当事人一方不履行合同义务或者履行合同义务不符合约定的,应当承担继续履行、采取补救措施或者赔偿损失等违约责任。"其中"一方不履行合同义务"就是指拒绝履行的行为。拒绝履行的特点在于两个方面:其一,一方当事人明确表示拒绝履行合同规定的主要义务,如果仅仅表示不履行合同的部分义务则属于部分不履行而非拒绝履行;其二,该方当事人拒绝履行合同义务无任何正当理由。

所谓迟延履行是指合同当事人的履行违反了履行期限的规定,根据《合同法》第九十六条的规定,凡是违反履行期限的履行都属于迟延履行。确定迟延履行的关键在于确定合同所规定的履行期限,一般情况下合同中往往明确规定了履行期限,如果合同没有进行规定,那么根据《民法通则》第八十八条的规定,"债务人可以随时向债权人履行义务,债权人也可以随时要求债务人履行义务,但应当给对方必要的准备时间"。迟延履行不同于拒绝履行,因为在迟延履行的情况下,违约当事人已经做出了履行并且愿意履行,只是履行不符合期限的规定;而在拒绝履行的情况下,违约当事人不仅没有做出履行,而且明确表示不愿意履行合同义务。此外,在迟延履行的情况下,债权人解除合同的权利往往受到法律的一定限制,而在拒绝履行的情况下,债权人往往可以直接解除合同。

需要注意的是,《合同法》第九十四条规定的"在履行期限届满之前,当事人一方明确表示或者以自己的行为表明不履行主要债务"和第一百零八条规定的"当事人一方明确表示或者以自己的行为表明不履行合同义务的"这些规定并不是指拒绝履行,而是指预期违约,亦即在履行到来之前,合同一方当事人无正当理由而明确表示其在履行期到来后将不履行合同,或者其行为表明其在履行期到来以后将不可能履行合同。此外,根据《合同法》第九十四条规定,"当事人一方迟延履行债务或者有其他违约行为致使不能实现合同目的,另一方可以解除合同",理论上一般认为根据该条的精神,在一方拒绝履行合同之后,其行为转化为迟延履行。本案中,发包人富华公司在合同约定的履行期限到来之后,没有根据合同的约定支付工期奖、再提前工期奖以及保修金,构成迟延履行。

案例2：中山医大三院医技大楼工程招投标违纪违法案

【案情介绍】

中山医大三院医技大楼设计建筑面积为19945m²，预计造价7400万元，其中土建工程造价约为3402万元，配套设备暂定造价为3998万元。2001年年初，该工程项目进入广东省建设工程交易中心以总承包方式向社会公开招标。

经常以“广州辉宇房地产有限公司总经理”身份对外交往的包工头郑某得知该项目的情况后，即分别到广东省和广州市4家建筑公司活动，要求挂靠这4家公司参与投标。这4家公司在未对郑某的广州辉宇房地产有限公司的资质和业绩进行审查的情况下，就同意其挂靠，并分别商定了“合作”条件：一是投标保证金由郑支付；二是广州市某建筑公司代郑编制标书，由郑支付“劳务费”，其余3家公司的经济标书由郑编制；三是项目中标后全部或部分工程由郑组织施工，挂靠单位收取占工程造价3%～5%的管理费。上述公司违法出让资质证明，为郑搞串标活动提供了条件。2001年1月，郑某给4家公司各汇去30万元投标保证金，并支付给广州市某建筑公司1.5万元编制标书的“劳务费”。

为揽到该项目，郑某还不择手段地拉拢广东省交易中心评标处副处长张某、办公室副主任陈某。郑以咨询业务为名，经常请张、陈吃喝玩乐，并送给张某港币5万元、人民币1000元，以及人参、茶叶、香烟等物品；送给陈某港币3万元和洋酒等物品。张、陈两人积极为郑提供“咨询”服务，不惜泄露投标中的有关保密事项，甚至带郑到审核标底现场向有关人员打探标底，后因现场监督严格未得逞。

2001年1月22日下午开始评标。评委会置该项目招标文件规定于不顾，把原安排22日下午评技术标、23日上午评经济标两段内容集中在一个下午进行，致使评标委员没有足够时间对标书进行认真细致地评审，一些标书明显存在违反招标文件规定的错误未能发现。同时，评标委员在评审中还把标底价50%以上的配套设备暂定价3998万元剔除，使造价总体下浮变为部分下浮，影响了评标结果的合理性。下午7时20分左右，评标结束，中标单位为深圳市总公司。

由于郑某挂靠的4家公司均未能中标，郑便鼓动这4家公司向有关部门投诉，设法改变评标结果。因不断发生投诉，有关单位未发出中标通知书。

广东省纪委、省监察厅组成联合调查组，对广东省建设工程交易中心个别工作人员在中山医科大学附属第三医院医技大楼工程招标中的违纪、违法问题展开调查。查实该工程项目在招投标中存在包工头串标、建筑施工单位出让资质证照、评标委员会不依法评标、省交易中心个别工作人员收受包工头钱物等违纪违法问题。经广东省建设厅、监察厅研究决定，取消该项目招标结果，依法重新组织招标。

【法理评析】

中山医大三院医技大楼工程招投标中的违纪违法问题，是一宗包工头串通有关单位内部人员干扰和破坏建筑市场秩序的典型案件。本案中的有关当事人违反了多项法律强制性规定，依法应当受到惩处。

(1) 郑某和允许其挂靠的4家公司违反了以下法律规定：

《招标投标法》第三十二条第一款规定："投标人不得相互串通投标报价，不得排挤其他投标人的公平竞争，损害招标人或者其他投标人的合法权益。"

《建筑法》第二十六条规定，禁止建筑施工企业以任何形式允许其他单位或者个人使用本企业的资质证书、营业执照，以本企业的名义承揽工程。

(2) 本案中评标委员会违反了以下法律规定：

根据《招标投标法》第四十条，评标委员会应当按照招标文件确定的评标标准和方法，对投标文件进行评审和比较。第四十四条规定，评标委员会应当客观、公正地履行职务，遵守职业道德，对所提出的评审意见承担个人责任。

(3) 本案中广东省建设工程交易中心的工作人员张某、陈某收受贿赂，徇私舞弊，依法应当受到惩处。《招标投标法》第六十三条规定："对招标投标活动依法负有行政监察职责的国家机关工作人员徇私舞弊、滥用职权或者玩忽职守，构成犯罪的，依法追究刑事责任；不构成犯罪的，依法给予行政处分。"

思考题

1. 什么是房地产开发？其特征、原则有哪些？
2. 房地产企业的概念，房地产企业有哪些特征？
3. 房地产开发企业的设立条件和程序是什么？
4. 如何对房地产开发企业进行资质管理？
5. 简述房地产开发建设的程序及各阶段的主要内容。
6. 什么是"一书两证"制度，具体包括哪些内容？
7. 阐述房地产项目招投标的概念、类型及内容。
8. 简述房地产开发的资本金制度、项目手册制度及质量责任制度的内容。
9. 简述房地产开发过程中存在的法律风险的类型及各自的内容。

第6章 房地产交易法律制度

学习导言（Learning Guidance）

房地产交易是指以房屋等建筑物、构筑物及其占用范围内的使用权为对象而进行的一种商品交换活动，它包括转让、租赁和抵押等。房地产交易同时涉及民事行为和行政行为，国家和各地方政府不断地通过制定新的规范性文件对这一领域加以调整，出台新的政策加以宏观调控。《中华人民共和国物权法》（2007年3月16日第十届全国人民代表大会第五次会议通过）以及《城市房地产管理法》（1995年1月1日起施行，分别于2007年、2009年修订），是调整房地产交易的基本法律依据。除此之外，国务院及有关国家部委还发布了一系列涉及调整房地产交易的规范性文件，现行有效的主要包括：

《城市商品房预售管理方法》（1995年1月1日起施行，分别于2001年、2004年修订）

《城镇国有土地使用权出让和转让暂行条例》（国务院令第55号，1990年5月19日起施行）

《城市房地产转让管理规定》（1995年9月1日起施行，2001年8月15日建设部令第96号修订）

《城市房地产开发经营管理条例》（国务院令第248号，1998年7月20日起施行）

《商品房销售管理办法》（2001年6月1日起施行）

《关于规范住房交易手续费有关问题的通知》（2002年2月20日，国家计委、建设部颁布）

《最高人民法院关于审理商品房买卖合同纠纷案件适用法律若干问题的解释》（法释［2003］7号，2003年6月1日起施行）

《经济适用住房管理办法》（2007年11月19日起施行）

《廉租住房保障办法》（2007年12月1日起施行）

《最高人民法院关于审理城镇房屋租赁合同纠纷案件具体应用法律若干问题的解释》（法释［2009］11号，2009年9月1日起施行）

《最高人民法院关于审理建筑物区分所有权纠纷案件具体应用法律若干问题的解释》（法释［2009］7号，2009年10月1日起施行）

《商品房屋租赁管理办法》（住房和城乡建设部令第6号，2011年2月1日起施行）

《国有土地上房屋征收与补偿条例》（国务院令第590号，2011起1月21日起施行）

在学习本章内容时，既要理解掌握现行法律法规，又要注意将国家在不同时期发布的法律法规加以比较，目前国家有关房地产交易的法律法规及政策文件还处于不断调整之中，在学习时应对此加以关注。

本章内容说明 (Introduction)

房地产交易制度是房地产法规中的重点内容，理论比较复杂，且具有很高的实用性，应予重点掌握。房地产交易行为是否规范、有序直接关系到我国房地产市场的健康发展和社会秩序的稳定。了解房地产的转让、租赁、抵押、商品房的预售和网上房地产交易等内容十分必要。本章从房地产交易的基本概念入手，介绍房地产交易的基本原则、房地产管理机关以及房地产交易所，并对房地产的转让、抵押、租赁的法律内容进行了阐述，章后结合相关案例对有关法律条款进行了深入分析。

6.1 房地产交易概述

6.1.1 房地产交易的概念与特征

1. 房地产交易的概念

房地产交易包括房地产转让、房地产抵押和房地产租赁。

房地产交易是房地产交易主体之间以房地产这种特殊商品作为交易对象所从事的市场交易活动。房地产交易以其标的物的性质可分为地产交易与房产交易两类。地产交易，限于城镇国有土地使用权的出让、转让、抵押等形式。房产交易，主要有房产买卖、租赁、抵押、交换、典当、信托等方式，既包括房产使用权的转让，也包括房产所有权的交易。

2. 房地产交易的概念

房地产交易具有一般商品交换的性质和法律特征，与一般商品交易均为平等主体之间的民事法律行为，但由于交易客体的特殊性，房地产交易又具有如下特征：

(1) 交易对象的特殊性。房地产交易的对象是作为特殊商品的房地产。包括土地使用权、土地上的房屋以及其他建筑物的所有权及使用权。房地产中介服务直接为房地产交易提供各种条件和方便，它本身并不属于房地产交易的范畴。

(2) 交易的标的物具有位置固定性。无论这种交易以何种形式进行，交易的对象都不会发生空间上的移动，交易完成的主要标志是房屋所有权及其相应的土地使用权的转移或房地产权利主体的变更。

(3) 交易形式的确定性。房地产交易的形式仅包括房地产转让、房地产抵押和房屋租赁，不包括房地产开发。尽管在房地产开发中开发商与建筑商也发生一些交易，但这些交易不是以房地产作为对象的，而是以建筑行为或劳务作为交易对象。此外，房地产继承等因不以支付代价为前提，也不在房地产交易之列。

(4) 交易为要式法律行为。房地产交易主要表现为债的关系，并通过各种交易合同形式实现。由此引发的房地产权属的变动必须办理登记手续，方能完成房地产权利的转移。

（5）交易的专业性强。房地产交易是一种极具专业性的交易。房地产交易的形式、种类很多，每一种交易都需要具备不同的条件，遵守不同的程序及办理相关手续。特别是在现阶段，许多房地产权利并不规范，有些可以自由流转，有些限制流转，有些禁止流转。因此，房地产交易需要律师、房产经纪人等专业中介人员在其中发挥重要作用。

6.1.2 房地产交易的原则

房地产交易的特有原则包括房地一体处分、依法及时登记、交易价格分别管制及效益不减损原则。

房地产交易双方之间的关系是民事法律关系，在交易之中除须遵守平等、自愿、公平、等价有偿、诚实信用等民法一般原则外，还应根据其特殊性，遵守房地产法所特有的一些原则。

1. 房地一体处分原则

基于土地与房屋等地上建筑物的物理属性，在物质形态上具有不可分割性，为了维护交易双方的合法权益，便于土地和房屋的合理利用，《城市房地产管理法》规定“房地产转让、抵押时，房屋的所有权和该房屋占用范围内的土地使用权同时转让、抵押”。《城镇国有土地使用权出让和转让暂行条例》也明确规定“土地使用权转让时，其地上建筑物、其他附着物所有权随之转让”。《物权法》也规定“建设用地使用权转让、互换、出资或者赠与的，附着于该土地上的建筑物、构筑物及其附属设施一并处分。建筑物、构筑物及其附属设施转让、互换、出资或者赠与的，该建筑物、构筑物及其附属设施占用范围内的建设用地使用权一并处分”。亦即房地产转让、抵押时，房屋所有权和土地使用权必须同时转让、抵押，不得将房屋所有权与土地使用权分别转让或抵押，在房地产交易中必须遵守房地一体的原则。

2. 依法及时登记原则

由房地产本身的特性所决定，房地产的权属关系、权利状态及权属关系的变化，均难以从其占有状态上反映出来。而房地产交易的最终目的是实现物权变动结果，因此《物权法》规定不动产物权权属的变动除要求具备当事人债权合意外，还需进行登记，才产生物权变动的效力，只有到土地、房屋登记主管部门办理完产权登记或变更登记手续，受让方才能获得相应的房地产权利。《城市房地产管理法》明确规定“房地产转让或者变更时，应当向县级以上地方人民政府房产管理部门申请房产变更登记，并凭变更后的房屋所有权证书向同级人民政府土地管理部门申请土地使用权变更登记”。不依法办理登记手续的，其房地产的转让不具有物权变动法律效力，不受国家法律的保护。

3. 交易价格分别管制原则

为了稳定房地产价格、维护房地产市场秩序、保护购房人的合法权益，《城市房地产管理法》第三十三条规定“基准地价、标定地价和各类房屋的重置价格，应当定期确定并公布”。国家实行房地产价格申报制度和价格评估制度，1994 的国家计委制定的《城市房地产交易价格管理暂行办法》第五条明确规定：“房地产交易价格及经营性服务收费，根据不同情况分别实行政府定价和市场调节价。”目前，除经济适用房实行政府指导价，拆迁补偿房屋价格及房地产交易市场的重要的经营性服务收费实行政府定价外，其他各类房屋的买卖、租赁价格，房屋的抵押、典当价格，均实行市场调节价。实行政府定价的房地产交易价格要按照政府规定的标准确定。

4. 效益不减损原则

即在房地产转让过程中，无论是土地使用权的转让还是地上建筑物、构筑物及其他附着物的转让，都应保护其财产的价值和经济效益，不能任意变动其用途，影响其经济效益及社会效益，尤其在土地使用权的转让过程中，应注意土地的完整性和可利用性，不得任意变更用途及规划设计，以使土地的经济效益与社会效益得到充分保护。

6.1.3 房地产市场

广义上房地产市场是指房地产商品流通全过程中各种交换关系的总和，具体包括：房屋所有权的买卖、租赁、抵押、典当、交换等活动；土地使用权的出让、转让、出租等活动；中间商、代理商、金融信用、广告信息等中介服务活动。狭义的房地产交易市场指固定的房地产交易所。

1. 按组成要素分类

（1）土地使用市场。是按国家对城市土地使用权的有偿出让和获得土地使用权者将开发的土地使用权有偿转让的场所。

（2）房产市场。是指房产的转让、租赁、抵押等交易场所，包括房屋现货和期货的交易场所。

（3）房地产资金市场。是指通过银行等金融机构，用信贷、抵押贷款、住房储蓄、发行股票、债券、期票，以及开发企业运用商品房预售方式融资等市场行为。

（4）房地产劳务市场。是指物业管理，室内外装饰、维修、设计等活动的市场。

（5）房地产技术信息市场。

2. 根据房地产流通顺序分类

（1）房地产一级市场。又称土地一级市场（土地出让市场），是土地使用权出让的市场，即国家通过其指定的政府部门将城镇国有土地或将农村集体土地征用为国有土地后出让给使用者的市场。房地产一级市场是由国家垄断的市场。

（2）二级房地产市场。又称增量房地产市场、房地产开发经营市场，是指生产者或者经营者对土地进行初次开发及再次开发，把新建、初次使用的房屋向消费者转移，主要是生产者或者经营者与消费者之间的交易行为。

（3）三级房地产市场。又称存量房地产市场、房地产投入使用之后的交易市场。是购买房地产的单位和个人，再次将房地产转让或租赁的市场。也就是房地产再次进入流通领域进行交易而形成的市场，也包括房屋的交换。

二、三级房地产市场是一级房地产市场的延伸和扩大，起到促进市场繁荣的作用。

6.1.4　房地产交易管理

1. 房地产管理机关

房地产管理机关是指国土资源部、住房与城乡建设部及其下属的县级以上地方人民政府的房管部门和土地管理部门。它们是行政管理机关，也是房地产法的执行机关，代表国家及地方人民政府，依照国家的有关政策和法律，结合房地产业的发展规律和社会需求，对房地产市场尤其是房地产交易行为，进行指导、协调和监督，促进房地产交易的健康发展，保护房地产权利人的合法权益，防止国家土地收益的流失。房地产管理机关的具体职责如下：

（1）国土资源部和住房与城乡建设部的主要职责包括：贯彻执行国家有关房地产管理的政策与法律，制定并实施有关房地产市场管理的政策和部门规章；对进入房地产市场的组织和个人的主体资格进行审查和认定，并对其经营行为和交易行为依法进行引导和监督，调控市场价格；维持正常的房地产市场秩序，查处各种非法的交易行为，依法惩罚房地产交易中的违法者；依法及时地协调房地产交易中发生的矛盾和冲突，解决房地产市场中发生的部分纠纷。

（2）地方各级房地产管理机关的职责包括：贯彻执行国家有关房地产管理的法律、法规和政策，拟定本地区的房地产管理法规的实施办法，并组织实施；负责房地产开发企业、中介服务机构以及其他各种交易主体的资质、资格审查，并对其交易行为进行监督；负责房地产的权属管理，对各种房地产交易的权属变更情况进行审核与登记；查处房地产交易中的违法行为，调处房地产交易纠纷。

2. 房地产交易所

房地产交易所是国家根据房地产市场发展的需要而设立的，供人们进行房地产交易的固定场所。1992年以后，随着我国房地产业的迅速发展及房地产市场的日益活跃，全国各大中城市都先后设立了房地产交易所，强化了房地产交易管理，规范了房地产交易行为。各地房地产交易所的建立，为房地产交易提供了固定的场所和必要的服务。同时也在房地产交易指导、监督、价格调控，以及查处违法行为、保证交易安全等方面起了重要的作用。

房地产交易所的主要职责如下：为房地产交易提供洽谈、协商、交流信息、展示行情等各种服务；提供有关房地产的法律、政策咨询；接受有关房地产交易和经营管理的委托代理业务；为房地产交易提供价格评估服务；办理房地产交易登记、签证及权属转移手续。

目前的房地产交易所就其职能而言，具有经营与管理双重属性，它既代表政府行使某些管理职权，又为了自身的利益从事一些经营活动，这是不符合我国经济体制改革的目标的，从长远来看，房地产交易所在完成其特定时期的历史使命之后，应按照政企分开的原则，逐步实行企业化管理与经营。

6.2 房地产转让

6.2.1 房地产转让的概念与方式

1. 房地产转让的概念

> 房地产转让是指房地产权利人通过买卖、赠与或者其他合法方式将其房地产转移给他人的行为。

《城市房地产管理法》第三十七条规定：“房地产转让是指房地产权利人通过买卖、赠与或者其他合法方式将其房地产转移给他人的行为。”这是广义上房地产转让的概念。狭义上讲房地产转让是指房地产买卖。对于房地产转让概念可作以下理解：

(1) 房地产转让的主体是房地产权利人，包括房产所有权人和土地使用权人。国有土地的所有者是国家，只有国家才有处分国有土地所有权的权利。但是，依法取得国有土地使用权的使用者对国有土地使用权也享有处分权，即在符合法律规定条件的情况下，有权转让国有土地的使用权。房屋所有权人有权转让其所有的房屋所有权及该房屋占用范围内的国有土地使用权。如果转让人因主体不合法，那么其转让行为无效。

(2) 房地产转让的客体是土地使用权及被转让房屋的所有权和该房屋占用范围

内的土地使用权。由房屋与土地在物质形态上的不可分割性所决定，房屋所有权和房屋占用范围内的土地使用权，通常一起作为同一房地产转让法律关系的客体。房地产转让最主要的特征是发生权属变化，即房屋所有权与房屋所占用的土地使用权发生转移，这是区别于房地产抵押与租赁的显著特征。

（3）房地产转让是一种能产生房地产权利完全转移后果的法律行为。转让完成后，除非附有条件，否则，原来的权属人不再拥有任何权利和义务。对于土地使用权，《城市房地产转让管理规定》第九条规定，以出让方式取得土地使用权的，房地产转让时，土地使用权出让合同载明的权利、义务随之转移。在这一点上，房地产转让区别于房地产抵押和房地产租赁。

2. 房地产转让的方式

买卖、赠与和其他合法方式是房地产转让的主要转让方式。

房地产转让的方式具有多样性，目前主要有以下三类：

（1）买卖。房地产买卖是我国房地产转让的最主要的方式。这里的房地产买卖是指房地产权利人，将其房屋所有权连同土地使用权，依法转移给受让人，由受让人向其支付价款的行为。按房地产买卖法律关系的客体来划分，房屋买卖分为公房买卖和私房买卖，现房买卖和期房买卖，以及商品房买卖和经济适用住房等保障性住房买卖。不论哪种房屋的买卖，其实质都是以取得价款为条件，转移房屋所有权及相应的土地使用权，其结果都是房地产权利转移或房地产权利主体发生变更。

（2）赠与。房地产赠与是指赠与人自愿将其房地产，无偿转移给受赠人，受赠人表示接受而达成协议。与房地产买卖相比，其主要特征是房地产权利的转移具有无偿性。与传统民法中的一般财产赠与不同的是房地产赠与不一定都是无偿的单务合同关系。如根据《城镇国有土地使用权出让和转让暂行条例》的规定，以出让方式取得的土地使用权赠与他人时，受赠人要依照土地使用权出让合同的约定，履行赠与人原负有的义务，受赠人在取得土地使用权的同时，也就承担了相应的义务，即依照出让合同的约定对土地进行投资和开发。在未达到法定投资开发要求之前不得再转让。

（3）其他合法方式。根据《城市房地产转让管理规定》，下列行为属于房地产转让行为：以房地产作价入股、与他人成立企业法人，使房地产权属发生变更的；一方提供土地使用权，另一方或者多方提供资金，合资、合作开发经营房地产，而使房地产权属发生变更的；因企业被收购、兼并或合并，房地产权属随之转移的；以房地产抵债的；法律法规规定的其他情形，如房地产交换。这些行为从形式上看并非房地产转让，但实质上均具有房地产转让的性质。

6.2.2 房地产转让的条件

为解决房地产转让突出存在的“炒地皮”、投机牟取暴利的现象，以维护国家利益和当事人的合法权益，《城市房地产管理法》和《城市房地产转让管理规定》、《城市国有土地使用权出让转让暂行条例》等法律法规对房地产转让的条件作了相应规定。

1.禁止房地产转让的情形

(1) 以出让方式取得土地使用权，不符合法定转让条件的；

(2) 依法收回土地使用权的。如出让年限届满而未续期的，因逾期开发被收回的；

(3) 司法机关和行政机关依法决定查封或以其他形式限制房地产权利的；

(4) 共有房地产，未经其他共有人书面同意的；

(5) 权属有争议的；

(6) 未依法登记领取权属证书的；

(7) 法律、行政法规规定禁止转让的其他情形。

法律、法规规定禁止转让的其他情形，是一种灵活性安排，既包括现行法律、行政法规规定的其他情形，也包括将来法律、行政法规就新的情况作出的决定。必须指出的是，这里所述禁止转让的情形不包括一般部门规章、地方立法和地方规章规定的情形。

2.以出让方式取得土地使用权的房地产转让条件

(1) 按出让合同约定已经支付全部土地使用权出让金，并取得土地使用权证书。

(2) 按照出让合同约定进行投资开发，属于房屋建设工程的，应完成开发投资总额的25%以上；属于成片开发土地，依照规划对土地进行开发建设，完成供排水、供电、供热、道路交通、通信等市政基础设施，公用设施的建设，达到场地平整，形成工业用地或者其他建设用地条件。

(3) 转让房地产时房屋已经建成的，还应当持有房地产所有权证书。

3.以划拨方式取得土地使用权的房地产转让条件

以划拨方式取得的土地使用权，一般是无偿的或者仅缴纳补偿、安置等费用后而取得的。因此，原则上不允许进入房地产市场。但是，考虑到目前以划拨方式取得的土地使用权进入房地产市场的现实，同时也考虑到土地的利用效能和经济价值，《城市房地产管理法》、《城市国有土地使用权出让和转让暂行条例》、《划拨土地使用权管理暂行办法》、《城市房地产转让管理规定》对以划拨方式取得土地使用权的房地产转让的程序及土地收益的处理作出规定，另最近最高人民法院《关于破产企业国有划拨土地使用权应否列入破产财产问题的批复》（法释〔2003〕6号）也作了明确规定。按照上述法律、法规和规章及解释的规定，符合下列条件的，经市、县人民政府土地管理部门和房地产管理部门批准，其划拨土地使用权和地上建筑物、其他附属物可以转让、出租、抵押：①土地使用者为企业、公司、其他经济组织和个人；②领有国有土地使用证；③具有地上建筑物、其他附属物合法产权证明；④依照规定签订土地转让合同，向当地市、县人民政府补交土地使用权出让金或者以转让、出租、抵押所获得收益抵交土地出让金。

以划拨方式取得土地使用权的房地产转让在实际运作中分两种情况：

（1）办理土地出让手续，并缴纳土地使用权出让金。

（2）不办理土地使用权出让手续，应当将转让房地产所获收益中的土地收益上缴国家或者作其他处理。这里所说的“不办理土地使用权出让手续”的情形包括：经城市规划行政主管部门批准转让的土地用于下列目的：国家机关用地和军事用地，城市基础设施用地和公益事业用地，国家重点扶持的能源、交通、水利等项目用地，法律、法规规定的其他用地；私有住宅转让仍用于居住的；按照国务院住房制度改革有关规定出售公有住宅的；同一宗地上部分房屋转让，而土地使用权不可分割转让的；转让的房地产暂时难以确定土地使用权出让用途、年限和其他条件的；根据城市规划土地使用权不宜出让的；县级以上人民政府暂时无法或不需要采取土地使用权出让方式的其他情形。

4.在建工程转让条件

在建工程，是指依据建设工程总承包合同或者建设工程施工总承包合同，在国有土地上正在建设（含已停建或者缓建）的房屋等建筑物、构筑物及附属设施。在建工程转让也可称房地产项目转让，是指转让方将出让国有土地使用权及附着于该土地上的未建成的建筑物、构筑物、附属设施一并转让给受让方，并由受让方支付转让价款的民事法律行为。按照我国法律的规定，在建工程转让是以出让方式取得土地使用权转让的主要形式。在建工程转让的须符合以下条件：

（1）按照出让合同约定已经支付全部土地使用权出让金，并取得土地使用权证书；

（2）按照出让合同约定进行投资开发，属于房屋建设工程的，完成开发投资总额的25%以上，属于成片开发土地的，形成工业用地或者其他建设用地条件；

（3）房屋建设工程转让，应当符合下列条件：土地使用权以出让方式取得，已经支付全部的土地使用权出让金；土地使用权已依法登记并取得房地产权证书；取得建设工程规划许可证；取得建筑工程施工许可证；房屋建设的开发投资总额已经完成25%以上，开发投资总额一般为房屋开发建设过程中除土地使用权出让金及土地征收及房屋拆迁补偿费以外所发生的各项费用，包括前期工程、基础设施、配套设施、建筑安装工程费等。

6.2.3 房地产转让合同

1. 房地产转让合同概念

房地产转让，应当签订书面转让合同。

按《房地产管理法》的有关规定，房地产转让应当签订书面转让合同。房地产转让合同是指房地产的转让人与受让人为明确双方在房地产转让过程中各自的权利和义务而达成的书面一致意见。房地产转让合同的主体须是房产所有人；客体是土地使用权和房屋所有权。在房地产转让合同中转让的房地产交付给受让方，并将土地使用权或房屋所有权经以合法形式转给受让方，受让方的主要义务是接受房地产并向转让方支付转让对价。

2. 房地产转让合同的主要内容

在日常实践中，房地产转让时应当由当事人协商拟定书面转让合同，房地产转让合同应当载明下列主要内容：

（1）双方当事人的姓名或名称、住所。如果订立房地产转让合同的当事人是公民，则应写明姓名，如果是单位，则应写单位的全称。但同时注意，单位应当是能独立承担民事责任的法人，有时为了联系上方便，写明地址、邮编、电话号码等。

（2）房地产权属证书名称及编号。房地产转让时，转让人对其拟转让的房地产应拥有一定权利，也应当有相应的权属证书，如国有土地使用证、产权证等。为了避免将来产生纠纷和记录房地产权属的现状，就应当在合同中标明权属证书的名称及编号。

（3）房地产的坐落位置、面积、四至界限。合同中应具体标明房地产的位置，同时还就标明面积的大小及四至界限，标得越细越好，以免纠纷发生。

（4）土地使用权的取得方式、时间及年限。在合同中，应明确转让方土地使用权的取得方式，是通过出让而取得还是通过划拨而取得的，什么时候取得的，政府准允使用年限为多长等。

（5）房地产的用途或使用性质。我国对于土地或房屋采用的是规划许可使用制度。一块土地，政府在进行规划时，便对其用途作了规定，使用者不得随意变更。因此为了避免纠纷的发生，在转让合同中要明确规定房地产的用途。

（6）成交价格及支付方式。这是房地产转让合同的核心条款。成交价格就是转让房地产的价格，一般采用大写的方式，并应明确是以现金支付还是以支票支付；是一次性支付还是分期支付，支付的时间等。

（7）房地产交付使用的时间及过户时间。在房地产转让合同中，应写明转让方何时将房地产交付受让方。由于房地产是以产权过户形式来体现所有权的转移，所以在合同中应约定双方办理权属过户的时间。

（8）双方的权利和义务。如转让方的主要义务是交付房地产，而受让方的主要义务是支付对价等。

（9）违约责任。合同中应写明如果一方不履行合同，应承担什么样的责任，如支付违约金、赔偿损失、中止、解除合同等。约定违约金的应写明违约金的具体数额或计算方式。

（10）双方约定的其他事宜。

以上主要条款并非强制性规定，而是列举性或例示性规定，当事人可以不约定其中某些内容，也可以根据双方协商的结果增加某些内容。

3. 房地产转让合同与土地使用权出让合同的关系

（1）房地产转让合同以土地使用权出让合同为前提。房地产转让以土地使用权出让为前提，因而，房地产转让合同必然涉及国家与原受让人之间的关系，以及原受让人与新受让人之间的关系。转让房地产时，土地使用权出让合同载明的权利、义务亦将随之转移：土地使用权无论转移多少次、转移到谁手，国家与土地使用者的关系都不受影响，土地使用者通过签订转让合同取得该幅土地的使用权而对国家承担原土地使用权出让合同约定的义务。

（2）房地产转让合同约定的土地使用权的使用年限通常要受到原土地使用权出让合同约定的制约。《城市房地产管理法》第四十三条规定："以出让方式取得土地使用权的，转让房地产后，其土地使用权的使用年限为原土地使用权出让合同约定的使用年限减去原土地使用者已经使用年限后的剩余年限。"这说明，房地产转让合同约定的土地使用权的使用年限，不得超过原土地使用权出让合同约定的最后使用年限。

（3）房地产转让合同较土地使用权出让合同又有其新的内容。房地产转让合同是原受让人与新受让人所签订的转让房地产的协议，房地产转让合同当事人除约定当事人应当承担原土地使用权出让合同约定的权利、义务外，还可约定原受让人与新受让人之间的一些新的权利、义务内容，如转让的价款及支付方式、违约责任等。

6.2.4　房地产转让程序

1. 签订书面转让合同

房地产转让当事人应当签订书面转让合同，以明确相互间的权利义务关系。

2. 申请登记

当事人在订约后 90 天内，持房地产权属证明、当事人的合法证明、转让合同等有关文件，向房地产所在地的房地产管理部门提出申请，并申报成交价格。

3. 审查受理

房地产管理部门对提供文件进行审查，并在 7 日内作出是否受理申请的书面答复，7 日内未作答复的，视为同意受理。

4. 核实申报价格

房地产管理部门核实成交价格，根据需要对转让的房地产进行现场查勘和评估。成交价明显低于正常市场价的，以评估价作为缴纳税费依据。这里要说明的是，房地产行政主管部门发现交易双方的成交价格明显低于市场正常价格时，并不是要求交易双方当事人更改成交价格，只是通知交易双方应当按什么价格缴纳有关税费。只要交易双方按照不低于正常市场价格缴纳了税费，合同价格不低于国家规定的最低价格，便不影响办理房地产交易和权属登记的有关手续。

5. 缴纳税费

转让当事人按照规定缴纳有关税费。其收费项目和标准，必须经有批准权的物价部门和建设行政部门批准。

6. 办理权属登记

房地产管理部门办理房地产权属登记手续，核发房地产权属证书。

6.3 商品房买卖

6.3.1 商品房买卖概述

1. 商品房买卖的概念

> 商品房买卖是指房地产开发企业将尚未建成或者已竣工的房屋向社会销售并转移房屋所有权于买受人，买受人支付价款的交易行为。

房地产转让从客体上可分为土地使用权转让、房地产项目转让和房屋转让。

房屋转让是指房屋权利人通过买卖、赠与或者其他合法方式将其房屋转移给他人的行为。其中，房屋买卖是主要的房屋转让方式，按照房屋所有权人的不同，房屋买卖可以分为公房买卖、城镇私房买卖、农村房屋买卖以及商品房买卖等几种类型，商品房是指按法律、法规及有关规定可在市场上自由交易，不受政府政策限制的各类商品房屋，包括新建商品房、二

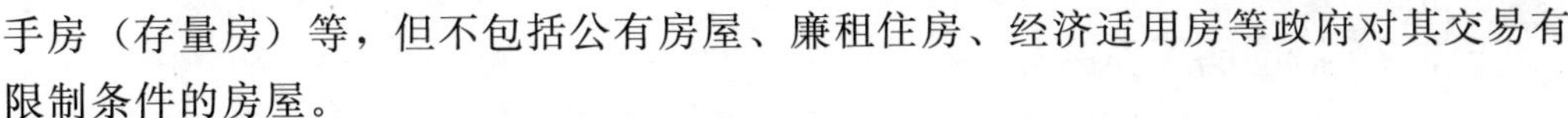

手房（存量房）等，但不包括公有房屋、廉租住房、经济适用房等政府对其交易有限制条件的房屋。

广义的商品房买卖是指商品房所有权人将其商品房所有权转让给受让人，并由受让人支付商品房价款的法律行为，包括商品房销售、商品房预售、二手房交易等种类。狭义的商品房买卖是依据最高人民法院《关于审理商品房买卖合同纠纷案件适用法律若干问题的解释》（以下简称《商品房买卖解释》），是指房地产开发企业将尚未建成或者已竣工的房屋向社会销售并转移房屋所有权于买受人，买受人支付价款的交易行为，仅包括商品房销售、商品房预售。

随着我国商品房市场的迅速发展，商品房买卖过程中当事人之间的纠纷日渐增多，此类诉讼案件的数量更是呈现大幅度上升趋势，国家也及时出台了规范商品房买卖的法律、法规和规章，主要有《城市房地产管理法》、《物权法》、《担保法》、《合同法》、《城市房地产转让管理办法》、《商品房销售管理办法》、《城市商品房预售管理办法》等，此外还有一些地方性法规以及最高人民法院制定的相关司法解释，故本节就商品房买卖的法律制度作专门介绍。

2. 商品房买卖的特征

（1）交易过程涉及债权与物权。商品房买卖是不动产买卖的一种类型，无论现售还是预售，其标的物从本质上看都是不动产，买卖过程中既有债权合意的达成，又有物权转移的结果，应同时受到《合同法》与《物权法》的调整。

（2）标的物形态具有复杂性。传统民法中的不动产买卖转移的是不动产所有权。在我国由于土地为国家所有，因此商品房所附着的土地权利并非所有权而是使用权。同时，随着经济发展水平的不断提高，人民对居住环境的要求越来越高，高层住宅和住宅小区的出现，使商品房买卖的标的物不仅限于土地使用权与房屋，还包括了建筑物和小区的公用设施的共有权及使用权。

（3）行政干预色彩比较浓厚。由于土地房屋类不动产价值较大，商品房买卖牵涉的标的金额也很大，影响到国计民生，故各国法律对不动产买卖合同均有特别规制。在我国，由于土地为国家所有，加之国家对房地产开发过程的严格监控，对商品房买卖过程的行政干预尤为明显，如对商品房销售施行许可证制度、强制登记制度等。

（4）标的物财产权的转移以登记为要件。《城市房地产管理法》第六十一条规定：“房地产转让或者变更时，应当向县级以上地方人民政府房地产管理部门申请房产变更登记。”《物权法》以多个条文确立了不动产物权登记生效主义，建设部发布《房屋登记办法》对房屋的登记作了专门规定。故就商品房买卖而言，其房屋所有权与土地使用权等财产权的转移必须以办理相关权属变更登记为要件。

6.3.2 商品房买卖合同

1. 商品房买卖合同的概念

> 商品房买卖合同，是指房地产开发企业将尚未建成或者已竣工的房屋向社会销售并转移房屋所有权于买受人，买受人支付价款的合同。

按照《商品房买卖解释》第一条的规定，商品房买卖合同，是指房地产开发企业（以下统称为出卖人）将尚未建成或者已竣工的房屋向社会销售并转移房屋所有权于买受人，买受人支付价款的合同。

商品房买卖合同是民事合同的一种，关于民事行为法律效力以及法律责任等应当适用《民法通则》的相关规定。商品房买卖合同属于特殊的买卖合同，我国没有专门的法律对其进行规范，在商品房买卖的基本原则上，应当准用买卖合同的有关规定。商品房买卖的标的物是不动产，而不动产有相应的法律制度予以调整，与动产买卖有所区别，因此，在商品房买卖中不仅要适用合同法的有关规定，还要受一些不动产相关法律及土地管理相关法律的调整。

2. 商品房买卖合同的订立

订立商品房买卖合同要按照签订合同的一般程式，经过要约与承诺两个阶段。在订约过程中要充分保护买受人的知情权，根据我国《商品房销售管理办法》的规定，房地产开发企业应当在订立商品房买卖合同之前向买受人明示和《商品房买卖合同示范文本》、《商品房销售管理办法》或《城市商品房预售管理办法》。房地产开发商应当拥有房屋所有权或土地使用权，并持有《商品房预售许可证》等相关证明。

商品房买卖合同的成立要件：

(1) 商品房买卖的经营主体必须是获得房地产开发资格的法人，即房地产开发商。房地产开发商应当拥有房屋所有权或土地使用权，并持有《商品房预售许可证》等相关证明。

(2) 商品房买卖合同双方当事人必须具有完全行为能力，且双方当事人的意思表示须真实可信。

(3) 所签合同不得违反法律的禁止性规定。在形式要件上必须符合我国相关的法律规定。商品房买卖合同应当采用书面形式签订，并且应当按照法律规定办理房屋所有权变更登记以及土地使用权变更登记。

3. 商品房买卖合同的基本内容

商品房买卖合同是明确买卖双方当事人权利义务的主要依据，也是确定违约责任的依据。由于商品房买卖合同的标的物价值较大，因此商品房买卖合同比一般的

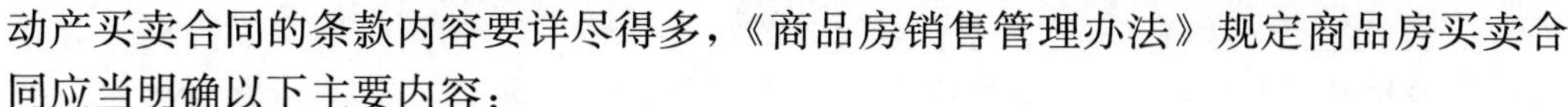

动产买卖合同的条款内容要详尽得多，《商品房销售管理办法》规定商品房买卖合同应当明确以下主要内容：

（1）当事人名称或者姓名和住所；

（2）商品房基本情况；

（3）商品房的销售方式；

（4）商品房价款的确立方式及总价款、计款方式、付款时间；

（5）交付使用条件及日期；

（6）装饰设备标准承诺；

（7）供水、供电、供热、燃气、通风、道路、绿化等配套基础设施和公共设施的交付承诺和有关权益、责任；

（8）公共配套建筑的产权归属；

（9）面积差异的处理方式；

（10）办理产权登记有关事宜；

（11）解决争议的方法；

（12）违约责任；

（13）双方约定的其他事项。

4.商品房买卖合同常见纠纷的处理

（1）商品房预售合同的效力。在实践中，经常遇到房地产开发企业（预售人或者出卖人）没有取得《商品房预售许可证》，擅自出售期房或“卖楼花”，收受承购人定金或者房价款的行为。也常见房地产开发企业签订商品房预售合同，而没有按照规定到县级以上人民政府房地产开发主管部门和土地管理部门办理登记备案手续的情况。因此，实践中经常发生买卖双方对商品房预售合同是否有效产生分歧。《商品房买卖解释》第二条规定：“出卖人未取得商品房预售许可证明，与买受人订立的商品房预售合同，应当认定无效，但是在起诉前取得商品房预售许可证明的，可以认定有效。”同时，对于商品房预售合同登记备案管理，《商品房买卖解释》在第六条规定：“当事人以商品房预售合同未按照法律、行政法规规定办理登记备案手续为由，请求确认合同无效的，不予支持。当事人约定以办理登记备案手续为商品房预售合同生效条件的，从其约定，但当事人一方已经履行主要义务，对方接受的除外。”

（2）销售广告和宣传材料的规制。《商品房买卖解释》第三条规定：“商品房的销售广告和宣传资料为要约邀请，但是出卖人就商品房开发规划范围内的房屋及相关设施所作的说明和允诺具体确定，并对商品房买卖合同的订立以及房屋价格的确定有重大影响的，应当视为要约。该说明和允诺即使未载入商品房买卖合同，亦应当视为合同内容，当事人违反的，应当承担违约责任”。因此，房地产开发企业的销售广告和宣传资料在一定条件下构成要约，即使没有写到商品房买卖合同中，也被视为合同内容的一部分，房地产开发企业如果不履行承诺，就要承担民事责任。

(3) 关于认购协议与定金的问题。用认购、订购、预订等方式推销商品房，是商品房市场销售的通行做法。商品房认购、订购、预订协议的基本内容是，双方协商一致，在订立商品房买卖合同之前，预先订立书面认购、订购或者预订协议，以定金作为今后订立商品房买卖合同的担保。由出卖人向买受人收取部分货币作为定金，约定以后订立商品房买卖合同的协议。如果在约定期间内，商品房买卖合同订立，买受人收回定金或者以定金抵做部分购房款；如果在约定期间内，商品房买卖合同没有按照认购、订购、预订协议订立，有过错的当事人承担定金责任。但因不可归责于当事人双方的事由，导致商品房买卖合同未能订立的，出卖人应当将定金返还买受人。

按照《商品房买卖解释》第五条规定，如果买受人签署《认购书》、《确认书》等认购、订购、预订协议具备《商品房销售管理办法》第十六条规定的商品房买卖合同的主要内容，并且出卖人已经按照约定收受购房款的，该认购、订购、预订协议应当被认定为商品房买卖合同。

(4) 特定房屋回迁人的优先保障权。如果房地产开发企业把拆迁补偿安置房屋另行出卖给其他人的，被拆迁人有权优先取得补偿安置房屋。如果被拆迁人发现房地产开发企业没有告之自己把安置房进行抵押，或者又将安置房出卖给第三人的，被拆迁人还有权要求解除拆迁补偿安置协议，并可以要求出卖人承担不超过已付购房款一倍的赔偿责任。

(5) “恶意违约和欺诈”的惩罚性赔偿责任。《商品房买卖解释》第八条、第九条明确规定了出卖人违约导致商品房买卖合同目的不能实现，买受人无法取得房屋或者出卖人故意隐瞒重大事实真相导致商品房买卖合同无效或者被撤销、解除的五种情形：商品房买卖合同订立后，出卖人未告知买受人又将该房屋抵押给第三人；商品房买卖合同订立后，出卖人又将该房屋出卖给第三人；出卖人订立商品房买卖合同时，故意隐瞒没有取得商品房预售许可证的事实或者提供虚假商品房预售许可证明；出卖人订立商品房买卖合同时，故意隐瞒所售房屋已经抵押的事实；出卖人订立商品房买卖合同时，故意隐瞒所售房屋已经出卖给第三人或者为拆迁补偿安置房屋的事实。

(6) 房屋的交付使用和风险责任承担。商品房的交付由物的交付和权利的交付组成。物的交付即对房屋的转移占有，权利的交付即房地产权利的转移登记。如果当事人没有另外约定，物的交付即房屋的转移占有，视为房屋的交付使用。房屋毁损、灭失的风险，在交付使用前由出卖人承担，交付使用后由买受人承担；买受人接到出卖人的书面交房通知，无正当理由拒绝接收的，房屋毁损、灭失的风险自书面交房通知确定的交付使用之日起由买受人承担，但法律另有规定或者当事人另有约定的除外。

（7）房屋质量责任与合同解除。房地产开发企业应当对所售商品房承担质量保修责任。当事人应当在合同中就保修范围、保修期限、保修责任等内容作出约定。保修期从交付之日起计算。商品住宅的保修期限不得低于建设工程承包单位向建设单位出具的质量保修书约定保修期的存续期。非住宅商品房的保修期限不得低于建设工程承包单位向建设单位出具的质量保修书约定保修期的存续期。

在保修期限内发生的属于保修范围的质量问题，房地产开发企业应当履行保修义务，并对造成的损失承担赔偿责任。商品住宅委托物业管理公司等单位维修的，应在《住宅质量保证书》中明示所委托的单位。因不可抗力或者使用不当造成的损坏，房地产开发企业不承担责任。商品房交付使用后，买受人认为主体结构不合格的，可以依照有关规定委托工程质量检测机构核验，经核验，确属主体结构质量不合格的，买受人有权退房；给买受人造成损失的，房地产开发企业应当依法承担赔偿责任。

（8）商品房面积差异的处理。按套内建筑面积或者建筑面积计价的，当事人应当在合同中载明合同约定面积与产权登记面积发生误差的处理方式。合同没有约定或约定不明确的，按以下原则处理：①面积误差比绝对值在3%以内（含3%）的，据实结算房价款；②面积误差比绝对值超出3%时，买受人有权退房，买受人退房的，房地产开发企业应当在买受人提出退房之日起30日内将买受人已付房价款退还给买受人，同时支付已付房价款利息；买受人不退房的，产权登记面积大于合同约定面积时，面积误差比在3%以内（含3%）部分的房价款由买受人补足；超出3%部分的房价款由房地产开发企业承担，产权归买受人；产权登记面积小于合同约定面积时，面积误差比绝对值在3%以内（含3%）部分的房价款由房地产开发企业返还买受人；绝对值超出3%部分的房价款由房地产开发企业双倍返还买受人。

（9）关于办理房屋权属证书的问题。现因办证发生的纠纷，往往是出卖人无法办理房屋所有权证和国有土地使用证导致的买受人办证迟延。为解决购房人在入住后，长期拿不到房屋产权证书，购房人无法行使房屋所有权，合法权益遭受侵害的情况，《商品房买卖解释》第十八条规定“由于出卖人的原因，买受人在下列期限届满未能取得房屋权属证书的，除当事人有特殊约定外，出卖人应当承担违约责任：（一）商品房买卖合同约定的办理房屋所有权登记的期限；（二）商品房买卖合同的标的物为尚未建成房屋的，自房屋交付使用之日起90日；（三）商品房买卖合同的标的物为已竣工房屋的，自合同订立之日起90日。合同没有约定违约金或者损失数额难以确定的，可以按照已付购房款总额，参照中国人民银行规定的金融机构计收逾期贷款利息的标准计算”；第十九条规定“商品房买卖合同约定或者《城

市房地产开发经营管理条例》第三十三条规定的办理房屋所有权登记的期限届满后超过一年，由于出卖人的原因，导致买受人无法办理房屋所有权登记，买受人请求解除合同和赔偿损失的，应予支持”。

6.3.3 商品房现售

1. 商品房现售

商品房要现售，必须已竣工验收合格，取得竣工验收合格证明。

商品房现售是指房地产开发企业将竣工验收合格的商品房出售给买受人，并由买受人支付房价款的行为。这就是说商品房要现售，必须已竣工验收合格，取得竣工验收合格证明，这是国家对商品房现售的基本要求。但有的省市提高了商品房现售的标准，例如：上海目前规定商品房现售，房地产开发企业必须已取得商品房初始登记的房地产权证（大产证），没有取得大产证的新建商品房销售行为均视为商品房预售。

2. 商品房现售条件

依据《城市房地产管理法》、《商品房销售管理办法》等法律法规的相关规定，商品房销售应具备以下七个条件：

（1）现售商品房的房地产开发企业应当具有企业法人营业执照和房地产开发企业资质证书。

（2）取得土地使用权证书或者使用土地的批准文件。

（3）持有建设工程规划许可证和施工许可证。

（4）已通过竣工验收。

（5）拆迁安置已经落实。

（6）供水、供电、供热、供气、通信等配套基础设施具备交付使用条件，其他配套基础设施和公共设施具备交付使用条件或者确定施工进度和交付日期。

（7）物业管理方案已经落实。

依据《商品房销售管理办法》规定，商品房现售有以下禁止性条件：

（1）房地产开发企业不得在未解除商品房买卖合同前，将作为合同标的物的商品房再行销售给他人；

（2）房地产开发企业不得采取返本销售或者变相返本销售的方式销售商品房；

（3）房地产开发企业不得采取售后包租或者变相售后包租的方式销售未竣工商品房；

（4）商品住宅按套销售，不得分割拆零销售。

3. 商品房销售的程序

商品房销售，一般按照以下五个程序进行：

（1）签订商品房买卖书面合同。实践中，开发商一般都在当地政府房地产管理部门拟定的合同示范文本的基础上，再增加少量的补充约定条款与购房人签订合同。

（2）根据规定或当事人的约定，将商品房销售合同办理公证手续。这一程序非必经程序，实践中多数商品房买卖合同是不办理公证手续的。

（3）买卖双方持房地产权属证书、销售合同和合法身份证明等文件到房屋所在地的房地产管理部门中报买卖价格，申办所有权变更登记手续。

（4）买卖双方根据规定缴纳契税、营业税、土地增值税、交易手续费等税费。

（5）交付房屋，购房人领取房地产产权证书，只有办理了所有权变更登记手续，购房人才取得所购房屋的所有权，在此之前购房人仅为债权人而并非所有权人。

4.商品房的代理销售和包销

（1）商品房的代理销售。房地产开发企业委托中介服务机构销售商品房的，受托机构应当是依法设立并取得工商营业执照的房地产中介服务机构。房地产开发企业应当与受托房地产中介服务机构订立书面委托合同，委托合同应当载明委托期限、委托权限以及委托人和被委托人的权利、义务。受托房地产中介服务机构销售商品房时，应遵守以下事项：向买受人出示商品房的有关证明文件和商品房销售委托书；宜如实向买受人介绍所代理销售商品房的有关情况；不得代理销售不符合销售条件的商品房；在代理销售商品房时不得收取佣金以外的其他费用（含不得加价销售）；商品房销售人员应当经过专业培训。

（2）商品房的包销。房地产开发企业与他人（包销人）可订立商品房包销合同，约定房地产开发企业将其开发建设的房屋交由包销人以房地产开发企业的名义销售，包销期满未销售的房屋，由包销人按照合同约定的包销价格购买。包销人可以高于包销合同约定的价格向购房人出售包销的商品房。但是，房地产开发企业未经包销人同意，自行销售已经约定由包销人包销的房屋，包销人可要求出卖人赔偿损失。在包销关系中，如果房地产开发企业、包销人和买受人对各自的权利义务没有明确约定或约定不清的，买受人与出卖人发生商品房买卖合同纠纷，包销人为诉讼参加人。

6.3.4 商品房预售

1.商品房预售的概念

商品房预售又称期房买卖或楼花买卖。

商品房预售又称期房买卖或楼花买卖，是根据房地产开发企业将正在建设中的或者虽已建成但是尚不完全具备交付条件和产权转移条件的商品房预先出售给买受人，由买受人根据预售合同支付定金、全部或者部分房价款的行为。

商品房预售制度源于我国香港地区，1954年由香港立信置业公司首创。当时，立信置业公司推出楼宇“分层售卖、分期付款”的销售方式。这种销售方式的创设，一方面使买受人减轻了一次性支付全部购房款的压力，另一方面也为开发商及时提供了工程建设款，解决了建设资金不足的难题。它对于活跃房地产市场，促进居民住宅消费有着积极的意义。

2.商品房预售的特点

(1) 商品房预售合同签订时，承购人只获得商品房的期待权。因商品房并未建成或虽已建成竣工但尚不具备产权移转条件，商品房预售合同签订后，房地产开发商无法将房屋的产权立即移转给承购人。签订商品房预售合同时，买受人所获得的并非商品房所有权而仅仅为合同债权，即请求开发商交付房屋并移转所有权的权利。

(2) 商品房预售具有较强的国家干预性。为了保护买受人的权益，国家对商品房预售行为做出了相应的限制。商品房的预售必须符合国家法律法规对预售条件、程序等方面的规定，否则不能预售商品房。开发商违反规定预售商品房的，将受到相应的行政处罚。依据《城市房地产管理法》第六十八条规定，对不具备预售条件而预售商品房的行为，将由县级以上人民政府房产管理部门责令停止预售活动，没收违法所得，可以并处罚款。

(3) 商品房预售合同的承购人要承担一定风险。商品房预售合同签订时，商品房并未建成或虽已建成但尚不具备产权移转条件，而商品房的交付必须在工程竣工后进行，产权的移转则必须在条件全部具备以后进行。然而，在预售合同签订以后交付房屋和产权过户之前的这段时间内，可能出现某种原因会导致商品房无法建成或交付，或建成后的商品房存在各种质量瑕疵或权利瑕疵，使承购人无法实际获得商品房所有权的情况。对于买受人而言，这就是一定的风险。

(4) 商品房预售合同经过登记具有公示对抗第三人的效力。依据《城市房地产管理法》第四十五条第二款之规定，商品房出卖人应当按照国家有关规定将预售合同报县级以上人民政府房产管理部门和土地管理部门登记备案。

3.商品房预售的条件

根据《城市房地产管理法》及《城市商品房预售管理办法》的规定，商品房预售必须具备以下几个条件：

(1) 已交付全部土地使用权出让金，取得土地使用权证书。

(2) 持有建设工程规划许可证和施工许可证。依据我国《城市规划法》第三十一条的规定，建设工程规划许可证是建设工程符合城市规划要求的法定证件，也是取得土地使用权的条件之一。

(3) 按提供预售的商品房计算的商品房，投入开发建设的资金达到工程建设总投资的25%以上，并已经确定施工进度和竣工交付日期。

(4) 向县级以上人民政府房产管理部门办理预售登记，取得《商品房预售许可证》。

(5) 不违反《商品房销售管理办法》的禁止性规定。

4. 商品房预售的程序

(1) 预售方申领预售许可证。准备预售商品房的房地产开发经营企业，应向房地产所在地的房地产管理部门提供上述材料申请办理预售许可证。房地产管理部门在接到房地产开发经营企业的申请后，应当在10天之内核发商品房预售许可证或做出不准预售的决定并通知申请人。

(2) 签订商品房预售合同。在取得预售许可证以后，预售方即可以推出预售广告并与承购人签订商品房预售合同。实践中，在签订预售合同之前，开发商通常会要求购房人与其签订商品房认购书。

(3) 预售合同登记备案和预告登记。预售合同签订以后，出卖人应当将预售合同交县级以上房地产管理部门和土地行政管理部门办理登记备案手续。按照我国《物权法》和《房屋登记办法》的规定，当事人还可以约定办理预告登记。

(4) 交付建成商品房并移转产权。在预售的商品房竣工后，房地产开发商将通知购房人与其签订“房屋交接书”并将房屋交付给购房人使用。

(5) 双方应当在合同约定时间内办理产权过户手续。在预售的商品房交付使用之日起90日内，买受人应当持有关凭证到县级以上人民政府房地产管理部门办理权属登记手续。

6.4　房地产抵押

6.4.1　房地产抵押概述

1. 房地产抵押的概念

> 房地产抵押，是指抵押人以其合法的房地产以不转移占有的方式向抵押权人提供债务履行担保的行为。

房地产抵押，是指抵押人以其合法的房地产以不转移占有的方式向抵押权人提供债务履行担保的行为。债务人不履行债务时，抵押权人有权依法以抵押的房地产拍卖所得价款优先受偿。在抵押关系中，享有抵押权的债权人为抵押权人；提供抵押房地产的债务人或第三人为抵押人；抵押人提供担保的物，为抵押物。

2. 房地产抵押的特性

依据我国现行法律规定及民法理论，房地产抵押具有以下特征：

（1）从属性。房地产抵押是为担保债权而设立的，房地产抵押权从属于被担保债权。房地产抵押权从属性表现为：

第一，成立上的从属性。房地产抵押权的成立以债权成立为前提，缺乏有效债权就不可能设定抵押权。即使在为将来债权提供担保的最高额抵押制度中，抵押权成立仍然从属于债权。在最高额抵押制度中，在债权产生以前当事人就签订了抵押合同，但该抵押权并未真正成立。

第二，转移上的从属性。房地产抵押权随债权的转让而转让。房地产抵押权人不能单独转让抵押权而保留债权，也不能单独转让债权而保留抵押权。

第三，消灭上的从属性。房地产抵押权随债权的消灭而消灭。债权消灭后，抵押权便因失去存在的基础而消灭。

（2）不可分性。主债权未受全部清偿的，抵押人可以就抵押物的全部行使抵押权。抵押物被分割或者部分转让的，抵押人可以就分割或者转让后的抵押物行使抵押权。主债权被分割或者部分转让的，各债权人可以就其享有的债权份额行使抵押权。主债务被分割或者部分转让的，抵押人仍以其抵押物担保数个债务人履行债务。但是，第三人提供抵押的，债权人许可债务人转让债务未经抵押人书面同意的，抵押人对未经其同意转让的债务，不再承担担保责任。

（3）价值支配性。房地产抵押权设定的目的，是保障将来债权能够得以实现，即以抵押物的交换价值来担保债权的实现。在债务人不履行到期债务时，抵押权人可以将房地产拍卖、变卖或折价以满足自己的债权，也就是说，抵押权人所支配的是抵押物的交换价值，而对抵押物本身并无使用和收益的权利。

（4）优先受偿性。债务人不履行债务时，房地产抵押权人可以直接行使房地产抵押权，无须依赖债务人即可实现其权利；抵押权人可以以抵押房地产折价或者以拍卖、变卖所得价款优先受偿自己的债权。

（5）要式性。房地产抵押的设定，应在抵押人和抵押权人之间订立书面合同。《城市房地产管理法》第五十条规定：“房地产抵押，抵押人和抵押权人应当签订书面抵押合同。”同时，房地产抵押还需当事人双方办理房地产抵押登记。《城镇国有土地使用权出让和转让暂行条例》第三十五条规定：“土地使用权和地上建筑物、其他附着物抵押，应当按照规定办理抵押登记。”依《物权法》第一百八十七条，房地产抵押权自登记时设立。

3. 房地产抵押的种类

依据不同标准，房地产抵押可划分为以下几种：

（1）依房地产的不同形态，房地产抵押可分为土地使用权抵押、建筑物抵押和在建工程抵押。

①土地使用权抵押。土地使用权包括建设用地使用权和集体土地使用权，均属于不动产用益，依照法律规定的条件和程序可以作为抵押标的。

②建筑物抵押。物权法和担保法均规定建筑物可以作为抵押物，主要是房屋类建筑物。

③在建工程抵押。在建工程抵押是指抵押人为取得在建工程继续建造资金的贷款，以其合法方式取得的土地使用权，连同在建工程的投入资产，抵押给银行作为偿还贷款的担保。

（2）依房地产权属不同性质，房地产抵押可划分为现房抵押和期房抵押。

①现房抵押。房地产产权人在自己房地产上设定抵押；抵押人既包括建成并原始取得房地产所有权的民事主体，也包括受让他人房地产而继受取得产权的主体。

②期房抵押。房地产开发商以在建尚未竣工的房地产项目设定抵押，或者商品房预购人将预购商品房设定抵押。此种抵押设定时，房地产尚未建成，即尚未成为特定之物。

（3）依房地产抵押贷款不同种类，房地产抵押可划分为公积金贷款抵押、商业贷款抵押和项目贷款抵押。

①公积金贷款抵押。职工向公积金管理中心申请住房公积金贷款时，以其所购房地产（现房或者期房）为抵押物而设定的抵押权。

②商业贷款抵押。购房人为支付购房款向银行申请商业性贷款时，以其所购房地产（现房或期房）设定的抵押权。

③项目贷款抵押。房地产开发商在开发经营房地产过程中，为筹集资金而以其开发的房地产项目为银行设定抵押。

4. 房地产抵押与房地产按揭

实践中所称的按揭，实际上为我国法律所规定的抵押。

一般所称抵押，房地产所有权人设定抵押后仍保留抵押房地产的所有权；而房地产按揭设定后，按揭人（购房人）将房地产所有权移转给按揭权人（银行）作为担保。在按揭期限内，由按揭权人（银行）向房地产开发商支付购房款，当购房人全部清偿了按揭权人的债务后，房地产所有权将转移给购房人。

我国实践中，虽然有房地产按揭一说而实际上并无真正的按揭。实践中所称的按揭，实际上为我国法律所规定的抵押，因为并不将房屋所有权移转给债权人，而仅仅在不动产登记簿上为抵押物登记而已。

6.4.2 房地产抵押标的的范围

1.房地产抵押的条件

(1) 房地产抵押人对所抵押的房地产必须具有处分权;

(2) 抵押房地产必须是法律允许转让的,法律禁止转让的,如国防设施等不得抵押,这类财产不能依民法方法转让所有权,所以不能作为抵押权的标的;

(3) 抵押房地产的价值应与所担保的债权金额相当,抵押人所担保的债权不得超出其抵押物的价值;

(4) 用作抵押权的财产原则上应便于管理和便于抵押权的实现;

(5) 以集体所有的土地上的不动产抵押的,在实现抵押权时,不得改变土地的用途。

2.可抵押房地产的范围

符合法定条件的下列房地产可以作为设定抵押:

(1) 国有建设用地使用权,对于以划拨方式取得的建设用地使用权,因为原则上不能单独进行转让所以也就不能单独进行抵押,只有将建筑物进行抵押时方可一并予以抵押。至于以出让方式取得的建设用地使用权则可以完全自由地进行抵押;

(2) 集体土地使用权,依法可以抵押的集体土地使用权仅限于有通过拍卖、招标、公开协商方式取得的荒地使用权和乡镇、村企业集体土地使用权,乡镇、村企业集体土地使用权的抵押,物权法和担保法都规定必须随企业厂房等建筑物一并抵押,不能单独抵押;

(3) 建筑物和其他土地附着物,建筑物是房地产抵押的主要客体,由于房地一并抵押原则,即抵押建筑物必须将该建筑物所占用的土地使用权一并抵押,如果建筑物所建立的土地使用权是不能抵押的土地使用权,则原则上该建筑物也不得进行抵押;

(4) 正在建造的建筑物,开发商基于资金需求可将在建筑物进行抵押,抵押人必须具有土地使用权证、建设用地规划许可证、建设工程规划许可证等,且应当依法办理抵押登记。

3.不得抵押的房地产

根据《物权法》、《担保法》、《城市房地产管理法》和《城市房地产抵押管理办法》相关规定,下列房地产不能设定抵押:

(1) 土地所有权;

(2) 耕地、宅基地、自留地、自留山等集体所有的土地使用权,但法律规定可以抵押的除外；

(3) 用于教育、医疗等公共福利性质的房地产；

(4) 房屋所有权或土地使用权有争议的；

(5) 依法被查封、扣押、监管的房地产；

(6) 国家机关使用的、未经国有资产管理部门批准抵押的国有房地产；

(7) 列入文物保护的建筑物和有重要纪念意义的其他建筑物；

(8) 因城市规划建设需要在近期内征用拆迁的房地产；

(9) 违法、违章的建筑物；

(10) 法律、行政法规规定不得抵押的其他房地产。

4.设定房地产抵押的特殊规定

(1) 以在建工程已完工部分抵押的，其土地使用权随之抵押；

(2) 以享受国家优惠政策购买的房地产抵押的，其抵押额以房地产权利人可以处分和收益的份额比例为限；

(3) 以共有的房地产抵押的，抵押人应当事先征得其他共有人的书面同意；

(4) 国有企业、事业单位法人以国家授予其经营管理的房地产抵押的，应当符合国有资产管理的有关规定；

(5) 以集体所有制企业的房地产抵押的，必须经集体所有制企业职工（代表）大会通过，并报其上级主管机关备案；

(6) 以中外合资经营企业、中外合作经营企业和外资企业的房地产抵押的，必须经董事会通过，但企业章程只有规定的除外；

(7) 以有限责任公司、股份有限公司的房产抵押的，必须经董事会或者股东大会通过，但企业章程另有规定的除外；

(8) 有经营期限的企业以其所有的房产设定抵押的，所担保债务的履行期限不应当超过该企业的经营期限；

(9) 以具有土地使用年限的房产设定抵押的，所担保债务的履行期限不得超过土地使用权出让合同规定的使用年限减去已经使用年限后的剩余年限；

(10) 预购商品房贷款抵押的，商品房开发项目必须符合房地产转让条件并取得商品房预售许可证。

6.4.3　房地产抵押合同与抵押登记

1.房地产抵押合同的概念

房地产抵押合同，即指债务人或第三人以不转移占有的方式将房地产或房地产订立抵押合同应当采取书面形式，房地产抵押权自登记时设立。

权利作为履行债务的担保，而与债权人达成有明确抵押权利义务关系的协议。合同的双方当事人为抵押权人和抵押人。抵押权人是被担保债务的债权人；抵押人通常为被担保债务的债务人，也可以是第三人。订立抵押合同应当采取书面形式，可以由双方单独订立，也可以是双方在主合同中达成的抵押担保条款，或者是双方有关设立抵押担保的信函、传真件等书面材料。

2. 房地产抵押合同的主要条款

根据我国《合同法》、《担保法》的有关规定，房地产抵押合同一般应当载明如下主要条款：

（1）抵押人、抵押权人的名称或者个人姓名、住所；

（2）主债权的种类、数额；

（3）抵押房地产的处所、名称、状况、建筑面积、用地面积等；

（4）抵押房地产的价值；

（5）抵押房地产的占用管理人，占用管理方式，占用管理责任以及意外损毁、灭失的责任；

（6）抵押期限；

（7）抵押权的消灭；

（8）违约责任；

（9）争议解决方式；

（10）抵押合同订立的时间与地点；

（11）双方约定的其他事项。

3. 房地产抵押合同当事人的权利和义务

（1）抵押人的权利：

①对设定抵押的房地产的占有权。房地产的抵押人在抵押设定以后，主债务到期之前，仍可以对房地产享有占有权。

②对超值部分的再次抵押权。

③解除抵押后，获得完整的所有权的权利。

④向债务人追偿的权利。如抵押人为第三人，当其抵押的房地产被抵押权人折价、拍卖或变卖得到清偿后，他有权要求债务人进行完整的补偿。补偿方式由第三人与债务人约定或事后协商，既可以是物，也可以是货币。

⑤要求返还多余价款的权利。

（2）抵押人的义务：

①交付抵押房地产的义务，当债务人届时不履行义务时，抵押人有义务将抵押

房地产交抵押权人依法或依约定处分，使抵押权人的债权得到优先清偿。

②正确使用抵押房地产的义务。抵押人在抵押期间不能对房地产实施其价值有可能减少的行为。未经抵押权人同意，不得对抵押房地产进行处分，否则转让行为无效。

③告知义务。当抵押房地产有危险可能或已经发生危险时，必须尽快告知抵押权人；将抵押房地产出租、转让时，应提前告知抵押权人并经得其同意。同时，应告知承租人和购房人抵押的事实。

④当抵押房地产发生危险或价值减少时，有重新提供担保或相应增加担保的义务。抵押人将抵押房地产转让时，应当向抵押权人提前清偿所担保的债权或向与抵押权人约定的第三人提存。

（3）抵押权人的权利：

①优先受偿权。当抵押人不能偿还其到期债务时，抵押权人对抵押物有优先受偿的权利。即以抵押物折价或者拍卖、变卖所得的价款使抵押权人的债权优先于其他债权人得到清偿。

②抵押保值权。作为抵押物房地产价值减少时，抵押权人有权要求抵押人对房地产价值予以恢复，或者提供与减少的价值相当的担保。抵押人的行为足以使房地产的价值减少的，抵押权人有权要求抵押人停止其行为。

③对房地产的追及权。当抵押人将房地产擅自转让他人时，抵押权人仍可以追及该房地产而行使权利。抵押人在抵押的房地产上设定其他权利的，抵押权不受影响。在抵押权人行使抵押权受到损失时，只能由非法转让房地产的抵押人承担责任。

④要求抵押人将转让抵押房屋所得价款提前清偿债务的权利。

⑤依法处分抵押房屋权。抵押权人在债务人不履行到期的债务时，有权依法或依约定将抵押房屋折价或拍卖、变卖，而后以其价款优先得到清偿。

⑥代位求偿权。当房地产遭受损毁而由第三方向抵押人赔偿时，抵押权人可以基于抵押人让与的赔偿请求权或者是补偿请求权，代替抵押人直接向侵权人或保险公司请求赔偿。

（4）抵押权人的义务：

①抵押权人有正确行使抵押权的义务。在主债务偿还期限届满以前，抵押权人不得改变或者妨碍抵押人对设定抵押的房地产的占有权和正常使用、经营权。

②抵押权人的抵押权不得与债权分离而单独转让或者作为其他债权担保。

③抵押权人实现抵押权时的义务。对于抵押房屋的处分方式，应依法或依约定办理。

基于房地产的特殊性，依《物权法》第一百八十七条规定，房地产抵押权自登记时设立。因此以建筑物或者土地使用权等不动产进行担保的，当事人除签订抵押合同外，还要到主管部门办理抵押登记，由该部门颁发他项权证书。抵押登记是房地产抵押权这种物权变动公示原则的体现，目的是使第三人能够了解抵押权存在的事实，防止第三人因不知房地产已经抵押的事实而受到损失。但是否办理抵押登记并不影响抵押合同本身产生的合同债权法律效力，抵押合同从成立时生效。合同生效后，抵押人必须按照双方当事人约定的时间为抵押权人办理登记，如抵押权人办理抵押登记而给抵押权人造成损失的应对此承担相应的违约责任。

6.4.4 房地产抵押权的效力

1. 房地产抵押所担保的债权范围

房地产抵押权所担保的范围，有约定的从约定，无约定按法定。

房地产抵押权所担保的范围，是指债务人没有清偿到期债务时，债权人将用作抵押的房地产拍卖或变卖后，可以就所获得的价金优先受偿，如主债权、利息债权、违约金债权等。

(1) 法定担保范围。如果抵押合同没有约定担保的范围，就应当按照法定担保范围进行担保，即债务人不履行到期债务，抵押权人实现抵押权时，主债权及利息、违约金、损害赔偿金和实现抵押权的费用，都应当优先受偿。

(2) 约定担保范围。依照我国《物权法》及《担保法》的规定，对于担保的范围当事人可以通过抵押合同加以约定，如果当事人已经作出约定的，则以约定为准。即当事人可以选择以抵押物担保主债权及利息、违约金、损害赔偿金和实现抵押权的费用中的一项或几项，也可以选择抵押担保的范围超出上述范围。

2. 房地产抵押权所涉及抵押物的范围

(1) 房地产本体。房地产抵押的标的物是房地产，但由于房产与地产的不可分离性，抵押人单用房产抵押，其效力及于房产所占用的土地的使用权；抵押人仅以土地使用权抵押，其地上的房产也必须同时抵押。

(2) 附属物。附属物即主物的从物。根据物权的基本原理，作为房地产的主物抵押，其效力当然及于房地产的从物。附属物既包括动产也包括不动产，如取暖设施、通信设施、照明设施等。

(3) 添附物。依担保法司法解释第六十二条的规定，因添附而由抵押人取得对他物的所有权的，抵押物的存在或价值未发生变化，抵押权不受影响，抵押权效力及于添附之物；如果第三人与抵押物所有人因物的添附而成为附合物、混合物或者加工物的共有人的，抵押权的效力及于抵押人对共有物享有的份额上；如果因附合、混合或者加工，抵押物的所有权为第三人所有时，抵押权的效力及于第三人对

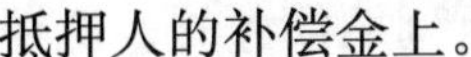

抵押人的补偿金上。

(4) 孳息。依《物权法》第一百九十七条的规定，债务人不履行到期债务或者发生当事人约定的实现抵押权的情形，房地产抵押权及于抵押物自扣押时起至抵押权实现时止所产生的孳息。但是，法律同时要求抵押权人必须及时将扣押抵押物的事实告知应当清偿法定孳息的义务人，否则，抵押权的效力不及于该孳息。

(5) 代位物。当设定抵押的房地产发生权属或者形态的变化时，抵押人获得的补偿金或者赔偿金可作为抵押标的代位物成为抵押权人的担保。

3. 房地产抵押权对人的效力范围

(1) 对一般债权人的优先受偿效力。抵押权属于物权，按照物权优先于债权原则，抵押权对一般债权人有优先受偿效力，《担保法》、《物权法》对此均有明确规定，即便一般债权已经进入司法执行程序，抵押权的优先受偿效力仍然不受影响。

(2) 对第三人的对抗效力。所谓抵押权的对抗效力，即抵押权人有排除第三人干扰并对抵押物优先受偿的效力，如抵押权设立后抵押财产出租的，该租赁关系不得对抗已登记的抵押权；抵押期间，抵押人未经抵押权人同意，不得转让抵押财产，但受让人代为清偿债务消灭抵押权的除外；抵押物依法被继承或者赠与的，抵押权不受影响。

(3) 抵押权对侵害抵押物行为的效力。抵押人侵害抵押物时，《物权法》第一百九十三条规定："抵押人的行为足以使抵押财产价值减少的，抵押权人有权要求抵押人停止其行为。抵押财产价值减少的，抵押权人有权要求恢复抵押财产的价值，或者提供与减少的价值相应的担保。抵押人不恢复抵押财产的价值也不提供担保的，抵押权人有权要求债务人提前清偿债务。"非因归责于抵押人的原因侵害抵押物，致抵押物价值减少的，《担保法》第五十一条规定"抵押权人只能在抵押人因损害而得到的损害赔偿范围内要求提供担保"。如第三人侵害抵押物，依通说，抵押权人可以代位行使抵押人对第三人的物上请求权。

6.4.5　房地产抵押权的实现

1. 房地产抵押权实现的条件

债务履行期届满或发生当事人约定的实现抵押权的情形，债权人有权就该财产优先受偿。另根据《城市房地产抵押管理办法》第四十条的规定，当出现下列情况时，抵押权人有权要求实现抵押权：债务履行期满，抵押权人未受清偿的，债务人又未能与抵押权人达成延期履行协议的；抵押人死亡，或者被宣告死亡而无人代为履行到期债务的，或者抵押人的合法继承人、受遗赠人拒绝履行到期债务的；抵押人被依法宣告解散或者破产的；抵押人违反有关规定，擅自处分抵押房地产的；抵押合同约定的其他情况。

2. 房地产抵押权实现的方式

依《物权法》第一百九十五条的规定，房地产抵押权实现的方式一般是折价、变卖、拍卖等，当事人可以通过协商选择实现抵押权的方式；协商不成，也可以提起诉讼，请求人民法院帮助实现抵押权。抵押财产折价或者变卖时，应当参照市场价格。抵押财产折价或者拍卖、变卖后，其价款超过债权数额的部分归抵押人所有，不足部分由债务人情偿。

另《物权法》第二百零二条规定："抵押权人应当在主债权诉讼时效期间行使抵押权；未行使的，人民法院不予保护。"

3. 房地产抵押权的终止

出现下列情形之一的，房地产抵押权终止其效力：

(1) 主债权消灭。房地产抵押权为担保主债权而存在，如果主债权因清偿、抵消、免除等原因而消灭的，房地产抵押权应当随之终止。

(2) 抵押权实现。房地产抵押权人对于抵押物房地产已经实行其抵押权，无论其债权是否得到全部清偿，房地产抵押权都归于消灭。

(3) 抵押物灭失。因抵押的房地产灭失且无其他替代物而消灭。根据《担保法》解释，在抵押物灭失、毁损或者被征用的情况下，抵押权人可以就该抵押物的保险金、赔偿金或者补偿金优先受偿。当房地产灭失时，如果有赔偿金或保险金等替代物，房地产抵押权及于这些替代物，抵押权人可就替代物优先受偿。如果抵押的房地产灭失后没有其他替代物，抵押权归于消灭。

(4) 抵押权人放弃其抵押权。房地产抵押权作为财产权的一种，在不损害国家、集体及其他人的利益的前提下，当然也可以放弃，房地产抵押权人放弃其抵押权的应当申请登记机关办理注销登记，从注销登记时抵押权人的抵押权归于消灭。

6.5 房地产租赁

6.5.1 房屋租赁概述

1. 房屋租赁的概念

从广义上将，房地产租赁可以包括国有土地租赁、建设用地使用权租赁以及房

房屋租赁，是指房屋所有权人作为出租人将其房屋出租给承租人使用，由承租人向出租人支付租金的行为。

屋租赁，由于前两者属于土地管理制度部分，故不再赘述。房屋租赁是房地产市场中一种重要的交易形式，能最大限度地实现对社会资源的优化配置，本节在《城市房地产管理法》、《合同法》的基础上，结合《最高人民法院关于审理城镇房屋租赁合同纠纷案件具体应用法律若干问题的解释》（以下简称《房屋租赁合同解释》）和 2011 年 2 月 1 日起施行的《商品房屋租赁管理办法》，重点介绍房屋租赁制度。

依《城市房地产管理法》第五十三条的规定，房屋租赁是指房屋所有权人作为出租人将其房屋交给承租人使用、收益，由承租人向出租人支付租金的行为。以租赁标的物为房屋的租赁合同中交付供对方使用、收益的一方称为出租人，使用房屋并支付租金的一方，称为承租人。不动产租赁在我国主要就是指房屋租赁，另外土地使用权租赁、承包经营权租赁、宅基地使用权租赁等也视为不动产租赁。基于不动产所具有的价值较大、不可移转等特殊属性，法律一般对不动产租赁有特殊的要求，如进行登记等；房屋租赁属于移转不动产使用、收益权利的典型交易形式。

2. 房屋租赁的法律特征

房屋租赁作为一种民事法律行为，除了一般民事法律行为所具有的特征以外还具有以下法律特征：

(1) 房屋租赁是双务、有偿、诺成、要式的民事法律行为。房屋租赁双方当事人互享权利，互负义务，一方的权利即为另外一方的义务，反之亦然。出租人负有按照约定将房屋交付承租人使用和对房屋进行维修的义务，承租人负有妥善保管、按约使用和交付租金的义务。此为双务。

房屋租赁的承租人取得房屋的使用和收益的权利，必须按照约定或者法律规定向出租人交付房屋租金，这一点构成房屋租赁和房屋借用的区别。此为有偿。

房屋租赁的成立，以租赁双方当事人意思表示一致为准，不需要实际交付房屋。此为诺成。

房屋租赁应当采用书面形式，《城市房地产管理法》和《商品房屋租赁管理办法》均有此规定。此为要式。

(2) 房屋租赁的标的是特定的房屋。房屋作为不动产不同于其他财产，是特定物而不是种类物。

基于房屋的特定物性质，出租人只能向承租人提供约定的房屋，租赁解除以后承租人也应该返还原房屋给出租人。如前所述，房屋租赁转移的只是标的物的占有、使用和受到一定限制的收益的权利，而不是标的所有权。

基于房屋的不动产性质，转移对其占有必然导致所占有土地权利的转移。房屋租赁实质上包括了对土地的租赁，房屋租赁的租金中也隐含了土地的租金。但是我国现行立法上土地不可以成为租赁的标的物，这一点与其他国家和地区的立法多有不同。

(3) 房屋租赁具有期限性。房屋租赁是有一定期限的，根据《合同法》第二百一十四条的规定，租赁期限不得超过20年。超过20年的，超过部分无效。租赁期间届满，当事人可以续订租赁合同，但约定的租赁期限自续订之日起不得超过20年。

3. 房屋租赁的原则

房屋租赁不同于一般财产租赁，它是不动产权属的一种重要的流转形式。无论是公房租赁还是私房租赁，房屋租赁都应当在房地产管理部门办理登记备案，公房租赁的出租人还必须要有国家的授权。一般来说，房屋租赁应当遵循以下原则：

(1) 依法租赁的原则。房屋租赁应当符合法律规定的形式要件和实质要件，比如房屋出租人应当有房屋的所有权或者国家授权行使房屋所有权，采取书面形式，租赁双方的权利义务应当对等，按照约定用途使用房屋，不改变房屋结构，违反相关规定将导致房屋租赁的无效或者可撤销、可变更等效力。房屋租赁不能违反法律的禁止性规定，比如不能利用租赁房屋从事赌博、色情、贩毒吸毒、贩卖人口等违法犯罪行为，否则房屋租赁无效，严重的还应当承担相应的行政责任乃至刑事责任。依法租赁还包括依法接受监督，在有关房地产管理部门办理登记备案手续，接受和配合国家对于房屋租赁的管理。

(2) 平等自愿原则。无论是公房租赁还是私房租赁，都发生在平等主体之间，就其性质而言都属民事行为。公房租赁的出租方在理论上是国家，在操作上是经国家授权行使所有权的单位，但是在房屋租赁关系中都是以财产所有权享有者身份出现的一般民事主体。民事行为的性质意味着房屋租赁应当适用民法中契约自由的基本原则，双方在法律关系上的地位平等，没有主从和尊卑之分，在房屋租赁过程中不应当强制或者胁迫，否则该房屋租赁行为就是可撤销可变更行为。

(3) 依法纳税原则。依法纳税主要是出租人的法定义务。就租金而言，出租人应当交纳的税种主要是房产税。房产税分为两种：按照房产计税价值征税的，称为从价计税；按照房屋租金收入征税的，称为从租计税。所有权人以出租人身份要交纳的是从租计税。此外，《城市房地产管理法》第五十六条规定："以营利为目的，房屋所有权人将以划拨方式取得使用权的国有土地上建成的房屋出租的，应当将租金中所含土地收益上缴国家。具体办法由国务院规定。"上述情况下如果出租人以按照政府规定的租金标准出租房屋的则不在此限。此外按照税法要求出租人还应当交纳营业税、城建税、教育费附加、土地使用税（住宅房屋租赁除外）以及个人所得税。

4.房屋租赁的种类

按照不同的标准可以对房屋租赁作不同的分类：

（1）按照房屋所有权主体的不同来分可以将房屋租赁分为公房租赁和私房租赁。

①公房租赁。公房租赁包括国有房屋和集体房屋，公房租赁相应地又分为国有房屋租赁和集体房屋租赁，其中国有住房租赁可以进一步分为直管房租赁和自管房租赁。直管房是指由国家房产管理部门统一管理的房屋；自管房是指各机关、团体和全民所有制企事业单位自行管理的房屋。公房租赁是我国住房改革以前最主要的房屋租赁形式，在整个房屋租赁中占首要位置，随着住房改革的不断深入，公房租赁的数量在不断减少，但是在日常生活中还是非常普遍的。公房租赁应当遵循以下一些原则：充分利用，合理分配；实行"以租养房"、"适当照顾职工负担"；逐步提高公房租金，促进住房商品化、私有化。

②私房租赁。私房是指私有房屋，私房租赁即公民、法人等市场主体将自己所有的房屋出租给承租人使用的行为，租赁合同的内容由双方协商确定。我国调整私房租赁的原则是：主客两便，即照顾出租人和承租人双方的利益，出租人有利可得，承租人有房可住；公平合理，双方当事人权利义务平等，租金合理协商，可以高于公房租金标准；团结互助，双方互相配合，互相照顾，在维护、使用、修缮房屋方面发扬互助精神。

（2）按照房屋的用途来分可以将房屋租赁分为住宅房屋租赁和非住宅房屋租赁。

①住宅房屋租赁。住宅房屋租赁是指以居住、生活为目的的房屋租赁，包括单位自管房租赁、房管部门的居住用房和私房租赁。

②非住宅房屋租赁。非住宅房屋租赁是指以生产、经营或者其他活动为目的的房屋租赁，包括生产性用房、经营性住房。

住宅用房的租赁应当执行国家和房屋所在地城市人民政府规定的租赁政策；租用房屋从事生产、经营的，即非住宅用房的租赁由租赁双方协商议定租金和其他租赁条款。

（3）根据租赁期限的不同来分可以将房屋租赁分为定期租赁和不定期租赁。

定期房屋租赁是当事人约定了租赁期限的房屋租赁。而不定期租赁主要是指当事人没有约定租赁期限。定期租赁期间届满的，租赁合同终止。对于不定期租赁，任何一方当事人都有权依自己的意愿随时解除合同，但在解除合同之前，应预先通知对方。不定期房屋租赁主要包括三种情形：第一，双方当事人未约定租期；第二，租赁合同的期限为六个月以上的，应订立书面合同。没有采用书面合同的租赁的，视为不定期租赁；第三，租赁期间届满，承租人继续使用租赁物，出租人没有提出异议的，原租赁合同继续有效，但租赁期限为不定期。

5. 房屋租赁的管理政策

（1）房屋租赁市场指导租金价格制度。《商品房屋租赁管理办法》第五条规定："直辖市、市、县人民政府建设（房地产）主管部门应当加强房屋租赁管理规定和房屋使用安全知识的宣传，定期分区域公布不同类型房屋的市场租金水平等信息。"为各地方建立房屋租赁市场指导租金价格制度提供了法律依据。

（2）房屋租赁登记备案制度。《商品房屋租赁管理办法》规定："房屋租赁合同订立后三十日内，房屋租赁当事人应当到租赁房屋所在地直辖市、市、县人民政府建设（房地产）主管部门办理房屋租赁登记备案。房屋租赁登记备案内容发生变化、续租或者租赁终止的，当事人应当在三十日内，到原租赁登记备案的部门办理房屋租赁登记备案的变更、延续或者注销手续。"

（3）可租赁房屋范围限制。依据《商品房屋租赁管理办法》，禁止将以下房屋出租：属于违法建筑的；不符合安全、防灾等工程建设强制性标准的；违反规定改变房屋使用性质的；法律、法规规定禁止出租的其他情形。比照原《城市房屋租赁管理办法》减少了限制性规定，有利于进一步推动房屋租赁市场的繁荣，另一方面，加强了租赁行政管理的力度，特别增加了罚则部分，并明确了处罚标准，从执法角度规范了出租方的责任和义务，进一步保护了承租人的合法权益。

（4）限制分割房屋出租。《商品房屋租赁管理办法》第八条规定："出租住房的，应当以原设计的房间为最小出租单位，人均租住建筑面积不得低于当地人民政府规定的最低标准。厨房、卫生间、阳台和地下储藏室不得出租供人员居住。"对各地根据实际制定租赁房屋面积控制线，探索加强对群租、合租、住宅的分割出租、经营性的集体宿舍（包括变相的分割出租的"小旅馆"）的监管制度，以及开展整治工作等提供了法律依据。

6.5.2 房屋租赁合同

1. 房屋租赁合同内容

> 房屋租赁合同应当采取书面形式并办理登记备案。

房屋租赁合同，是出租人和承租人就房屋租赁有关权利、义务达成的合意。这种合意，按照合同法的规定，既可以采取口头的形式，也可以采取书面的形式。但《城市房地产管理法》、《商品房屋租赁管理办法》以及部分地方法规规定应当采取书面形式并要登记备案。

一般而言，房屋租赁合同包含以下主要条款：

（1）房屋租赁当事人的姓名（名称）和住所；

(2) 房屋的坐落、面积、结构、附属设施，家具和家电等室内设施状况；

(3) 租金和押金数额、支付方式；

(4) 租赁用途和房屋使用要求；

(5) 房屋和室内设施的安全性能；

(6) 租赁期限；

(7) 房屋维修责任；

(8) 物业服务、水、电、燃气等相关费用的缴纳；

(9) 争议解决办法和违约责任；

(10) 其他约定。如房屋租赁当事人应当在房屋租赁合同中约定房屋被征收或者拆迁时的处理办法。

2. 房屋租赁合同当事人的权利和义务

房屋租赁合同关系中，双方当事人都享有权利，也都承担相应的义务。一方履行义务就是他方权利的实现。

(1) 出租人的权利：

①收取房屋租金。这是出租人最主要的义务，也是出租人订立房屋租赁合同的目的所在。承租人如果不按照合同约定的时间、数量和方式支付租金，出租人有权要求承租人承担违约金，情节严重的，还可以终止合同。

②监督承租人按照约定用途合理使用房屋。对于擅自改变房屋用途或者改变房屋结构有损房屋寿命的，出租人有权加以制止，并要求赔偿者终止租赁关系，收回房屋。

(2) 出租人的义务：

①按照约定将房屋交付承租人使用，这是出租人最主要的义务。

②品质担保义务。保证房屋适合承租人按照约定的用途使用，并负责房屋及其设施的修缮和养护，保证承租人居住安全和正常使用。修缮责任当事人可以另外约定。

③权利担保义务。出租人应当保证该房屋在租赁期间不被第三人提出任何权利要求。

④提前收回房屋或者出卖房屋的，应当事先通知承租人。出租人租赁期满前收回房屋应当征得承租人同意，并承担违约责任。出租人出卖房屋的，应当在出售前合理期限内通知承租人，便于承租人行使优先购买权。

(3) 承租人的权利：

①按照约定取得房屋使用权，这是承租人签订房屋租赁合同的目的。

②优先购买权。《合同法》第二百三十条规定："出租人出卖租赁房屋的，应当在出卖之前的合理期限内通知承租人，承租人享有以同等条件优先购买的权利。"

③优先承租权。租赁合同到期以后，出租人继续出租房屋的，同等条件下承租人有优先承租权。

（4）承租人的义务：

①按照约定的数额、时间和方式支付租金。

②按照约定用途使用房屋和正常合理使用房屋，未经出租人同意不得擅自改变房屋及其附属设施原状。

③未经出租人同意不得擅自转租、换租或者以其他方式处分对房屋的使用权。

④租赁期满返还房屋及其附属设施。

（5）房屋租赁合同相关当事人的权利和义务：

①房屋租赁期间内，因赠与、析产、继承或者买卖转让房屋的，原房屋租赁合同继续有效；

②承租人在房屋租赁期间死亡的，与其生前共同居住的人可以按照原租赁合同租赁该房屋；

③承租人租赁房屋用于以个体工商户或者个人合伙方式从事经营活动，承租人在租赁期间死亡、宣告失踪或者宣告死亡，其共同经营人或者其他合伙人可以按照原租赁合同租赁该房屋。

3.房屋租赁合同的变更、解除和终止

（1）房屋租赁合同的变更。在租期较长的房屋租赁中，双方当事人都有可能发生不宜继续履行或按原租赁合同履行的情形，为求得当事人的利益平衡，有必要在合同中约定变更和解除的条件。对于房屋租赁合同的变更，主要是租赁房屋面积和租金的增减，一般需要在合同中进行约定，如出现法定情形也可要求变更，例如依《合同法》规定，因不可归责于承租人的事由，致使租赁物部分或者全部毁损、灭失的，承租人可以要求减少租金或者不支付租金。

（2）房屋租赁合同的解除。我国房屋租赁的相关法律、法规、规章也规定了房屋租赁合同的解除条件，当事人签订合同时可以将这些条款写入合同，如果没有写入合同，可根据《合同法》、《房屋租赁合同解释》和《商品房屋租赁管理办法》等规定，作以下处理：

①不定期租赁合同，双方当事人随时可以解除合同。

②承租人擅自转租房屋的，出租人可解除合同。

③承租人擅自变动房屋建筑主体和承重结构或者扩建，在出租人要求的合理期限内仍不予恢复原状，出租人可解除合同。

④因租赁房屋被司法机关或者行政机关依法查封、租赁房屋权属有争议的、租赁房屋具有违反法律行政法规关于房屋使用条件强制性规定等情形，导致租赁房屋无法使用，承租人可以解除合同。

⑤因不可归责于承租人的事由致使房屋租赁部分或者全部毁损，不能实现合同目的的，承租人可解除合同。

⑥租赁房屋危及承租人的安全或者健康的，承租人可解除合同。

(3) 房屋租赁合同的终止。导致房屋租赁合同终止的法律事实，主要有以下几种：

①租赁期满。这是房屋租赁合同终止的主要原因。定期房屋租赁合同，一旦期限届满，合同规定的当事人的权利和义务即告结束。期限届满后，承租人继续承租原房屋，这已不是原来的租赁合同关系，而是另一租赁关系。房屋租赁合同没有规定期限的，当事人双方可随时终止合同。

②出租房屋灭失。在租赁期限内，房屋因不可抗拒的自然灾害（如地震、洪水）或人为原因（如失火、爆炸等）使房屋遭受损毁，合同标的物不复存在，合同也就终止。

③合同解除。合同解除主要有三种情形：一是双方协商解除，终止租赁合同规定的全部权利和义务；二是一方有严重的违约行为，另一方通知对方解除合同；三是由于不可抗力致使合同的全部义务不能履行，当事人一方通知对方解除合同。

4. 房屋租赁登记备案

《房地产管理法》第五十四条规定，房屋租赁双方当事人应当向房产管理部门登记备案。故房屋租赁登记备案是指，签订房屋租赁合同的双方当事人按法定程序，到房屋所在地的人民政府房地产管理部门把房屋租赁相关材料提交审核，并申领房屋租赁登记证明的行为。

对于登记备案是否是房屋租赁合同的生效要件，多数专家认为，登记备案并非房屋租赁合同生效的要件之一，是否登记备案不影响房屋租赁合同效力。房屋租赁所要求进行的登记备案，仅服务于统计需要，是房地产行政管理部门对房屋租赁市场的一种行政管理手段和方式，与合同的效力没有关系。不能因当事人未办理登记备案，就认定合同无效。房屋租赁合同只要双方当事人出于自愿，且不违反国家法律、法规的规定，自双方签字后即告生效，双方当事人另有约定的除外。故《最高人民法院关于审理城镇房屋租赁合同纠纷案件具体应用法律若干问题的解释》第四条规定："当事人以房屋租赁合同未按照法律、行政法规规定办理登记备案手续为由，请求确认合同无效的，人民法院不予支持。当事人约定以办理登记备案手续为房屋租赁合同生效条件的，从其约定。但当事人一方已经履行主要义务，对方接受的除外。"

办理房屋租赁登记的程序：

(1) 期限。房屋租赁合同订立后三十日内，房屋租赁当事人应当到租赁房屋所在地直辖市、市、县人民政府建设（房地产）主管部门办理房屋租赁登记备案。

(2) 材料。办理房屋租赁登记备案，房屋租赁当事人应当提交下列材料：房屋租赁合同；房屋租赁当事人身份证明；房屋所有权证书或者其他合法权属证明；直辖市、市、县人民政府建设（房地产）主管部门规定的其他材料。房屋租赁当事人提交的材料应当真实、合法、有效，不得隐瞒真实情况或者提供虚假材料。

(3) 审核并开具房屋租赁登记备案证明。对符合下列要求的，直辖市、市、县人民政府建设（房地产）主管部门应当在三个工作日内办理房屋租赁登记备案：申请人提交的申请材料齐全并且符合法定形式；出租人与房屋所有权证书或者其他合法权属证明记载的主体一致；不属于《商品房屋租赁管理办法》规定的不得出租的房屋。申请人提交的申请材料不齐全或者不符合法定形式的，直辖市、市、县人民政府建设（房地产）主管部门应当告知房屋租赁当事人需要补正的内容。房屋租赁登记备案证明应当载明出租人的姓名或者名称，承租人的姓名或者名称，有效身份证件种类和号码，出租房屋的坐落、租赁用途、租金数额、租赁期限等。

6.5.3 房屋租赁主要纠纷的处理

1.房屋租赁合同的效力

根据《房屋租赁合同解释》，在以下情况下，房屋租赁合同无效：未取得建设工程规划许可证建设的房屋；未按照建设工程规划许可证的规定建设的房屋；未经批准建设的临时建筑；未按照批准内容建设的临时建筑；租赁期限超过临时建筑的使用期限，超过部分无效。但同时又作了除外的规定，在一审法庭辩论终结前取得了相关部门批准的，也就是权属完整的，租赁合同有效。房屋租赁合同确认无效后，在处理上，主要是承租方腾退房屋，租赁房屋恢复到签订合同之前的状态，承租方负责将租赁期间添附物拆除或与出租方协商抵顶。承租方实际使用房屋的，出租方不返还租金，作为支付房屋占有使用费以弥补租赁期间出租人不能使用房屋的损失。造成合同无效的过错方还应当赔偿对方因此所受的损失，双方都有过错的，应当各自承担相应的责任。因此，签订租赁合同前，双方应尽职调查，避免签订无效合同。

此外，《房屋租赁合同解释》第四条规定：当事人以房屋租赁合同未按照法律、行政法规规定办理登记备案手续为由，请求确认合同无效的，人民法院不予支持。当事人约定以办理登记备案手续为房屋租赁合同生效条件的，从其约定。但当事人一方已经履行主要义务，对方接受的除外。为使交易安全，租赁双方应进行登记备案，以减少合同风险。

2. 房屋装饰装修的处理

《房屋租赁合同解释》根据房屋的装饰装修是否经出租人同意、租赁合同是否有效等具体情况，适用不同的处理规则。并且《房屋租赁合同解释》根据有效合同和无效合同的不同法律效果，对装饰装修损失采用了现值损失和残值损失两种不同的标准。在合同无效场合，承租人通常已经占用使用租赁房屋一段时间，其在此期间享有的装饰装修利益，不应再列入合同无效的损失范围。残值损失是指在合同解除时，装饰装修的剩余“价值”，这一“价值”的确定是以合同解除时装饰装修的现值为基础，且不能低于合同履行期间摊销的装饰装修费用。因此，承租人如需对房屋进行装饰装修，应当经出租人同意，并在租赁合同中对租赁期间届满或者合同解除时装饰装修如何处理做出明确约定。

3. 房屋扩建的处理

《房屋租赁合同解释》在对待房屋扩建问题上，同样依据房屋扩建是否经出租人同意、是否办理合法建设手续，适用不同的规则。因此，承租人如需对房屋进行扩建，应当经出租人同意并办理合法建设手续，同时在租赁合同中明确约定扩建费用由谁承担。

4. 房屋转租

转租是指承租人不退出租赁合同关系（本租）的前提下，而将租赁物全部或者一部分出租给次承租人（接受转租的当事人），承租人与次承租人形成新的租赁关系（转租），承租人仍然以其与出租人的租赁合同承担相应的权利义务。转租系以原租赁合同为基础，承租人与次承租人再订立租赁协议，将租赁物转由第三人独立使用收益的行为转租中使用收益，系以原租赁权范围。对于转租中的问题，《商品房屋租赁管理办法》及《房屋租赁合同解释》作了以下规定：

（1）转租须经出租人书面同意。承租人未经出租人书面同意转租的，出租人可以解除租赁合同，收回房屋并要求承租人赔偿损失。承租期间，承租人在原则上不可以转租，承租人想把租赁房屋转租出去，必须经过出租人书面同意，否则为不合法转租或者违法转租。

（2）转租期限不得超过承租人剩余租赁期限。《房屋租赁合同解释》解释第十五条规定，转租合同约定的租赁期限应当在承租人的剩余租赁期限内，超出承租人剩余租赁期限的转租期间无效，出租人与承租人另有约定的除外。

（3）出租人的异议权和同意转租的推定。承租人未经出租人书面同意擅自转租，在六个月内，出租人发现转租的事实，可以提出异议，该异议权是形成权，一经提出异议，转租就无效；出租人知道或者应当知道承租人转租，但在六个月内未提出异议，推定出租人同意转租，转租合同有效，出租人应当认可承租人和次承租人之间的转租合同的效力，不能以承租人未经同意为由请求解除合同或者认定转租合同无效。

(4) 次承租人可以参加本租发生的诉讼。转租合同的第三人即次承租人，在本租当事人之间发生争议时，可以作为无独立请求权的第三人参加诉讼。

(5) 承租人拖欠租金次承租人的抗辩权。因承租人拖欠租金，出租人请求解除合同时，次承租人可以代承租人缴纳拖欠的租金和违约金，并作为抗辩理由进行抗辩，主张不得解除合同，但转租合同无效的除外。次承租人代为支付的租金和违约金超出其应付的租金数额，可以折抵租金或者向承租人追偿。

(6) 次承租人腾房的义务和逾期使用费支付义务。房屋租赁合同无效、履行期限届满或者解除的，因为有转租合同存在，出租人在次承租人还在占有这个房子的时候，有权请求负有腾房义务的次承租人支付逾期腾房占有使用费。

5. 买卖不破租赁原则

《合同法》第二百二十九条规定“租赁物在租赁期间发生所有权变动的不影响租赁合同的效力”，该条明文确定了“买卖不破租赁”的规则，以保护承租人的租赁权。《房屋租赁合同解释》在重申这一原则的前提下，又规定了例外，即具有下列情形或者当事人另有约定的除外：(一) 房屋在出租前已设立抵押权，因抵押权人实现抵押权发生所有权变动的；(二) 房屋在出租前已被人民法院依法查封的，均不受买卖不破租赁原则的制约。

6. 承租人的优先购买权

承租人的优先购买权是指公民、法人作为房屋承租人时，对于出租人在出卖其出租房屋时，在同等条件下，优先于他人购买的权利，优先购买权是法律继“买卖不破租赁”权利后对承租人权利保障的延伸。《房屋租赁合同解释》为平衡双方当事人利益，对承租人行使此权利进行了详细的介绍。

(1) 确立了承租人优先购买权的债权性质。依《房屋租赁合同解释》第二十一条的规定，承租人优先购买权是法定优先缔约权，系债权，不具有对抗第三人的效力，出租人出卖租赁房屋未在合理期限内通知承租人或者存在其他侵害承租人优先购买权情形，侵害优先购买权的，并不导致出租人与第三人所签订房屋买卖合同的无效，但承租人请求出租人承担赔偿责任的。

(2) 抵押权人实现抵押权和租赁房屋拍卖时优先购买权的保护。依《房屋租赁合同解释》的规定，出租人与抵押权人协议折价、变卖租赁房屋偿还债务，应当在合理期限内通知承租人，承租人主张优先购买权的，在同等条件下，可以优先购买；出租人委托拍卖人拍卖租赁房屋，应当在拍卖5日前通知承租人，但承租人未参加拍卖的，视定为承租人放弃优先购买权。

（3）承租人优先购买权行使的例外。《房屋租赁合同解释》规定了承租人优先购买权行使的四种例外情形，其第二十四条规定：“具有下列情形之一，承租人主张优先购买房屋的，人民法院不予支持：（一）房屋共有人行使优先购买权的；（二）出租人将房屋出卖给近亲属，包括配偶、父母、子女、兄弟姐妹、祖父母、外祖父母、孙子女、外孙子女的；（三）出租人履行通知义务后，承租人在十五日内未明确表示购买的；（四）第三人善意购买租赁房屋并已经办理登记手续的。”

本章学习要点 (Learning Essentials)

◎ 房地产交易制度是房地产法律制度的重要内容。房地产交易行为是否规范、有序直接关系到我国房地产市场的健康发展和社会秩序的稳定。国家通过立法加强对房地产交易的管理。

◎ 房地产交易包括房地产转让、房地产抵押和房地产租赁。

◎ 房地产交易应遵守平等、自愿、等价有偿、诚实信用等民法的一般原则。还应遵守房地产交易的特有原则包括房地一体处分、依法及时登记和交易价格分别管制、效益不减损原则。

◎ 房地产转让是指房地产权利人通过买卖、赠与或者其他合法方式将其房地产权利转移给他人的行为，房地产转让必须符合法定的条件、程序和要求。

◎ 房地产转让的条件包括以出让方式取得土地使用权的、划拨方式取得土地使用权的和集体所有土地上的房地产转让条件。

◎ 买卖、赠与和其他合法方式是房地产转让的主要转让形式。

◎ 房地产转让，应当签订书面转让合同，合同中应当载明土地使用权取得的方式。房地产转让时，土地使用权出让合同载明的权利、义务随之转移。

◎ 狭义的商品房买卖是依据最高人民法院《关于审理商品房买卖合同纠纷案件适用法律若干问题的解释》（以下简称《商品房买卖解释》），是指房地产开发企业将尚未建成或者已竣工的房屋向社会销售并转移房屋所有权于买受人，买受人支付价款的交易行为，仅包括包括商品房销售、商品房预售。

◎ 房地产抵押是物权担保的形式之一，指抵押人以其合法的房地产以不转移占有的方式向抵押权人提供债务履行担保的行为，债务人不履行债务时，抵押权人有权依法以抵押的房地产拍卖所得价款优先受偿。

◎ 订立房地产抵押合同应当采取书面形式，还要到主管部门办理抵押登记，房地产抵押权自登记时设立。

◎ 房屋租赁是指房屋所有权人作为出租人将其房屋交给承租人使用、收益，由承租人向出租人支付租金的行为，房屋租赁符合民事合同法律规定，又要遵守有关行政管理规定。

案例展示教学（Case Application）

案例1：违反商品房认购协议的责任

【案情介绍】

2010年9月，王某与开发商签订了一份商品房认购协议。协议中就认购商品房的房屋位置、房型、价格、建筑面积等进行了明确约定。由于王某认购的房屋还处于开发初期，尚未取得预售许可证，王某依照认购协议，向开发商支付了2万元的认购金。2010年11月，王某收到开发商的书面通知："一期物业已取得预售许可证，可以签订商品房买卖合同。"与此同时，开发商表示由于整体楼市房价大幅上涨，所以王某之前订购的房屋房价也由之前约定的每套40万元左右，上调至65余万元。若王某在10日之内不能按开发商通知的价格签订商品房买卖合同，则视为放弃原定的认购协议。对此，王某表示不能接受，在双方协商未果情况下，王某与其他多名购房者分别向法院提起诉讼。最后，法院参照开发商向购房者发出的通知中的售价与原认购价的差额，酌情确定了赔偿标准。

【法理评析】

认购协议是预约合同，当事人签订认购协议时，真正的商品房买卖行为并未发生，仍处于商品房买卖成立前的缔约阶段，今后仍需双方另行签订正式的商品房买卖合同，签订认购协议仅是今后订立商品房买卖合同的先决条件，认购书的性质应为商品房买卖合同的预约合同，即认购书与商品房买卖合同是预约与本约的关系。依照订立合同的双方当事人应遵循诚实信用原则，违反认购协议应按缔约过失责任处理。但本案中开发商在认购协议签订完，购房者按约支付了认购款后，却违背认购协议的约定，提出了大大超过双方预约时约定的价格条件，不履行签订商品房买卖合同义务，违背了我国合同法所规定的诚实信用原则和公平原则，导致购房者缔约机会的丧失，应对此承担缔约过失责任，承担缔约过失责任的方式为损害赔偿，其中包括直接利益的减少和失去与第三人订立合同机会的损失，并不包括强制签订商品房买卖合同的责任。

案例2：已设置抵押房屋转让的效力

【案情介绍】

2004年12月17日，原、被告双方签订了售房协议，甲方（即原告）将一处房产卖给乙方（即被告），价格为58000元。协议签订后，原告依约将房屋交付给被告，被告于同年分两次先后向原告支付房款共计45000元，但原告未依约向被告交付房产证，被告也因此未向原告付清全部房款。原告在2004年12月31日向被告出具的收款收条中承诺，于2005年1月20日前办好房产证过户手续，否则按售房协议处理。但逾期后，原告仍未为被告办理好产权过户的相关手续。被告于2004年12月搬入房屋后，对该房进行了装修，并居住至今。2000年，原告用该房在当地农村信用合作联社作了贷款抵押，并进行了抵押登记。目前，原告的抵押贷款尚欠本息38000元没有清偿。原告在转让房屋时，未将抵押的情况告知被告。诉讼期间，被告曾向当地农村信用合作联社提出要求，代为原告清偿该笔抵押贷款，但因遭原告反对该社没有接纳被告的还款。现原告诉称，被告违反协议约定，尚差13000元房款拖欠数年拒不支付。请求判令被告退还房屋，并承担违约金。被告辩称，依约原告应将房屋产权证交以被告后被告才负有付清全部购房款的义务。原告将已经抵押的房屋转让给被告，致使其不能履行交付房产证的合同义务，原告的违约行为明显，而被告不存在违约行为。原告要求被告退回房屋和承担违约金没有事实和法律依据，请求驳回其诉讼请求。

【法理评析】

本案争议的主要焦点是原告将事前已设置抵押的房屋转让给被告，在抵押权没有消灭的情况下转让合同是否有效。依照《担保法司法解释》第六十七条第1款和《物权法》第一百九十一条第2款的规定，抵押人转让抵押物未通知抵押权人的，如果抵押物已经登记，抵押权人可以行使追及权，仍可以就受让人所取得的抵押物优先受偿；而受让人为了获得所有权，也可以通过行使代替清偿债权而消灭抵押权。也就是说，只要不损害抵押权人的利益，抵押人与第三人签订的抵押物转让合同并非无效。本案中，被告明确表示愿意代为原告清偿抵押贷款，以消灭抵押权，只是因为遭到原告的阻挠而未能实现。原告为了达到使转让合同无效的目的，不正当地阻挠被告行使涤除权，是不诚信的表现，理应不能得到法律的保护。因此法院认定转让合同有效，判决驳回原告的诉讼请求。

案例3：承租人优先购买权的行使

【案情介绍】

原告张某与被告方某、第三人周某争议的房屋系某镇中心街的一间商铺。该商铺为方某所有。2007年起，原告张某承租商铺。2010年5月13日，在原告承租期间，方某在未通知原告的情况下，将该商铺以80万元的价格卖给了朋友周某。周某在签订合同当日便交清房款，次日即办理了产权过户登记。原告得知该情况后认为方某及周某侵犯了其优先购买权，随后向人民法院提起诉讼，要求确认方某与周某的买卖行为无效，并以同等价格购买该商铺。法院经审理判决驳回张某要求确认买卖行为无效并行使优先购买权的诉讼请求。

【法理评析】

依据《最高人民法院关于审理城镇房屋租赁合同纠纷案件具体应用法律若干

问题的解释》第二十一条："出租人出卖租赁房屋未在合理期限内通知承租人或者存在其他侵害承租人优先购买权情形，承租人请求出租人承担赔偿责任的，人民法院应予支持。但请求确认出租人与第三人签订的房屋买卖合同无效的，人民法院不予支持。"法院的判决是正确的。但原告可以通过提起损害赔偿之诉行使救济权。

思考题

1. 房地产转让的方式主要有哪些?
2. 哪些房地产是禁止转让的?
3. 如何理解土地使用权转让的概念?
4. 简述商品房买卖的概念和条件。
5. 简述法律禁止房屋转让的情形。
6. 简述商品房预售的概念和条件。
7. 如何理解商品房按揭的含义?
8. 什么是房地产抵押？其条件如何?
9. 简述房地产抵押权的终止。
10. 房屋租赁的范围、种类和法律特征是什么?
11. 房屋租赁合同有哪些主要条款?
12. 房屋租赁合同当事人有哪些主要权利和义务?

第 7 章
房地产权属登记法律制度

学习导言（Learning Guidance）

在市场经济体制下，房地产是对整个社会经济的运行影响极大的商品，保证房地产交易的安全对于维护社会经济秩序意义重大。由于房地产的不可移动性，房地产的流通表现为享有其权利的主体的变更和相关权利的设定、变更。房地产流通的界定必须以权利为标准，而权利的范围必须由法律以一定的方式加以确定、公示，由此产生了房地产权属登记法律制度。本章主要根据《物权法》、《城市房地产管理法》，阐述房地产权属登记法律制度。另外，国家还颁布了一些涉及房地产权属登记制度的其他法律、行政法规和部门规章，主要包括：《中华人民共和国城镇国有土地使用权出让和转让暂行条例》（1990 年 5 月 19 日施行），《房屋登记办法》（2008 年 7 月 1 日施行），《土地登记办法》（2008 年 2 月 1 日施行）。

学习本章，需要正确理解房地产权属登记的概念及其功能；掌握土地使用权登记和房屋所有权登记的种类、登记机关及其登记程序；了解房地产产籍的基本内容和产籍管理的法律意义。

房地产抵押是现实生活中日益普遍的法律行为，由此产生的法律纠纷也日益增多。只有办理了相应的登记，才能切实保护双方当事人的合法权益，因此了解房地产抵押这一他项权利的登记制度，有着重要的现实意义。

在学习本章内容时，需关注《物权法》中关于不动产登记的相关内容。

本章内容说明 (Introduction)

本章阐述房地产权属登记法律制度，介绍房地产权属登记的概念及其功能；主要分析了土地使用权登记制度、房屋所有权登记制度；论述了房地产抵押这一房地产他项权利的登记制度；根据新颁布的《物权法》，分析房地产权属统一登记制度的科学性；本章最后通过典型案例分析，帮助读者进一步理解房地产权属登记法律制度的相关内容。

7.1 房地产权属登记概述

7.1.1 房地产权属登记的概念

房地产产权是建立在房地产之上的权利，是以房地产为标的的物权，是权利人依法对其所有的房地产享有的占有、使用、收益和处分的权利。房地产产权人享有在法律规定的范围内，按照自己的意志全面支配房地产或依照授权支配房地产，直接享受房地产效益并排除他人妨害的权利。房地产产权作为不动产物权，并非单一物权而是一个权利束，包括房地产的所有权、使用权及其他权利，如租赁权、抵押权、地役权等。

房地产权属，也即房地产产权归属，是指房地产产权在主体上的归属状态。上述房地产产权在与一定的权利主体相联系时，就形成了房地产权属。房地产权属具有在主体上一致性的特征，即土地使用权和土地上的房屋所有权的主体具有一致性，两项权利归属于同一主体，拥有了土地使用权也同时拥有了建筑在该土地上的房屋所有权，反之拥有房屋所有权也就同时拥有该房屋使用范围内的土地使用权。房地产转让、抵押时，房屋的所有权和该房屋占用范围的土地使用权亦同时转让、抵押。

房地产权属登记分为土地登记和房屋登记。

7.1.2 房地产权属登记的功能

通过房地产权属登记，可以使产权明确，产籍完整，执业有证，有利于加强房地产的产权产籍管理，依法保护全民、集体、公民个人的房屋产权，防止和减少房屋产权纠纷。通过房地产权属登记，可以为购房者和投资者提供可靠的法律保障，有利于搞活房地产市场，发展房地产业，也有利于引进外资，发展外向型经济。

房地产权属登记是房地产管理的核心，同时也是现代房地产制度的基础。因为，无论是房地产产权制度还是房地产交易制度或房地产管理制度的运行，都依赖于房地产登记制度的确立。

具体来说，房地产权属登记具有五个方面的功能。

1. 公示功能

房地产权属登记是公示的手段，是把房地产权利的事实向公众公开以标明房地产流转的情况，其主要的功能在于保护动态的交易安全，使连续发生的交易不因权利人主张权利而受到破坏。因为任何人设定或移转房地产权利，都会涉及第三人利益，因此房地产权利的设立或移转必须公开和透明，以利于保护第三人的利益，维护交易安全和秩序。

2. 公信功能

公信是把登记记载的权利人在法律上推定其为真正权利人，如果以后事实证明登记的物权不存在或存在瑕疵，对于信赖该物权的存在并已从事了物权交易的人，法律仍然承认其具有与真实的物权相同的法律效果。即房地产权属登记的公信具有三个方面的内容：一是房地产权属变动的依据。登记起着房地产权属能否按照当事

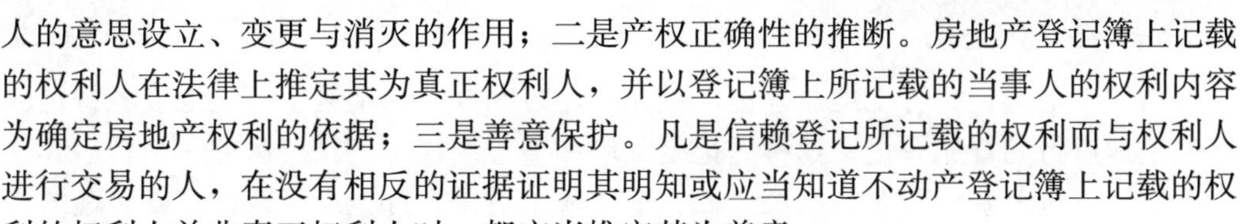

人的意思设立、变更与消灭的作用；二是产权正确性的推断。房地产登记簿上记载的权利人在法律上推定其为真正权利人，并以登记簿上所记载的当事人的权利内容为确定房地产权利的依据；三是善意保护。凡是信赖登记所记载的权利而与权利人进行交易的人，在没有相反的证据证明其明知或应当知道不动产登记簿上记载的权利的权利人并非真正权利人时，都应当推定其为善意。

3. 管理功能

房地产权属的登记管理功能，是指房地产登记具有国家管理意图的功能。一是对房地产市场进行监督管理的功能，通过建立产籍资料，实现国家对房地产的宏观调控职能；二是审查监督功能，通过对房地权属登记的审查程序，实现国家对税收的监管。同时，在房地产登记过程中，通过登记的合法性审查，可以及时发现和纠正不法行为。

4. 警示功能

房地产权属登记的警示功能，是指对各种记载房地产权利的变动均纳入登记，将各种房地产物权的排他性效力通过房地产登记薄的记载予以明确宣示，以达到告诫相对人存在房地产交易风险的作用。

5. 效率功能

交易的便捷和安全是市场经济的重要特征。经过登记的房地产权利受法律确认，有国家强制力予以保护，当事人可以充分信赖登记的内容，在交易之前不必要投入更多的精力和费用去调查、了解对方当事人是否对转让的房地产享有权利或存在权利的负担。可以节省交易费用，并能快捷的完成交易，符合市场经济的特征。

7.2　土地使用权登记

《土地管理法》第二条第 1 款明确规定：“中华人民共和国实行土地的社会主义公有制，即全民所有制和劳动群众所有制。”可见，我国只存在两种土地所有权制度，对于全民所有的土地，由国家为代表享有并行使所有权，这样即存在国家土地所有权和集体土地所有权两种所有权形态，港、澳、台地区不在此限。《土地管理法实施条例》第二条第 4 项是国有土地所有权的推定制度，即凡是不能证明为集体所有的土地都是国有土地。《城市房地产管理法》中规定的土地使用权即国有土地使用权。

7.2.1　国有土地使用权登记种类

国有土地使用权登记分为初始土地登记和变更土地登记两种。

1. 初始土地登记

初始土地登记又称土地总登记，是在一定时间内，对辖区全部土地或者特定区域的土地进行的普遍登记。这种登记是编制和整理产权、产籍资料的一个程序和主要手段。通过总登记编制成的图、档、卡、簿、册是全部土地产权、产籍管理的基础资料。总登记具有耗资大、工作重的特点。

初始登记应提交下列文件：(1) 初始登记申请书；(2) 身份证明，如个人身份证明，企业法人营业执照和法定代表人证明，国家机关负责人证明，市政府批准设立组织的文件和该组织负责人证明。境外企业、组织或个人提交的身份证明应按规定经过公证或认证；(3) 土地权属证明，以出让方式取得土地使用权的应提交土地使用合同书。根据土地使用合同书的规定由权利人自行征地的，应同时提交征地补偿协议书及付清地价款的证明。以行政划拨方式取得土地使用权的应提交市政府批准用地文件、用地红线图、征地补偿协议书。以其他合法形式取得土地使用权的，应提交有关证明文件；(4) 登记机关认可的测量机构出具的实施测绘结果报告书。

2. 变更土地登记

变更登记是继初始土地登记之后，因土地权属或者设定的负担与权利、土地的主要用途发生改变而申请的登记。不经变更登记的土地使用权的移转，属于非法转让，不具有法律效力。

变更登记相对于初始登记而言，是零散发生的，不可能集中在某一个时间里办理，因而是一种经常性的土地权属登记。变更登记旨在保持土地产权登记与土地产权现状相符，维护土地登记的权威性，从而为正确确认产权、维护产权，解决产权纠纷提供现实可靠的法律基础。

7.2.2 土地使用权初始登记

1. 土地使用权初始登记的机关及程序

土地使用权登记必须履行严格的手续，遵循法定的程序。《城市房地产管理法》第六十条第1款规定：接受和审查土地使用权人登记申请并负责登记的机关是申请登记的土地所在地的县级以上地方人民政府的土地管理部门，颁发国有土地使用权证书的机关是负责登记的土地管理部门的同级人民政府。

国有土地使用权初始登记的程序主要有以下几个步骤：

(1) 登记申请。登记申请是指土地权属单位或个人将有关产权资料提示于登记机关，请求进行产权登记。国有土地使用权由使用国有土地的单位及法人代表或者使用国有土地的个人进行登记申请；他项权利需要单独申请的，由有关权利者申请登记；委托他人代理土地登记申请的，委托代理人须向土地管理部门提交委托书和委托人、委托代理人双方的身份证明。

土地权属单位在申请登记时，应当以宗地为基本单位填写土地权属登记申请书，使用两宗以上土地的土地使用者，应分宗申请。一个单位分布在同一个登记区域范围内的土地，必须一并申报，一次申报完毕。两个以上土地使用者共同使用一宗地的，应分别申请。跨县级行政区使用土地的，应分别向土地所在地的县级人民政府土地管理部门申请。

(2) 地籍调查。土地管理机关收到申请者的申请书和有关文件后，应将上述文件转给测绘部门。测绘部门经过查阅档案资料，即会同申请者进行实地查丈。查丈的任务主要是确定土地方位、土地总面积、四至范围，并绘出平面图。

(3) 权属审核。土地管理部门根据地籍调查结果，对土地权属、面积、用途等逐项进行全面审核，填写审批表。

(4) 发布公告。登记申请的审核结果由土地管理部门予以公告。土地登记申请者及其他土地权益有关者在公告规定的期限内，可以向土地管理部门申请复查。

公告期间，土地权属有争议的，应当依照《土地管理法》第十六条的规定加以处理解决：土地所有权和使用权争议由当事人协商解决；协商不成的，由人民政府处理。全民所有制单位之间、集体所有制单位之间、全民所有制单位或集体所有制单位之间的土地所有权和使用权争议，由县级以上人民政府处理。个人之间、个人与全民所有制单位或集体所有制单位之间的土地使用权争议，由乡级人民政府或者县级人民政府处理。当事人对有关人民政府的处理决定不服的，可以在接到处理决定通知之日起 30 日内，向人民法院起诉。在土地所有权和土地使用权争议解决之前，任何一方不得改变土地利用现状，权属争议处理完毕之后再行登记。

(5) 注册登记。公告期满，土地使用者、土地所有者、他项权利拥有者及其他权益有关者，对土地申请登记审核结果未提出异议的，报经人民政府批准后，进行注册登记。

土地使用权、土地所有权和他项权利注册登记的簿册形成土地登记簿，土地登记簿是最基本的土地权属文件和法律依据，土地证书和土地归户卡的填写依据就是土地登记簿。

(6) 颁发使用权证书。由县级以上人民政府对国有土地使用者颁发《国有土地使用权证》。

尚未确定土地使用权的国有土地，由县级人民政府土地管理部门进行登记造册，不发土地使用证书；临时用地的登记办法由各省、自治区、直辖市土地管理部门制定，报省级人民政府批准后执行。

2. 国有土地使用权登记的主要事项

土地使用者，即指依法取得土地使用权的单位或个人。单位应记载其注册成立的法定名称和注册地址，个人应记载其正式姓名和住所地地址。

土地位置，即指土地的坐落和四至。土地坐落，应登记土地使用者的土地所在的具体地点，以街道门牌号表示。四至，是指登记土地的相邻土地地名，一般填写相邻的土地所有者、使用者的名称，如权属界线上有线状地物或附近有永久性显著界标（如河流、山峰等），可填写地物或界标名称，或界线与某一地物或界标的距离，同时为了与地籍图上反映的内容相互印证，还需登记土地所在地籍图上的图号和地号。

土地权属性质，即国有土地使用权。

用地面积、共有使用面积及分摊面积。用地面积是指单位或个人独自使用一宗土地的面积，不包括与他人共同使用的土地面积和分摊面积。共有使用面积，是指某一土地使用者与其他土地使用者共有一宗地的全部或一部分而无法在地面上划分使用者之间使用界限的土地面积。分摊面积，是指土地使用者在共有面积中应分摊的面积。

地类面积。地类是指依据土地的用途、经营特点、利用方式和覆盖性因素对土地进行的分类。土地登记应当按照全国统一的土地分类标准进行一宗土地中各类用地的具体面积、名称及其编号的登记。

土地实际用途，是指依法批准的土地实际用途，如商店、学校等。

土地等级，是指土地管理部门依法定级确定的土地等级。登记土地等级，可为国家征收土地使用税提供依据。

土地权属来源及依据。土地权属来源是指土地使用者通过何种方式取得土地使用权，当前主要是出让和划拨两种方式；土地权属依据是指政府批准用地文件或政府部门颁发的证件，以及批准时间及批准用途等。

土地使用期限，是指政府批准的土地使用者可以使用土地的期限。依照《城镇国有土地使用权出让和转让暂行条例》中的规定，土地使用权出让的最高年限分别为：居住用地 70 年，工业用地 50 年；教育、科技、文化、体育用地 50 年；商业、旅游、娱乐用地 40 年；综合或其他用地 50 年。《物权法》第一百四十九条规定“住宅建设用地使用权期间届满的，自动续期。非住宅建设用地使用权期间届满后的续期，依照法律规定办理”。

7.2.3　土地使用权变更登记

1. 土地使用权变更登记的范围

变更登记涉及的范围很广，有下列情况之一的，需办理土地变更登记手续：

（1）非农业建设用地，在工程竣工一个月内，由土地使用者按规定程序申请复查后再办理正式变更土地登记；

(2) 依法通过土地有偿出让、转让取得国有土地使用权的，应持出让、转让合同，向土地管理部门申请变更土地登记；

(3) 因赠与或继承、买卖、交换、分割地上附着物引起土地使用权转移的，应持有关合法证明文件，向土地管理部门申请变更土地登记；

(4) 因土地征收、划拨、土地使用权依法收回、抵押终止或因自然灾害等原因造成土地使用权或者所有权以及他项权利消灭的，土地使用者、所有者及他项权利拥有者应持有关证明文件向土地管理部门申请注销土地登记，经土地管理部门审核，报县级人民政府批准变更或注销土地登记，吊销土地证书；

(5) 宗地合并或一宗地分割为两宗以上宗地的，有关各方应持合并或分隔协议及其他合法证明文件到土地管理部门申请变更土地登记；

(6) 因机构调整、企业兼并等原因引起土地权属变更的，变更各方应持有关合法证明文件到土地管理部门申请变更土地登记；

(7) 凡因土地权属变更引起他项权利转移的，应由土地使用者土地所有者同他项权利拥有者，共同到土地管理部门申请他项权利转移登记；

(8) 抵押国有土地使用权，抵押人与抵押权人应持国有土地使用权证和抵押合同到土地管理部门申请土地抵押权登记；同一宗地多次抵押时，土地管理部门依据受到抵押登记申请的先后顺序进行登记。因债权转让申请变更土地登记时，原抵押权登记次序不变动。因处分抵押财产而取得土地使用权的，抵押人和新取得土地使用权的单位或个人，应共同到土地管理部门申请变更土地登记；

(9) 因更改土地使用者、所有者、他项权利拥有者的名称、地址，或因变更土地的主要用途和因错、漏登记的，应由土地使用者、所有者、他项权利拥有者，持有关证明文件到土地管理部门申请变更土地登记。

凡申请土地变更登记的，除以上各项规定需要提交的文件资料外，必须向土地管理部门提交原土地证书。

2.土地使用权变更登记的机关及程序

如果土地上已经有取得了房屋所有权证书的建成房屋，办理土地使用权变更登记应当在房屋所有权变更登记之后进行。如果土地正在开发建设，尚没有取得房屋所有权证书的建成房屋，则应当直接向负责土地使用权登记的机关申请办理变更登记。如果土地所在地已经进行了土地初始登记，通过土地使用权出让方式取得的国有土地使用权，也应当办理土地使用权变更登记。

变更登记的受理机关，与原来进行土地使用权登记的登记机关是一致的。

变更土地登记的程序一般分为申请登记、地籍调查、审核、登记与换证四个阶段。土地管理部门根据土地使用者、所有者及他项权利拥有者提交的变更土地登记的申请书，经地籍调查、审核，符合变更土地登记规定的，报人民政府批准后，变更注册登记，更换或更改土地证书，并将地籍图、土地归户册（土地归户卡组装）作相应的更改。

7.3 房屋登记

房屋登记，是指房屋登记机构依法将房屋权利和其他应当记载的事项在房屋登记簿上予以记载的行为。房屋登记机构将房屋权利状况和应当记载的其他事项记载于登记簿的房屋登记行为，是一种物权公示方法。房屋登记的目的在于将房屋权利状况对外公开，保证房屋交易的安全和便捷。房屋登记由申请人提出申请来启动，通过登记簿将物权现状、变动等情况向社会公开。根据《房屋登记办法》第四条规定，房屋所有权登记，由房屋所在地的房屋登记机构办理。房屋登记机构，是指直辖市、市、县人民政府建设（房地产）主管部门或者其设置的负责房屋登记工作的机构。

房屋登记类型，包括所有权登记（又包括初始登记、转移登记、变更登记、注销登记等）、他项权登记（又包括抵押权登记、地役权登记，其中抵押权登记包括一般抵押权登记、最高额抵押权登记、在建工程抵押权登记，每种他项权登记又可分为设立登记、转移登记、变更登记、注销登记等）、预告登记、其他登记（包括异议登记、更正登记等）。从所占用的土地性质看，还可将所有权登记分为国有土地范围内的房屋登记，集体土地范围内房屋登记两大类型。各类房屋登记所针对的情形不同，在登记程序上会有相应的区别。但作为房屋登记，还要遵循共同的登记程序，也就是不同的房屋登记类型所采用的程序中共同的步骤和手续，这就是房屋登记的一般程序。这里主要介绍房屋登记中最普遍的登记类型——房屋所有权登记和房屋抵押权登记。

7.3.1 房屋所有权登记

房屋所有权是物权中最完整、最充分、最核心的权利，房屋上设立的其他物权均有所有权派生出来。房屋所有权登记是房地产行政管理的基础和核心。我们日常生活中所指的房屋产权，某种程度上就是房屋所有权同义词。我国房屋登记工作最初就是由所有权登记为切入点而启动的。房屋所有权登记是房屋登记中最为多见的一项登记类型，占了登记机构日常办理业务的主要比例。《房屋登记办法》对房屋登记类型做了较为详细的划分，相比以前《城市房屋权属登记管理办法》对房屋登记类型的划分，登记类型更多，权利间关系更为复杂。下面对房屋所有权登记的四种类型作简要介绍。

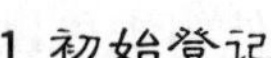

1. 初始登记

是指对房屋所有权的首次登记。房屋所有权初始登记是房屋权利的第一次登记，对其以后物权变动具有原始根据效力。初始登记提交的材料分为申请人填写的登记申请书、申请人的身份证明、建设用地使用权证明、建设工程符合规划的证明、房屋已竣工的证明、房屋测绘报告、其他必要材料。

2. 变更登记

是指针对房屋自然状况发生变化或者房屋所有权人姓名或名称等发生变化进行的登记。变更登记后房屋所有权没有发生转移，所有权主体没有发生实质性变化。如房屋坐落的街道名称、门牌号或房屋名称的变更、房屋面积增减、房屋所有权人姓名或名称变更等，因此进行的登记为变更登记。申请房屋所有权变更登记，应提供登记申请书和申请人身份证明、房屋所有权证书、证明发生变更事实的材料等。

3. 转移登记

是指针对房屋所有权人发生变更进行的登记。房屋所有权转移主要基于两类法律事实，即法律行为和法律行为以外的法律直接规定。对于因法律行为引起的所有权转移，必须登记，不登记不生效，这些法律行为有买卖、互换、赠与、房屋分割或合并、以房屋出资入股、法人或者其他组织分离或合并等；对于法律行为以外的法律直接规定引起的房屋所有权转移，自事实发生起生效，继承、受遗赠即属于法律直接规定引起的房屋所有权转移。申请房屋所有权转移登记，除了应提供登记申请书和申请人身份证明外，还应当提交申请登记的文件包括房屋所有权证书、证明房屋所有权转移的材料等。申请房屋所有权注销登记，应提供登记申请书和申请人身份证明、房屋所有权证书、证明房屋所有权消灭的材料等。

4. 注销登记

是指在房屋或房屋权利发生消灭或终止时权利人申请的登记。房屋所有权注销登记有两种情形，一是因房屋灭失，二是房屋所有权人放弃所有权。当然，放弃房屋所有权是以不侵害他人的权利为前提的，如该房屋存在查封和他项权利的情况下，房屋所有权人称放弃所有权的，是不能为其办理房屋所有权注销登记的。

7.3.2　房屋抵押权登记

抵押权是指债务人或者第三人向债权人提供一定的财产以担保债务的履行，在债务人不履行债务时，债权人又依照法律的规定以该财产折价或拍卖、变卖的价款优先受偿。在抵押法律关系中，享有抵押权的人是债权人，亦称抵押权人；接受房地产抵押作为债务人履行债务担保的公民、法人或者其他组织可以作为抵押权人。提供一定担保财产的债务人或者第三人，称为抵押人；将依法取得的房地产提供给抵押权人，作为本人或者第三人履行债务担保的公民、法人或者其他组织可以作为抵押人。抵押人提供的担保财产，称为抵押财产或者抵押物。抵押权的设立虽为担保债务的履行，但因其为担保物权的一种，故必须依法设立。

房地产抵押是一种对社会经济秩序，特别是金融秩序影响较大的行为。房地产抵押权登记，是指房地产权利人以其支配的房地产设定抵押权后，依照法定的程序申请登记机构，在房地产登记簿上所作的记载。设定抵押权的房地产如果不能公示于社会，对于保障房地产交易安全则极为不利，为了防止房地产权利人隐瞒这种有瑕疵的房地产权利，将其进行转让，法律上创设了房地产抵押权登记这种制度。

房屋抵押权登记分为房屋抵押权设立登记、房屋抵押权变更登记、房屋抵押权转移登记、房屋抵押权注销登记。

1. 房屋抵押权设立登记

房屋抵押权设立登记是指根据抵押当事人申请，登记机构依法将抵押权设立的事项在登记簿上予以记载的行为。我国《物权法》规定，登记是抵押权设立的前提，未经登记，抵押权不成立，抵押权登记后，债务人到期不履行债务，债权人可依法行使抵押权。申请抵押权设立登记应当提交登记申请书、申请人的身份证明、房屋所有权证书、抵押合同、主债权合同和其他必要材料。主债权合同也称主合同。抵押权具有从属性，它是以债权的存在为前提的，债权不存在，抵押权也不存在，因此债权合同又称主合同，在抵押关系中主合同最普遍的表现形式是借款合同。

2. 房屋抵押权变更登记

抵押权变更登记是指房地产抵押权主体不发生改变，只是客体和内容发生改变，如抵押权人的名称发生改变，或者抵押物的地址、面积发生改变以及抵押人发生变化等。房地产抵押权的变更是因某些事实状态的改变致使房地产抵押权客体和内容发生变化。抵押权的变更登记是指将抵押权变更事项记载于抵押登记簿的行为。抵押权变更登记，应当提交登记申请书、申请人的身份证明、房屋他项权证书、抵押人与抵押权人变更抵押权的书面协议以及其他必要材料。

3. 房屋抵押权转移登记

房地产抵押权的转让，是指抵押权人将其所享有的房地产抵押权随主债权转让给新的债权人，新债权人受让抵押权后享有就抵押物优先受偿的权利。即抵押权的客体和内容均不发生变化，只有抵押权的主体发生变化。抵押权是以担保债权的清偿为目的的，因此抵押权只有与被担保的主债权结合在一起才有其担保的意义，这也就是抵押权对被担保主债权的从属性规则，简称为抵押权的从属性。在理论上抵押权的从属性包括成立上的从属性、转让上的从属性及消灭上的从属性。所谓抵押权转让的从属性，又称为抵押权处分的从属性，是指抵押权只有附随于所担保的主债权才能够让与他人或者作为其他债权的担保。因此，第一，抵押权不得与所担保的主债权分离而单独转让；第二，抵押权不得与债权分离而单独成为其他债权的担保。经依法登记的房屋抵押权因主债权被转让而转让的，主债权的转让人和受让人应当持登记申请书、申请人的身份证明、他项权证书、房屋抵押权发生转移的证明材料等申请抵押权转移登记。

4. 房屋抵押权注销登记

抵押权的注销与抵押权的设立是相对应的，即权利因登记而产生，因注销而消灭。我国《担保法》第五十二条明确规定："抵押权与其担保的债权同时存在，债权消灭的，抵押权也消灭。"被担保主债权可因如下原因而消灭：①债务全部清偿；②债务人对抵押权人亦存在债权并符合抵消条件时，其债权相互抵消；③抵押权人与债务人因继承、合并等而发生混同，抵押权人与债务人成为一人；④抵押权人在不损害第三人利益的情况下免除债务人的债务。申请抵押权注销登记，应当提交登记申请书、申请人身份证明、他项权利证书、证明房屋抵押权终止的材料及其他必要材料。

7.3.3 房屋登记一般程序

房屋登记的一般程序如下：

1. 申请

申请是房屋登记申请人向房屋所在地的登记机构提出登记申请，并提交相关证明材料的行为。这里有几个问题需要注意：一是由谁来申请登记，即谁是合格的申请人。一般来说，只有与房屋物权变动有关联的当事人才有资格提出申请。当然，如果牵涉到未成年人的房屋登记，应当由其代理人代为申请登记。二是除法律法规特别规定的情形外，应当由当事人双方共同申请，牵涉到共有的情况下应当由各共有人共同申请登记。三是申请时应当提供必需的材料。四是既然登记由当事人申请启动，在登记行为完成之前，申请人可以按照自己的意思撤回登记申请。

2. 受理

受理是登记机构对符合条件的登记申请予以接受的行为。受理的过程实际上也是一个初步审查的过程，主要看当事人提供的登记申请材料是否齐全，权属来源是否清楚。权利人在申请登记时，登记机构工作人员应当根据法律法规以及有关政策规定，查阅申请人提交的证明文件，以及各证明文件之间的逻辑是否一致，并就与登记有关的事项询问申请人，对询问结果应进行记录并要求申请人签字确认。对提交申请登记材料齐全且符合法定形式的，登记机构应当受理登记申请，并出具收件凭证。对申请登记材料不全或不符合法定形式的，登记机构不受理登记申请，并应告知申请人不予受理的原因，需要补充材料才能受理的，应当一次性书面告知申请人需要补齐的材料。

3. 审核

审核是登记机构对受理的登记申请事项进行审查，以做出予以登记或者不予登记决定的行为。审核是整个登记程序中的关键环节。在理论上，根据登记机构审核的深度不同，大致可将登记审核分为形式审查和实质审查两种情况。但何谓形式审查和实质审查，向无定论。大概来说，形式审查指对于登记的申请，只进行形式上的审查，至于登记申请材料上记载的权利事项是否真实及有无瑕疵，则不予过问。而实质审查，登记机构不仅应对当事人提交的申请材料进行形式要件的审查，而且应当负责审查申请材料内容的真伪，甚至要审查登记事项的基础法律关系。在登记实践中，经常把房屋权属审核归纳为“三审定案”的方法，即初审、复审和终审。但随着登记机构效率的提高，各地登记机构实践中已经发生较大变化，对于权属状况较简单清晰的，甚至出现初审定案的情况。

4. 记载于登记簿

经过登记机构审核，将有两种结果：准予登记，不予登记。登记机构决定予以登记的事项，包括房屋的自然状况部分、权利状况部分，以及查封、异议等其他依法应当登记的事项等在登记簿中予以记载。登记簿制度是《物权法》确立的新制度。所谓登记簿，是房屋登记机构制作和管理的，用于登记房屋基本状况、房屋权利状况以及其他依法应当登记事项的特定簿册。根据《物权法》规定，登记簿是房屋权利归属和内容的根据。《物权法》第十四条规定：“不动产物权的设立、变更、转让和消灭，依照法律规定应当登记的，自记载于登记簿时发生效力。”登记的完成，必须要将房屋的有关信息归于登记簿。因此，登记机构必须如实将登记事项记载于登记簿，发挥登记簿的公示、公信作用。房屋权属证书和登记证明记载的事项，应当与登记簿一致，记载不一致时，除有证据证明登记簿确有错误外，以登记簿为准。

5. 发证

发证即颁发房屋权属证书或者登记证明，是登记机构在做出准予登记的决定并将有关登记事项记载于登记簿后，根据登记簿上的记载缮写并向申请人发放房屋权属证书或者登记证明的行为。房屋权属证书包括房屋所有权证和房屋他项权证，登记证明包括预告登记证明、在建工程抵押登记证明等。它们是登记机构颁发给权利人作为其对房屋享有权利的证明，或者申请登记事项被记载于登记簿的证明。登记簿是房屋权利归属和内容的根据，房屋权属证书和登记证明是房屋登记簿所记载内容的外在表现形式。在社会生活和交易过程中，权属证书和登记证明可以起到对房屋权利以及有关事项的证明作用，有利于保护房屋权利、维护交易安全。

7.4　房地产权属统一登记

房地产产权登记分为土地产权登记和房屋产权登记，土地产权登记由土地管理部门办理，房屋产权登记由房产管理部门办理。土地管理部门和房产管理部门是两个不同的职能部门，因此我国房地产产权管理体制是实行土地产权登记发证和房屋产权登记发证两套管理体制。而《城市房地产管理法》第六十二条规定："经省、自治区、直辖市人民政府确定，县级以上地方人民政府由一个部门统一负责房产管理和土地管理工作的，可以制作、颁发统一的房地产产权证书。"依照本法第六十条的规定，将房屋所有权和该房屋占用范围内的土地使用权的确认和变更，分别载入房地产权证书。《城市房地产管理法》颁布的时间是1994年，其第六十二条的规定是对第六十条规定的变通，代表了当时我国房地产产权管理机构和管理体制改革的可能方向：两制合一、两证合一。新颁布的《物权法》第十条即对不动产登记作了如下规定："国家对不动产实行统一登记制度。统一登记的范围、登记机构和登记办法，由法律、行政法规规定。"房地产登记有望驶入"高速路"。

房地产产权统一登记管理是有其合理性的。

（1）保护权利人的合法权益。实行房、地统一登记，两证合一，能够加快房、地同步登记的步伐，为当事人进行房地产交易、抵押提供方便，使房地产权利人的权益更完整，从而全面、有效地保护权利人的合法权益。

（2）减轻登记申请人的负担。实行房、地统一登记，两证合一，申请人只需到一个部门申请登记，填一次表，领一个证，大量节省了时间，减轻了负担。据《物权法》第十三条规定，"登记机构不得有下列行为：要求对不动产进行评估；以年检等名义进行重复登记；超出登记职责范围的其他行为"。

（3）提高工作效率。实行房、地统一登记，两证合一，由一个部门受理登记，进行一次审核，实现证出一门，可减少职能交叉，降低行政成本，提高登记效率。

7.5　房地产产籍管理

对反映房地产情况的图、表、卡、册及其他有关产籍档案资料的管理工作，包括整理、分析以及长期保存，损失补充，变化调整等，通称产籍管理。

产权管理和产籍管理是密切联系、互为依存、互相促进的两项工作。产权管理是产籍管理的基础，没有产权登记、产权调查、产权确定，就不可能形成完整、准确的产籍资料。产籍资料记录了各类房地产的权属及其基本情况，这些资料是审查权属、房地产权界、处理各类产权纠纷的重要依据。因此，产权管理和产籍管理是一个有机的整体，两者不可分割，不可偏废。

房地产产籍管理对于城市建设与发展，对于房地产开发与住房制度的改革具有如下的法律意义：一是为城市规划、建设与管理提供科学依据。通过产籍管理，可以全面地掌握不同性质的房屋的占有和分布，掌握房屋的建成年份、结构、层数、用途、面积及国有土地使用等基本情况。经过对产籍资料的加工整理、分类统计、综合分析，编制出城市房地产基本状况和权属状况的精确统计数据，为城市的规划、建设与管理及有关部门征收税费提供完善的基础资料。二是为依法行政、确认产权、解决纠纷提供可靠凭证。按房产测量规定测定的房地产平面图，测定的房屋和土地的权属范围界限及面积，经产权产籍管理部门确认后，具有法律效力；房地产产权档案，反映了产权权属情况及变化转移情况，经产权产籍管理部门确认后，核发的权属证书，可以保护房屋所有权人和土地使用权人的合法权益，增强人们的法制观念，为确认产权，调解处理产权纠纷，查处违章建筑和违章用地提供可靠凭据。

房地产产籍主要由图、档、卡、册组成，通过图形、文件记载、原始证件等来记录反映产权状况、房屋现状及土地使用情况。房地产产籍管理的基本内容是：

（1）图，即房地产产籍平面图。它是专为房屋所有权和土地使用权登记和管理而绘制的专业图，它反映土地及房屋的位置、产权地界、房屋结构、面积、层次、街道门牌以及土地使用面积等。

（2）档，即房地产档案。它是通过房屋产权登记及其转移、变更登记等，把各种产权证件、证明、各种文件、历史资料等收集起来，用科学方法加以整理，分类装订而成卷册。它包括产权登记的各种申请表、墙界表、图纸、调查材料、原始文件记录、各种契证等文件，它反映了房地产权利及房地演变过程和纠纷处理结果及其过程，是审查和确认产权的重要依据。

（3）卡，即房地产卡片。它是对产权申请书中的产权人情况、土地使用权与房屋所有权状况及其来源等扼要摘录而制成的卡片。它按丘号（地号）顺序，以一处房屋中一幢房屋为单位填制一张卡片。其作用是为了查阅房地产基本情况以及对各类房地产进行分类和统计。

（4）册，即房地产登记簿册。包括登记收件簿、发证记录簿、房屋总册，是根据产权登记的成果和分类管理的要求而编制的。它按丘号顺序，以一处房屋为单位分行填制，装订成册。它是产权状况和房地产状况的缩影，便于掌握房地产产权状况的变动，是房地产产权管理的基础资料。

房地产产籍管理应当由县级以上地方人民政府房地产行政管理部门统一进行，并建立健全房地产档案和房地产测绘的管理制度。

（1）房地产产权档案管理。房地产产权档案是组成房地产产籍的图、档、卡、册的统称。

房地产档案管理的具体要求是：应当由专职资料员进行管理以保证房屋档案的完整、准确、详实；房屋档案内的各项数据资料不得任意更改。如需要改动时，须依照有关规定进行，并在更改处加盖资料员图章；全栋房屋拆除、移交或发还时，应注销其档案。

（2）房地产地籍测绘管理。房地产地籍测绘是测绘技术与房地产地籍管理相结合的专业测量。房地产地籍测绘应当符合房地产管理和测量规范的要求，准确反映土地和房屋的自然状况，并绘制符合规范的图表，为审查确认产权提供可靠依据。

本章学习要点 (Learning Essentials)

◎ 房地产权属登记是房地产行政主管机关对房地产的权属现状及变更予以确认并向房地产产权人颁发权利证书的一项重要活动，是国家确认房地产产权归属的法定程序。

◎ 房地产权属登记是房地产产权管理的主要行政手段，凡在规定登记范围内的房地产，不论产权归谁所有，都必须按照产权登记办法和产权登记程序申请产权登记，经审查确认产权后，由房地产主管部门发给产权证书。产权证书是房地产产权的唯一凭证，亦是产权得到法律确认的依据，具有法律赋予的公示、公信效力。

◎ 我国的城市房地产登记包括土地使用权和房屋所有权的登记。

◎ 国有土地使用权登记分为初始土地登记和变更土地登记两种。

◎ 接受和审查土地使用权人登记申请并负责登记的机关是申请登记的土地所在地的县级以上地方人民政府的土地管理部门，颁发国有土地使用权证书的机关是负责登记的土地管理部门的同级人民政府。

◎ 变更土地登记的受理机关，与原来进行土地使用权登记的登记机关是一致的；变更土地登记的程序和初始土地登记的程序也基本相同。

◎ 负责接受登记申请及核实、办理新建房屋所有权登记以及颁发房屋所有权证书工作的是房屋所在地的县级以上地方人民政府房产管理部门。

◎ 房地产变更登记应先办理房屋所有权的变更登记，而后再凭变更后的房屋所有权证书向同级人民政府土地管理部门申请土地使用权的变更登记。变更登记的受理机关与原来进行房屋所有权登记的登记机关是一致的。房屋所有权的变更登记的程序基本上与新建登记的程序相同。

案例展示教学（Case Application）

案例1：公证赠与、办理登记问题。

【案情介绍】

某甲为了出赠自己的房屋，立下了赠与书，公证处对该赠与书也进行了公证。赠与人某甲随即将公证书及房屋权属证书交付给了受赠人某乙，但是并未到登记机关办理所有权转移登记手续。时隔数年以后，赠与人了解到受赠人尚未办理所有权转移登记，便通过公证处发表书面声明，声明原赠与书作废，并通过公证处另立了遗嘱，指定房产在今后由某甲的继承人继承。受赠人某乙在得知这一情况以后，便持公证书及房屋权属证书到登记机构办理转移登记，领取了房屋权属证书。不久，某甲就此向登记机构提出了异议，要求登记机关撤销受赠领取的权属证书。

【法理评析】

这里有几个问题：

1. 赠与书已经由公证处公证，在办理权属登记时，赠与人是否还需要到登记机关办理手续？

2. 赠与事项经公证以后赠与人翻悔是否有效？

3. 这一问题发生后应当如何处理为好？如果登记机构注销受赠人的权属证书，是否会引起受赠人向登记机构要求赔偿？

住房和城乡建设部《房地产转让管理规定》第三条所规定的房地产转让，包括了房产赠与。按这一规定第七条所规定的程序，房地产转让当事人应持有关证件、材料向房地产所在地的房地产管理部门提出申请，办理转移登记手续。

赠与人翻悔是否有效？赠与人是否可以撤销赠与，应视不同情况而定。公证机构办理赠与公证，有三种形式：对赠与人的赠与书进行证明、对受赠人的受赠书进行证明和对赠与合同进行证明。赠与书和赠与合同不同，赠与书是赠与人单方以书面形式表示将财产无偿给予受赠人（如本例中的赠与人），而赠与合同是赠与人将自己的财产无偿给予受赠人、受赠人表示接受的赠与合同。在实际工作中，公证机构大多是采用对赠与合同进行证明。而对赠与书、受赠书进行证明，多见于应当事人的要求，或是因为当事人分别处于两地、或者接受赠与一方无完全的民事行为能力等情况。如果是赠与合同，应当适用《合同法》的规定，《合同法》第一百八十六条第一款规定，赠与人在赠与财产的权利转移之前可以撤销赠与，但经过公证的赠与合同，不适用该款的规定，本例中赠与人所出具赠与书虽然已经进行了公证，但是属于单方行为，并不是经公证的赠与合同，《合同法》前述条款只是对经公证的赠与合同进行限制。因此，在赠与行为尚未生效时，可能通过公证撤销其赠与。从另一个角度来看，赠与人是否可以撤销赠与，与权属登记并无直接的关系。作为登记机构，主要职责是帮助当事人进行权属登记，以完成物权公示。一方翻悔，实际上就难以完成登记程序。在这种情况下，即便是经过公证的赠与合同，也不宜由登记机构直接为之办理。《房屋登记办法》关于登记申请的规定中，依据《物权法》的规定，明确了因转移取得房产权利而可以由一方直接申请权属登记的，只限于因人民法院、仲裁委员会的生效法律文书取得房屋权利，或是因继承、受遗赠取得房屋权利，而没有将经过公证的文书列入其中。

关于第三个问题，按司法部 1992 年颁布的《赠与公证细则》第七条规定："办理不动产赠与公证的，经公证后，应及时到有关部门办理所有权转移登记手续，否则赠与行为无效。"司法部和建设部的前述《联合通知》第六条规定："经公证证明后需办理房产所有权转移、变更登记手续的，应当在出具公证书之日起两个月内，到房地产管理机关申请。"本案中受赠人既未办理"接受赠与公证书"，又未及时到登记机构办理所有权转移登记手续，在明知赠与人已经撤销其赠与以后，向登记机构作了不实的申报，但《房屋登记办法》没有给登记机构撤销受赠人权属证书的权利。登记机构单凭一方赠与书办理所有权转移登记，虽然存在一定的过错，但日后可以依据人民法院、仲裁委员会的生效法律文书撤销该项登记。因这一行政行为是因为受赠人作了不实的申报而引起的，且并未损害受赠人的利益，受赠人如果向登记机构提出赔偿请求，不会得到支持。

案例 2：房地产抵押不登记生效吗？

【案情介绍】

付某与许某是多年的好友，许某因做生意资金周转不灵请付某帮助。付某借给许某 15 万元人民币，约定年利率为 20%，一年后归还本息。付某说："咱们是亲兄弟明算账，我可以借钱给你，但你还款有什么保证？"许某说："我以自己的一栋二层楼房作抵押。"许某的一栋二层楼房约值 30 多万元。许某立即回家取来房产证，交给付某保管。于是，付某与许某签订了借款合同，并注明以许某的房产作抵押，但未订立专门的抵押合同，也未把抵押合同提交登记。一年后，许某无力还债，付某诉至法院。此时，除了付某外，还有多个债权人起诉许某。付某以自己拥有房屋抵押权为由，主张房屋拍卖款的优先受偿权，而法院则以抵押合同未经登记不生效为由不予支持，并裁定房屋拍卖款用作偿还全体债权。

【法理评析】

本案例应当注意以下两点：

（1）依据《城市房地产管理法》第六十一条的规定："房地产抵押时，应当向县级以上地方人民政府规定的部门办理抵押登记。"办理了登记手续后，登记部门会发给抵押权人《房屋他项权证》，这才证明抵押关系生效。《担保法》第四十一条也规定："当事人以本法第四十二条规定的财产抵押的，应当办理抵押物登记，抵押合同自登记之日起生效。"根据《担保法》第四十二条的规定：以城市房地产或者乡（镇）、村企业的厂房等建筑物抵押的应当办理抵押物登记。《城市房地产抵押管理办法》第三十、三十一条也作了相应的规定。本案中虽然付某与许某签订了借款合同，并注明以许某的房产作抵押，但未办理抵押物登记，付某对许某的房屋所享有的抵押权并未生效，在许某的房屋拍卖时，付某并不享有优先受偿权。因此，法院以抵押合同未经登记不生效为由对付某的主张不予支持，并裁定房屋拍卖款用作偿还全体债权是合理的。

（2）签订抵押合同后必须尽快地去办理抵押登记手续，防止他人登记在先。因为当有多个抵押权存在时，以登记的先后顺序为清偿顺序。

思考题

1. 房地产权属登记的概念。
2. 国有土地使用权登记和房屋所有权登记的种类分别有哪些?
3. 国有土地使用权初始登记的主要程序有哪些?
4. 国有土地使用权登记的主要事项有哪些?
5. 房屋所有权登记的主要程序有哪些?
6. 房地产抵押权登记的程序有哪些?
7. 申请房屋租赁登记备案应当提交的文件有哪些?
8. 房地产权属统一登记的含义。
9. 试述房地产产籍管理的法律意义。

第 8 章

房地产中介服务管理法律制度

学习导言（Learning Guidance）

房地产中介与房地产市场息息相关，人们通过房地产中介咨询、购买、出售、租赁房地产已经是很普遍的现象，中介机构在沟通买卖双方起到了一个桥梁的作用。

我国关于中介行业的规范文件主要有：

《中华人民共和国城市房地产管理法》(2007 年 8 月 30 日修正，全国人大常委会颁布)

《中华人民共和国土地管理法》(2004 年 8 月 28 日修改，全国人大常委会颁布)

《土地估价师资格考试管理办法》(2010 年 9 月 26 日修正，国土资源部颁布)

《土地估价机构管理暂行规定》(1993 年 2 月 13 日，国家土地管理局颁布)

《关于土地价格评估收费的通知》(1994 年 12 月 10 日，国家计划委员会、国家土地管理局颁布)

《土地评估中介机构注册办法》(2003 年 3 月 1 日，中国土地估价师协会颁布)

《土地评估机构资信评级办法》(2006 年 7 月 16 日，中国土地估价师协会颁布)

《房地产估价师执业资格制度暂行规定》(1995 年 3 月 22 日，建设部、人事部颁布)

《房地产估价师执业资格考试实施办法》(1995 年 3 月 22 日，建设部、人事部颁布)

《关于房地产中介服务收费的通知》(1995 年 7 月 17 日，国家计划委员会、建设部颁布)

《城市房地产中介服务管理规定》(1996 年 1 月 8 日，建设部颁布，2001 年 8 月 15 日修正)

《关于房地产价格评估机构资质等级管理的若干规定》(1997 年 1 月 9 日，建设部颁布，该规定目前已经废止)

《房地产估价师注册管理办法》(1998 年 8 月 20 日，建设部颁布，2001 年 8 月 15 日对该规定进行了修正，现已废止)

《房地产估价机构管理办法》(2005 年 12 月 1 日，建设部颁布)

《注册房地产估价师管理办法》(2006 年 3 月 7 日，建设部颁布)

《房地产经纪人员执业资格制度暂行规定》(2001 年 12 月 8 日，人事部、建设部颁布)

《房地产经纪人职业资格考试实施办法》(2001 年 12 月 8 日，人事部、建设部颁布)

《中国房地产经纪执业规则》(2006 年 10 月 31 日，建设部颁布)

《房地产经纪管理办法》(2010 年 10 月 27 日，住建部等颁布)

《物业管理条例》(2007 年 8 月 26 日修订，国务院颁布)

《物业管理师制度暂行规定》(2005 年 11 月 16 日，建设部颁布)

《物业管理师资格考试实施办法》(2005年11月16日，建设部颁布)

《物业管理师资格认定考试办法》(2005年11月16日，建设部颁布)

中介管理办法还不完善，仍在进一步调整中，在学习本章内容时，要注意掌握现行的规章制度，更要关注政策的调整。

本章内容说明 (Introduction)

房地产中介服务是指房地产咨询、房地产价格评估、房地产经纪等活动的总称。根据国家房地产中介法律法规的相关规定，本章主要介绍了房地产中介人员资格管理、房地产中介机构管理、房地产中介业务管理以及法律责任的相关内容。对中介人员从学历、经验和资格考试三方面进行限制，并实行职业资格注册管理；中介机构需进行注册备案，采用资信等级管理办法；中介业务管理主要从中介业务、中介服务行为、中介收费三方面的管理进行阐述。房地产中介服务实行赔偿损失制度，因房地产中介服务人员的过失而给当事人造成经济损失的，由所在中介服务机构承担赔偿责任。中介服务机构再向给当事人造成经济损失的中介服务人员实行追偿。

8.1 房地产中介服务概述

房地产中介服务是房地产咨询、房地产估价、房地产经纪等活动的总称。

根据《城市房地产管理法》及《城市房地产中介服务管理规定》的有关规定，房地产中介服务是指具有专业职业资格的人员在房地产投资、开发、销售、交易等各个环节中，为当事人提供居间服务的经营活动，是房地产咨询、房地产估价、房地产经纪等活动的总称。

房地产中介服务的范围比较广泛，我国目前只有房地产咨询、房地产估价和房地产经纪三种主要形式。随着房地产市场的逐步完善，房地产中介服务的形式也会发展。

1. 房地产咨询机构

房地产咨询机构指为当事人提供法律法规、政策、信息、技术等方面服务的经营活动。主要服务内容包括：受托在行业范围内组织区域性业务培训，按专业类别可举办房地产营销、策划、物业管理、房地产投资经营、房地产评估、房地产经纪及新颁布法律法规等方面的专业培训；编辑专业法规汇编、有关城市房地产市场动态、城市购房指南等适用类书籍，定期发布房地产市场行情，同时开展法规政策咨询等。

2. 房地产估价机构

房地产估价机构，主要业务是对包括土地、建筑物、构筑物、在建工程、以房地产为主的企业整体资产、企业整体资产中的房地产等各类房地产评估，以及因转让、抵押、城镇房屋拆迁、司法鉴定、课税、公司上市、企业改制、企业清算、资产重组、资产处置等需要进行的房地产评估。

3. 房地产经纪机构

房地产经纪机构指以收取佣金为目的，为促成他人房地产交易而从事居间、代理、信托等业务的经营活动。居间业务指经纪人受委托人委托为其成交提供居间撮合服务；代理业务指经纪人受委托人委托，在代理权限内以被代理人的名义同第三人进行民事活动；信托业务指经纪人受信托人委托，按其要求以自己的名义代他人购销、经营，并取得报酬的经营活动。目前较为普遍的经纪活动有商品房代理销售、二手房屋买卖、租赁等服务。

8.2 房地产中介服务的人员资格管理

根据目前规范我国房地产中介服务人员职业资格的主要法规规定，我国的中介服务人员资格管理，一般从三个方面加以控制：学历、经验和资格考试。只有满足要求，才能取得执业资格，具体情况如表 8-1 所示。

房地产中介服务人员资格管理规定　　表 8-1

中介服务内容	从业条件	考试办法	考试内容	备注
房地产咨询	房地产及相关专业中等以上学历；与房地产咨询相关的专业初级以上技术职称；考试取得合格证书	省、自治区建设行政主管部门和直辖市房地产主管部门制定		基本没有实行考试和注册
房地产评估（房地产估价师）	取得《房地产估价师执业资格证书》，并经注册登记取得《房地产估价师注册证》	国务院建设主管部门、人事主管部门共同制定	全国统一命题：《房地产基本制度与政策》、《房地产开发经营与管理》、《房地产估价理论与方法》、《房地产估价案例与分析》	每年举行一次考试（两年滚动）
房地产评估（房地产估价员）	取得《房地产估价员岗位合格证》	省、自治区人民政府建设行政主管部门和直辖市房地产管理部门制定	各省、自治区、直辖市命题	每年举行一次（本年度考出）

续上表

中介服务内容	从业条件	考试办法	考试内容	备注
房地产经纪（房地产经纪人协理）	取得《房地产经纪人协理从业资格证书》	省、自治区人民政府建设行政主管部门和直辖市房地产管理部门制定	各省、自治区、直辖市命题	每年举行一次（本年度考出）
物业管理师	取得《中华人民共和国物业管理师资格证书》，并依法注册取得《中华人民共和国物业管理师注册证》	住房和城乡建设部、人力资源和社会保障部	全国统一命题：《物业管理基本制度与政策》、《物业管理实务》、《物业管理综合能力》、《物业经营管理》	每年举行一次（两年滚动）

8.3 房地产中介服务机构的管理

我国对房地产中介服务机构主要从设立条件、资质管理、注册备案与资信等级管理等方面进行管理。

8.3.1 设立房地产中介服务机构的条件

从事房地产中介业务，应当设立相应的房地产中介服务机构。设立房地产中介服务机构应具备下列条件：

(1) 有自己的名称、组织机构；

(2) 有固定的服务场所；

(3) 有规定数量的财产和经费；

(4) 有足够数量的专业人员；

(5) 法律、行政法规规定的其他条件。

设立房地产中介服务机构，应当向工商行政管理部门申请设立登记，领取营业执照后，方可开业。

8.3.2 房地产中介服务机构的管理制度

土地估价机构实行资信评级管理；房地产估价机构和物业管理机构实行资质管理。

2002 年在全国清理行政许可时明确规定：房地产咨询机构、经纪机构不实行许可制，不再进行审批，即不实行资质管理，但要求在取得营业执照后 30 日内到房地产行政主管部门备案，实行备案制度。

土地评估机构实行资信评级管理制度。土地评估机构

资信评级工作由中国土地估价师协会和省级土地估价师协会两级组织开展，中估协负责颁发“A”级证书，各省级协会负责颁发“B”级（含B级）以下证书。土地估价中介机构资信等级实行动态管理，每年评定一次。设立未满一年的土地估价中介机构，不授予资信等级。

房地产估价机构实行资质管理制度。房地产估价机构资质等级分为一、二、三级。国务院建设行政主管部门负责一级房地产估价机构资质许可。省、自治区人民政府建设行政主管部门、直辖市人民政府房地产行政主管部门负责二、三级房地产估价机构资质许可，并接受国务院建设行政主管部门的指导和监督。

物业管理机构实行资质管理制度，资质等级分为一、二、三级。国务院建设主管部门负责一级物业管理企业资质证书的颁发和管理。省、自治区人民政府建设主管部门负责二级物业管理企业资质证书的颁发和管理，直辖市人民政府房地产主管部门负责二级和三级物业管理企业资质证书的颁发和管理，并接受国务院建设主管部门的指导和监督。设区的市的人民政府房地产主管部门负责三级物业管理企业资质证书的颁发和管理，并接受省、自治区人民政府建设主管部门的指导和监督。

8.4　房地产中介服务业务管理

8.4.1　房地产中介服务行为管理

> 房地产中介服务机构的业务管理主要包括中介服务行为管理、承办业务管理和收费管理。

房地产中介服务业务人员承办业务，由其所在中介机构统一受理并委托人签订书面合同。中介服务人员不得以个人名义承揽业务，也不得以个人名义与委托人签订委托合同。

房地产中介服务人员执行业务可以根据需要查阅委托人的有关资料和文件，查勘业务现场和设施，委托人应当提供必要的协作。对委托人提供的资料、文件中介服务机构和中介服务人员有为委托人保密的义务，未经委托人同意不得转借相关资料、文件。房地产中介服务实行赔偿损失制度。因房地产中介服务人员的过失而给当事人造成经济损失的，由所在中介服务机构承担赔偿责任，中介服务机构再向给当事人造成经济损失的中介服务人员实行追偿。

房地产中介服务人员在房地产中介活动中不得有下列行为：

（1）索取、收受委托合同以外的酬金或其他财物，或者利用工作之便，牟取其他不正当的利益；

（2）允许他人以自己的名义从事房地产中介业务；

（3）同时在两个或两个以上中介服务机构执行业务；

（4）与一方当事人串通损害另一方当事人利益；

（5）法律、法规禁止的其他行为。

8.4.2 房地产中介服务承办业务管理

1. 房地产估价机构

从事房地产估价活动的机构，在其资质等级许可范围内从事估价业务。

一级资质房地产估价机构可以从事各类房地产估价业务。

二级资质房地产估价机构可以从事除公司上市、企业清算以外的房地产估价业务。

三级资质房地产估价机构可以从事除公司上市、企业清算、司法鉴定以外的房地产估价业务。

暂定期内的三级资质房地产估价机构可以从事除公司上市、企业清算、司法鉴定、城镇房屋拆迁、在建工程抵押以外的房地产估价业务。

2. 土地估价机构

A 级土地估价机构，可在全国范围内从事土地估价工作。

B 级土地估价机构，只能在估价机构所在地的县级行政区域内从事土地估价工作。

3. 物业管理企业

一级资质物业管理企业可以承接各种物业管理项目。

二级资质物业管理企业可以承接 30 万平方米以下的住宅项目和 8 万平方米以下的非住宅项目的物业管理业务。

三级资质物业管理企业可以承接 20 万平方米以下的住宅项目和 5 万平方米以下的非住宅项目的物业管理业务。

8.4.3 房地产中介收费管理

房地产中介服务实行有偿服务。房地产中介服务机构为企事业单位、社会团体和其他社会组织、公民及外国当事人提供有关房地产开发投资、经营管理、消费等方面中介服务的应向委托人收取中介服务费。房地产中介服务机构在接受委托时应主动向当事人介绍有关中介服务的价格及服务的内容，出示收费标准。

中介服务费必须由中介服务机构同意收款，并给收缴人开发票。在房地产中介服务活动中，严禁只收费不服务，多收费少服务。

1. 房地产咨询收费

按照服务的形式，房地产咨询收费分为口头咨询费和书面咨询费。口头咨询费按照咨询服务所需时间结合咨询人员专业技术等级由双方协商议定标准。书面咨询按照咨询报告的技术难度，工作繁简结合标的额的大小计收。

实行政府指导价的房地产中介服务收费是书面咨询费、房屋租赁代理费和房屋买卖代理费。

普通咨询报告，每份收费 300～1000 元；技术难度大、情况复杂、耗用人员和时间较多的咨询报告，可适当提高收费标准，收费标准最高不超过咨询标的额的 0.5%。

2. 房地产估价收费

房地产估价采用差额定率累进计费，即按房地产价格总额大小划分费用率档次，分档计算各档次的收费，各档收费额累积之和为收费总额。具体费率依评估标的有所不同，如表 8-2、表 8-3 和 8-4 所示。

以房产为主的房地产估价收费标准　　表 8-2

档　　次	房地产价格总额（万元）	累进计费率（%）
1	≤100	0.5
2	101～1000	0.25
3	1001～2000	0.15
4	2001～5000	0.08
5	5001～8000	0.04
6	8001～10000	0.02
7	＞10000	0.01

宗地地价评估收费标准　　表 8-3

档　　次	土地价格总额（万元）	累进计费率（%）
1	≤100	0.4
2	101～1000	0.3
3	1001～2000	0.2
4	2001～5000	0.15
5	5001～8000	0.08
6	8001～10000	0.04
7	＞10000	0.01

基准地价评估收费标准

表 8-4

档　次	城镇面积（km^2）	收费标准（万元）
1	≤5	4～8
2	5～20（含 20）	8～12
3	20～50（含 50）	12～20
4	>50	20～40

3. 房地产经纪收费

根据代理项目的不同，房地产经纪收费实行不同的收费标准，如表 8-5 所示。

房屋买卖代理收费标准

表 8-5

档　次	房地产价格总额（万元）	累进计费率（%）
1	≤500	2.5
2	501～2000	2
3	2001～5000	1.5
4	5001～10000	1
5	>10000	0.5

房屋租赁代理费，无论成交的租赁期限长短，均按半至一月成交租金额标准，由双方协商协定一次性计收。

上述的收费为国家制定的最高限标准，各地可根据当地实际情况制定当地具体执行的收费标准，对经济特区的收费标准可适当规定高些，但最高不能超过上述标准的 30%。

8.5　房地产中介服务管理法律责任

8.5.1　房地产评估法律责任

根据《注册房地产估价师管理办法》，相关法律责任有以下几点：

1. 隐瞒有关情况或者提供虚假材料申请房地产估价师注册的，建设（房地产）主管部门不予受理或者不予行政许可，并给予警告，在 1 年内不得再次申请房地产估价师注册。

2. 聘用单位为申请人提供虚假注册材料的，由省、自治区、直辖市人民政府建设（房地产）主管部门给予警告，并可处以 1 万元以上 3 万元以下的罚款。

3. 以欺骗、贿赂等不正当手段取得注册证书的，由国务院建设主管部门撤销其注册，3 年内不得再次申请注册，并由县级以上地方人民政府建设（房地产）主

管部门处以罚款，其中没有违法所得的，处以1万元以下罚款，有违法所得的，处以违法所得3倍以下且不超过3万元的罚款；构成犯罪的，依法追究刑事责任。

4. 违反本办法规定，未经注册，擅自以注册房地产估价师名义从事房地产估价活动的，所签署的估价报告无效，由县级以上地方人民政府建设（房地产）主管部门给予警告，责令停止违法活动，并可处以1万元以上3万元以下的罚款；造成损失的，依法承担赔偿责任。

5. 违反本办法规定，未办理变更注册仍执业的，由县级以上地方人民政府建设（房地产）主管部门责令限期改正；逾期不改正的，可处以5000元以下的罚款。

6. 注册房地产估价师不得有下列行为：①不履行注册房地产估价师义务；②在执业过程中，索贿、受贿或者谋取合同约定费用外的其他利益；③在执业过程中实施商业贿赂；④签署有虚假记载、误导性陈述或者重大遗漏的估价报告；⑤在估价报告中隐瞒或者歪曲事实；⑥允许他人以自己的名义从事房地产估价业务；⑦同时在2个或者2个以上房地产估价机构执业；⑧以个人名义承揽房地产估价业务；⑨涂改、出租、出借或者以其他形式非法转让注册证书；⑩超出聘用单位业务范围从事房地产估价活动；⑪严重损害他人利益、名誉的行为；⑫法律、法规禁止的其他行为。

注册房地产估价师违反上述规定的，由县级以上地方人民政府建设（房地产）主管部门给予警告，责令其改正，没有违法所得的，处以1万元以下罚款，有违法所得的，处以违法所得3倍以下且不超过3万元的罚款；造成损失的，依法承担赔偿责任；构成犯罪的，依法追究刑事责任。

7. 注册房地产估价师或者其聘用单位未按照要求提供房地产估价师信用档案信息的，由县级以上地方人民政府建设（房地产）主管部门责令限期改正；逾期未改正的，可处以1000元以上1万元以下的罚款。

8. 县级以上地方人民政府建设（房地产）主管部门依法给予注册房地产估价师或其聘用单位行政处罚的，应当将行政处罚决定以及给予行政处罚的事实、理由和依据，报国务院建设主管部门备案。

9. 县级以上人民政府建设（房地产）主管部门，在房地产估价师注册管理工作中，有下列情形之一的，由其上级行政机关或者监察机关责令改正，对直接负责的主管人员和其他直接责任人员依法给予处分；构成犯罪的，依法追究刑事责任：①对不符合本办法规定条件的申请人准予房地产估价师注册的；②对符合本办法规定条件的申请人不予房地产估价师注册或者不在法定期限内作出准予注册决定的；③对符合法定条件的申请不予受理或者未在法定期限内初审完毕的；④利用职务上的便利，收受他人财物或者其他好处的；⑤不依法履行监督管理职责或者监督不

力，造成严重后果的。

8.5.2 土地估价法律责任

1. 执业土地估价师有下列情形之一的，由县级以上国土资源主管部门给予警告，责令限期改正；没有违法所得的，处1万元以下罚款，有违法所得的，处以违法所得3倍以下不超过3万元的罚款；造成损失的，依法承担赔偿责任；构成犯罪的，依法追究刑事责任：

(1) 伪造、涂改、倒卖、出租、出借或者以其他形式非法转让土地估价师资格证书；

(2) 允许他人以本人名义执业；

(3) 签署有虚假记载、误导性陈述、重大差错或者遗漏的土地估价报告；

(4) 谋取合同约定费用之外的不正当利益；

(5) 违反法律、行政法规的其他行为。

2. 土地估价机构有下列情形之一的，由县级以上人民政府国土资源主管部门给予警告，责令限期改正；没有违法所得的，处1万元以下罚款，有违法所得的，处以违法所得3倍以下不超过3万元的罚款；造成损失的，依法承担赔偿责任；构成犯罪的，对主要责任人和直接责任人依法追究刑事责任：

(1) 伪造、涂改、倒卖、出租、出借或者以其他形式非法转让土地估价机构注册证书；

(2) 以给予回扣、压低收费等不正当方式承揽业务；

(3) 故意抬高或压低估价，显失公平的；

(4) 出具有虚假记载、误导性陈述、重大差错或者遗漏的土地估价报告；

(5) 未按规定对土地估价报告进行备案；

(6) 一年内抽查土地估价报告有两次以上不合格；

(7) 违反法律、行政法规的其他行为。

3. 因违法违规行为给当事人造成损失的，土地估价机构依法承担赔偿责任，并可对负有责任的土地估价师进行追偿。

4. 国土资源主管部门和土地估价师协会及其工作人员在行政监管或者行业自律管理工作中，玩忽职守、滥用职权或者徇私舞弊的，依法给予处分；构成犯罪的，依法追究刑事责任。

8.5.3 房地产经纪法律责任

根据《房地产经纪管理办法》的规定相关法律责任如下：

(1) 违反《房地产经纪管理办法》，有下列行为之一的，由县级以上地方人民

政府建设（房地产）主管部门责令限期改正，记入信用档案；对房地产经纪人员处以 1 万元罚款；对房地产经纪机构处以 1 万元以上 3 万元以下罚款：

①房地产经纪人员以个人名义承接房地产经纪业务和收取费用的；

②房地产经纪机构提供代办贷款、代办房地产登记等其他服务，未向委托人说明服务内容、收费标准等情况，并未经委托人同意的；

③房地产经纪服务合同未由从事该业务的一名房地产经纪人或者两名房地产经纪人协理签名的；

④房地产经纪机构签订房地产经纪服务合同前，不向交易当事人说明和书面告知规定事项的；

⑤房地产经纪机构未按照规定如实记录业务情况或者保存房地产经纪服务合同的。

（2）房地产经纪服务实行明码标价制度。房地产经纪机构应当遵守价格法律、法规和规章规定，在经营场所醒目位置标明房地产经纪服务项目、服务内容、收费标准以及相关房地产价格和信息。

房地产经纪机构不得收取任何未予标明的费用；不得利用虚假或者使人误解的标价内容和标价方式进行价格欺诈；一项服务可以分解为多个项目和标准的，应当明确标示每一个项目和标准，不得混合标价、捆绑标价。

房地产经纪机构未完成房地产经纪服务合同约定事项，或者服务未达到房地产经纪服务合同约定标准的，不得收取佣金。

两家或者两家以上房地产经纪机构合作开展同一宗房地产经纪业务的，只能按照一宗业务收取佣金，不得向委托人增加收费。

房地产经纪机构和房地产经纪人员不得有下列行为：

（1）捏造散布涨价信息，或者与房地产开发经营单位串通捂盘惜售、炒卖房号，操纵市场价格；

（2）对交易当事人隐瞒真实的房屋交易信息，低价收进高价卖（租）出房屋赚取差价；

违反上述规定构成价格违法行为的，由县级以上人民政府价格主管部门按照价格法律、法规和规章的规定，责令改正、没收违法所得、依法处以罚款；情节严重的，依法给予停业整顿等行政处罚。

（3）房地产经纪机构与委托人签订房屋出售、出租经纪服务合同，应当查看委托出售、出租的房屋及房屋权属证书，委托人的身份证明等有关资料，并应当编制房屋状况说明书。经委托人书面同意后，方可以对外发布相应的房源信息。

房地产经纪机构与委托人签订房屋承购、承租经纪服务合同，应当查看委托人身份证明等有关资料。

违反上述规定，房地产经纪机构擅自对外发布房源信息的，由县级以上地方人民政府建设（房地产）主管部门责令限期改正，记入信用档案，取消网上签约资格，并处以 1 万元以上 3 万元以下罚款。

（4）房地产交易当事人约定由房地产经纪机构代收代付交易资金的，应当通过房地产经纪机构在银行开设的客户交易结算资金专用存款账户划转交易资金。

交易资金的划转应当经过房地产交易资金支付方和房地产经纪机构的签字和盖章。

违反上述规定，房地产经纪机构擅自划转客户交易结算资金的，由县级以上地方人民政府建设（房地产）主管部门责令限期改正，取消网上签约资格，处以 3 万元罚款。

（5）房地产经纪机构和房地产经纪人员不得有下列行为：

①以隐瞒、欺诈、胁迫、贿赂等不正当手段招揽业务，诱骗消费者交易或者强制交易；

②泄露或者不当使用委托人的个人信息或者商业秘密，谋取不正当利益；

③为交易当事人规避房屋交易税费等非法目的，就同一房屋签订不同交易价款的合同提供便利；

④改变房屋内部结构分割出租；

⑤侵占、挪用房地产交易资金；

⑥承购、承租自己提供经纪服务的房屋；

⑦为不符合交易条件的保障性住房和禁止交易的房屋提供经纪服务；

⑧法律、法规禁止的其他行为。

违反上述规定，由县级以上地方人民政府建设（房地产）主管部门责令限期改正，记入信用档案；对房地产经纪人员处以 1 万元罚款；对房地产经纪机构，取消网上签约资格，处以 3 万元罚款。

（6）县级以上人民政府建设（房地产）主管部门、价格主管部门、人力资源和社会保障主管部门的工作人员在房地产经纪监督管理工作中，玩忽职守、徇私舞弊、滥用职权的，依法给予处分；构成犯罪的，依法追究刑事责任。

本章学习要点 (Learning Essentials)

◎ 房地产中介服务是指具有专业职业资格的人员在房地产投资、开发、销售、交易等各个环节中，为当事人提供居间服务的经营活动，是房地产咨询、房地产估价、房地产经纪等活动的总称。

◎ 房地产咨询活动指为当事人提供法律法规、政策、信息、技术等方面服务的经营活动。

◎ 房地产估价活动，包括土地、建筑物、构筑物、在建工程、以房地产为主的企业整体资产、企业整体资产中的房地产等各类房地产评估，以及因转让、抵押、城镇房屋拆迁、司法鉴定、课税、公司上市、企业改制、企业清算、资产重组、资产处置等需要进行的房地产评估。

◎ 房地产经纪活动指以收取佣金为目的，为促成他人房地产交易而从事居间、代理、信托等业务的经营活动。

◎ 房地产中介服务人员资格管理，一般从三个方面加以控制：学历、经验和资格考试。

◎ 从事房地产中介业务，应当设立相应的房地产中介服务机构。设立房地产中介服务机构，应当向工商行政管理部门申请设立登记，领取营业执照后，方可开业。

◎ 房地产中介服务实行有偿服务。房地产中介服务实行赔偿损失制度。

案例展示教学（Case Application）

案例 1：违反了《合同法》相关规定，中介公司的霸王条款无效

【案情介绍】

2004 年 9 月 3 日，刘某、陈某与某中介公司三方签订一份《房屋转让合约》。该合约约定，刘某通过中介向陈某购买一套房产，转让成交价为人民币 209.38 万元。同时约定："陈某或刘某未能依本合同之条款卖出或买入该物业，则毁约方必须实付中介公司人民币 11.56 万元，作为赔偿中介损失。"后来，刘某并未按合同约定付款，刘某与陈某至今未签订正式房屋买卖合同。中介公司认为刘某违约，应按合同约定向其支付违约金人民币 11.56 万元用以赔偿损失，遂起诉至法院。法院判决认为，该条款属违约条款，违反公平原则，驳回了中介的诉讼请求。

【法理评析】

很多中介公司的居间合同都有类似的霸王条款，在交易不成功的情况下，要求委托人支付居间报酬，违反了《中华人民共和国合同法》相关规定，因此无效。

案例 2：房产经纪公司收定金不履约，双倍返还

【案情介绍】

北京美伊房地产经纪有限公司与中大恒基的职员孙某达成购房的口头协议。孙某写了一张便条，包含"中大恒基以肆拾肆万伍仟元将西直门大钱市胡同 1 号 1103 室房屋订给美伊地产，中大恒基不再另行出售"等内容。美伊公司交给孙某 4.5 万元定金。可是，美伊公司却没有盼来房产过户。原因是原房主不同意以该价格出售房屋。美伊公司因此起诉中大恒基。

北京中大恒基房产经纪公司收定金不履约，遭到客户起诉。北京市第一中级法院做出终审判决，判令中大恒基双倍返还定金 9 万元。

【法理评析】

孙某在与美伊房地产经纪公司商谈房屋订购事宜时是以中大恒基房产经纪公司的名义进行的，应该认定中大恒基房产经纪公司与美伊房地产经纪公司基于该便条形成了合法有效的买卖合同关系。中大恒基房产经纪公司未履行订房协议，构成违约。

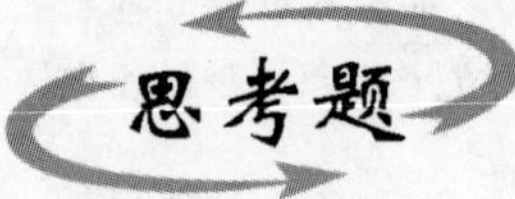

思考题

1. 什么是房地产中介服务？
2. 如何获得房地产估价师的执业资格？
3. 如何获得房地产经纪人的执业资格？
4. 房地产中介机构成立的条件是什么？
5. 房地产估价机构是怎样进行资质管理的？
6. 土地估价机构是怎样进行管理的？
7. 房地产中介服务人员在房地产中介活动中不得有哪些行为？
8. 什么是法律责任？注册房地产估价师的法律责任有哪些？
9. 房地产经纪人的法律责任有哪些？

第9章 物业管理法律制度

学习导言（Learning Guidance）

物业管理是我国房地产开发和经营发展到一定程度，借鉴国外先进经验，逐步建立起的对房屋综合经营服务管理办法，是房地产开发的延续和完善。物业管理法律制度是规范物业管理活动，维护业主和物业使用人、物业服务企业的合法权益的基本准则。

目前我国规范物业管理的法律法规主要有《中华人民共和国物权法》、《中华人民共和国民法通则》、《中华人民共和国合同法》、《物业管理条例》、《最高人民法院关于审理建筑物区分所有权纠纷案件具体应用法律若干问题的解释》、《最高人民法院关于审理物业服务纠纷案件具体应用法律若干问题的解释》以及部门规章、地方法规规章等。

物业小区中的业主所有权实质就是区分所有权，而物业管理权是其中的一项权能。当前各国立法均肯定了区分所有权，甚至制定专门的区分所有权法。但如何有效维护保障业主享有的区分所有权，充分利用实现其物业管理权，协调众多业主的权利冲突，理顺业主与物业服务企业的关系，则是物业管理立法的任务。因为多层建筑以及物业小区中，人口密度集中，人际关系复杂，事关百姓安居乐业。民法中的相邻关系制度及现有的物业法律法规和相关规定，已难以适应城市物业的迅猛发展。因此，我国的物业法律制度正处于不断完善的过程中，《物权法》及两个司法解释，对我国物业实际工作中容易产生纠纷的一些问题做出了法律规定，在学习这一章时对这些新的知识点应关注。

本章内容说明 (Introduction)

完善的物业管理法律制度将有助于规范物业管理行业，维护业主权益，推动房地产业市场发展，促进城市社区建设和建立和谐社会。本章主要围绕业主自治法律制度与物业专业管理两大主题，分别就物业管理中物业、物业管理和物业管理法律关系的构成要素；业主自治法律制度中的业主、管理规约、业主大会、业主委员会成立运作；物业服务企业、前期物业服务合同、物业服务合同、物业的使用与维护、物业管理纠纷与处理等方面进行了分析论述。

9.1 物业、物业管理及物业管理法律关系

9.1.1 物业与物业管理

物业管理起源于英国，1908年成立的世界上第一个全国性的物业管理行业性

组织——国际建筑物业主和管理人员协会（BOMAI），标志着物业管理进入法制化时代。我国首家物业服务企业——深圳市物业服务企业于 1993 年 3 月成立，伴随我国房地产业的迅速发展，物业管理已成为我国的新兴行业。

“物业”的含义是：“财产、资产、拥有物、房地产”。

“物业”对应的英文是“REAL ESTATE”或“REAL PROPERTY”，含义是：“财产、资产、拥有物、房地产”。随着物业管理的发展，物业已成为有确切定义的规范化术语。一般认为，“物业”指已经建成并竣工验收投入使用的各类房屋建筑及其所属配套设施与场地。一个完整的物业一般由建筑物本体、附属设备、公共设施、建筑地块等组成。

物业管理一般指根据业主、业主委员会或者其他组织的委托，物业管理机构对物业进行维护、修缮、管理，对物业区域内的公共秩序、交通、消防、环境、卫生、绿化等事项提供协助管理或者服务的活动。狭义的物业管理仅指业主通过选聘物业服务企业，由业主和物业服务企业按照物业服务合同约定，对房屋及配套设施设备和相关场地进行维修、养护、管理，维护相关区域内的环境卫生和秩序的活动。物业管理的主要内容是物业的共有部分和共同事务。随着经济的发展和人民生活水平的提高，物业管理的内容将会越来越丰富，但其核心仍是物业的共有部分和共同事务。

物业管理有如下法律特征：第一，物业管理的基础是业主自治权。业主们因购买房屋同属于一个物业住宅区而形成了建筑上、法律上的联结关系；第二，物业管理关系是一种民事关系，物业管理不同于房地产的行政管理，而是物业服务企业与业主之间形成的一种平等的、服务性质的法律关系；第三，物业管理关系基于委托合同而产生，根据部门规章和地方法规的规定，物业服务企业接受委托从事物业管理服务，应当与业主或业主委员会签订物业服务合同；第四，物业管理具有有偿性和专业性，物业服务企业对物业管理是市场化行为，在提供物业管理服务时获取报酬，因此是一项有偿服务，同时，物业管理服务涉及的各项事务均要求有一定的专业，如园林绿化、设施维修等，因此，现代物业管理具有专业性。

目前我国，在物业管理实践中的操作模式主要有：第一，委托式物业管理，即由业主通过物业服务合同委托物业公司进行管理。这种管理模式的最大优势是，可以对整个小区实行集中统一管理，专业化程度比较高，管理效果相对要好一些。其主要弊端是：管理费用较高，很多中低收入居民承受不起。目前许多居住小区物业管理费收缴率较低，不少中低收入者反映，买了房改房以后，交不起物业管理费。这是当前物业管理中存在的一个突出矛盾。第二，自营式物业管理，所谓业主自营式物业管理，就是住宅小区的物业管理，既不由房地产开发公司负责，也不聘请社会上专门的物业服务企业负责，而是由楼房业主自己管理。业主自营式物业管理的

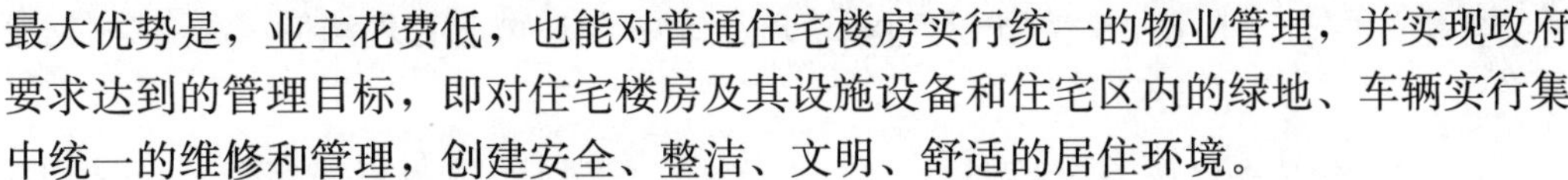

最大优势是，业主花费低，也能对普通住宅楼房实行统一的物业管理，并实现政府要求达到的管理目标，即对住宅楼房及其设施设备和住宅区内的绿地、车辆实行集中统一的维修和管理，创建安全、整洁、文明、舒适的居住环境。

9.1.2　物业管理法律关系

物业管理的法律关系，是法律规范调整人们在物业管理过程中形成的权利和义务关系。物业管理法律关系的构成要素包括主体、客体和内容。

1.物业管理法律关系的主体

物业管理法律关系的主体是指法律所规定的物业管理法律关系的参与者，是物业管理法律关系中权利的享受者和义务的承担者，包括：业主、非业主使用人、建设单位、物业服务企业、政府行政管理部门等。

业主是物业所有权人，按其拥有的物业所有权状况，又可分为独立所有权人和区分所有权人。

业主是物业所有权人，按其拥有的物业所有权状况，又可分为独立所有权人和区分所有权人。

非业主使用人，是指物业的承租人和其他实际使用物业的人。

建设单位，即房地产开发企业，依据《城市房地产管理法》第二十九条规定，房地产开发企业是以盈利为目的，从事房地产开发和经营的企业。建设单位作为物业的投资建设单位，原始取得物业的所有权；在物业销售前，是物业唯一所有权人，因此被称为第一业主。根据《商品住宅实行住宅质量保证书和住宅使用说明书制度的规定》，建设单位须在法定及约定的期限内对其销售的商品住宅及其他住宅和非住宅的商品房屋承担保修责任，在保修范围内涉及物业管理的责任最终由建设单位承担。建设单位作为第一业主，物业开始出售后的一段时期内仍持有较多所有权比例，因此有第一次选择物业服务企业的优先权与便利。建设单位常直接以自己作为委托方，签订前期物业服务合同，并作为住宅等物业出售时的附件。

物业服务企业，是指按照物业服务合同的约定，专门进行房屋及配套的设施设备和相关场地的维修、养护、管理，维护物业管理区域内的环境卫生和秩序，为业主和使用人提供服务的企业。从事物业管理活动的企业应当具有独立的法人资格，自主经营，独立核算，自负盈亏，独立承担民事责任。物业服务企业除须经过工商行政管理部门核准登记并颁发营业执照外，还须经政府房地产行政主管部门审核资质。

政府行政管理部门，如房地产行政主管部门、建设行政主管部门以及公安、消防、环保等政府有关部门，为维护物业管理的规范、有序运作，保护物业管理法律关系各主体的合法权益，就要介入物业管理活动中，对物业管理法律关系各主体进行指导、监督，行使行政权。

2. 物业管理法律关系的客体

物业管理法律关系的客体指物业管理法律关系主体权利义务指向的对象，分为物、行为和智力成果。“物”指物业，即建筑物本体、附属设备、公共设施及相关场地。物业是业主有权、物业服务企业管理权指向的对象。“行为”指物业管理中各方主体，业主、建设单位、物业服务企业以及政府主管部门的活动。物业服务合同规约如管理规约、业主委员会章程、前期及正式物业服务合同均以各方主体的一定行为作为客体。智力活动成果也称为非物质财富，包括精神文化财富，如物业小区的荣誉称号、规划设计等均可成为物业管理各方主体权利义务的客体。

物业由建筑物单位、附属设备、配套设施、相关场地四部分构成。但作为业主所有权及物业管理权指向的对象，依据其所有权归属一般划分为专有部分和共有部分。

专有部分指物业中具有构造和使用上独立性的部分，专有部分与其他专有部分或共有部分以上墙壁、天花板、地板相间隔。业主对专有部分所有权的性质是单独所有权，对专有部分可以自由使用、收益、处分。但业主将住宅改变为经营性用房，《物权法》第七十七条做了规定，业主不得违反法律、法规以及管理规约，将住宅改变为经营性用房。业主将住宅改变为经营性用房的，除遵守法律、法规以及管理规约外，应当经有利害关系的业主同意。

由于物业服务合同中业主委员会对物业服务企业的委托授权一般不涉及专有部分，所以就专有部分的有关物业管理事项，业主须与物业服务企业另行约定。

共有部分指物业中除去专有部分由全体或多数业主共同拥有和使用的部分。共有部分由物业的共同部位、共用设备、公共设施组成。《物权法》第七十条、七十一条、七十二条规定：“业主对建筑物内的住宅、经营性用房等专有部分享有所有权，对专有部分以外的共有部分享有共有和共同管理的权利。业主对其建筑物专有部分享有占有、使用、收益和处分的权利。业主行使权利不得危及建筑物的安全，不得损害其他业主的合法权益。业主对建筑物专有部分以外的共有部分，享有权利，承担义务；不得以放弃权利为由不履行义务。业主转让建筑物内的住宅、经营性用房，其对共有部分享有的共有和共同管理的权利一并转让。”

业主对共用部分依专有部分享有所有权。但业主对共同部分的使用，不得侵犯其他业主的权益，而且共用部分的重大事项须经业主大会或业主委员会决议批准。共同部分的维修管理是物业服务合同的主要内容，是物业服务企业管理权指向的主要对象。

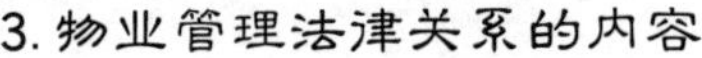

3. 物业管理法律关系的内容

物业管理法律关系的内容，即主体享有的权利和承担的义务，法律关系的实质即主体的权利和义务关系。物业管理法律关系的内容主要包括业主及物业服务企业的权利义务。

（1）业主权利义务。业主不论作为单独所有权人或建筑物区分所有权人，拥有物业的所有权。业主的其他权利来源于他对物业的所有权。

业主依法享有对物业共有部分和共同事务进行管理的权利，主要是：参加业主大会；享有业主选举委员会的选举权和被选举权；表决通过管理规约和业主委员会章程；决定有关业主利益的重大事项；监督业主委员会的管理工作。

业主的主要义务是：执行业主大会和业主委员会的有关决议、决定；遵守管理规约；遵守有关物业管理的制度、规定，合理使用物业；按时交付分摊的物业管理服务费等。

（2）物业服务企业的权利义务。物业服务企业是物业服务合同的受托方，物业服务企业享有的权利主要是由业主在合同中授予以及法律明确规定的物业管理权。

物业服务企业的权利主要包括：根据有关规定，结合实际情况，制定小区管理办法，并报房地产行政主管部门备案；依照物业管理办法和物业服务合同对住宅小区实施管理；依照物业服务合同和有关规定收取管理费；制止违反规章制度的行为；有权选聘专业机构，承担专业管理业务；有权要求业主委员会协助管理；可以实行多种经营，以其收益补充物业管理区管理经费。

物业服务企业的管理权经合同授予由业主所有权处分取得，故其首要义务即接受委托方的监督。

物业服务企业的义务是：履行物业服务合同，依法经营；接受业主委员会和住宅小区居民的监督；重大管理措施应当提交业主委员会审议批准；接受房地产行政主管部门、有关行政主管部门及住宅小区所在地人民政府的监督指导。

9.1.3 我国物业管理立法的表现形式

1. 宪法

宪法是国家根本大法。宪法的地位和效力在法律规范形式中居于首位，一切法律、行政法规、地方性法规、自治条例、规章都不得同宪法相抵触。宪法中规定的国家的社会制度和国家制度是制定物业管理法的基础和依据。宪法中关于住宅、城市管理、经济管理、公民权利和义务、社会主义精神文明等方面的规定和原则，既是我国物业管理法律渊源的最重要组成部分，也是物业管理立法应遵循的主要原则以及立法的根本依据和指导思想。

2. 法律

法律是我国最高国家权力机关即全国人民代表大会及其常务委员会，经过一定程序制定的规范性文件。我国有多部法律直接或间接涉及物业管理，例如，《物权法》的区分所有权制度，《民法通则》的相邻关系制度及《合同法》的委托合同制度均是物业管理立法的基础。另外，《土地管理法》、《城市房地产管理法》、《城乡规划法》、《建筑法》、《招投标法》、《公司法》、《价格法》等法律则包括一些物业管理应该遵循的强制性规范。

3. 行政法规

行政法规是国务院根据宪法和法律制定和发布的规范性文件。物业管理行政法规，主要有居于物业管理立法核心地位的《物业管理条例》，还有其他相关法规如《建设工程质量管理条例》、《城市市容和环境卫生管理条例》、《城市绿化条例》等。

4. 部门规章

部门规章是国务院所属各部委在其职权范围内发布的行政规章，主要由住房与城乡建设部及其他部委依据法律、行政法规制定和颁布的有关物业管理的规范性文件，规定的事项应当属于执行法律或国务院的行政法规、决定、命令的事项，效力低于宪法、法律和行政法规，如《前期物业管理招标投标管理暂行办法》、《物业服务企业资质管理办法》、《物业服务企业财务管理规定》、《物业服务收费管理办法》、《物业服务收费明码标价规定》、《物业服务定价成本监审办法（试行）》、《房屋建筑工程质量保修办法》、《住宅专项维修资金管理办法》、《建筑装饰装修管理规定》、《住宅室内装饰装修管理办法》、《业主大会和业主委员会指导规则》等。

5. 地方性法规

地方性法规指省、自治区、直辖市以及省会城市和经国务院批准的较大的市的人大及其常委会制定的规范性法律文件，其法律效力低于宪法、法律、行政法规，高于本级和下级地方政府规章，如《山东省物业管理条例》、《青岛市物业管理条例》等。

6. 地方政府规章

地方政府规章指省、自治区、直辖市以及省会城市和经国务院批准的较大的市的人民政府依照宪法、法律、行政法规、地方性法规制定的规范性法律文件，如《吉林省物业管理办法》、《南宁市物业管理办法》等。

7. 法律解释

法律解释包括与物业管理有关的立法解释、司法解释、行政解释和地方解释，目前主要有《最高人民法院关于审理建筑物区分所有权纠纷案件具体应用法律若干问题的解释》（简称《建筑物区分所有权司法解释》）、《最高人民法院关于审理物业服务纠纷案件具体应用法律若干问题的解释》（简称《物业服务司法解释》），还有大量的与物业管理活动相关的司法解释，如民法通则的司法解释、合同法的司法解释、诉讼时效的司法解释、精神损害赔偿的司法解释以及许多具体案例审判中的司法解释。

8.政策文件

政策文件实质是规章以下规范性文件，是指行政机关根据法律、法规、规章的规定，在管理社会过程中，依法定授权和法定程序发布的规范公民、法人和其他组织行为的具有普遍约束力的政令，它的法律效力低于法规、规章，但可作为行政机关所做的具体行为的依据。如《建设部、公安部、民政部关于加强居民住宅区安全防范工作的协作配合切实保障居民居住安全的通知》、《通化市人民政府办公室关于进一步做好物业专项维修资金交存和管理工作的通知》等。

以上有关的法律规范，由高而低，在不同层次上对物业管理各方面的社会关系和具体活动发挥着调整作用，但是，各层次的法律效力不同，低层次的规定必须与高层次的规定精神相一致，不得抵触。

9.2　业主及业主大会法律制度

9.2.1　业主自治机构及业主

1.业主自治机构的概念

业主自治机构是一定的物业管理区域内，物业的所有人为了对其所有的物业进行管理、使用、维护以及物业的整体利益而组成的自治性组织。由于业主自治机构是由业主自行组成的维护整体利益的组织，其应具有民主性、自治性、公益性的特征。

> 业主自治机构的特征是民主性、自治性、公益性。

业主自治机构对物业的管理与公共利益的维护是一种自治、自助行为，其机构的构成成员本身是业主，即物业的所有权人。所以，不同于物业服务企业，后者是物业管理服务的专营性质的公司，以管理、经营一定区域的物业为其经营目的。业主自治机构也不同于地方政府所设立的专门负责辖区内物业管理工作的行政部门，后者是行政性的管理，起指导的作用，不同于业主自治机构的自我管理、平等协商性质。因此，业主自治机构基于其性质、宗旨、组成人员、运作机制的不同而区别于其他对物业进行管理、指导监督的组织，具有独立性和不可替代性。

2. 业主自治机构的设置

根据房地产业比较发达和成熟的国家以及我国香港特别行政区的经验，业主自治机构由全体业主组成业主大会作为业主自治机构中的权力机关，行使重大事务的决策权；在业主大会下设立由业主民主选举产生的业主委员会，作为业主大会的常设机构和执行机关，行使日常事务的管理权。

设立业主自治机构时要接受相关行政部门与组织的指导和监督。业主自治机构是业主行使自治权，自我管理、自我服务的组织，但这种自治权是在一定指导下的自治，并非任意行为。业主自治机构应该在物业所在地房地产行政主管部门的指导下建立，并接受它的监督、指导。业主自治机构应当接受物业管理相关具体行政管理部门的指导和帮助。业主自治机构同时还应当接受街道办事处、居民委员会等基层组织的指导。业主自治机构以公共利益为目的，工作的宗旨是服务性、无偿性，而且各个业主的地位是平等的。

3. 业主的概念

业主，房屋的所有权人为业主。如果某个土地上的物业全部属于某一个业主所有，法律上称为“独立所有权人”；如果某个土地上的物业属于数个不同业主所有，法律上称为“区分所有权人”。在我国目前条件下，随着房地产业的迅速发展和人们生活水平的不断提高，也是在国家住房改革的政策措施下，越来越多的人拥有了自己的物业，成为物业的产权人。

4. 建筑物区分所有权

建筑物区分所有权是业主在物业管理方面的权利基础与源泉。

依据《物权法》第七十条的规定，建筑物区分所有权是区分所有建筑物专有部分所有权、共有部分持份权，以及基于建筑物的管理、维护和修缮等事务而产生的成员权的总称，是业主在物业管理方面的权利基础与源泉。其主要特征包括：

（1）权利的复合性。建筑物区分所有权是由对建筑物专有部分的专有所有权和对共有部分共有所有权所构成的复合性所有权。

（2）权利客体的复杂性。建筑物区分所有权的客体包括建筑物的专有部分和共有部分。

（3）专有所有权的主导性。区分所有人拥有专有所有权是拥有共有所有权和成员权的前提。专有所有权的大小，决定区分所有人共有所有权的应有份额以及成员权的权利义务的分担，处分专有所有权的效力当然及于共有所有权和成员权，仅出让专有所有权，而保留其他权利的约定无效。在不动产登记上，只需登记专有所有权即设定了区分所有权，而共有所有权和成员权不能单独登记。

（4）权利性质的一体性。建筑物区分所有权的一体性，不仅指构成建筑物区分所有权两要素的专有所有权和共有所有权须结为一体，不可分离，而且还与建筑物区分所有权人基于特定身份和共同事务管理而享有的成员权密不可分。

5.业主的权利和义务

业主的权利表现为物业享有权、选举权和被选举权、参与制定规约权、表决权、请求权和监督权。

物业享有权，即业主作为建筑物的区分所有权人，享有自己专有部分的使用权，也就是所有权。业主对专有部分有占有、使用、收益和处分的权利，他人不得干涉。对于物业区域内的公用场所，公用设施也有与其他业主共享的权利。对于共有部分的使用权，业主可以合理善意使用。选举权和被选举权，业主大会由全体业主组成，而业主委员会由于是常设机构，只能由一定的业主代表组成。对于任何一名业主来说，作为物业区域中的一个权利人，都享有平等的选举权与被选举权。参与制定规约权，业主可以通过参加业主大会，参与制定和修改管理规约和管理规则，以及业主委员会的章程等。表决权，业主对物业区域的公共管理意识是通过参与业主大会，对业主大会中的议案和决议进行表决来表示和传达的。所以，表决权是业主行使公共管理权利的基础，也是业主权利的基本表现。请求权，业主可以依据管理规约请求召开业主大会、请求修改物业管理的规约、请求物业服务企业为自己提供应有的各种服务、请求罢免业主委员的人员、请求分配物业共有部分应得的利益及请求停止侵犯其共同利益的行为等。如《物权法》第七十八条规定："业主大会或者业主委员会的决定，对业主具有约束力。业主大会或者业主委员会做出的决定侵害业主合法权益的，受侵害的业主可以请求人民法院予以撤销。"

按照《物业管理条例》的规定，业主在物业管理活动中享有以下权利：按照物业服务合同的约定，接受物业服务企业提供的服务，提议召开业主大会会议；并就物业管理的有关事项提出建议；提出制定和修改管理规约、业主大会议事规则的建议；参加业主大会会议，行使投票权；选举业主委员会委员，并享有被选举权；监督业主委员会的工作；监督物业服务企业履行物业服务合同；对物业的共用部位、共用设施设备和相关场地的使用情况享有知情权和监督权；监督物业共用部位、共用设施设备专项维修基金使用；法律、法规规定的其他权利。

业主在物业管理活动中，履行下列义务：遵守管理规约、业主大会议事规则；遵守物业管理区域内物业共用部位和共用设施设备的使用、公共秩序和环境方面的规章制度；执行业主大会的决定和业主大会授权业主委员会做出的决定；按照国家有关规定交纳专项维修资金；按时交纳物业服务费用；法律、法规规定的其他义务。

9.2.2 管理规约

1. 管理规约的性质

管理规约，指业主共同订立或者承诺的，对全体业主具体有约束力的有关使用、维护物业及其管理等方面权利义务的行为守则。管理规约是物业管理中一个极为重要的文件，它是全体业主遵守物业管理各项规章制度的行为守则。管理规约的性质是全体业主的最高自治规则，有如“国家之宪法”、“公司之章程”，管理规约作为最高自治规则具有如下特征：业主意识自治，管理规约是业主约定彼此相互关系的民事协定，订立管理规约是业主间的共同行为。管理规约强制性规定较多，订立程序严格，约定效力至上。

> 管理规约的性质是全体业主的最高自治规则。

2. 管理规约的内容、订立与效力

管理规约一般包含以下内容：

(1) 物业的名称、区域范围、户数；

(2) 共有部分与单独所有部分的划分；

(3) 业主使用物业的方式及具体要求；

(4) 各业主参与物业管理的权利；

(5) 业主委员会的产生规则、业主委员会的权利义务、工作程序以及责任的承担；

(6) 各业主配合物业管理的承诺；

(7) 物业管理费用的分担以及物业收益的分配办法；

(8) 管理规约的修改程序；

(9) 违反管理规约的责任；

(10) 业主认为需要明确的其他事项。

管理规约的订立：管理规约一般由业主委员会负责草拟，并且经过业主大会或者业主代表大会审议批准。

管理规约的效力：经业主大会通过的管理规约，未被业主大会终止前，始终具有法律效力。管理规约订立后，纵使其物业的所有人更迭，其效力不受影响。

管理规约的变更：物业区域召开的第一次业主大会，一般应该审议业主委员会成立后草拟提交的管理规约，对前期管理中使用的过渡性管理规约予以认可或修订，或者制定新的公约规定。

3. 管理规约的几个具体法律问题

管理规约，作为一个自治性规则，其作用仅限于规范全体业主和非业主使用人对物业的管理、使用等行为。管理规约并非一个行政规范，因此，管理规约的条款

应符合自治规范的本质。

第一，建设单位制定的管理规约（公共契约）是否具有约束力。实践中，除了全体业主制定管理规约以外，建设单位也会制定公共契约。建设单位在出售房地产之前制定公共契约，在出售房地产时要求买方接受，有的建设单位甚至将公共契约作为房地产买卖合同中的一个条款。在全体业主制定管理规约后，原先由房地产建设单位制定的公共契约则失去效力。既然管理规约是一个自治性的规范，业主当然可以根据他们共同的意愿重新制定管理规约，以规范全体业主对物业的使用、管理的行为。

第二，管理规约能否设定处罚权。有的管理规约规定，业主违反管理规约时，应由业主委员会对该业主实施罚款、扣押或没收违章工具、拆除违章建筑等处罚措施。管理规约本质上即为一种自治规范，所以管理规约不能像法律、法规、规章那样设定此类行政处罚权。况且，法律对实施行政处罚的机关也有严格的限制，业主委员会作为一个自治性的组织无权实施行政处罚措施。管理规约中，可以约定一些民事责任的方式，如恢复原状、赔偿损失等责任形式。《物权法》第八十三条规定："业主应当遵守法律、法规以及管理规约。业主大会和业主委员会，对任意弃置垃圾、排放污染物或者噪声、违反规定饲养动物、违章搭建、侵占通道、拒付物业费等损害他人合法权益的行为，有权依照法律、法规以及管理规约，要求行为人停止侵害、消除危险、排除妨害、赔偿损失。业主对侵害自己合法权益的行为，可以依法向人民法院提起诉讼。"

第三，物业的承担人是否受管理规约约束。管理规约中可以规定，业主在出租物业时应将承租人遵守管理规约作为租赁合同的条款之一，而且应在租赁合同中明确规定由出租人或承租人交纳物业管理费用。即使业主在出租物业时，未将管理规约作为租赁合同的条款之一，承租人仍应受到管理规约的约束。因此，管理规约是针对不动产物业的使用、管理等行为而设定的。只要是在该物业区域内，物业的所有人或使用人（含承租人）对物业的使用、管理等行为均应受到管理规约的约束。

9.2.3　业主大会

1. 业主大会

> 业主大会是业主的自治组织，是由全体业主组成的在建筑区划内的建筑物及其附属设施的管理机构。

业主大会是由物业管理区域内全体业主组成的，或者业主人数较多时，由一定的业主组成的代表，维护物业管理区域内全体业主在物业管理活动中的合法权益，行使业主对物业管理的自治权的业主自治机构。一个物业管理区域成立一个业主大会。《物权法》第七十五条规定："业主可以设立业主大会，选举业主委员会。地方人民政府有关部门应当对设立业主大会和选举业主委员会给予指导和协助。”

物业管理区域的划分应当考虑物业的共用设施、建筑物规模、社区建设等因素。同一个物业管理区域内的业主，应当在物业所在地的区、县人民政府有关部门的指导下成立业主大会，并选举产生业主委员会。但是，只有一个业主的，或者经全体业主一致同意，决定不成立业主大会的，由业主共同履行业主大会、业主委员会的职责。

2. 首次业主大会成立条件及召开程序

根据《业主大会和业主委员会指导规则》的规定，业主大会应按以下条件成立：

（1）当物业管理区域内已交付的专有部分面积超过建筑物总面积50%时，建设单位应按照物业所在地的区、县房地产行政主管部门或者街道办事处、乡镇人民政府的要求，及时报送下列筹备首次业主大会会议所需的文件资料：物业管理区域证明；房屋及建筑物面积清册；业主名册；建筑规划总平面图；交付使用共用设施设备的证明；物业服务用房配置证明；其他有关的文件资料。

（2）如果以上资料符合成立业主大会条件，区、县房地产行政主管部门或者街道办事处、乡镇人民政府应当在收到业主提出筹备业主大会书面申请后60日内，负责组织、指导成立首次业主大会会议筹备组。筹备组应当自组成之日起90日内完成筹备工作，组织召开首次业主大会会议。业主大会自首次业主大会会议表决通过管理规约、业主大会议事规则，并选举产生业主委员会之日起成立。

首次业主大会应该有过半数以上投票权的业主出席才有效，其召开的程序一般如下：

（1）由大会筹备组介绍大会筹备情况；

（2）由大会筹备组介绍业主委员会候选人情况，候选人也可以作自我介绍；

（3）审议通过业主委员会章程和管理规约；

（4）由业主大会成员或业主代表大会代表投票选举产生业主委员会成员；

（5）审议决定其他物业管理的重大事项。

3. 业主大会的职责

业主委员会成立后，负责召集以后的业主大会，业主大会定期会议应当按照业主大会议事规则的规定召开，一般应每年召开一次会议。经持有一定比例投票权的业主提议，业主委员会就其提议须召开业主大会，称为业主大会的临时会议或特别会议。《物业管理条例》规定，经20%以上的业主提议，业主委员会应当召开业主大会临时会议。

业主大会应该履行下列职责：

(1) 制定和修改业主大会议事规则；

(2) 制定和修改管理规约；

(3) 选举业主委员会或者更换业主委员会成员；

(4) 选聘和解聘物业服务企业；

(5) 筹集和使用专项维修资金；

(6) 改建、重建建筑物及其附属设施；

(7) 有关共有和共同管理权利的其他重大事项。

4.业主大会的决议和通过

根据业主大会所决定事项的重要性不同，可将其决议分为一般决议和重大决议。如管理规约的通过及修改、业主委员会的组成及其变更、业主委员会章程的通过及修改、物业服务企业的选聘及撤换等事项为物业管理中的重大事项，涉及业主的重大利益和长远利益，关于这些事项的决议应为重大决议。而一些常规性的或不是特别重大事项的决议为一般决议。业主大会应当有过半数以上投票权数的业主出席。业主大会做出的决定，应当经出席会议的过半数投票权数的业主表决通过；重大事项应当经出席会议的 2/3 以上投票权数的业主表决通过。

《物权法》第七十六条规定："下列事项由业主共同决定：(一) 制定和修改业主大会议事规则；(二) 制定和修改建筑物及其附属设施的管理规约；(三) 选举业主委员会或者更换业主委员会成员；(四) 选聘和解聘物业服务企业或者其他管理人；(五) 筹集和使用建筑物及其附属设施的维修资金；(六) 改建、重建建筑物及其附属设施；(七) 有关共有和共同管理权利的其他重大事项。决定前款第五项和第六项规定的事项，应当经专有部分占建筑物总面积三分之二以上的业主且占总人数三分之二以上的业主同意。决定前款其他事项，应当经专有部分占建筑物总面积过半数的业主且占总人数过半数的业主同意。"

表决规则中业主的投票权数由专有部分面积和业主人数确定，方法如下：

(1)《建筑物区分所有权司法解释》第八条规定："物权法第七十六条第二款和第八十条规定的专有部分面积和建筑物总面积，可以按照下列方法认定：(一) 专有部分面积，按照不动产登记簿记载的面积计算；尚未进行物权登记的，暂按测绘机构的实测面积计算；尚未进行实测的，暂按房屋买卖合同记载的面积计算；(二) 建筑物总面积，按照前项的统计总和计算。"此条明确建筑物总面积＝专有部分面积之和，不包括公摊面积，否则会发生不能做出表决或者不公平的情形。

(2)《建筑物区分所有权司法解释》第九条规定："物权法第七十六条第二款规定的业主人数和总人数，可以按照下列方法认定：(一) 业主人数，按照专有部分的数量计算，一个专有部分按一人计算。但建设单位尚未出售和虽已出售但尚未交付的部分，以及同一买受人拥有一个以上专有部分的，按一人计算；(二) 总人数，按照前项的统计总和计算。”此条明确业主人数按照专有部分的数量计算，不按实际业主人数计算，并且一位业主拥有多处专有部分面积的仅计算为一人。总人数=专有部分数量（一人有多个专有部分的计为一人）。

9.2.4 业主委员会

1.业主委员会的概念

业主委员会的宗旨是代表业主的合法权益。

业主委员会是经业主大会选举产生并经房地产行政主管部门备案，在物业管理活动中代表和维护全体业主合法权益的组织，作为业主大会的常设机构和执行机构，对业主大会负责，受业主大会和广大业主监督。

业主委员会是一个物业管理区域中长期存在的，代表业主行使业主自治管理权的机构。其应有以下特点：业主委员会应由业主大会选举产生，业主委员会活动范围应该是进行物业的业主自治管理，业主委员会代表应维护全体业主的合法权益，实行业主自治与专业化管理相结合的管理体制，保障物业的合理与安全使用，维护物业的公共秩序，创造整洁、优美、安全、舒适、文明的环境。

2.业主委员会的法律地位

关于业主委员会的法律性质，条例并没有做出明确规定。但依据我国对于物业管理条例的法律解释和业主委员会的职责来看，业主委员会是一个经过当地房地产主管部门的登记，并接受其指导、监督和管理的组织，是一个常设的进行物业自治管理的业主自治机构。业主委员会的法律性质应当属于非法人组织。业主委员会的非法人组织的性质所带来的意义有两点：涉及纠纷诉讼时，应由全体业主授权于业主委员会，由其作为全体业主代表参加民事诉讼活动；业主委员会代表全体业主行使诉讼的权利，其诉讼活动的结果也将直接归于全体业主。根据《物权法》、《物业服务纠纷司法解释》的精神，业主委员会在物业纠纷中具备独立的诉讼主体资格，可以以自己的名义参加诉讼。并且根据最高法院的相关批复（2002 民立他字第 46 号）和上海高院有关解释（沪高法民一［2002］6 号），也基本上承认业主委员会独立的民事主体资格和民事诉讼主体资格，这些规定或解释的基本要旨为：凡涉及全体业主公共利益的事项，业主委员会有权作为原告提起诉讼，但应先召开业主大会，由大会以多数表决的方式通过业主大会决议，对诉讼与否做出决定。

3.业主委员会的成立

业主委员会成立的原则：一个物业管理区域应当成立一个业主委员会；业主委员会应由物业管理区域内的业主大会民主选举产生；业主委员会应由物业管理区域内符合法定条件的业主 5～11 人单数组成；业主委员会应当经过行政备案。业主委

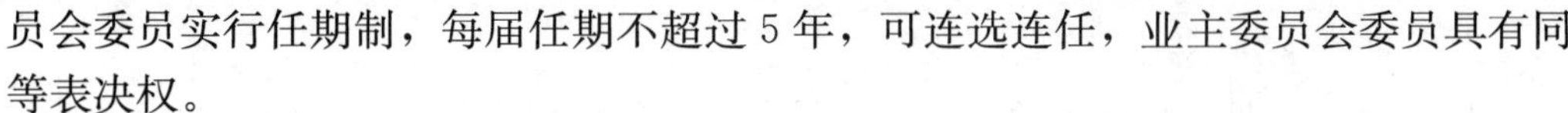

员会委员实行任期制，每届任期不超过5年，可连选连任，业主委员会委员具有同等表决权。

4. 业主委员会的职责

业主委员会职责主要包括：

（1）会议职责。召集除首次业主大会会议之外的业主大会会议，报告物业管理的实施情况。遇有特殊情况，业主委员会有权按照有关规定召集和主持业主大会临时会议。

（2）订约职责。选聘、续聘或者解聘物业服务企业的决定权属于业主大会，业主委员会只能根据业主大会决定与物业服务企业签订、变更或者解除物业服务合同。物业服务合同的签订、变更和解除应当遵守《合同法》的规定。

（3）监督职责。及时了解业主、物业使用人的意见和建议，监督和协助物业服务企业履行物业服务合同。监督管理规约的实施，一旦发生业主不遵守管理规约规定的情形，影响到其他业主的合法权益或者物业管理区域内的公共利益时，业主委员会有权予以制止、批评教育、责令限期改正并依照管理规约的规定进行处理。

（4）其他职责。业主大会赋予的其他职责还可以包括：组织修订管理规约和起草业主委员会章程；审核专项维修资金的筹集、使用和管理，以及物业服务费用标准和使用办法；接收政府行政主管部门的监督指导；调解物业管理活动中的纠纷；保管各类物业管理档案资料、会议记录和印章等；向业主大会提出有关业主共同事务的建议，向物业主管部门反映业主的意见和建议；审议物业管理服务年度计划、财务预算和决算等重大措施等。

9.3　物业服务企业与物业服务合同

9.3.1　物业服务企业的概念与特征

物业服务企业具有管理服务人的地位，它之所以具有管理权限，是基于物业服务合同。

物业管理的主体是业主。在物业管理的整个环节中，业主及物业所有人以及使用人起着主导作用。物业管理的目标是实现物业最大价值，受益的是业主。物业公司的管理权源于业主的委托，物业管理的费用由业主承担。

具体进行物业管理的行为主体是物业服务企业，物业服务企业受业主的委托，依照国家有关法律规范，按照合同和契约行使管理权，提供物业管理服务。物业服务企业的权利源于业主大会和业主委员会。

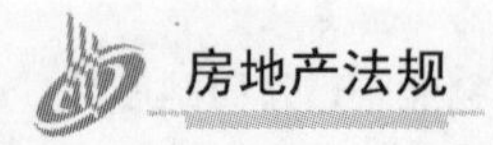

1. 物业服务企业

物业服务企业，是指按照合法程序成立并具备相应资质条件，经营物业管理业务的企业性经济实体，是独立的企业法人。物业服务企业接受业主的委托，依照有关法律、法规的规定或合同的规定，专门对特定区域内的物业来实行专业化管理，为业主提供良好的服务以获取相应报酬。《物权法》第八十二条规定："物业服务企业或者其他管理人根据业主的委托管理建筑区划内的建筑物及其附属设施，并接受业主的监督。"

物业服务企业具有以下特征：专业性、商业性、服务性。商业性也就是经营性，物业公司提供的是有偿的经营服务；服务性，物业服务企业的活动具有明显的服务性，它与物业业主或使用人之间的关系，是在商品经济条件下的服务者与被服务者、委托人与被委托人间的关系。

物业服务企业具有法人资格。物业服务企业经由政府授权部门审查、批准、登记，方可从事经营管理活动，其符合中国法律规定的企业法人的一般特性：有独立的组织、独立财产所有权和管理权，能以自己的名义享有民事权利，承担民事责任等。

2. 物业服务企业的作用

物业服务企业的作用：物业服务企业的管理服务可提高物业的使用效益，节约大量资金；物业服务企业的管理服务不仅能直接提高人们的工作效率，而且能极大地提高人们的生活质量。

3. 物业服务企业的业务

物业管理基本上可以分为管理服务和经营两个方面：

（1）管理服务方面。对业主、使用人的管理主要有：治安管理、环境卫生管理、园林绿地管理、装修管理。

对房屋本体、附属设备的管理主要有：房屋本体的指导使用、房屋及附属设备的运行维护，物业管理中的服务有常规性服务和特约服务。

物业公司要掌握物业的变动和正常使用情况，对房屋、设备及周围环境进行及时维修、养护，保持房屋使用功能完好，并及时准确记录房屋的数量、产权、建筑形式、完好程度、设备使用情况及其变动情况等。

对物业日常事务的管理，包括对小区道路、车辆行驶及停泊的管理，社区活动的组织，公共秩序的维护以及与有关单位协调关系等。

对物业管理单位内部财务、人事的综合管理，以保证企业的正常高效运转。

除此之外还有一般性服务（如清洁卫生、园林绿化、保安服务等）和特需服务（如接送小孩、为住户打扫室内卫生等）。

(2) 经营方面。物业服务企业可根据市场需求进行销售策划，制订并实施销售或出租方案，以使物业保值增值。对住房、停车场、货仓及各种娱乐设施的租赁经营和管理。室内装修设计及工程施工，家电、车辆及各类生活用品的有偿维修与其他经营项目。代购、代缴各种税费及其他有偿服务。

9.3.2　物业服务企业的设立和企业资质管理

1. 物业服务企业的设立条件

物业服务企业分为有限公司与股份有限公司两种形式。物业管理有限公司是股东以其出资额为限对公司承担责任，公司以其全部资产对公司的债务承担责任的企业法人。物业管理股份有限公司是一般由5个以上发起人成立，全部资本为等额股东，每个股东以其所持股份对公司承担责任，公司以其他全部资产对公司的债务承担责任的企业法人。根据《公司法》及相关规定，设立物业服务企业一般应当具备下列条件：

(1) 发起（股东）符合法定人数；

(2) 股东出资达到法定资本最低限额；

(3) 股东共同制定章程；

(4) 有公司名称；

(5) 建立符合《公司法》要求的组织机构；

(6) 有固定的生产经营场所和必要的生产经营条件。

2. 物业服务企业的设立程序

(1) 物业服务企业设立的可行性研究；

(2) 订立发起人协议；

(3) 订立章程；

(4) 申请名称预先核准；

(5) 出资验资、确立公司的组织机构；

(6) 设立登记；

(7) 资质审核。

3. 物业服务企业资质管理

依据《物业管理条例》第三十二条，国家对从事物业管理活动的企业实行资质管理制度。具体办法由国务院建设行政主管部门制定。我国现阶段对某些企业实行资格管理，其目的就是为了对企业这一市场主体进行规范。在相当大的程度上这是一种市场准入管理，只允许获得资格的企业进入相关的市场从事经营活动。更进一步，营业资格通常还区分不同的等级，企业往往只能从事与其资格等级相适应的经营活动，而不能超越等级经营。对企业实行资格管理是我国的一个特色。目前，我国由房地产管理部门对物业服务企业实施资质管理，房地产管理部门审批物业服务企业的资质等级，颁发资质等级证书。《物业服务企业资质管理办法》规定：

(1) 国务院建设主管部门负责一级物业服务企业资质证书的颁发和管理。

(2) 省、自治区人民政府建设主管部门负责二级物业服务企业资质证书的颁发和管理，直辖市人民政府房地产主管部门负责二级和三级物业服务企业资质证书的颁发和管理，并接受国务院建设主管部门的指导和监督。

(3) 设区的市的人民政府房地产主管部门负责三级物业服务企业资质证书的颁发和管理，并接受省、自治区人民政府建设主管部门的指导和监督。

物业服务企业的资质必须与所管理的物业档次吻合，不够等级资质的企业一律不允许从事同等的物业管理。物业服务企业划分为一级、二级、三级三个资质等级，其资质标准如下：

(1) 一级资质

①注册资本人民币500万元以上。

②物业管理专业人员以及工程、管理、经济等相关专业类的专职管理和技术人员不少于30人。其中，具有中级以上职称的人员不少于20人，工程、财务等业务负责人具有相应专业中级以上职称。

③物业管理专业人员按照国家有关规定取得职业资格证书。

④管理两种类型以上物业，并且管理各类物业的房屋建筑面积分别占下列相应计算基数的百分比之和不低于100%：多层住宅200万平方米；高层住宅100万平方米；独立式住宅（别墅）15万平方米；办公楼、工业厂房及其他物业50万平方米。

⑤建立并严格执行服务质量、服务收费等企业管理制度和标准，建立企业信用档案系统，有优良的经营管理业绩。

(2) 二级资质

①注册资本人民币300万元以上。

②物业管理专业人员以及工程、管理、经济等相关专业类的专职管理和技术人员不少于20人。其中，具有中级以上职称的人员不少于10人，工程、财务等业务负责人具有相应专业中级以上职称。

③物业管理专业人员按照国家有关规定取得职业资格证书。

④管理两种类型以上物业，并且管理各类物业的房屋建筑面积分别占下列相应计算基数的百分比之和不低于100%：多层住宅100万平方米；高层住宅50万平方米；独立式住宅（别墅）8万平方米；办公楼、工业厂房及其他物业20万平方米。

⑤建立并严格执行服务质量、服务收费等企业管理制度和标准，建立企业信用档案系统，有优良的经营管理业绩。

(3) 三级资质

①注册资本人民币50万元以上。

②物业管理专业人员以及工程、管理、经济等相关专业类的专职管理和技术人员不少于10人。其中，具有中级以上职称的人员不少于5人，工程、财务等业务负责人具有相应专业中级以上职称。

③物业管理专业人员按照国家有关规定取得职业资格证书。

④委托的物业管理项目。

⑤建立并严格执行服务质量、服务收费等企业管理制度和标准，建立企业信用档案系统。

(4) 临时资质

新建立的物业服务企业应当自领取营业执照之日起30日内，持营业执照、企业章程、验资证明、企业法定代表人的身份证明、物业管理专业人员的职业资格证书和劳动合同以及管理和技术人员的职称证书和劳动合同向工商注册所在地直辖市、社区的、市的人民政府房地产部门申请资质。新设立的物业服务企业，其资质等级按照最低等级核定，并设一年的暂定期。

9.3.3　前期物业服务合同

1.前期物业管理

前期物业服务合同，是指房地产开发企业或者商品房出售单位在销售物业之前，与物业服务企业签订的物业服务合同。

依据《物业管理条例》第二十一条及住房和城乡建设部《前期物业管理招标投标管理暂行办法》第二条，前期物业管理是指在业主、业主大会选聘物业服务企业之前，由建设单位选聘物业服务企业实施的物业管理。前期物业管理主要包括：

(1) 管理机构的设立与人员的培训。

(2) 规章制度的制定。

(3) 物业的验收与接管。

(4) 进户管理。进户，是指业主、使用人正式进住使用物业，俗称“入伙”。

(5) 装修搬迁管理。

(6) 档案资料的建立。档案资料包括两种：业主或使用人的资料和物业资料。业主或使用人资料是指业主使用人姓名、进户人员情况、联系电话或地址、各项费用的缴交情况、房屋的装修情况等。物业资料则主要包括物业的各种设计和竣工图纸，位置、编号等。

2.前期物业服务合同特点

在物业管理过程中，签订的第一个协议是前期物业服务合同。一般情况下，物业竣工之后，由于出售率或入住率未达到法定应召开第一次业主大会条件或由于其他原因，尚未成立业主委员会之前，已经产生进行物业管理服务的必要，就需要订立前期物业服务合同。依据《物业管理条例》第二十一条，前期物业服务合同，是指房地产开发企业或者商品房出售单位在销售物业之前，与物业服务企业签订的物业服务合同，这种合同具有过渡的性质。建设单位在业主、业主大会选聘物业服务企业之前选聘物业服务企业，一方面是物业本身维护和保养的需要，另一方面也有助于维护业主和建设单位双方面的利益。

前期物业服务合同主要有以下特点：

(1) 前期物业服务合同要求采用书面形式。《合同法》对于合同的形式做了规定，一般来说可以采用书面、口头等各种形式，但是法律、法规要求书面形式的，应当采用书面形式。鉴于《物业管理条例》的明确规定以及前期物业服务合同的内容多、法律关系复杂的特点，前期物业服务合同要求采取书面的形式。

(2) 前期物业服务合同是为第三方（业主）设定权利与义务的合同。虽是建设单位与物业服务企业作为当事人签订合同，但合同的主要权利与义务人是物业服务企业和广大业主，前期物业服务合同作为购房合同的附件，在购房者签订购房合同时一并签署生效。依据《物业管理条例》第二十五条和《物业服务纠纷司法解释》第一条，建设单位与物业买受人签订的买卖合同应当包含前期物业服务合同约定的内容。建设单位依法与物业服务企业签订的前期物业服务合同，以及业主委员会与业主大会依法选聘的物业服务企业签订的物业服务合同，对业主具有约束力。业主以其并非合同当事人为由提出抗辩的，人民法院不予支持。但《物权法》也保障了业主的选择权，规定业主可以自行管理建筑物及其附属设施，也可以委托物业服务企业或者其他管理人管理，对建设单位聘请的物业服务企业或者其他管理人，业主有权依法更换。

(3) 前期物业服务合同受制于行政主管部门较多干预。这种行政干预体现在两个方面：一是国家对前期物业服务合同实行强制的招投标制度。根据住房和城乡建设部《前期物业管理招标投标管理暂行办法》的规定，住宅及同一物业管理区域内非住宅的建设单位，应当通过招投标的方式选聘具有相应资质的物业服务企业；投标人少于3个或者住宅规模较小的，经物业所在地的区、县人民政府房地产行政主管部门批准，可以采用协议方式选聘具有相应资质的物业管理企业。同时规定，国务院建设行政主管部门负责全国物业管理招标投标活动的监督管理。省、自治区人民政府建设行政主管部门，直辖市、市、县政府房地产行政主管部门负责本行政区域内物业管理招标投标活动的监督管理。二是国家对普通住宅物业管理费的收费标准实行审核制度。对于普通住宅的前期物业收费标准是属于政府指导价的范畴，物业服务企业的收费标准应当报物价行政主管部门审批后实行。

（4）前期物业服务合同期限较短。比如《青岛市物业条例规定》规定，前期物业服务合同应当约定期限，最长不得超过两年，分期建设的物业除外。前期物业服务合同的期限不长，如果在前期物业服务期间，业主委员会成立，并与物业服务企业签订正式的物业服务合同，前期物业服务合同自然终止。

3.前期物业服务合同的主要内容

（1）物业的接管验收。物业接管验收是前期物业服务协议的重要内容，也是物业管理开始运作的第一道程序。物业接管验收，是指物业服务企业接受物业管理委托后，对指定物业根据建设单位的提请，进行主体结构安全和满足使用的再检验，同时接受图纸、说明书移交，从而着手实施物业管理。根据前期物业服务协议，建设单位负有义务将物业所涉及的设施、设备和建筑物图纸完整地移交给物业服务企业，验收范围内的设施、设备、建设物及其附着物为物业服务企业行使管理权的范围。

（2）建设单位的权利和义务。应当在销售物业之前制定《临时管理规约》，在物业销售前将《临时管理规约》向物业买受人明示，并要求物业买受人在订立物业买卖合同时，做出遵守《临时管理规约》的书面承诺；在物业竣工交付使用时，负责向物业买受人提供房屋质量保证书和房屋使用说明书；审定物业服务企业拟定的物业管理方案并对物业服务企业提交上述物业管理方案出具书面审定意见；检查监督物业服务企业管理工作的实施及制度的执行情况并每年进行一次考核评定；并将管理情况报物业管理主管部门备案；保证委托物业服务企业管理的房屋、设施、设备达到国家验收标准及要求；向物业服务企业提供经营性商业用房（指非住宅房屋）；向物业服务企业提供法律规定的平方米建筑面积的物业管理用房；在物业管理交接验收时，负责向物业服务企业移交物业服务企业所需要的资料；为实现合同约定的物业管理服务要求而发生的物业管理服务费用，除由业主、物业使用人按规定缴纳外，不足部分由建设单位承担；协调、处理合同生效前发生的管理遗留问题；协助物业服务企业做好物业管理工作和宣传教育、文化活动；及时缴纳空置房屋的物业管理服务费；依法提供物业维修专项资金。

（3）物业服务企业的权利和义务。根据有关法律、法规及合同的约定，制定物业管理方案；自主开展物业经营管理服务活动；对项目设计和施工提供管理方面的整改和完善建议；配备工作人员参与物业管理区域内的共用部位、共用设施设备调试、验收和交接；对业主和物业使用人违反法律、法规、规章的行为，提请有关部门处理；按合同的约定，对业主和物业使用人违反临时管理规约或物业使用守则及相关管理规定的行为进行制止和处理；可以将物业管理区域内的专项服务业务委托给专业性服务企业，但不得将本区域内的全部物业管理一并委托给第三方；负责编制房屋及其附属建筑物、构筑物、设施、设备、绿化等的年度维修养护计划和保修期满后的大修、中修、更新、改造方案，经甲、乙双方议定后由物业服务企业组织实施；向业主和物业使用人告知物业使用的有关规定，当业主和物业使用人装修物业时，告知有关注意事项和禁止行为，与业主和物业使用人订立书面约定，并负责监督；负责编制物业管理年度管理计划，资金使用计划及决算报告，向建设单位提出上述计划和报告，经建设单位审定后组织实施；负责定期向全体业主和物业使用人公布物业管理服务费用收支账目，并将物业管理服务收费项目和收费标准以及向业主和物业使用人提供专项服务的收费项目和收费标准在本物业管理区域内以书面方式公示；对本物业的公共设施不得擅自占用和改变使用功能，如需在本物业内改、扩建或改善配套项目，须与建设单位协商经建设单位同意后报有关部门批准方可实施；不得擅自改变房屋共用部位的用途；不得擅自在物业管理区域内从事物业服务以外的经营活动；不得在处理物业管理事务活动中侵犯业主及物业使用人的合法权益；建立、妥善保管和正确使用本物业的管理档案，并负责及时记载有关变更情况；合同终止时，向建设单位移交建设单位提供的全部经营性商业用房、管理用房及物业管理的全部档案资料；接受业主、物业使用人、建设单位和物业管理主管部门等的监督，不断完善物业管理服务，定期以书面方式向建设单位报告合同履行情况。

4. 前期物业服务合同的费用负担

前期物业服务合同生效之日至出售房屋交付之日的当月发生的物业服务费用，由建设单位承担。出售房屋交付之日的次月至前期物业服务合同终止之日的当月发生的物业服务费用，由物业买受人按照房屋销售合同约定的前期物业服务收费标准承担；房屋销售合同未约定的，由建设单位承担。

9.3.4 物业服务合同

1. 物业服务合同的概念

> 物业服务合同，指物业业主或者业主委员会与物业服务企业之间约定双方权利义务的协议。

物业服务合同，指物业业主或者业主委员会与物业服务企业之间约定双方权利义务的协议。根据协议，业主将其自有物业的管理权委托授予物业服务企业行使，物业服务企业根据委托授权提供有偿服务。

2. 物业服务合同的特征

（1）物业服务合同以物业服务活动权利义务关系为核

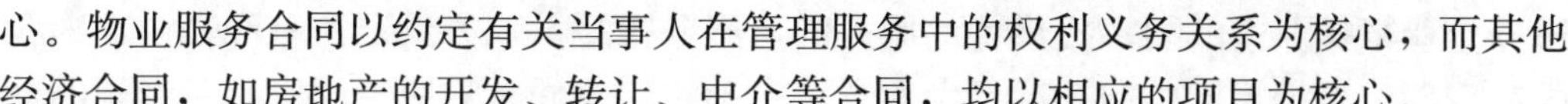

心。物业服务合同以约定有关当事人在管理服务中的权利义务关系为核心，而其他经济合同，如房地产的开发、转让、中介等合同，均以相应的项目为核心。

（2）物业服务合同属于有偿的劳务合同。作为物业服务合同的标的与核心的物业管理服务，实质上是一种为委托人提供的带有管理、服务、经营性质的特殊劳务。物业服务企业作为经营性服务企业，为业主和使用人提供的服务是有偿的。

（3）物业服务合同既是诺成合同又是双务合同。只有经过要约（委托）和承诺，并在相互信任的基础上协商一致，物业管理合同才能成立。而且，物业服务合同对签约双方的权利与义务都做了明确的双向规定。

（4）物业服务合同不以某个业主的意志为转移。物业服务合同是业主委员会代表业主与物业服务企业签订的，但并不是说物业服务合同代表了每一个业主的意志。根据《物业管理条例》的规定，业主委员会只须经过管理区域内专有部分占建筑物总面积过半数且占总人数过半数的业主的同意，就可以与物业服务企业签订物业服务合同，所有的业主均应受物业服务合同的约束。

3.物业服务合同基本内容

在物业管理活动中，合同起到非常重要的作用，它是进行物业管理的根据和标准。

物业服务合同应具备以下主要条款：

（1）双方当事人的姓名或名称、住所。一方一般为业主委员会或业主大会，另一方为物业服务企业。

（2）服务管理项目，即接受管理的房地产名称、坐落位置、面积、四至界限。

（3）合同期限。物业服务合同应当确定合同的期限，以及期限的起算、终止日期。与此同时，应当对于物业服务合同的提前终止作出规定，例如可以规定如果物业服务企业提供的服务未达到要求，业主委员会可以在何种具体情形下决定终止合同。如果业主委员会提议终止合同，双方如何具体磋商，在此期间如何保证物业服务不中断。合同一旦终止，那么物业服务费用的缴纳与使用又将如何处理等等。

（4）物业管理内容与物业服务质量。在物业服务合同中，物业服务合同双方当事人一般应约定下列物业管理服务事项：物业共同部位、共同设备及附属公共设施的维修、养护和管理；物业区域内的公共环境卫生管理；物业区域内公用地的绿化美化工作；物业区域的安全防范服务；物业区域的车辆域内涉及公共关系的管理事项均应纳入物业服务合同，委托物业服务企业统一负责。关于物业服务事项的服务质量，物业服务合同也应当作出规定，这样可以明确物业服务企业应达到的目标，也方便业主对于物业服务企业的服务进行考核。物业服务企业应当按照物业服务合同的约定，提供相应的服务。

（5）物业管理服务收费。即物业服务企业向业主或使用人收取的服务费，物业服务企业根据业主的要求提供特约服务的，服务报酬由双方约定。一般来说，物业服务费用应根据不同的服务项目由双方协商确定。合同首先应当规定服务费用的计算标准，标准的制定一方面需要遵循有关法规的规定，另一方面要结合本物业管理区域的情形予以具体化。其次应当规定物业服务费用的交纳期限，例如有的物业服务费用是按月交纳，有的则是按季交纳，再例如有的费用是采取预收的形式，有的则是事后核实计收。

(6) 合同双方的权利义务。业主委员会作为物业服务合同委托方，有审议物业管理服务费的收费标准，批准监督物业服务企业对维修基金的代管与使用，审议物业服务企业财务预算决算，审议物业服务企业年度管理计划和管理服务的重大举措，检查监督物业管理企业的管理工作，教育业主遵守物业管理公约及规章，督促业主按规定缴纳物业管理费的权利。物业服务企业有权根据有关法律、法规，结合实际情况，制定小区物业管理办法；依照物业服务合同和管理办法对住宅小区实施管理，这既是行使权利也是履行义务；依照物业服务合同和有关规定收取费用；有权制止违反规章制度的行为；有权要求业主委员会协助；有权选聘专营公司承担专项管理业务。

(7) 违约责任。物业服务合同的履行过程中不可避免地会发生合同一方未能依照合同的约定履行的情况，这时候就需要探讨该违约方的违约责任问题。虽然《合同法》对于违约责任做了一些规定。但是当事人在物业服务合同中还是应当根据物业服务的具体情形，有针对性地做出相应的规定，以利于将来纠纷的解决。根据合同法的规定，承担违约责任的具体形式包括继续履行、赔偿损失、支付违约金、适用定金罚则等。《合同法》第一百一十条规定，当事人一方不履行非金钱债务或者履行非金钱债务不符合约定的，对方可以要求履行。由于物业服务合同主要是要求物业服务企业提供符合约定的物业服务，因此要求继续履行将是承担违约责任的主要方式之一。《合同法》第一百一十四条规定："当事人可以约定一方违约时应当根据违约情况向对方支付一定数额的违约金，也可以约定因违约产生的损失赔偿额的计算方法。约定的违约金低于造成的损失的，当事人可以请求人民法院或者仲裁机构予以增加；约定的违约金过分高于造成的损失的，当事人可以请求人民法院或仲裁机构予以适当减少。"由于物业服务的特殊性，双方通常无法事先确定损失赔偿的数额，因此违约金的设定便成为常用的承担违约责任的方式。常见的如规定业主如果没有按时缴纳物业服务的费用就需要支付一定的滞纳金，这里的滞纳金事实上就是违约金。

(8) 其他事项。双方可以在合同中约定其他未尽事宜，如风险责任、调解与仲裁、合同的更改、补充与终止等。

最后，物业服务合同作为双方当事人自由协商的结果，只要不违反有关的法律

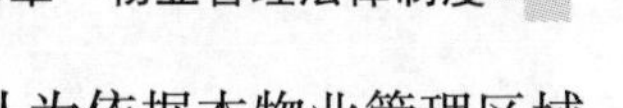

规定，可以规定上述内容以外的事项，特别是业主委员会认为依据本物业管理区域实际情况需要与物业服务企业特别约定的事项。

4.物业服务合同的终止

物业服务合同的终止，是指物业服务合同的效力因一定的原因消灭，不再具有约束力。导致物业服务合同终止的原因主要有以下几种：

（1）物业服务合同规定的期限届满，业主委员会与物业服务企业没有续签合同的。

（2）物业服务企业与业主委员会通过达成协议的方式使得物业服务合同终止。

（3）合同一方当事人有严重违约行为时，另一方当事人行使终止权，使得物业服务合同解除。

依据《物业管理条例》和《物业服务纠纷司法解释》，物业服务合同终止时，物业服务企业应当将物业管理用房、相关设施和相关资料及由其代管的专项维修资金交还给业主委员会。物业服务合同终止时，业主大会选聘了新的物业服务企业的，物业服务企业之间应当做好交接工作。具体来说，物业合同终止时，物业服务企业的义务主要包括：

（1）物业服务合同终止时，物业服务企业应将物业管理用房和其接管物业时所接受的资料返还给业主委员会，这是物业服务企业的后合同义务。虽然《物业管理条例》只规定了返还其第二十九条第1款规定的资料，但在实际操作中应做扩大解释。物业服务企业应当返还的资料应当是物业服务企业于接管物业时从业主委员会所接受的全部资料及其他物业服务所需的相关资料。这些资料具体应当包括：物业规划图；竣工图（包括总平面图、单体竣工图）；建筑施工图；工程验收的各种签证、记录、证明；房地产权属关系的资料；机电设备使用说明书；消防系统验收证明；公共设施检查验收证明；用水、用电、用气指标批文；水、电、气表校验报告；有关工程项目的其他重要技术决定和文件；物业服务合同约定的其他资料。

（2）物业服务合同终止时，业主大会选聘了新的物业服务企业的，原物业服务企业有义务配合新的物业服务企业办理交接手续。如果业主大会选聘了新的物业服务企业，并且业主委员会与其签订了物业服务合同的，由于新物业服务企业将接替原来的物业服务企业进行物业管理活动，所以也要进行接管验收，本来新的物业服务企业应当从业主委员会处进行接管与验收，但是这样业主委员会就必须先行从原服务企业处接管再转交于新的物业服务企业，徒增麻烦及社会成本。因此，《物业管理条例》第三十九条第2款就直接规定，由原物业服务企业与新物业服务企业进行交接，原物业服务企业有义务配合新的物业服务企业办理交接手续。

9.4 物业的使用与维护

9.4.1 各主体对物业的使用与维护规范

1. 业主对建筑区划内专有部分的权利与义务

业主对专有部分享有完整的所有权，但行使时不得危及建筑物的安全，不得损害其他业主的合法权益。

依照《建筑物区分所有权司法解释》第二条的规定，建筑区划内符合下列条件的房屋，以及车位、摊位等特定空间，应当认定为物权法第六章所称的专有部分：具有构造上的独立性，能够明确区分；具有利用上的独立性，可以排他使用；能够登记成为特定业主所有权的客体。

根据《物权法》第七十条，业主对专属自己的区分所有建筑物的独立建筑空间（即专有部分）享有占有、使用、收益、处分的权利，即对专有部分享有完整的所有权，在不违反法律、法规强制性规定的情况下，权利人可以按照所有权的规则自由处置，不受他人的干涉或者妨碍。但建筑物区分所有权的专有权部分在处分权上有限制，业主的专有部分是建筑物的重要组成部分，与共有部分不可分离，如没有楼道、走廊，业主就无法出入自己的居室。建筑物专有部分与共有部分具有一体性、不可分离性，因此，业主对专有部分行使所有权应受到一定的限制。业主在行使所有权的同时，应注意对相邻权人合法权益的维护，不得危及建筑物的安全，损害其他业主专有权的行使。因此业主对建筑物专有部分享有附限制条件的物权，主要是：不得破坏建筑物的基础、结构、承重墙体及公用设施；不得损害建筑物的整体外观；不得擅自改变建筑物的使用用途；不得妨害环境卫生及其他业主的安全；不得违反其他业主共同利益。

2. 业主对建筑区划内共有部分的权利义务

业主对共有部分享有占有、使用和收益的权利，同时也应承担共有人的义务，如合理使用义务、共同费用分担义务。

共有部分是指根据法律、房地产买卖合同以及区分所有权人之间的约定，由区分所有权人享有共同财产权利的建筑物专有部分以外的共用部分。

以上这些公共部分，使用上是难以区分的，只能根据使用性质和有关规约由全体业主共有。业主对共有部分不仅享有共有的权利，还享有共同管理的权利，有权对共用部分与共用设备设施的使用、收益、维护等事项行使管理的权利，同时对共有部分的管理也负有相应的义务。业主行使对共有部分共有权应遵循以下原则：

（1）业主对共有部分既享有占有、使用、收益、处分等共有权，同时又共同承担相应的义务，不得以放弃权利为由，不履行义务。

（2）业主基于对住宅、经营性用房等专有部分特定使用功能的合理需要，可以无偿利用屋顶以及与其专有部分相对应的外墙面等共有部分，但不得违反法律、法规、管理规约，损害他人合法权益。

（3）业主不得单独处分其对共有部分的共有权，对共有部分权利的转让要附随于业主转让建筑物内的住宅、经营性用房等专有部分一并转让。

（4）有关共有权行使的重大事项要经由业主共同决定。

（5）侵害共有部分权益的，业主可以以当事人身份提出请求权。

（6）建筑物及其附属设施的维修资金经业主共同决定，可以用于电梯、水箱等共有部分的维修。

（7）建筑物及其附属设施的费用分摊、收益分配等事项，有约定的，按照约定；没有约定或者约定不明确的，按照业主专有部分占建筑物总面积的比例确定。

3.物业管理区域内公共建筑和共用设施使用要求

（1）业主、物业服务企业不得擅自占用、挖掘物业管理区域内的道路、场地、绿地及其他共用部位、共用设施设备，损害业主共同利益。

（2）因物业维修或者公共利益，业主确需临时占用、挖掘道路、场地、绿地及其他共用部位、共用设施设备的，应当征得业主委员会、物业服务企业和直接利害关系人的同意，并依法办理相关手续；物业服务企业确需临时占用、挖掘道路、场地、绿地及其他共用部位、共用设施设备的，应当征求直接利害关系人的意见，征得业主委员会同意，事先在物业管理区域内公告，并依法办理相关手续。

（3）业主、物业服务企业临时占用、挖掘道路、场地、绿地及其他共用部位、共用设施设备，应当采取措施保障通行安全，并及时恢复原状。

（4）供水、供电、供气、供热、通信、有线电视等单位，应当依法承担物业管理区域内相关管线和设施设备维修、养护的责任。相关公用事业单位因维修、养护等需要，临时占用、挖掘道路、场地的，应当及时恢复原状。

（5）业主、非业主使用人应当按照房地产权证书载明的用途或者规划行政主管部门批准的设计用途使用物业，不得改变物业使用性质。确需改变的，应当征得利害关系人的同意，报经规划、国土资源等有关部门批准，并依法办理相关手续。

（6）利用物业共用部位、共用设施设备进行经营的，应当在征得相关业主、业主大会、物业服务企业的同意后，按照规定办理有关手续。业主所得收益应当主要用于补充专项维修资金，也可以按照业主大会的决定使用。

（7）禁止下列损害公共利益的行为：违法改变房屋承重结构；违法搭建建筑物、构筑物；擅自改建、占用物业共用部位；损坏或者擅自占用、移装共用设施设备；存放不符合安全标准的易燃、易爆、剧毒、放射性等危险性物品，或者存放、铺设超负荷物品；超标排放有毒、有害物质；排放超过规定标准的噪声；法律、法规禁止的其他行为。

9.4.2 住房专项维修资金

1.住房专项维修资金的概念

> 住宅专项维修资金专项用于住宅共用部位、共用设施设备保修期满后的维修和更新、改造，不得挪作他用。

依据《物业管理条例》、《物权法》以及《住宅专项维修资金管理办法》，所谓专项维修资金，是指专项用于住宅共用部位、共用设施设备保修期满后的维修、改造的资金，包括房屋共用部位维修资金和共用设施设备维修资金两部分，房屋共用部位维修资金是指专项用于房屋共用部位大修理的资金，共用设施设备维修资金是指专项用于共用设施和共用设备大修理的资金。

住宅共用部位，是指根据法律、法规和房屋买卖合同，由单幢住宅内业主或者单幢住宅内业主及与之结构相连的非住宅业主共有的部位，一般包括住宅的基础、承重墙体、柱、梁、楼板、屋顶以及户外的墙面、门厅、楼梯间、走廊通道等。

共用设施设备，是指根据法律、法规和房屋买卖合同，由住宅业主或者住宅业主及有关非住宅业主共有的附属设施设备，一般包括电梯、天线、照明、消防设施、绿地、道路、路灯、沟渠、池、井、非经营性车场车库、公益性文体设施和共用设施设备使用的房屋等。

业主交存的住宅专项维修资金属于业主所有，从公有住房售房款中提取的住宅专项维修资金属于公有住房售房单位所有。经业主共同决定，专项用于物业保修期满后物业共用部位、共用设施设备的维修和更新、改造。住房专项维修资金是住房售后确保物业正常运作、延长物业的使用寿命、维护住房产权人和使用人利益所预先建立的资金，形象一点说，就是房屋的“养老金”。

2.住宅专项维修资金的管理原则

（1）专户存储原则。业主交存的住宅专项维修资金，由业主大会、物业所在地政府代管部门或负责部门委托所在地一家商业银行，作为本行政区域内住宅专项维修资金的专户管理银行，并在专户管理银行开立住宅专项维修资金专户。开立住宅专项维修资金专户，应当以物业管理区域为单位设账，按房屋户门号设分户账；未划定物业管理区域的，以幢为单位设账，按房屋户门号设分户账。

（2）专款专用原则。住宅专项维修资金只能专项用于住宅共用部位、共用设施设备保修期满后的维修和更新、改造，不能挪作他用。即使住宅专项维修资金的存储利息、按照国家有关规定将住宅专项维修资金用于购买国债的增值收益，也必须转入住宅专项维修资金滚存使用。

(3) 所有权人决策原则。住宅专项维修资金的所有权人是全体业主，住宅专项维修资金的筹集和使用须召开业主大会，由全体业主共同决定。

(4) 政府监督原则。全国住宅专项维修资金的指导和监督工作由国务院建设主管部门会同国务院财政部门负责；县级以上地方人民政府建设（房地产）主管部门会同同级财政部门负责本行政区域内住宅专项维修资金的指导和监督工作。住宅专项维修资金的使用，须向所在地建设（房地产）主管部门申请列支，待审核同意后方可使用。

9.5　物业管理纠纷与处理

9.5.1　物业管理纠纷产生的原因

物业管理在我国虽是一个新型的服务行业，物业管理发展的势头却很迅猛。由于发展迅速，物业管理方面的人才培养没能跟上发展的需要，专业人才少，管理不完善，再加上业主自身的物业管理意识薄弱，不交、拒交物业管理费的现象时有发生。因此，物业管理中产生纠纷是不可避免的。

在实际工作中，物业管理纠纷产生的原因大致如下。

1. 对物业管理服务质量不满

用户对物业服务企业的物业服务的要求一般有：用户的财产和人身安全是否得到切实保障；物业服务是否达到了规范化、标准化；物业管理人员的态度是否热情和蔼；物业服务项目是否完善齐全等。

2. 物业费纠纷

物业收费是关系到各个业主自身利益的敏感话题，也是矛盾集中出现问题较多的地方。很多小区存在严重的乱收费问题。

3. 配套设施不完善

一是用户对设备设施设计不合理或遗漏及质量感到不满；二是对设备运行质量不满意；三是用户使用物业支付物业管理费，总是希望物业能处于最佳使用状态。但物业在设计开发时，有时并不能按照这些要求来进行，因而造成上述的种种不便和问题。

4. 装修管理费

当住户、租户进行装修时，几乎全部的物业管理机构都要收取一些费用。这些

费用总体看来，分为两种类型，一是可以退还的，二是不退还的。要退还的部分，主要是装修押金，而不退还的费用部分，则往往被称为装修管理费。上述两种费用往往都没有一个数额标准，因此会产生纠纷。

9.5.2　物业管理纠纷的分类

按纠纷所属的法律部门不同的法律关系的性质差异，可以将物业管理纠纷划分为以下四大类。

1. 民事纠纷

指民事法律地位平等的自然人、法人、其他社会组织相互之间基于财产关系和人身关系而发生的纠纷。物业管理纠纷大部分属于民事纠纷，主要表现为：服务合同纠纷（违约纠纷）、侵权纠纷、不动产相邻关系纠纷、无因管理纠纷等。民事纠纷的特点主要是一种财产责任，它主要是为了补偿受害人的损失，通常可以由双方当事人协商而定。承担民事责任的方式主要有：停止侵害、排除妨碍、消除危险、返还财产、恢复原状、修理、重作、更换、赔偿损失、支付违约金、消除影响，恢复名誉、赔礼道歉。

2. 行政纠纷

狭义是指行政机关在行使管理职权过程中与自然人、法人和其他组织之间发生的具体行政行为争执及连带利益（如行政赔偿）争执，广义还包括对抽象行政行为即行政规范性文件内容的争执。在物业管理中主要表现为业主在使用房屋过程中，擅自作为行为。比如业主擅自改变房屋结构等。我国的行政处罚种类主要有：警告、罚款、没收违法所得等。

3. 刑事纠纷

刑事纠纷指个人和法人单位的行为触犯刑事法规而引起的纠纷。有些物业管理纠纷首先表现为民事经济纠纷或行政纠纷，但由于未得到及时的解决或未得到公正、公平、合理的解决，就很容易使当事人矛盾冲突尖锐化、剧烈化，使纠纷扩大化，演变成刑事纠纷，这样也就使物业管理纠纷的性质发生了质的变化。

9.5.3　物业管理纠纷的特点

1. 物业管理纠纷具有连续性

从物业管理纠纷的产生的原因及表现形式上看，物业管理纠纷与建设单位密不可分，比如说房子质量问题、车位之争、配套不到位等，特别在目前的情况下，物业服务企业与建设单位有千丝万缕的联系，一旦发生物业管理纠纷，建设单位难脱干系。

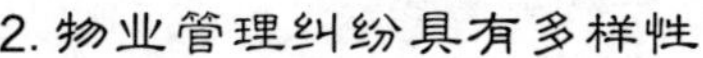

2. 物业管理纠纷具有多样性

物业管理纠纷法律关系非常复杂。既有涉及民事、经济、刑事法律关系的纠纷，又有涉及业主团体经济事务和社会事务民主自治法律关系的纠纷。这种纠纷既有物业服务企业与业主之间、业主与业主之间、物业服务企业与建设单位之间、业主与业主委员会之间的平等的民事纠纷，也有因行政主管部门的行政管理行为所引发的纠纷。

3. 物业管理纠纷具有易发性和涉众性

在物业管理服务的提供和交易过程中，容易发生对服务质量好坏、满意与否的争执，比如说最常见的业主拖欠物业管理费案件。由于物业管理所执行的事务大多是涉及业主团体公共利益甚至社会公共利益，所以一旦发生纠纷，往往是集体争执、甚至集体诉讼。

9.5.4　物业管理纠纷处理方式

当物业管理纠纷发生后，双方可以根据具体情况选择协商、调解、仲裁、诉讼这四条途径来解决。

当物业管理纠纷发生后，双方可以根据具体情况选择协商、调解、仲裁、诉讼这四条途径来解决。

1. 当事人协商

协商是由物业管理纠纷当事人双方或多方本着实事求是的精神，依据有关法规、管理规约和所订合同中规定，直接进行磋商，通过摆事实、讲道理的办法来查明事实、分清是非，在自愿互谅、明确责任的基础上，共同商量达成一致意见，按照各自过错的有无、大小和对方受损害的程度，承担相应的责任，以便及时自行解决物业管理纠纷的一种处理纠纷的方式。

2. 调解

调解是指当事人之间发生物业管理纠纷时，由国家规定的有管辖权的第三人来主持引导当事人进行协商活动，坚持自愿原则和合法原则，运用对当事人实行利害分析、说服教育的方法，促使当事人双方相互谅解，自愿达成协议，平息纠纷争端的一种方式。

3. 仲裁

仲裁是指由物业管理纠纷当事人依据仲裁法，双方自愿达成协议选定仲裁机构并由其主持调解或对纠纷做出裁决的一种处理纠纷的方式。

4. 诉讼

诉讼是法院在物业管理纠纷诉讼当事人和其他诉讼参加人的参加下，依法审理和解决物业管理纠纷案件的活动。诉讼是解决争议纠纷的最基本的方式，也是最后的方式。

9.5.5 物业管理纠纷中的违法行为及法律责任

1. 业主的违法行为及其法律责任

业主的违法行为主要体现在：擅自改变小区内土地用途的；擅自改变房屋、配套设施的用途、结构、外观，毁损设备、设施、危及房屋安全的；私搭乱建、乱停放车辆，在房屋共用部位乱堆乱放，随意占用、破坏绿化、污染环境、影响住宅小区景观，噪声扰民的；不照章交纳各种费用的，包括物业管理费。

业主的法律责任主要有：业主的违法、违约行为，一般由业主委员会和物业服务企业予以制止、批评教育、责令限期改正，依照法律和依法制定的管理规约、提请有关部门处理，如果造成损失的，违法业主应当赔偿损失。对拖欠物业管理费的，物业服务企业有权通过诉讼方式收回拖欠费用并收取滞纳金。

2. 业主自治机构违法行为及其法律责任

业主大会、业主代表大会只是议事机构，并不能直接承担法律责任，其法律责任一般应由业主分摊。对于个别业委会成员未经业主大会或业主的授权，实施有损于业主利益行为的，应当负相应的法律责任。

3. 物业服务企业的违法行为及其法律责任

物业服务企业的违法行为：非法经营行为，指不具备从事物业管理资质和能力的企业，以物业服务企业的名义从事物业管理经营活动；擅自作为行为，指物业服务企业在实施物业管理过程中，违反物业管理法规的禁为规范或者违反物业服务合同中的禁为约定，而擅自做出的犯禁行为，比如说擅自将绿地改为停车场；不履行或不忠实履行受托管理义务的行为，指物业服务企业不履行物业服务合同规定义务或者违反忠实义务，不尽心尽力履行管理义务，管理混乱，损害了业主的合法权益。

物业服务企业的法律责任：无物业管理资质进行物业管理活动的，房地产行政主管部门可对其予以警告、责令限期改正、赔偿损失，没收违法所得，并可处以罚款。对于擅自作为的，业主可要求其停止侵害、排除危险、返还财产、恢复原状，赔偿损失；同时行政机关可对其处以罚款，予以警告，甚至吊销资质证书。对不履行或不积极履行物业服务合同的，应根据合同的约定承担违约责任。

4. 建设单位的违法行为及其法律责任

建设单位的违法行为：未能履行房屋销售合同中约定的义务，主要表现在公共设施不到位，擅自改变规划等；不履行物业移交法定义务的行为，指建设单位未向业主委员会、物业服务企业移交有关资料及物业管理用房；其他违法行为，比如不依法申报成立业主大会和业主委员会，委托无资质的物业服务企业进行管理。

建设单位的法律责任：未履行房屋销售合同中的义务的，应履行到位并承担相应的违约责任；不履行移交义务的，及时进行移交，并承担由于不依法移交而产生的法律后果。

5. 物业管理主管部门工作人员的违法行为及其法律责任

物业管理主管部门工作人员的违法行为：利用职务上的便利，收受他人财物或者其他好处，如房地产行政主管部门工作人员利用其管理住宅专项维修资金，收受物业公司好处，违法管理专项基金，损害业主权利等行为；不依法履行监督管理职责，指公务人员拒绝履行、怠于履行或违法履行其监督管理职责，其中违法履行既包括内容上的违法，也包括程序上的违法；发现违法行为不予查处，即行政不作为，有渎职之嫌。

物业管理主管部门工作人员法律责任：依据《物业管理条例》第六十九条，国务院建设行政主管部门、县级以上地方人民政府房地产行政主管部门或者其他有关行政管理部门的工作人员利用职务上的便利，收受他人财物或者其他好处，不依法履行监督管理职责，或者发现违法行为不予查处，构成犯罪的，依法追究刑事责任；尚不构成犯罪的，依法给予行政处分。也就是说，公务人员在物业活动中从事违法行为，应按情节轻重分别给予行政处罚或刑事处罚。

本章学习要点 (Learning Essentials)

◎ 物业管理法律渊源、依据，包括中央和地方所有立法机关、行政机关制定或颁布的有关物业管理方面的规范性法律文件，适用时应遵循上位法优于下位法、新法优于旧法、特别法优于一般法的原则。

◎ 物业管理法律关系，指物业管理法规实际调整物业管理社会关系和社会行为时所形成的法律上的物业管理特定环境中主体间权利、义务关系。

◎ 业主，房屋的所有权人为业主。如果某个土地上的物业全部属于某一个业主所有，法律上称为“独立所有权人”；如果某个土地上的物业属于数个不同业主所有，法律上称为“区分所有权人”。

◎ 建筑物区分所有权是区分所有建筑物专有部分所有权、共有部分持份权，以及基于建筑物的管理、维护和修缮等事务而产生的成员权的总称，是业主在物业管理方面的权利基础与源泉。

◎ 非业主使用人，是指物业的承租人和其他实际使用物业的人。

◎ 业主自治机构是一定的物业管理区域内，物业的所有人为了对其所有的物业进行管理、使用、维护以及物业的整体利益而组成的自治性组织。

◎ 管理规约，指业主共同订立或者承诺的，对全体业主具体有约束力的有关使用、维护物业及其管理等方面权利义务的行为守则。

◎ 业主大会是业主行使自治管理职权，决定管理事项的重要组织形式。

◎ 业主委员会是经业主大会选举产生并经房地产行政主管部门登记，在物业管理活动中代表和维护全体业主合法权益的组织。业主委员会是一个物业管理区域中长期存在的，代表业主行使业主自治管理权的机构。

◎ 前期物业管理，一般为物业建设单位作为唯一委托人，与物业服务企业签订前期物业服务合同或服务协议。

◎ 物业服务企业，是指按照合法程序成立并具备相应资质条件，经营物业管理业务的企业性经济实体，是独立的企业法人。

◎ 物业服务合同，指物业业主或者业主委员会与物业服务企业之间约定双方权利义务的协议。根据协议，业主将其自有物业的管理权委托授予物业服务企业行使，物业服务企业根据委托授权提供有偿服务。

◎ 物业管理纠纷，指物业管理各主体之间在物业管理的民事、经济、行政活动中，因对同一项与物业有关或与物业管理服务有关或与具体行政行为有关的权利和义务有相互矛盾的主张和请求而发生的争执。

◎ 物业管理法律责任是指物业管理活动的民事主体、行政主体和行政相对人对自己违反物业管理法规的行为所应依法承担的具有国家强制性和不利的法律后果。

案例展示教学（Case Application）

案例 1：徐顺法等与上海复瑞物业管理有限公司物业管理纠纷案

【案情介绍】

上诉人（原审原告）：徐顺法、周玉芳、徐英姿、吴广新（徐顺法与周玉芳系夫妻，徐英姿是徐顺法、周玉芳的长女，徐英姿与吴广新系夫妻）

被上诉人（原审被告）：上海复瑞物业管理有限公司

徐顺法购买了一套商品房并与妻子周玉芳，次女徐英姿居住其中，该房由上海复瑞物业有限公司（以下简称“复瑞公司”）进行物业管理。徐顺法与复瑞公司签订的《公共契约》中约定：复瑞公司安排保安人员对住宅小区进行日常巡视，做好住宅区内的安全防范、治安工作；住宅区内的安全、保卫、巡检、警戒等为复瑞公司的物业管理范围之一；物业管理部门违反本契约的，就承担相应的法律责任，造成业主利益受损的承担赔偿责任等。

2001 年 3 月 5 日凌晨，罪犯曲化波经小区南面围墙未锁的小铁门进入小区，翻入徐顺法所住的房屋，拧开阳台门锁入室，采用暴力手段致徐英姿死亡。破案后，罪犯曲化波被上海市二中院做出的（2001）沪二中刑初字第94号刑事附带民事判决判处死刑，并判决赔偿徐顺法、周玉芳丧葬费8000元，赔偿徐英姿误工费5426.50元。此后，徐顺法、周玉芳、徐英姿和吴广新以未尽物业管理保安职责为由将复瑞公司诉至上海市宝山区法院，要求赔偿丧葬费42459.05元；误工费5242.50元（徐英姿、吴广新的误工费）；抚恤金360000元；精神损失费100000元；赔礼道歉、转换房屋。

法院在审理中另查明以下事实：犯罪行为发生时，该小区三大监控系统工程已开工建设，但无竣工验收合格证明。2001年2月17日，该小区居民对小区安全提出疑义并要求安装防盗门、铁门窗，但复瑞公司未同意。案发当晚，复瑞公司在该小区内设置的42号监视点发现有异常，随后复瑞公司的一名保安人员即到现场查看，因犯罪分子已翻墙入室，未能发现。

【法院判决】

上海市宝山区法院一审认为：双方之间物业管理服务关系成立。徐英姿被害身亡系犯罪分子所为，复瑞公司按约配置保安人员并进行保安值勤、巡视，并安装了周界报警、电子巡更、摄像监控系统（以下简称三大监控系统），已履行了对小区的保安义务。现犯罪分子已受到了法律的惩处，法院对徐顺法、周玉芳提起的附带民事赔偿请求也已做了判决。因此，对原告诉讼请求不予支持。

上海市第二中级法院二审认为：

1. 徐顺法、周玉芳与复瑞公司间物业服务合同关系成立，而徐英姿、吴广新既未参与订立《公共契约》，又未成为房屋共有人，故该二人不具备诉讼主体资格。

2. 徐顺法、周玉芳请求承担责任的对象是复瑞公司，请求所依据的行为是复瑞公司的违约行为，请求承担的责任是合同的违约责任。因此不适用“一事不再理”的原则。

3. 复瑞公司未能提供小区三大监控系统工程竣工验收合格和当晚小铁门锁闭的有效证据，表明其在安全防范中疏于管理，未能切实履行安全防范义务，已构成违约。

4. 根据我国合同法的一般原则，在承担由违约引起的赔偿损失的责任中，不存在精神赔偿的内容，故不支持精神损害赔偿请求。对原告提出的抚恤金的诉讼请求也因无法律依据而不予支持。遂撤销原判，并判决复瑞公司赔偿徐顺法、周玉芳经济损失人民币4万元。

【法理评析】

本案的关键是双方签订的《公共契约》中规定：“复瑞公司安排保安人员对住宅小区进行日常巡视，做好住宅区内的安全防范、治安工作；住宅区内的安全、保卫、巡检、警戒等为复瑞公司的物业管理范围之一；物业管理部门违反本契约的，就承担相应的法律责任，造成业主利益受损的承担赔偿责任等。”因此，二审法院认定复瑞公司没有认真履行保安义务，认为违约行为与损害后果之间有因果关系。

案例 2：物业公司状告业主委员会违约

【案情介绍】

某小区业主委员会于 2002 年 11 月通过招标方式选聘了新的物业公司。2003 年 4 月，业主委员会正式向建设单位及原物业公司送达了《交接通知》，但建设单位及原物业公司却置之不理。新物业公司因不能参与小区的物业服务，将小区的业主委员会、建设单位以及原物业公司一同告上了法庭。旧物业公司不撤出，新物业公司无法进驻，谁该承担新物业公司的损失？

庭审中，小区业主委员会辩称，业主委员会已同意全面履行与原告所签订的物业管理委托合同，原告无法对小区进行管理，是因为原物业公司拒不撤出小区，故原告的经济损失及管理者酬金应由原物业公司负担。

法院审理后认为，小区业主委员会在成立后，有权决定续聘原物业公司或重新选聘物业公司对小区进行管理。新物业公司依法定程序中标后，被告建设单位与原物业公司之间的物业管理委托合同应予解除。新物业公司要求履行其与小区业主委员会签订的物业管理委托合同的请求正当。

业主委员会与新物业公司之间的物业管理委托合同生效后，物业公司在履行合同后应获得履行合同的预期利益（管理者酬金）。本案中新物业公司之所以未获得管理者酬金，系业主委员会未履行合同所致，故业主委员会应给付新物业公司依合同应获得的管理者酬金。

【法院判决】

解除建设单位、原物业公司与业主委员会签订的《物业管理委托合同》，被告原物业公司退出小区物业管理，由新物业公司行使小区的物业管理权，小区业主委员会给付新物业公司 2003 年 3 月至 2003 年 11 月管理者酬金 1.6 万元。

【法理评析】

《物业管理条例》第二十一条规定：在业主、业主大会选聘物业服务企业之前，建设单位选聘物业服务企业的，应当签订书面的前期物业服务合同。第二十六条规定：前期物业服务合同可以约定期限；但是，期限未满、业主委员会与物业服务企业签订的物业服务合同生效的，前期物业服务合同终止。

本案例中，法院正是基于新物业公司与业主委员会之间签订的物业服务合同，最终判决业主委员会应给付新物业公司管理者酬金的。此外，在实践中，新物业公司除了有权要求小区业主委员会承担协助进驻小区的义务外，如合同中有违约责任的具体约定，新物业公司还可以根据合同，要求业主委员会承担支付违约金等违约

责任，或根据《合同法》第九十四条规定，要求解除《物业服务合同》。

案例3：业主大意丢汽车 物业该不该担责

【案情介绍】

2007年3月，李某与甲物业管理公司（以下简称甲公司）签订了物业服务合同。甲公司在小区进行物业管理过程中，先后制定了《小区入住须知》、《小区管理规定》、《门卫岗位责任制》、《关于加强车辆安全管理的通知》等规章制度，并在小区内公布。《小区管理规定》要求，小区内住户每年向甲公司交纳物业管理费200元，由甲公司负责对小区内的公共设施养护、安全防范措施等方面提供服务。李某按时交纳了物业费用。6月24日，李某下午开车从单位到自家楼下，下车时没有拔下车钥匙，然后匆忙上6楼家中取东西。等到下楼时，李某发现自己的汽车已不在停放地点，便立即报案，但公安机关一直未破案。6月27日，李某起诉至人民法院，请求法院判令甲公司赔偿经济损失。法院经审理后认为，甲公司收取的费用中无汽车保管费的项目，双方之间也不存在保管合同关系；李某下车时未拔车钥匙致使车辆丢失，其存在重大过失，自己应当承担损失，遂判令驳回其诉讼请求。

【法理评析】

本案的焦点是甲公司对小区住户停放在小区内的汽车是否负有保管义务。

一、李某与甲公司之间是否存在保管合同关系？

首先应当先明确何为保管合同，所谓保管合同是指保管人保管寄存人交付的保管物，并返还该物的合同。保管合同属于实践性合同，保管合同自保管物交付时成立，寄存人向保管人交付保管物的，保管人应当给付保管凭证。

具体到本案中，首先李某与甲公司之间并未就汽车保管事宜达成任何约定。李某仅与甲公司签订了物业服务合同，该合同中没有汽车保管的相关条款，除此之外双方也没有就汽车保管达成补充协议。其次李某并未将汽车交付于甲公司实际占有，所以保管合同无法成立。甲公司也未向李某出具取车放验凭证，也同样不符合保管合同的实践性特征。所以本案中双方并不存在保管合同关系。

二、甲公司在没有保管合同约定的情况下，是否负有为李某保管车辆的义务？

李某没有特别约请甲公司保管被窃车辆，其每年所交纳的200元物业管理费系综合服务费，在费用构成中并无汽车保管费的项目。而汽车保管亦不属于甲公司正常的物业管理公共性服务范围。那么甲公司对业主的车辆失窃，没有任何责任吗？我们知道物业公司对物业管理区域内业主的人身、财产安全负有安全防范工作的职责，当发生违反有关治安、环保等方面法律、法规的行为时，物业公司应当及时采取措施制止该行为，同时应当向有关行政管理部门报告并做好协助工作。所以对于业主汽车的失窃，如果物业公司没有履行上述职责，物业公司将难辞其咎。但在本案中李某下车时没有拔下车钥匙，是导致失窃的直接原因，这也超出了甲公司安全防范义务的范围，甲公司不能对所有车辆核对车主身份与驾驶员身份一致，因此，李某车辆丢失的责任不能归到甲公司。

综上所述，本案中甲公司已对小区进行了日常管理，履行了管理职责，且没有约定、法定的为业主保管车辆的义务，所以甲公司对失窃车辆不承担任何责任；李某本身疏于对车辆的管理，因此失窃的后果由其自己承担。

思考题

1. 如何理解物业管理法律关系？
2. 业主有哪些权利与义务？
3. 试述成立业主大会的条件与程序。
4. 什么是业主委员会？对业主委员会的法律地位如何理解？
5. 对物业服务企业的法律地位如何理解？
6. 物业服务合同的主要条款有哪些？
7. 什么是物业管理民事法律责任？业主和物业服务企业的民事责任各有哪些？
8. 如何加强物业管理立法，完善物业管理体制？

第 10 章 房地产税费法律制度

学习导言（Learning Guidance）

房地产税费法律制度不仅是国家税法的重要组成部分，而且是房地产市场健康发展的保障。房地产税费跨越多个环节以及许多法律制度，涉及诸多层面，因而本章编写以多个法律文件为依据，主要包括：

《中华人民共和国耕地占用税暂行条例》，2008 年 1 月 1 日起实施；

《中华人民共和国城镇土地使用税暂行条例》，1988 年 11 月 1 日起实施；

《关于修改〈中华人民共和国城镇土地使用税暂行条例〉的决定》，2007 年 1 月 1 日起施行；

《中华人民共和国土地增值税暂行条例》，1994 年 1 月 1 日起在全国开征；

《中华人民共和国土地增值税暂行条例实施细则》，1995 年 1 月 27 日颁布并施行；

《中华人民共和国房产税暂行条例》，1986 年 10 月 1 日起施行；

《关于房产税城镇土地使用税有关问题的通知》，2009 年 12 月 1 日起执行；

《中华人民共和国契税暂行条例》，1997 年 10 月 1 日起施行；

《中华人民共和国印花税暂行条例》，1988 年 10 月 1 日起施行；

《中华人民共和国营业税暂行条例》，2009 年 1 月 1 日起执行；

《中华人民共和国营业税暂行条例实施细则》，2009 年 1 月 1 日起执行；

《中华人民共和国企业所得税暂行条例》，1994 年 1 月 1 日起施行；

《中华人民共和国外商投资企业和外国企业所得税法》，1991 年 7 月 1 日起施行；

《中华人民共和国企业所得税法》，2007 年 3 月 16 日通过；

《中华人民共和国个人所得税法》，1994 年 1 月 1 日起施行；

《中华人民共和国个人所得税法实施条例》，1994 年 1 月 28 日发布；

《全国人民代表大会常务委员会关于修改〈中华人民共和国个人所得税法〉的决定》，自 2011 年 9 月 1 日起施行；

《财政部、国家税务总局关于调整房地产市场若干税收政策的通知》，1999 年 8 月 1 日起执行；

《财政部、国家税务总局关于营业税若干政策问题的通知》，2003 年 1 月 1 日起执行；

《房地产开发经营业务企业所得税处理办法》，自 2008 年 1 月 1 日起执行；

《关于个人住房转让所得征收个人所得税有关问题的通知》，2006 年 8 月 1 日起执行；

《中华人民共和国城市维护建设税暂行条例》，1985 年 1 月 1 日起施行；

《中华人民共和国征收教育费附加的暂行规定》，1986 年 7 月 1 日起施行；

《国务院关于修改〈征收教育费附加的暂行规定〉的决定》，2005 年 10 月 1 日起施行；

《财政部、国家税务总局关于调整住房租赁市场税收政策的通知》，2001 年 1 月 1 日起执行。

我国的房地产税费法律制度正处于不断的完善过程中，今后还必将有新的法律条例、实施办法出台，以适应不断变化的宏观环境。因而在学习本章内容时，除了注意学习已经成文的法律条例之外，还要不断关注国家宏观形势、宏观政策的走向以及相应的房地产税费的政策调整。

本章内容说明 (Introduction)

合理的房地产税收不仅可以保证国家取得稳定的财政收入，而且可以加强国家对国民经济的宏观调控。本章旨在使读者了解我国现有的房地产税费法律制度，介绍房地产税的计税依据和计税方法；以税种为主线分别介绍土地税和房产税法律制度，涉及多个税种的征税目的和意义、课税对象及纳税人、税率和税收减免等税收法律问题；本章随后阐述了房地产开发及交易过程中涉及的收费问题。

10.1 房地产税概述

10.1.1 房地产税的概念和作用

> 房地产税是指直接或间接以房地产为对象而征收的税。

房地产税是指直接或间接以房地产为对象而征收的税。由于历史的原因，我国对房屋和土地基本上是分别征税，而且是以土地税为主，这里所讲的房地产税，实际上就是房产税和土地税的总称。目前，我国的房产税包括房产税、契税和印花税等，土地税主要包括土地使用税、土地增值税、耕地占用税等。我国房地产税收情况按所属关系分类如图 10-1 所示。

图中不同税种有着不同的课税对象，若以课税对象为标准，则房地产税可划分为流转税类、收益税类、资源税类、财产税类和行为税类。一般来讲，我们可以对房地产涉及的税种进行如图 10-2 所示的划分。

房产税和土地税虽然有不同的征税对象、不同的征税目的，并适用不同的税率，但共同之处在于，其征税的基础都是不动产，纳税环节都发生在房地产的占有、使用和经营活动之中。其主要特征和功能体现在以下几个方面：

(1) 税源充足、稳定。与一般财产相比，房地产具有价值大、不能移动的特点。就其用途而言，它既是生活资料，又是生产资料，房地产的占有和使用是一切生产、生活得以进行的前提，它涉及人们生产、生活以及一切社会活动的各个方面，占有、使用房地产是最普遍的行为。因此，以房地产为对象征税，具有税源充足、收入稳定的特点。在一些发达国家和地区，来自房地产的税收收入通常占年度财政收入的 1/3 或 1/4。

（2）税负均衡。房地产税收既有直接税，也有间接税，其中直接税的税负是不能转嫁的，如房产税征税的主要依据是房产的价值。这种税的征收结果是占有的房产越多负担越重，占有的房产越少负担越轻，从而起到调节纳税人的财产占有量，缩小贫富差距的作用。

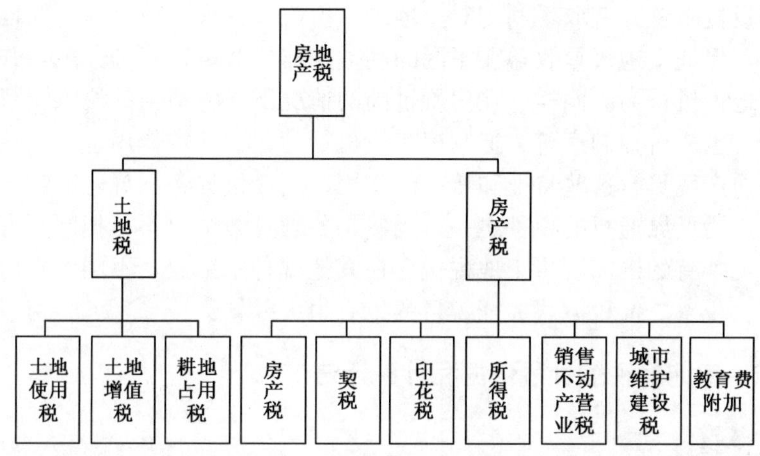

图 10-1　按所属关系分类的房地产税

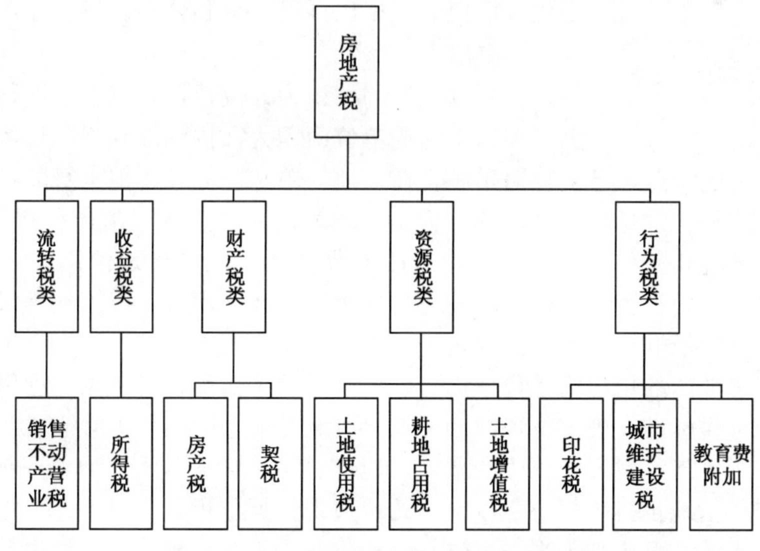

图 10-2　按课税对象分类的房地产税

（3）引导土地合理利用。土地税收是促进土地合理利用的有效手段，通过土地税的征收，对需要限制的土地利用课以重税，对需要鼓励的土地利用课以轻税或适当减免税，就可以引导和调整土地的利用方向，优化土地利用结构，提高土地的利用率。以土地占有量为依据征收的税，则可以限制土地的过多占用，减少土地的占有量，减少土地资源的浪费。

(4) 抑制房地产投机行为。在市场经济条件下，土地的所有者或使用者不但可以凭借其对土地的占有获得土地的自然增值，而且还可以通过囤积土地、待价而沽，做土地投机生意，获取暴利。对土地的增值收益征税，就可以有效地调节土地的级差收益，保证土地级差收益在不同的利益主体之间进行合理分配，并在一定程度上抑制土地投机行为。同样，在房价过高的情况下，将适当的税收调节与其他政策配合使用，也能对控制房价，抑制房产投机行为起到一定作用。

由于房地产税具有这些特征和特有的作用，当今世界各国普遍征收土地税和房产税，它已成为世界通行的税种之一。当然，各国具体情况不尽相同，有的国家对土地单独征税，有的国家则将土地税包含在其他税种中征收，不同国家房地产税的税名、税目、税率、征税方式、征税目的也有很大差异。

10.1.2 房地产税的计税依据和计税方法

1.计税依据

房地产计税依据分为以土地面积、以房地产价值和以房地产收益为计税依据。

随着人类社会的发展，房地产税的征收方式不断发生变化，征税的依据也日趋复杂和公平。目前通行的计税依据主要有以下几种：

(1) 以土地的面积为计税依据。以土地面积为计税依据，即以土地的单位面积为征税标准确定征税数额，由于其简便、易行的特点，已被普遍采用。在土地的单位产值和土地本身的特性差不多的情况下，这种方式是比较合理的。但是，随着经济的发展，城市化进程的加快，土地利用的环境和条件不断改善，土地级差收益在不同的土地使用者之间差异较大，单纯以土地面积为计税依据就失之公平了。因而又出现了以土地等级与土地面积相结合的计税依据，使纳税人的负担大体上趋于平衡。

(2) 以房地产的价值为计税依据。以房地产的价值为计税依据，即以土地或房屋的价值为计税标准，确定征税数额。这种计税依据盛行于19世纪下半叶，当时许多国家由于经济的发展、移民的增加，地价、房价猛涨。政府为了抑制房地产价格上涨，防止土地投机，便决定以土地的价值为依据征税，充分考虑土地的级差收益，使纳税人的税负更加公平。不过，以地价或房价为计税依据，要以较完善的房地产市场为基础，因而有一定的局限性。

(3) 以房地产收益为计税依据。以房地产收益为计税依据，即以房地产的经营收益为计税标准确定征税数额，它主要适用于所得性质的房地产税。以房地产收益

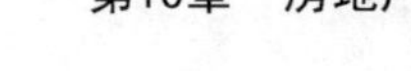

为计税依据征税，可以调节土地收益，抑制投机行为。

2.房地产税的计税方法

世界各国土地税制各异，税收的种类十分繁杂，根据房地产税的征税时间和征税依据的不同，房地产税的计税方法大体上可分为以下几种：

（1）逐年定期征税。对房地产实行逐年定期征税的税种主要有地价税、不动产税，也有一些国家实行财产税制，土地税包括在财产税之中，也是逐年定期征收。在我国逐年定期征收的房地产税主要有土地使用税和房产税。

（2）在房地产转移时征税。在实行土地私有制的国家，土地买卖是土地所有权取得的主要方式，是一种经常性的行为，也是土地权利人实现土地增值收益的主要途径。不少国家在土地因买卖、继承和赠与等而发生权利转移时进行征税，如美国、法国、意大利等国家征收的遗产税和赠与税等。我国的土地增值税也是在土地使用权转移时征收的。

（3）其他计税方法。除上述两种征税方法外，还有许多特别的征税方法。其中有借鉴意义的主要有定期不动产增值税和工程受益税。定期不动产增值税是政府对占有土地超过一定年限的产权人，通过土地重新评估，对其自然增值部分征收的一种税，征税期限有5年和10年两种。工程受益税是政府在进行土地投资时，对周围受益的土地所有者根据其受益程度的大小一次性征收的一种税。

10.2　土地税法律制度

涉及房地产的土地相关税收主要税种是耕地占用税、土地使用税、土地增值税，本节主要介绍这三个税种的主要内容。

10.2.1　耕地占用税

1.征收目的和意义

> 耕地占用税由国家对占用耕地建房和从事非农业建设的单位和个人，依其占用耕地的面积征收。

耕地占用税，是国家对占用耕地建房和从事非农业建设的单位和个人，依其占用耕地的面积征收的一种税。1987年4月1日，国务院发布《耕地占用税暂行条例》，而该条例于2008年1月1日废止，取而代之的是国务院发布的新的《耕地占用税暂行条例》。国家征收此税的主要目的，是控制非农业建设对耕地的占用，稳定耕地面积，保障农业的发展，并通过征税逐步建立起一笔基金，用于开发宜农荒地、荒滩、草场和淡水水面，改造整治中低产农田，提高耕地质量，以补偿耕地被占用带来的损失。

2. 课税对象和纳税人

耕地占用税的课税对象是一切用于建房和其他非农业建设的占用耕地。以其为征税对象，可以控制非农业建设对耕地的占用，降低耕地减少的速度。条例所称耕地，是指用于种植农作物的土地。

耕地占用税的纳税人是指占用耕地建房或者从事非农业建设的单位或者个人。无论任何单位和个人，只要他占用耕地进行非农业建设或建房，就依法负有纳税义务。

3. 税率

我国耕地占用税采用的是地区差别税率，即区别不同地区，按征税对象的数量直接确定征税数额。鉴于我国地域辽阔，地区差异大，人均占有耕地的数量及经济发展水平的不平衡，《耕地占用税暂行条例》按人均占有耕地的多少，将征税对象分类，并结合非农业建设占用耕地的不同用途，分别规定了不同的税率，对不同地区每平方米的纳税额规定了一定的幅度。我国耕地占用税率就分为以下几种：

（1）人均耕地不超过 1 亩的地区（以县级行政区域为单位，下同），每平方米为 10～50 元；

（2）人均耕地超过 1 亩但不超过 2 亩的地区，每平方米为 8～40 元；

（3）人均耕地超过 2 亩但不超过 3 亩的地区，每平方米为 6～30 元；

（4）人均耕地超过 3 亩的地区，每平方米为 5～25 元。

条例同时规定，占用林地、牧草地、农田水利用地、养殖水面以及渔业水域滩涂等其他农用地建房或者从事非农业建设的，比照《耕地占用税暂行条例》的规定征收耕地占用税。

经济特区、经济技术开发区和经济发达且人均耕地特别少的地区，适用税额可以适当提高，但是提高的部分最高不得超过第三款规定的当地适用税额（即每平方米为 6～30 元）的 50%。

4. 耕地占用税的减免

为了照顾国防和公益事业的发展，国家对那些关系到国防建设、国家安全、教育、卫生，以及其他社会福利事业的建设，经批准占用耕地的，免征耕地占用税。根据《耕地占用税暂行条例》的规定，免税对象主要有以下几种：

（1）军事设施占用耕地；

（2）学校、幼儿园、养老院、医院占用耕地。

农村居民占用耕地新建住宅，按照当地适用税额减半征收耕地占用税。建设直接为农业生产服务的生产设施占用前款规定的农用地的，不征收耕地占用税。

5. 耕地占用税的缴纳

耕地占用税，以纳税人实际占用的耕地面积计算纳税额，按法定税率一次性征收。一切纳税人，都必须在规定的期限内，依法缴纳耕地占用税。

土地管理部门在通知单位或者个人办理占用耕地手续时，应当同时通知耕地所在地同级地方税务机关。获准占用耕地的单位或者个人应当在收到土地管理部门的通知之日起30日内缴纳耕地占用税。土地管理部门凭耕地占用税完税凭证或者免税凭证和其他有关文件发放建设用地批准书。

10.2.2 土地使用税

为了用经济手段加强城镇土地管理，促使城镇土地使用者节约用地，减少土地资源浪费，国务院在1988年9月27日发布了《城镇土地使用税暂行条例》，并于当年11月1日起实施。

1. 城镇土地使用税的概念和征收意义

> 土地使用税以征收范围内的土地为课税对象，以实际占用土地面积为计税依据。

城镇土地使用税是以征收范围内的土地为征税对象，以实际占用的土地面积为计税依据，按规定税额对拥有土地使用权的单位和个人征收的一种税。征收此税的主要目的，是用经济手段加强土地的宏观调控和管理，促使土地使用者节约用地，提高土地的使用效益，并适当调节不同地区之间的土地级差收益，同时也适当增加国家财政收入。

2. 课税对象和纳税人

城镇土地使用税的课税对象，是城镇范围内的土地使用者使用的土地。包括城市、县城、建制镇和工矿区范围内的一切生产用地和生活用地。

城镇土地使用税的纳税人，是依法负有纳税义务的土地使用者。根据《城镇土地使用税暂行条例》的规定，凡是在城市、县城、建制镇和工矿区范围内使用土地的单位和个人，都是纳税人，都负有依法缴纳土地使用税的义务。除依照法律规定享受减免税待遇者外，任何纳税人不履行纳税义务，均要承担法律责任。当然，针对外商投资企业和外国企业，国家执行其他规定：外商投资企业和外国企业通过行政划拨方式取得土地使用权的，按照有关法律、行政法规规定，应当缴纳场地使用费。1990年我国实行土地有偿使用制度后，生产经营用地一般都需要通过出让的方式取得，并缴纳土地出让金，缴纳土地出让金的外商投资企业和外国企业，不再缴纳场地使用费。外商投资企业和外国企业缴纳场地使用费和土地出让金，不缴纳城镇土地使用税。而内资企业缴纳土地出让金，还要缴纳城镇土地使用税，这样就造成了税负不一致的问题。2006年12月31日，国务院发布了《关于修改〈中华人民共和国城镇土地使用税暂行条例〉的决定》，对1988年制定的《城镇土地使用税暂行条例》的部分内容作了修改。《决定》规定，外商投资企业和外国企业也应按照规定缴纳城镇土地使用税。该规定已从2007年1月1日起开始实施。

随着我国城镇化进程的加快和技术的进步，单独建造的地下建筑逐渐增多。对地下建筑，财政部、国家税务总局《关于具备房屋功能的地下建筑征收房产税的通知》（财税［2005］181号）规定，具备房屋功能的地下建筑，包括与地上房屋相连的地下建筑以及完全建在地面以下的建筑、地下人防设施等，都需要征收房产税。但对其用地，没有明确是否征收城镇土地使用税。

为此，财税［2009］128号文件明确，对在城镇土地使用税征税范围内单独建造的地下建筑用地，按规定征收城镇土地使用税。其中，已取得地下土地使用权证的，按土地使用权证确认的土地面积计算应征税款。未取得地下土地使用权证或地下土地使用权证上未标明土地面积的，按地下建筑垂直投影面积计算应征税款。同时，对地下建筑用地征收城镇土地使用税时，给予一定的税收优惠，即暂按应征税款的50%征收。文件明确是针对单独建造的地下建筑城镇土地使用税计征问题，对于统一配建的地下建筑，由于已经按规定计征了城镇土地使用税，则不用重复缴纳城镇土地使用税。

3.税率、计税依据及应纳税额

根据1988年颁布实施的《城镇土地使用税暂行条例》的规定，我国的城镇土地使用税实行的是定额税率。其税率依城市的大小分为以下四种。

大城市：使用每平方米土地的纳税额为0.50～10.00元；

中等城市：使用每平方米土地的纳税额为0.40～8.00元；

小城市：使用每平方米土地的纳税额为0.30～6.00元；

县城、建制镇、工矿区：使用每平方米土地的纳税额为0.20～4.00元。

随着经济的发展，以上税率水平显然已经不符合需要，因而《关于修改〈中华人民共和国城镇土地使用税暂行条例〉的决定》中，将土地使用税每平方米年税额修改如下：

大城市：使用每平方米土地的纳税额为1.50～30.0元；

中等城市：使用每平方米土地的纳税额为1.20～24.0元；

小城市：使用每平方米土地的纳税额为0.90～18.0元；

县城、建制镇、工矿区：使用每平方米土地的纳税额为0.60～12.0元。

考虑到全国各地经济发展的不平衡和促进经济落后地区的发展，《城镇土地使用税暂行条例》规定，经省、自治区、直辖市人民政府批准，经济落后地区的土地使用税税额标准可以适当降低，但降低额不得超过国家规定的最低税额的30%。经济发达地区土地使用税的税额标准，也可以适当提高，但必须报经财政

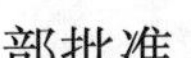

部批准。

城镇土地使用税以纳税人实际占用的土地面积为计税依据，应纳税额＝计税土地面积×适用税额。

4. 土地使用税的减免

根据《城镇土地使用暂行条例》的规定，我国城镇土地使用税的减免范围如下：

(1) 国家机关、人民团体和军队自用的土地；

(2) 宗教、寺庙、公园、名胜古迹自用的土地；

(3) 市政街道、广场、绿化地带等公共用地；

(4) 直接用于农、林、牧、渔业生产的土地；

(5) 经批准填海开山整治的土地和改造的废弃地。这种用地免税是有期限的，即从使用月份起，免缴土地使用税 5～10 年；

(6) 由财政部另行规定的能源、交通、水利设施用地和其他用地。

除上述享受减免税待遇者外，纳税人缴纳土地使用税确有困难，需要定期减免的，经省、自治区、直辖市税务机关审核，报国家税务局批准后，也可以给予减免税照顾。

5. 土地使用税的申报缴纳

土地使用税按年计算，分期缴纳。缴纳期限由省、自治区、直辖市人民政府确定。纳税人应依照当地税务机关规定的期限，填写《城镇土地使用税纳税申报表》，将其占用土地的权属、位置、用途、面积和税务机关规定的其他内容，据实向当地税务机关办理纳税申报登记，并提供有关证明文件。城镇土地使用税的纳税地点为土地所在地，由土地所在地的税务机关负责征收。对新征用的土地，征收城镇土地使用税的时间分为两种：

(1) 新征用的土地是耕地的，因使用者在征地时已缴纳了耕地占用税，其应缴纳的土地使用税，自批准征用之日起满一年时开始征收。

(2) 新征用的土地是非耕地的，土地使用税自批准征用的次月起开始征收。

10.2.3　土地增值税

随着我国土地使用制度改革的不断深入，土地利用越来越多地受到市场规律影响，特别是国家允许土地使用权进入市场以后，土地使用权的转让、出租和抵押等商业行为日益增多，新型土地使用关系的不断出现，土地使用收益的重新分配问题日益突出，客观上需要国家适应土地使用制度改革的需要，建立和完善土地税收的制度。为适应这种需要，国家于 1993 年 12 月 13 日颁布了《土地增值税暂行条例》，并于1994年1月1日开始实施；财政部又于1995年1月27日以该暂行条例为依据，颁布了《土地增值税暂行条例实施细则》；2006年3月2日，财政部和国家税务总局根据《暂行条例》及实施细则，又下发了《财政部、国家税务总局关于土地增值税若干问题的通知》（2006年3月2日起执行）。

1. 土地增值税的概念和意义

土地增值税是对土地使用者因转让土地使用权所获收益所征收的税。

土地增值税是对有偿转让国有土地使用权、地上的建筑物及其附着物，也即转让房地产而就其增值额征收的一种税。其重要意义表现在：一是，城市土地在价值运动中，要受到周围环境的影响，随着城市建设的发展，其价值通常呈上升趋势，具有自然增值的特点。土地使用者将土地使用权再转移时，一般都有很高的增值收益。这些增值收益的形成，主要是国家长期投资、进行城市建设、改善人民生活条件和环境的结果，而非转让者的劳动所得。因此，由国家以税的形式将这部分收益，收归全社会所有，可以保证土地增值收益的合理分配，抑制少数人不劳而获。二是，由土地本身的特性所决定，有土地市场存在，就会有土地投机，有土地投机就会使正常的市场秩序受到干扰和破坏。征收土地增值税，可以在一定程度上抑制土地投机行为，维护正常的市场秩序，加强国家对土地市场的宏观调控和管理。三是，随着我国各项经济文化事业的发展，进行各项基本建设所需要的土地越来越多，土地供求矛盾日益突出，地价上涨很快。征收土地增值税，既可以限制土地使用权的不合理流转，也可以减少土地资产流失，为国家增加财政收入，为城市建设和经济的发展积累资金。

2. 土地增值税的课税对象

土地增值税的课税对象是指有偿转让国有土地使用权及地上建筑物和其他附着物产权所取得的增值额。土地增值额即纳税人转让房地产取得的收入，减去法定扣除项目金额后的余额。纳税人转让房地产所得的收入，包括货币收入、实物收入和其他收入。法定扣除项目金额包括：①纳税人取得土地使用权支付的金额；②开发土地的成本费用；③新建房及配套设施的成本、费用，或者旧房及建筑物的评估价格；④与转让房地产有关的税金；⑤税法规定的其他扣除项目。

3. 土地增值税的纳税人

土地增值税的纳税人，是指转让国有土地使用权、地上建筑物及其他附着物，并取得收入的单位和个人。一切转让国有土地使用权和地上建筑物及其他附着物，并取得收入者，无论其为全民所有制单位，还是集体所有制单位，无论其为单位还是个人，均为纳税人。除依法准予免税者外，纳税人必须依法向国家缴纳土地增值税。

4. 土地增值税的税率及应纳税额

我国的土地增值税实行的是超额累进税率。所谓超额累进税率，即将纳税人的计税收入，按规定的级距分段，各阶段都根据其超过上一级收入数的部分，按该级适用的税率分别计税的一种税率。该税率由级距、税率和速算扣除系数三部分组成。超额累进税率的合理性表现在纳税人只就超过各阶段的收入多纳税，也就是通常所讲的所得多的多征税，所得少的少征税，无所得的不征税。它充分考虑了不同地段土地增值收入的差距，体现了合理税负的原则。

我国的土地增值税实行四级超额累进税率，不同级次适用税率如表10-1所示。

我国土地增值税适用税率　　表10-1

级数	增　值　率（%）	税率（%）	速算扣除系数（%）
1	不超过50%的部分	30	0
2	超过50%未超过100%的部分	40	5
3	超过100%未超过200%的部分	50	15
4	超过200%的部分	60	35

计算应纳土地增值税税额应按如下步骤展开：

（1）计算增值额。

增值额＝收入额－扣除项目金额

（2）计算增值率。

增值率＝增值额÷扣除项目金额

（3）依据增值率确定适用税率。

（4）依据适用税率计算应纳税额。

应纳税额＝增值额×适用税率－扣除项目金额×速算扣除系数

例如，某纳税人转让房地产所取得的收入为670万元，其扣除项目金额为320万元，则其应缴纳的土地增值税税额为：

增值额＝收入额－扣除项目金额＝670－320＝350（万元）

增值率＝增值额÷扣除项目金额＝350÷320×100%＝117%

依据增值率确定适用税率　适用税率为50%

应纳税额＝350×50%－320×15%＝127（万元）

实施超额累进税率，一方面对房地产转让取得过高收入，特别是获取暴利的起到调节作用，另一方面对正常的房地产经营也较为优惠，能够促进其健康发展。

5. 土地增值税的减免及惩罚

为了支持某些微利房地产项目的发展，鼓励普通标准住宅的建造，尽快改善我国人民的居住状况，《土地增值税暂行条例》规定以下两种情形免征土地增值税：

纳税人建造普通标准住宅出售，增值额未超过扣除项目金额20%的部分；因国家建设需要依法征用、征收的房地产。除这两种情况外，其他房地产转让均不享受免税待遇。

为防止纳税人弄虚作假，偷、漏土地增值税，《土地增值税暂行条例》还规定纳税人有下列情形之一的，将依法受到惩罚：隐瞒、虚报房地产成交价格的；提供扣除项目金额不实的；转让房地产的成交价格低于房地产的评估价格，又无正当理由的。在上述情况下，国家将对纳税人转让的房地产进行评估，按评估价格计算土地增值税的征收数额。

1999年，财政部国家税务总局发布《关于调整房地产市场若干税收政策的通知》，通知中第三条规定，对居民个人拥有的普通住宅，从1999年8月1日起，在其转让时暂免征收土地增值税。

6. 土地增值税的缴纳

纳税人应自转让房地产合同签订之日起7日内，向房地产所在地的主管税务机关办理纳税申报，并向税务机关提交房屋及建筑物产权、房产买卖合同，房地产评估报告及其他与转让房地产有关的资料。以一次交割、付清价款方式转让房地产的，应在办理过户、登记手续前一次性缴纳全部税款。以分期收款方式转让房地产的，可根据收款日期来确定具体的纳税期限。项目全部竣工结算前转让房地产的，可以预征土地增值税。纳税人因经常发生房地产转让而难以在每次转让后申报的，经税务机关审核同意后，可以定期进行纳税申报，具体期限由税务机关根据情况确定。

10.3 房产税法律制度

10.3.1 房产税

房产税是按房屋的余值或房屋租金向房屋所有权人征收的一种财产税。

房产税是以房屋的价值为征税对象，按房屋的余值或房屋租金向房屋所有权人征收的一种财产税。我国的房产税属于恢复性的税种。中华人民共和国成立后，1950年1月，政务院公布《全国税政实施要则》，规定全国统一征收房产税、地产税两个税种。同年6月调整税收，将房产税和地产税合并为房地产税。1951年8月8日，中央人民政府政务院公布《城市房地产税暂行条例》。1973年简化税制时，规定实行工商税的纳税人缴纳的城市房地产税并入工商税内缴纳，只保留了对城市房产管理部门、有房地产的个人和外侨

征收此税。1984年进行利改税时，国务院决定将城市房地产税划分为房产税和城镇土地使用税两个税种，并分别制定条例，对内资企业和个人征收，对外商投资企业和外国企业继续征收城市房地产税。1986年9月国务院颁布了《房产税暂行条例》，于当年10月1日起施行。为完善房产税、城镇土地使用税政策，堵塞税收征管漏洞，2009年，财政部、国家税务总局联合下发《关于房产税城镇土地使用税有关问题的通知》，对无租使用其他单位房产、出典房产、融资租赁房产的房产税政策，以及城镇土地使用税政策进行了重新明确的规定。新政策从2009年12月1日起执行，

开征房产税具有以下意义：

(1) 房产税属地方税种，税源稳定，不易转嫁，为地方政府筹集资金；

(2) 有利于提高房产的使用效率；

(3) 有利于国家房产政策的贯彻实施；

(4) 有利于建立正常的租赁关系；

(5) 适当调节房产所有人和经营人的收入。

1. 房产税的课税对象和征税范围

房产税的课税对象是房屋的价值和房屋的租金。房产税的征税范围是城市、县城、建制镇和工矿区。具体包括市区、郊区和市辖县县城、建制镇人民政府所在地，但不包括所辖的行政村。工矿区是指工商业比较发达，人口比较集中，符合国务院规定的建制镇标准，但尚未设立镇建制的大型工矿企业所在地。

2. 房产税的计税依据

房产税采用从价计税，其计税依据分为按计税余值计税和按租金收入计税两种。

以房价为计税依据实际上是以房产的余值为计税依据，因为，按照《房产税暂行条例》的规定，"房产税依照房产原值一次减除10%至30%后的余值计算。"具体减除幅度，由省、自治区、直辖市人民政府规定。没有房产原值作为依据的，由房产所在地税务机关参考同类房产核定。

以租金为计税依据主要适用于出租的房产。《房产税暂行条例》规定："房产出租的以房产租金收入为房产税的计税依据。"房产租金收入是指房屋所有权人出租房屋的使用权所得到的租金收入。

而根据2009年《关于房产税城镇土地使用税有关问题的通知》，无租使用其他单位房产的应税单位和个人，依照房产余值代缴纳房产税。

3. 纳税人

房产税的纳税人是房屋所有权人。其中房屋产权属于全民所有的，纳税人为房屋的经营管理者；房屋出典的，纳税人为承典人；融资租赁的房产，由承租人缴纳

房产税。房屋所有权人、承典人不在房屋所在地的，或者产权未确定以及租典纠纷未解决的，房产税由房产代管人或者使用人缴纳。可见，房屋所有权人、经营管理单位、承典人、房产代管人或使用人，在一定条件下，均可以成为纳税人。

4.房产税的税率

我国的房产税实行比例税率，因计税依据不同而分为两种，依照房产余值计征的，税率为1.2%，依照房屋租金收入计征的，税率为12%。相应地，房产税应纳税额的计算也分两种：

依照房产余值计算缴纳的应纳税额＝房产计税余值×1.2%＝应税房产原值×（1－扣除比例）×1.2%

依照房产租金收入计算缴纳的应纳税额＝租金收入×12%

5.房产税的减免

根据《房产税暂行条例》的规定，房产税的免税范围包括以下几种情况：

（1）国家机关、人民团体、军队自用的房产；

（2）宗教、寺庙、公园、名胜古迹自用的房产；

（3）由国家财政部门拨付事业经费的单位自用的房产；

（4）个人所有非营业用的房产；

（5）经财政部批准免税的其他房产，包括危险房屋、大修停用期间的房屋、微利企业和亏损企业的房屋等。

除此以外，纳税人缴纳房产税确实有困难的，还可以由省、自治区和直辖市人民政府确定给予定期减征或免征。

6.房产税的缴纳

纳税人应根据税法的规定，将现有房屋的坐落地点、结构、面积、原值、出租收入等情况，据实向当地税务机关办理纳税申报。

房产税实行按年征收，分期缴纳，具体的纳税时间由省、自治区和直辖市人民政府规定。纳税人应根据有关规定向房产所在地税务机关纳税，房产不在同一地方的纳税人，应按房产的坐落地点分别向房产所在地的税务机关缴纳。

10.3.2 契税

契税是对房地产产权变动征收的一种专门税种，属于财产税类。

契税是指土地使用权和房屋所有权发生变更时，就当事人所定契约按转移价格的一定比例向新业主（产权承受人）所征的一次性税收。它是对房地产产权变动征收的一种专门税种，属于财产税类。征收契税有利于增加财政收入，为地方经济建设积累资金，契税已成为地方财政固定收入；有利于调控房地产交易价格，加强房地产市场管理，规范市场交易行为。1997 年 7 月 7 日，国务院颁布《契税暂行条例》，于 1997 年 10 月 1 日起实施。

1949 年以后，土地房屋管理采取了权利证书的形式，但契税仍然得以保留。1950 年 4 月 3 日，政务院发布《契税暂行条例》，自发布日起施行。依照条例规定，凡土地房屋之买卖、典当、赠与或交换，均应凭土地房屋所有权证，并由当事人双方订立契约，由承受人缴纳契税。条例还规定了征收税率，即买契税，按买价征收 6%；典契税，按典价征收 3%；赠与契税，按现值价格征收 6%。《契税暂行条例》颁布后不久，土地自由买卖被禁止。1954 年 6 月经政务院批准，财政部对《契税暂行条例》进行了修改，停止对土地所有权转移课征契税，征收对象仅限于房屋产权发生移转的行为。由于私人房屋进行了社会主义改造，个人转让房产的现象大量减少，契税的税源几乎枯竭。1955 年降至 1829.2 万元，1956 年以后基本停征。

1997 年 7 月 7 日，国务院发布《契税暂行条例》，从当年 10 月 1 日起施行，政务院发布的《契税暂行条例》同时废止，象征国家对土地使用权转移恢复征收契税。据了解，在条例开始实施的当年，全国契税收入只有 32 亿元。但到第三年即 1999 年就超过了 100 亿元；到 2002 年则突破 200 亿元，增长到 243 亿；2003 年再上新台阶，达到 359.43 亿元，较 2002 年净增 116.43 亿元，增长率为 47.91%，高出全国税收增长率近 30 个百分点，平均两年上一个大台阶。数据显示，恢复契税征收的 6 年间，契税收入增长了 9.8 倍。目前契税在房地产税收各税种中收入最高，同时也是增幅最快、潜力极大的税种。1998 年以来，房地产市场的活跃给契税带来了丰厚的税源。

契税是在土地使用权和房屋所有权发生转移时，由承受人缴纳。在我国房地产权利发生转移的方式有：土地使用权出让、土地使用权转让（包括出售、赠与、交换）、房屋买卖、房屋赠与和房屋交换。此外，房地产权利以下列方式转移的，视同土地使用权转让、房屋买卖或者房屋赠与，征收契税：①以房地产作价投资入股的；②以房地产抵债的；③以获奖方式承受房地产的；④以预购方式或者预付集资建房款方式承受房地产的。

1. 契税的纳税人

契税的纳税人是房地产权利转移的承受人，包括土地使用权出让、转让的受让人；房屋的购买人、受赠人；以交换的形式转移土地使用权或房屋所有权，交换价格不相等的，多交付货币、实物、无形资产或者其他经济利益的一方为纳税人；以划拨方式取得土地使用权的，经批准转让房地产时应由房地产转让者补缴契税，其计税依据为补缴的土地使用权出让金或者土地收益。

2. 契税的计税依据

契税的计税依据依房地产权属转移的方式不同，分为以下几种：

（1）房地产成交价格，包括土地使用权出让价格、土地使用权转让价格和房屋的买卖价格。

（2）核定价，以土地使用权赠与、房屋赠与的方式转移房地产权利的，由征税机关参照土地使用权转让和房屋买卖的市场价格核定，以核定价作为计税依据。

（3）房地产交换的价差，当双方当事人以土地使用权交换、房屋交换的形式转移房地产权利时，以房屋、土地使用权交换价格的差额为计税依据。为了防止纳税人偷漏税，《契税暂行条例》明确规定，成交价格明显低于市场价格并且无正当理由的，由征税机关参照市场价格核定。

3. 契税的税率

根据《契税暂行条例》规定，我国的契税实行比例税率，税率为3%～5%，实际适用的税率由省、自治区、直辖市人民政府在此幅度内结合本地区的实际情况确定。

然而，由于房价的过快增长，国家出台了一系列相关政策措施，其中包括调节契税税率以达到抑制房地产的投机炒作、降低低收入者购买自住性住房支出的目的。新政策对不同住房定了不同的适用税率：

（1）对于购买非普通住宅按照法定税率征收，契税实行的是3%～5%的幅度比例税率，各省的法定税率有所不同，比如北京、上海等地为3%，山西、江苏等地为4%；

（2）对于购买普通住宅、经济适用房按法定税率减半征收；

（3）对个人首次购买90m^2以下的普通住房统一下调按1%的税率征收；

（4）对棚户区改造安置住房等保障性住房实行减免税优惠政策。

相应地，契税应纳税额＝计税依据×税率

4. 契税的减免

根据《契税暂行条例》第六条的规定，减征、免征契税的项目主要包括以下几项：

（1）土地、房屋被人民政府征用、占用后重新承受土地使用权、房屋所有权的，这种情况是否减免契税，由省、自治区、直辖市人民政府确定。

（2）纳税人承受荒山、荒沟、荒丘、荒滩的土地使用权，用于农、林、牧、渔业生产的，免征契税。

（3）依照我国有关法律规定，以及我国缔结或参加的双边或多边条约或协定的规定，应当予以免税的外国驻华使馆、领事馆、联合国驻华机构及其外交代表、领

事官员和其他外交人员承受房地产权利的，经外交部确认，可以免征契税。

（4）城镇职工按规定第一次购买公房享受免契税优惠，但仅限于第一次购买公有住房，并且是在国家规定标准面积以内购买公有住房。超过国家规定标准面积的部分，仍应按照规定缴纳契税。

此外，根据1999年7月财政部、国家税务总局《关于调整房地产市场若干税收政策的通知》，个人购买自用普通住宅暂减半征收契税。

纳税人符合减征或免征契税规定的，应当在签订房地产权利转移合同后10日内，向土地房屋所在地的契税征收机关办理减征或免征契税手续。

纳税人改变土地、房屋用途的，不再属于规定的减征、免征契税范围的，应当补缴已经减征、免征的税款。

5. 契税的申报缴纳

契税的纳税义务发生时间，为纳税人签订土地、房屋权属转移合同的当天，或者纳税人取得其他具有土地、房屋权属转移合同性质凭证的当天。纳税人应当自纳税义务发生之日起10日内，向土地、房屋所在地的契税征收机关办理纳税申报，并在契税征收机关核定的期限内缴纳税款。契税征收机关为土地、房屋所在地的财政机关或者地方税务机关，具体征收机关由省、自治区、直辖市人民政府确定。

纳税人办理纳税事宜后，契税征收机关应当向纳税人开具契税完税凭证。纳税人应当持契税完税凭证和其他规定的文件材料，依法向土地管理部门、房产管理部门办理有关土地、房屋的权属变更登记手续。纳税人未出具契税完税凭证的，土地管理部门、房产管理部门不予办理有关土地、房屋的权属变更登记手续。

土地管理部门、房产管理部门应当向契税征收机关提供有关资料，并协助契税征收机关依法征收契税。

10.3.3 印花税

1950年12月19日，政务院公布《印花税暂行条例》，即公布之日起施行。1958年税制改革时，印花税并入工商统一税。1988年8月，国务院公布了《印花税暂行条例》，于同年10月1日起恢复征收。

> 印花税是对因商事活动、产权转移、权利许可证照授受等行为而书立、领受的应税凭证征收的一种税。

印花税是对因商事活动、产权转移、权利许可证照授受等行为而书立、领受的应税凭证征收的一种税。凡在我国境内书立、领受税法规定的应税凭证的单位和个人，均为印花税的纳税人。《印花税暂行条例》（以下简称《印花税暂行条例》）规定产权转移书据为应税凭证。开征印花税，有利于增加财政收入、有利于我国社会主义商品经济新秩序的建立、有利于促进企业提高合同的兑现率、有利于提高纳税人的法制观念。

房地产印花税具有如下法律特征：房地产印花税是印花税在房地产领域中适用而形成的一种房地产税种；房地产印花税是同时针对房地产买卖、房地产产权转移变动以及相应的房地产产权凭证的书立与领受而征收的税种；房地产印花税是通过在房地产产权凭证或有关凭证上加贴完税印花税票的方式进行的一次性征收的税种。

1. 印花税的课税对象

印花税的课税对象是书立和领受应税凭证的行为，因而印花税属于行为税类。主要包括以下几种：

（1）书立应税的合同或具有合同性质的凭证；

（2）书立产权转移书据；

（3）领受权利、许可证照；

（4）书立经财政部确定征税的其他凭证。应纳印花税的凭证在《印花税暂行条例》中列举了13类。房屋因买卖、继承、赠与、交换、分割等发生产权转移时所书立的产权转移书据便是其中之一。凡书立或领受《印花税暂行条例》列举之凭证的，均为印花税的征税对象。

2. 纳税人

房地产印花税的纳税人是在我国境内书立、领受应税房地产凭证的单位和个人。就具体情况而言，房地产转让合同的纳税人是合同订立人，如果合同订立人未缴或少缴印花税的，合同的持有人应负责补缴。房屋租赁合同的纳税人是合同订立人，房地产权利许可证照（包括房屋所有权证和土地使用权证）的纳税人是领受人。

3. 计税依据

房地产权利证书的印花税是按件计收；房地产产权转移书据印花税的计税依据是书据所载明的金额，具体来说就是房屋买卖价款金额；房屋租赁合同印花税依据是房屋租金数额。

4. 税率

我国的印花税实行比例税率和定额税率两种税率。比例税率适用于房地产产权转移书据，税率为万分之五，房屋租赁合同税率为千分之一。定额税率适用于房地产权利证书，包括房屋所有权证和土地使用证，其税率均为每件5元人民币。

相应地，房地产印花税应纳税额的计算如下：

按比例税率计算　应纳税额＝计税金额×适用税率

按定额税率计算　应纳税额＝凭证数量×单位税额

5. 印花税的缴纳

印花税在应纳税凭证书立或领受时缴纳，合同在签订时缴纳，产权转移书据在立据时缴纳。

印花税采取由纳税人自行缴纳完税的方式。整个缴纳完税的程序是：在凭证书立或领受的同时，由纳税人根据凭证上所载的计税金额自行计算应纳税额，购买相当金额的印花税票，粘贴在凭证的适当位置，然后自行注销。注销的方法是：可以用钢笔、毛笔等书写工具，在印花税票与凭证的交接处画几条横线注销。不论贴多少枚印花税票，都要将税票予以注销，印花税票注销后就完成了纳税手续，纳税人对纳税凭证应按规定的期限妥善保存一个时期，以便税务人员进行纳税检查。

对有些凭证应纳税额较大，不便于在凭证上粘贴印花税票完税的，纳税人可持证到税务机关提出申请，采取以缴款书代替贴花或者按期汇总缴纳的办法。

6. 房地产印花税的减免

免纳房地产印花税的情况包括：

（1）已缴纳印花税的凭证的副本或者抄本，但以副本或者抄本视同正本使用的，应另贴印花；

（2）财产所有人将财产赠给政府、社会福利单位、学校所立的书据；

（3）经财政部批准免税的其他凭证。

10.3.4　销售不动产营业税

营业税是对有偿提供应税劳务、转让无形资产和销售不动产的单位和个人，就其营业收入额征收的一种税。1993 年 12 月 13 日国务院发布《营业税暂行条例》，1993 年 12 月 27 日财政部颁布《营业税暂行条例实施细则》，并从 1994 年 1 月 1 日起施行。2008 年 11 月 5 日，国务院修订通过新的《营业税暂行条例》，并根据该条例制定了《营业税暂行条例实施细则》，条例和细则均于 2009 年 1 月 1 日起施行。

销售不动产营业税是在土地使用权转让和建筑物出售时，国家向土地使用权转让者和建筑物出售者征收的一种税。随着房地产业和房地产市场的发展，我国的土地使用权转让和建筑物出售活动日益频繁。在还没有开征土地增值税时，为了减少国有土地收益的流失，调节土地级差收入，国家于 1990 年在营业税下面增加了一个税目，即土地使用权转让及建筑物出售。1993 年 12 月 13 日公布的《营业税暂行条例》正式将销售不动产纳入营业税的征收范围。

1. 纳税人

销售不动产营业税的纳税人是在中国境内转让土地使用权或销售建筑物及其他

土地附着物的单位和个人。转让不动产有限产权或者永久使用权，以及单位将不动产无偿赠与他人的，视同销售不动产，转让人和赠与人也是纳税人。

2. 课税对象和计税依据

销售不动产营业税的课税对象是销售不动产的营业额。而关于销售不动产的营业额的确定，根据《营业税暂行条例》规定，营业税计税营业额为纳税人向对方收取的全部价款和价外费用。销售不动产计税营业额没有特殊规定，就执行统一规定。而在具体掌握销售不动产计税营业额时还应当注意两个问题，一是对于纳税人销售不动产时从购买方取得的一切收入都要征税，包括各种基金、代收费用等；二是纳税人提供应税劳务、转让无形资产或销售不动产价格明显偏低而无正当理由的，主管税务机关有权按下列顺序核定其营业额：

（1）按纳税人最近时期发生同类应税行为的平均价格核定；

（2）按其他纳税人最近时期发生同类应税行为的平均价格核定；

（3）按下列公式核定：

营业额＝营业成本或者工程成本×（1＋成本利润率）÷（1－营业税税率）

公式中的成本利润率，由省、自治区、直辖市税务局确定。

3. 税率及应纳税额

根据《营业税暂行条例》，销售不动产、转让土地使用权的营业税实行比例税率，税率为5%。纳税人应按照营业额和规定的税率计算应纳税额。应纳税额的计算公式为：

应纳税额＝营业额×税率

4. 营业税的缴纳

纳税人转让、出租土地使用权，应当向土地所在地的主管税务机关申报纳税，纳税人销售、出租不动产应当向不动产所在地的主管税务机关申报纳税。转让土地使用权和销售不动产营业税，纳税义务发生的时间是纳税人收取营业收入款或者取得营业收入款凭据的当天。纳税人转让土地使用权或者销售不动产，采取预收款方式的，其纳税义务发生时间为收到预收款的当天。

10.3.5 所得税

房地产所得税是对房地产在经营、交易过程中，就其所得或增值收益而课征的。

房地产所得税是对房地产在经营、交易过程中，就其所得或增值收益课征的税收。它属于收益税类，是房地产税制中的一个重要组成部分。

房地产所得税的课税对象是房地产转让所得、房地产租赁所得和房地产投资所得。关于房地产所得税的征收方式，从各国税制来看，大体上可分三类：第一类是征收所得税，即把来源于土地或房地产上的收益（包括增值收益）归并到一般所得中，课征综合所得税。世界上大多数国家是采取的这种办法，如美国、日本、加拿大、法国等国家。第二类是征收所得税和资本利得税。即将所得与资本利得严格区分，并分别征收。所得必须是全年利润或常年收入，而且是可以用货币计算的，以所得税形式征收；而资本利得是房地产、股票等买卖获得的增值收益。以资本利得税形式课征，英国即是这种税制的代表。第三类是征收所得税和土地增值税。在这种税制下，将房地产的所得（或收益）并入一般所得，征收综合所得税，而将土地增值收益（或房地产增值收益）另外单独征收土地增值税。我国即是采取这种办法征收房地产所得税，除我国之外世界上还有意大利、韩国以及中国台湾地区开征土地增值税。

我国征收房地产所得税对内资企业、外资企业和个人分别适用不同的办法。

1. 企业所得税

(1) 对内资企业征收的所得税。1993 年 12 月 13 日，国务院将发布于 1984 年 9 月 18 日的《国营企业所得税条例（草案）》、发布于 1985 年 4 月 11 日的《集体企业所得税暂行条例》、发布于 1988 年 6 月 25 日的《私营企业所得税暂行条例》，上述 3 种企业所得税与对国营企业税后利润征收的调节税合并，发布《企业所得税暂行条例》，从 1994 年 1 月 1 日起施行。企业所得税的纳税人为国内企业和其他组织，以应纳税所得额为计税依据。一般企业适用 33％的税率，微利企业暂时适用 27％或者 18％的税率。

(2) 对外资企业征收的所得税。1991 年 4 月 9 日，第七届全国人民代表大会第四次会议发布《外商投资企业和外国企业所得税法》，从当年 7 月 1 日起施行。外商投资企业和外国企业所得税的纳税人为外商投资企业和外国企业，以应纳税所得额为计税依据，企业所得税的税率为 30％，地方所得税的税率为 3％。外国企业没有在中国境内设立机构、场所，而有来源于中国境内的利润、租金等所得，或者虽然设立机构、场所，但是上述所得与其机构、场所没有实际联系的，应当缴纳 20％的所得税。另外，外资企业所得税在国家级经济技术开发区为 15％税率，在沿海开放城市为 24％税率。

对外资的税收政策在一定程度上起到了吸引外资的作用，但是以上两部税法在税收优惠、税前扣除等政策上，存在对外资企业偏松、内资企业偏紧的问题。为公平税负，2007 年 3 月 16 日，第十届全国人民代表大会第五次会议通过了《企业所得税法》，该税法同时适用于内外资企业，并将新的税率确定为 25％。该税法将于 2008 年 1 月 1 日起实施。

(3) 房地产开发经营业务企业所得税。为了加强从事房地产开发经营企业的企业所得税征收管理，规范从事房地产开发经营业务企业的纳税行为，根据《企业所得税法》及其实施条例、《税收征收管理法》及其实施细则等有关税收法律、行政法规的规定，结合房地产开发经营业务的特点，国家税务总局制定了《房地产开发经营业务企业所得税处理办法》，自 2008 年 1 月 1 日起执行。

房地产开发经营业务企业所得税的课税对象是中国境内从事房地产开发经营业务的企业。处理办法对收入的税务处理、成本、费用扣除的税务处理、计税成本的核算、及特定事项的税务处理作出了明确规定。

2. 对个人征收的所得税

个人所得税是以个人（自然人）取得的各项应税所得为对象征收的一种税。《个人所得税法》是 1993 年 10 月 31 日第八届全国人民代表大会常务委员会公布的，自 1994 年 1 月 1 日起施行。国务院又于 1994 年 1 月 28 日发布了《个人所得税法实施条例》。2005 年 10 月 27 日，中华人民共和国第十届全国人民代表大会常务委员会第十八次会议通过《全国人民代表大会常务委员会关于修改〈中华人民共和国个人所得税法〉的决定》（该《决定》被称为 2005 新个人所得税法，自 2006 年 1 月 1 日起施行）。以后，该决定又历经三次修订。最新的一次修订是由人民代表大会常务委员会于 2011 年 6 月 30 日通过了《全国人民代表大会常务委员会关于修改〈中华人民共和国个人所得税法〉的决定》，自 2011 年 9 月 1 日起施行。

（1）个人所得税的纳税人。个人所得税的纳税人是在中国境内有住所，或者虽无住所但在境内居住满一年，以及无住所又不居住或居住不满一年但有从中国境内取得所得的个人。包括中国公民、个体工商户、外籍个人等。

（2）个人所得税的课税对象。个人所得税的课税对象是个人取得的应税所得。个人所得税法列举征税的个人所得共 11 项，其中包括了财产租赁所得（即个人出租建筑物、土地使用权、机器设备、车船以及其他财产取得的所得）和财产转让所得（即个人转让有价证券、股权、建筑物、土地使用权、机器设备、车船以及其他财产取得的所得）。本书主要讲述与房地产有关的个人所得税。

根据税法的规定，个人取得的转让房产所得应当交纳个人所得税，财产租赁所得、财产转让所得适用 20％的比例税率。

（3）个人所得税应纳税额的计算。

①财产租赁所得应纳税额的计算公式为：

$$应纳税额=应纳税所得额\times适用税率$$

公式中的“应纳税所得额”为纳税人每次取得的收入，定额或定率除规定费用后的余额。财产租赁所得，每次收入不超过 4000 元的，定额减除费用 800 元；每次收入在 4000 元以上的，减除 20％的费用，其余额为应纳税所得额。

②财产转让所得应纳税额的计算公式为：

$$应纳税额=应纳税所得额\times适用税率$$

公式中的“应纳税所得额”为纳税人每次转让财产取得的收入额减除财产原值和合理费用的余额。

具体计算如下：

个人所得税＝（出售房屋成交价－购入该房屋成交价－合理费用）×20％

比如，购置房屋成本80万元，本次转让价格100万元，发生转让交易税费（如营业税、交易手续费等）5万元，那么

应交的个人所得税＝（100－80－5）×20％＝3（万元）

10.3.6　其他税种

1.城市维护建设税

> 城市维护建设税是对从事工商经营，缴纳增值税、消费税、营业税的单位和个人征收的一种税。

城市维护建设税是对从事工商经营，缴纳增值税、消费税、营业税（以下简称“三税”）的单位和个人征收的一种税，它是一种附加税，是我国为了加强城市的维护建设，扩大和稳定城市维护建设资金的来源而征收的一个税种。1985年2月8日国务院正式颁布了《城市维护建设税暂行条例》，并于1985年1月1日在全国范围内施行。1994年税制改革后，对城市维护建设税进行了一些调整。

城市维护建设税的纳税人包括缴纳增值税、消费税、营业税的各类企业、单位、个体经营者和其他个人。原暂行条例中外商投资企业、外国企业和外国人不必缴纳城市维护建设税，但第八届全国人民代表大会常务委员会第五次会议通过了《全国人民代表大会常务委员会关于外商投资企业和外国企业适用增值税、消费税、营业税等税收暂行条例的决定》（自2010年12月1日起施行），该决定确认了有关城市维护建设税和教育费附加的法规、规章、政策同时适用于外商投资企业、外国企业及外籍个人，即外商投资企业、外国企业及外籍个人也需缴纳城市维护建设税和教育费附加。

城市维护建设税按照纳税人所在地实行差别税率：市区税率为7％，县城、建制镇税率为5％，其他地区税率为1％。此税以纳税人实际缴纳的增值税、消费税、营业税为计税依据（不包括加收的滞纳金和罚款），分别与上述三种税同时缴纳。应纳税额计算公式：

应纳税额＝计税依据×适用税率

＝实际缴纳的增值税、消费税、营业税税额×适用税率

城市维护建设税可以按下列方法缴纳：

（1）纳税人直接缴纳“三税”的，在缴纳“三税”地缴纳城市维护建设税。

（2）代扣代缴的纳税地点。代征、代扣代缴增值税、消费税、营业税的企业单

位，同时也要代征、代扣代缴城市维护建设税。如果没有代扣城市维护建设税的，应由纳税单位或个人回到其所在地申报纳税。

(3) 银行的纳税地点。各银行缴纳的城市维护建设税，均由取得业务收入的核算单位在当地缴纳。

一般不单独加收滞纳金或罚款，但若纳税人缴纳“三税”后，却不按规定缴纳城建税，则可以单独加收滞纳金或进行罚款。

2. 教育费附加

教育费附加的计征依据为各单位和个人实际缴纳的消费税、增值税、营业税的税额。

为加快发展地方教育事业，扩大地方教育经费的资金来源，国务院制定了《征收教育费附加的暂行规定》，并从1986年7月1日起实施。

凡缴纳消费税、增值税、营业税的单位和个人（当前包括外商投资企业、外国企业及外籍个人），除按照《国务院关于筹措农村学校办学经费的通知》（国发［1984］174号文）的规定，缴纳农村教育事业费附加的单位外，都应当依照本规定缴纳教育费附加。

教育费附加的计征依据为各单位和个人实际缴纳的消费税、增值税、营业税的税额，教育附加费率为2%，分别与消费税、增值税、营业税同时缴纳。但在2005年8月20日发布的《国务院关于修改〈征收教育费附加的暂行规定〉的决定》中，这一附加费率被上调至3%。

因而，教育费附加的应纳税额＝实际缴纳的增值税、消费税、营业税税额×3%

除铁道系统、中国人民银行总行、各专业银行总行、保险总公司的教育费附加随同营业税上缴中央财政外，其余单位和个人的教育费附加，均就地上缴地方财政，由税务机关负责征收。

房地产税收对控制土地资源，调节房地产价格走向，增加财政收入等诸多方面的作用不言而喻。随着经济环境的变动，房地产产品制造、交易过程中的税收政策必然要适应宏观经济环境，因而面临不断的调整。所以，近些年为了应对日益增高的房价，中央和各地方政府在房地产税收上不断有相应的调控政策出台，动作频繁，将来还会有新的政策出台。

10.4 房地产“费”

房地产费是指在房地产的开发、经营活动中发生的纳税以外的其他收费项目的总称。在房地产开发、经营过程中，除发生法定的税收外，还会发生一些合法的收

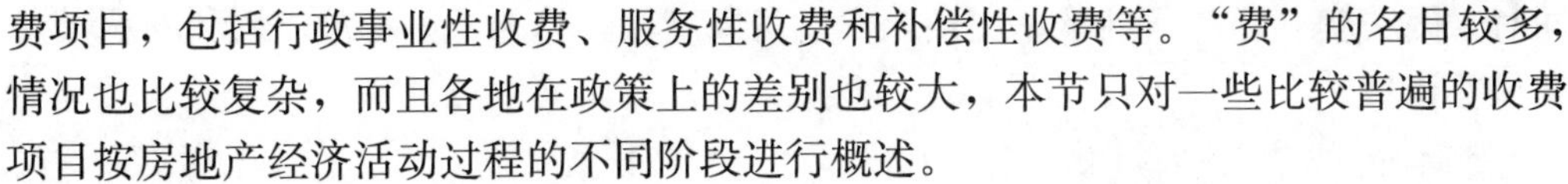

费项目，包括行政事业性收费、服务性收费和补偿性收费等。“费”的名目较多，情况也比较复杂，而且各地在政策上的差别也较大，本节只对一些比较普遍的收费项目按房地产经济活动过程的不同阶段进行概述。

10.4.1　房地产开发活动中的行政性收费

目前，我国在房地产开发活动中发生的收费项目主要有以下几项：

1. 市政公用设施建设费

房地产开发活动中的行政性收费包括市政公用设施建设费、四源费及其他费用项目。

市政公用设施建设费主要包括三种：

（1）综合开发市政费，按商品销售收入的15%计收；

（2）分散建设市政费，其中住宅建设项目按纯住宅建筑面积每平方米价格的15%计收，并于开工前一次缴清；

（3）分散建设生活服务设施配套建设费。此费按建筑面积每平方米价格的15%的标准收取。

2. 四源费

四源费是用来兴建自来水、污水、煤气、供热四项服务设施的费用。由于能源的价格低于其成本，政府部门每年要补贴大量资金来维持其简单再生产，为了缓解城市发展对能源的需求，筹集建设资金，市政府向开发企业收取了四源费。

3. 其他费用项目

在房地产开发过程中，开发企业除按规定交“市政公用设施建设费”和“四源费”两大费之外，还会发生多种较小的收费项目，如城建综合开发项目管理费、房屋拆迁管理费、建设工程许可执照费、招投标管理费、土地权属调查地籍测量费、建设工程质量管理监督费、防洪费、绿化建设费、绿化补偿费等。

以上是房地产开发阶段发生的主要的收费项目。尽管这些收费项目未被列入“取消部分建设项目收费”的范围，但仍需有进一步调整，使其收取变得更加合理必要。

10.4.2　房地产交易过程中的收费

房地产交易过程中的收费包括登记费、手续费和权证费。

房地产交易费是指在房地产交易过程中发生的收费项目。在房地产交易过程中，交易双方除了向国家缴纳契税和印花税等房地产税之外，还需缴纳以下几种费。

1. 登记费

凡办理房地产买卖、租赁登记的，买卖、租赁双方，要分别按件数交登记费。

同时，因买卖、赠与、继承、交换等发生房屋产权转移的，由房地产权利的承受人交付登记费。

2. 手续费

在进行房地产交易时，交易双方办理房地产权属登记，应向房地产管理部门缴纳手续费。办理房地产买卖手续的，双方当事人各自按实际成交价的1%交手续费；办理房地产继承、分割、赠与等手续的，房屋的承受人应按房屋评估价格的1%交手续费。

3. 权证费

在房地产交易中，领取房屋所有权证的，房屋所有权人应按件交权证费，领取房屋共有权证的也要按件交权证费。

以上收费项目主要是行政管理性的收费，即房地产行政管理机关或其授权机构在对房地产业或房地产市场行使管理权的过程中进行的收费。此种收费对于加强市场管理，规范房地产交易行为，促进房地产市场健康发展有着重要的意义和作用。

本章学习要点 (Learning Essentials)

◎ 房地产税由土地税和房产税两部分构成，房地产费包括行政事业性收费、服务性收费和补偿性收费等。

◎ 土地增值税是以土地增值额为征税对象，对土地使用者因转让土地使用权所获收益中的土地收益征收的税。土地增值税属于资源税类。

◎ 土地使用税是我国按使用土地的等级和数量，对城镇范围内的土地使用者征的税。土地使用税属于资源税类。

◎ 耕地占用税，是国家对占用耕地建房和从事非农业建设的单位和个人，依其占用耕地的面积征收的一种税。耕地占用税属于资源税类。

◎ 房产税是以房屋的价值为征收对象，按房屋的余值或房屋租金向房屋所有权人征收的税。房产税属于财产税类。

◎ 契税是指土地使用权和房屋所有权发生变更时，就当事人所定契约按转移价格的一定比例向新业主（产权承受人）所征的一次性税收。契税属于财产税类。

◎ 印花税是对因商事活动、产权转移、权利许可证照授受等行为而书立、领受的应税凭证征收的一种税。印花税属于行为税类。

◎ 销售不动产营业税是在土地使用权转让和建筑物出售时，国家向土地使用权转让者和建筑物出售者征收的一种税。营业税属于流转税类。

◎ 房地产所得税是对房地产或土地在经营、交易过程中，就其所得或增值收益课征的税收。它是房地产税制中的一个重要组成部分。房地产所得税属于收益税类。

◎ 缴纳增值税、消费税、营业税的各类企业、单位、个体经营者和其他个人（不包括外商投资企业、外国企业和外国人），还需缴纳城市维护建设税以及教育费附加。二者属于行为税类。

◎ 房地产交易中的行政收费主要有登记费、手续费和权证费。

◎ 房地产交易中的经营性服务收费，主要有房地产经纪费、房地产价格评估费和房地产咨询费。

1. 试述房地产税的概念和种类。
2. 房地产开发经营中的土地税有几种？
3. 房产税的计税依据是什么？
4. 土地增值税的计税依据是什么？
5. 土地使用税的纳税人是谁？
6. 缴纳“三税”的同时还须缴纳什么附加税？
7. 个人买卖房产时要缴什么税？
8. 房地产交易中的行政性收费有哪些？
9. 房地产交易中的经营性服务收费有哪些？

第 11 章 房地产纠纷处理法律制度

学习导言(Learning Guidance)

房屋和土地是人们生产、生活的基本物质资料，是人类赖以生存和发展的物质基础，涉及到当事人的重大经济利益，并且房地产关系又是一种复杂的综合性的社会经济关系，因而，产生各种矛盾和纠纷在所难免。我们将在房地产开发、经营、管理等过程中当事人因房地产权益而发生的争议，称为房地产纠纷。房地产纠纷的处理方法和程序，与一般民事纠纷、行政纠纷的处理相比，既有共性，又有差异，本章将介绍我国关于房地产纠纷处理方法、程序的一些主要法律法规的基本内容。总体来看，本章所介绍多为一些程序性规范。在我国的行政与司法实践中，长期存在“重实体轻程序”的倾向，因而，学习本章对于正确处理房地产纠纷、保障当事人的合法权益、实现依法治国具有重要的实践意义。

本章内容说明(Introduction)

本章以《行政复议法》、《行政诉讼法》、《民事诉讼法》(2007 年修改)、《仲裁法》等程序法，《土地管理法》、《城市房地产管理法》等实体法以及《涉外民事法律关系适用法》(2010 年颁布)等冲突法为依据，介绍房地产纠纷处理的相关法律制度。本章首先介绍了房地产纠纷的概念与特征、类型、发生原因、处理原则、法律适用等一般问题，随后又分别介绍了房地产纠纷的处理方法，包括行政处理、行政复议与行政诉讼，以及房地产纠纷的仲裁与民事诉讼，主要说明房地产纠纷民事诉讼、仲裁的受案范围、基本程序等。

11.1 房地产纠纷及其处理概述

11.1.1 房地产纠纷的概念和特征

1. 房地产纠纷的概念

在我国，房地产是房产和地产的总称，同样，房地产纠纷是房产纠纷和地产纠纷的总称。房产纠纷是指关于房屋的权益争议，地产纠纷是指关于土地的权益争议。房产和地产的密切联系决定了房产纠纷和地产纠纷也有密切的联系，在大多数情况下，房产纠纷中含有地产纠纷，地产纠纷中含有房产纠纷，因而，习惯上统称为房地产纠纷。

房地产纠纷，是指在房地产开发、经营和管理过程中，当事人之间因房地产权益而产生的争议。

房地产纠纷，是指在房地产开发、经营和管理过程中，当事人之间因房地产权益而产生的争议。

这里的“当事人”既可以是自然人、法人和其他组织，也可以是房地产管理机关，其中自然人、法人和其他组织，包括涉外房地产关系中的外国公民、法人及其他组织和港澳台的公民、法人及其他组织。

2.房地产纠纷的特征

(1) 法律关系复杂，处理难度较大。房地产纠纷往往涉及诸多与房地产建设、管理有关的部门，如城建、规划、土地管理、房产管理等，这些部门有时是房地产纠纷的当事人，有时则是以第三者的身份对房地产纠纷进行调处，因此，房地产纠纷涉及到许多方面的利益，影响面极广。一宗房地产纠纷案常常同时存在两个以上相互牵连的民事法律关系，如房屋产权、房屋继承往往与析产交织在一起，房屋买卖也往往与租赁、赠与和代管牵连在一起，房屋抵押与典当、房地产开发经营与土地使用权纠纷也常常混合等；同时，一宗房地产纠纷案件也常常同时存在两个以上相互牵连的不同性质的法律关系，如房屋产权争议与城市规划行政争议的混合，房屋产权争议与单位内部劳动关系的争议混合等；另外，房地产纠纷还常常涉及许多历史遗留问题，由于年代久远，不少房屋的自然状况、管理、使用、权属更迭情况变迁很大，房地产书证资料不少已流失、损毁，调查取证工作难度大，加之房地产纠纷中当事人关系复杂，常常涉及家庭成员内部的亲属关系等，因此，房地产纠纷涉及的法律关系极其复杂，纠纷的处理难度较大。

(2) 受政策影响明显。房地产利益具有社会性，各国调整房地产关系的社会规范都不同程度地含有政策性规范，西方国家对房地产立法和房地产案件的处理均受一定时期住房政策和房地产业政策的影响。我国目前对房地产纠纷的处理仍保留了大量的政策调整空间，如对历史遗留房地产争议的处理，对华侨房地产、宗教房地产等的争议在处理时多以政策规范的适用为主，并且我国不同时期的房地产政策规范与法律规范的界限均有很大的发展变化，因此，在处理房地产纠纷时，必须正确适用有关的房地产政策。

(3) 争议标的价值大。房地产纠纷的争议标的为房地产，房地产权益属于不动产权益，其价值往往很大。土地是国家的重要资源，且不具再生性。在城市，地产收益是国家的重要财政来源；对城市居民来说，商品化的住房往往是他们最高价值的财产；在农村，房屋往往意味着农民的毕生心血；对企事业单位来说，房地产是其从事经营和各项事业的基本物质条件，在其资产结构中占有重要地位。因此，房地产的价值一般较大，不仅对每个单位和个人的生产、生活具有重要意义，而且在单位、个人的财产结构中占有很大的比重。一旦发生纠纷，其争议的标的价值大，这也就对房地产纠纷的处理提出更高的要求，因为它不仅关系到当事人的个人利益，而且事关经济全局和整个社会的安定。

11.1.2 房地产纠纷的类型

房地产纠纷依不同的标准可以作不同的划分。

房地产纠纷可以分为土地纠纷和房屋纠纷。

1. 按房地产纠纷涉及标的不同，房地产纠纷可以分为土地纠纷和房屋纠纷。

(1) 土地纠纷，即当事人之间因土地的权属、交易或其他法律问题而发生的纠纷。主要包括土地权属纠纷、土地使用权交易纠纷和土地侵权纠纷等。

(2) 房屋纠纷，即当事人基于房屋的权利义务所发生的纠纷，主要包括：房屋产权纠纷、房屋转让纠纷、房屋租赁纠纷、城市房屋拆迁纠纷。

2. 按房地产纠纷的法律性质的不同，房地产纠纷可分为房地产行政纠纷、民事纠纷。

(1) 房地产行政纠纷，是指房地产行政管理机关在行使管理权过程中与管理相对人发生的纠纷。这类纠纷又分有两种情况：一是因房地产管理机关行使管理权而引起的纠纷，主要是房地产管理机关对被管理者进行行政处罚引起的纠纷，如非法占用、使用、处分土地而依法给予处罚，被处罚人对处罚不服而引起的争议；二是因房地产管理机关不作为而引起的争议，如当事人对房地产机关拒绝发给土地使用权证、拒绝办理房屋产权的过户登记、对用地申请不予答复而引起的纠纷等。

(2) 房地产民事纠纷，是指平等主体的自然人之间、法人之间以及自然人与法人之间有关房地产权利义务的纠纷。在所有的房地产纠纷中，凡以财产权益争议为主的纠纷均属于民事纠纷，如土地使用权权属纠纷、房屋买卖、租赁纠纷、房地产相邻关系纠纷等，但是处理民事纠纷的途径则不限于民事诉讼，也包括行政调处和仲裁等。在房地产民事纠纷中，有一般民事纠纷与特种民事纠纷之分。后者主要是指在房地产税收、房地产社会保障、房地产消费者权益保护方面发生的争议，它涉及国家的税收法律、法规和政策，涉及一定时期国家的社会保障制度，涉及消费者利益的特殊保护等，因此，处理这类纠纷首先适用国家特殊的法律、法规和政策。

3. 按发生房地产纠纷的法律关系是否具有涉外因素，可将房地产纠纷分为国内房地产纠纷和涉外房地产纠纷。

(1) 国内房地产纠纷，是指发生纠纷的房地产法律关系不具有涉外因素，争议的处理完全适用国内法律的房地产纠纷。

(2) 涉外房地产纠纷，是指所涉及法律关系诸因素中至少有一个因素涉及外国房地产纠纷，处理这类纠纷主要适用不动产所在地的法律，也可以适用国际惯例。

11.1.3 房地产纠纷产生的原因

(1) 历史原因。我国过去多次运动及改革，或多或少涉及房地产关系。如土地改革、城市社会主义改造、农业合作化、人民公社化，十年“文化大革命”，直至20世纪80年代开始的农村家庭联产承包责任制、城镇住房制度改革等，既有历史上的遗留问题，又有现实中新出现的问题。在人民法院所受理的涉及土地、房屋的案件中，有些就是由于历史原因造成的。

(2) 利益矛盾。土地、房屋作为基本的生产资料和生活资料，对自然人、法人影响居甚。一方面，经济的发展、人口的增长以及人民的消费水平和消费愿望的提高，使得土地、房屋的供应跟不上需求，供需失调容易引起利益矛盾。另一方面，某些客观情况的变化，如价格波动、因特殊原因不能交付房屋等，也会引起利益矛盾。

(3) 合同失范或违反合同。房地产纠纷的发生，有时是合同本身即存在不规范(包括无效性、不完备性) 等缺点，有时则是因为当事人一方甚至双方都发生不同程度的违约行为。这些都是人民法院、仲裁机构在办理案件中时常遇到的情况。

(4) 当事人违反房地产管理法律、法规、侵犯他人的合法权益，也会造成房地产纠纷。

11.1.4 房地产纠纷的处理原则

房地产纠纷的处理原则主要包括：公民住宅利益优先原则、消费者保护原则、利益协调和兼顾原则。

处理房地产纠纷的原则可分为两个方面：

(1) 我国法律规定的处理民事、行政和经济纠纷案件所必须遵守的各项法律原则，主要是诉讼法的各项原则，这方面的法律原则主要有：以事实为依据、以法律为准绳的原则；调解与审判相结合的原则；当事人在适用法律上一律平等的原则；

(2) 处理房地产纠纷时所必须遵守的特殊原则，主要包括：公民住宅利益优先原则、消费者保护原则、利益协调和兼顾原则。

1. 公民住宅利益优先原则

我国公民住宅利益不仅受房地产法保护，而且其所体现的公民居住权和房屋所有权还直接受宪法保护，具有比其他一般财产权更重要的法律地位。公民的住宅权益所体现的不仅是每个公民的个体利益，而且是包括每个公民在内的社会的利益，因而受到法律优先的保护。房地产纠纷的处理如果造成公民被剥夺居住权而成为无家可归者的局面，无论如何也不是一个好的社会效果。在房地产开发建设中国家优先发展居民的住宅建设，国家安居工程建设项目比其他一般建设项目受到法律更严格的保护；居民住宅利益也包括住宅环境利益，这种利益受宪法和环境法的严格保护。

2. 消费者保护原则

在住房商品化条件下，公民住宅利益往往表现为消费者利益，因而直接受消费者权益保护法的保护。根据消费者保护法的原则，在消费者与经营者的利益关系中，法律的保护向消费者倾斜，公民作为住宅消费者，享有消费者保护法规定的各项权利，包括选择权、知情权、安全权、求偿权、监督权等；而作为经营者的房地产商则必须承担消费者保护法规定的各项义务，包括对房屋商品和服务的质量保证义务、公平交易义务、损害赔偿义务、接受监督义务等。在房地产诉讼中房地产消费者享有诸如举证责任倒置等特殊的诉讼权利。在房屋租赁关系中，承租人作为消费者的法律资格由来已久，近一个世纪以来，欧洲大陆法国家在房屋租赁关系中赋予承租人以消费者权利，并受到法律的优先保护。

3. 利益协调和兼顾原则

与一般民事法律关系不同的是，房地产法律关系至少涉及三方当事人的利益，即国家作为土地所有者的利益、房地产经营者的商业利益和公民房地产消费者利益。当三者利益发生冲突产生纠纷时，法律在基于保护弱者而对消费者权益优先保护的前提下，也要兼顾各方当事人的利益，充分发挥法律协调利益的功能，实现法律的公平正义宗旨，只有这样，才能保证房地产业持续健康地发展。另一方面，这一原则的贯彻也是房地产业特殊发展的客观要求，房地产业既是高盈利的产业，也是风险程度较高的产业，其高盈利性要求法律在实施的过程中更严格地限制对资源的过度利用，限制投机利益的过度膨胀，使房地产业经济利益在全社会范围内合理地分配；其高风险性则要求法律在实施的过程中，把这种风险所造成或可能带来的损失降低到最小的程度。总之，房地产利益协调和兼顾的原则在解决房地产纠纷中的适用，就是要保证房地产业发展中的实质公平，防止房地产业发展中的大起大落，以保证房地产业持续健康地发展。

11.1.5 涉外房地产纠纷的法律适用

1. 涉外房地产法律纠纷的概念

涉外房地产纠纷，是指所涉及法律关系诸因素中至少有一个因素涉及外国房地产纠纷。所谓涉外因素，指在房地产法律关系中，其主体、内容、客体三要素具有

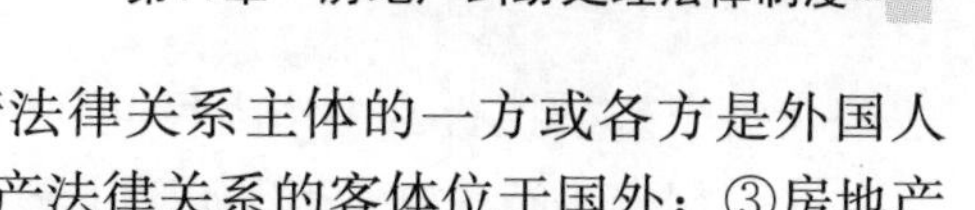

国际的因素。具体包括以下情况：①房地产法律关系主体的一方或各方是外国人（指具有外国国籍的自然人或法人）；②房地产法律关系的客体位于国外；③房地产法律关系的内容与外国发生联系，即产生、变更或消灭房地产权利义务的法律事实发生在外国。

2. 调整涉外房地产法律关系的法律

> 调整涉外房地产关系的法律有国际惯例、冲突规范和国内实体法。

调整涉外房地产关系的法律有国际惯例、冲突规范和国内实体法。

（1）国际惯例—国家财产豁免权。国际惯例是国际交往中，经过反复的实践，逐步形成的、具有确定内容的、众所周知的行为规则。国际惯例不当然具有法律效力，须得到国家的承认和当事人的选择才具有法律效力。

涉外房地产法律关系的主体可以是自然人、法人或者国家。国家作为涉外房地产法律关系的主体，在法律上有它的特殊地位，主要表现在它享有豁免权。所谓国家豁免权，指一个主权国家的行为和财产不受另一国家的法院管辖。国家财产豁免权的具体内容主要包括三方面：①司法管辖豁免，即除非外国国家明示同意，否则不得以该国财产作为诉讼标的；②诉讼担保豁免，即除非外国国家明示同意，法院地国家不得以外国在其境内的财产为诉讼担保，不得以诉讼为由查封，扣押外国国家财产；③强制执行豁免，即一国在外国法院参加民事诉讼，无论充当原告或自愿作被告，未得到它的明示同意，外国法院的判决不得对他的财产强制执行。

国家财产享有豁免权，是公认的国际法准则。只有坚持这一原则，才有利于保证主权国家之间进行正常、平等互利的交往活动。国家作为涉外房地产法律关系的主体，其客体首先是国家在外国的使、领馆馆舍。按照我国有关规定，外国政府在我国的使领馆房屋，不受我国行政管理和监督，并免交房产税、契税和土地税。

（2）冲突规范—物之所在地法。冲突规范，是指对某种涉外民事法律关系应适用何国法律的规范。冲突规范并不直接规定当事人的权利义务关系，所以它是一种只起间接调整作用的规范。在法律效果上，冲突范围必须与它所指引的某国的实体规范相结合，才能确定当事人的权利与义务。冲突规范由“范围”和“系属”两部分组成。范围指出该范围所要调整的法律关系，系属指出该项法律关系所适用的法律。在长期实践中，把一些解决法律冲突的原则公式化而成为固定的系属，使它适合于解决同类性质法律关系的冲突问题，称为系属公式。最常用的系属公式有属人法、行为地法、法院地法、物之所在地法、当事人所选择的法律、旗国法等。物之所在地法，是指作为法律关系客体的物的所在地国家的法律。解决涉外房地产关系法律冲突的系属公式主要是物之所在地法，这已为我国法律所确认。我国《民法通则》第一百四十四条规定：“不动产的所有权，适用不动产所在地法律。”最高人民法院《关于贯彻执行〈中华人民共和国民法通则〉若干问题的意见》第一百八十六条对这一规定进行了扩张解释："土地、附着于土地的建筑及其他定着物、建筑物的固定附属设备为不动产。不动产的所有权、买卖、租赁、抵押、使用等民事关系，均应适用不动产所在地法律。"

(3) 国内实体法。调整涉外房地产关系的实体法，主要是国内立法。我国有关房地产的立法，除少数特别注明不适用于涉外房地产关系的（如《中华人民共和国土地管理法》），均适用于涉外房地产法律关系。

我国有关涉外房地产的法律法规主要有：1979 年制定的《中华人民共和国中外合资经营企业法》和 1983 年制定的《中华人民共和国中外合资经营企业法实施条例》、1986 年制定的《中华人民共和国外资企业法》、1988 年的《中华人民共和国中外合作经营企业法》、1986 年的《关于鼓励外商投资的决定》、1990 年的《外商投资开发经验能够土地暂行管理办法》、1984 年的《外国人私有房屋管理的若干规定》、1980 年的《国务院关于中外合营企业建设用地的暂行规定》以及 2011 年 4 月 1 日施行的《中华人民共和国涉外民事关系法律适用法》。

11.2 房地产纠纷行政处理、行政复议与行政诉讼

11.2.1 行政处理

房地产纠纷行政处理，是指由房地产行政主管部门在自己的职权范围内，对某些特定情况下的房地产纠纷直接作出处理决定。这种处理可能是根据发生纠纷的当事人的要求而作出的，也可能是房地产行政主管部门主动地作出的。

行政处理经济纠纷是一种特别的方式，例如对历史遗留下来的土地、山林的权属问题，运用这种方式处理比较见效。但是，它也存在若干弊病，如处理标准不一、不够公平，甚至还可能不适当地干预民事纠纷。实践中，用行政方式处理房地产纠纷主要有如下两种情况：

1. 对当事人的争议直接作出处理，或者经过复议、复审后作出处理决定。比如，处理土地权属争议。

2. 对由于违反法律规定的行为（主要指侵权行为及其他损害行为）所引起的纠纷作出处理决定。比如，处理侵犯农民土地承包经营权争议。

在房地产纠纷案件中，需要根据国家的法律、法规和该案的具体情况分析，哪些是由行政机关最终裁决而不能提起诉讼的；哪些是必须先向行政机关申请复议、对复议不服的才可以起诉的；哪些是既可以选择向行政机关申请复议，也可以选择

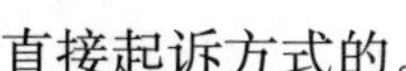

直接起诉方式的。

11.2.2　房地产纠纷行政复议

1. 概念

> 行政复议是一种行政监督和补救性质的活动。

房地产纠纷案件的行政复议，是指不服房地产行政机关的行政处罚或处理决定，依法向上一级房地产行政机关提出重新处理，上级机关依法重新对房地产纠纷案件进行复查、复审、复核、复验等活动。根据复议的情况，可以维持、变更或撤销、部分撤销原行政处罚或行政处理决定。行政复议是一种行政监督和补救性质的活动，是督促行政机关合法地行使职权并矫正违法或不当的行政行为之措施。

房地产行政复议具有以下特点：①主体的一方是房地产行政管理机关，另一方是自然人、法人或其他组织；②客体是房地产行政管理中发生的具体行政行为；③房地产行政复议是享有行政领导权的行政机关依据相对人的请求或自身决定，复查行政行为的一种行政措施；④复议机关审理复议案件不适用调解。

2. 房地产行政复议的受案范围

根据《行政复议条例》第九条之规定，自然人、法人和其他组织对房地产行政管理机关下列具体行政行为不服时，可以向上级机关申请复议：

(1) 认为符合颁布房屋所有权证、土地使用权证、建设工程规划许可证、房屋拆迁许可证等的法定条件和有关规定，而房地产行政管理机关拒绝颁发或在规定期限内不予答复的；

(2) 认为房地产管理机关颁发的许可证内容不当，经申请补正，发证机关拒绝补正或者不予答复的；

(3) 认为房地产行政管理机关错误颁发或者注销、吊销上述权证，致使其合法权益受到侵害的；

(4) 认为房地产行政管理机关收取滞纳金或者罚款、没收非法所得的决定不当的。

3. 行政复议的基本程序

(1) 提起申请。自然人、法人或其他组织认为自己的合法权益受到具体行政行为的损害，应当在具体行政行为作出之日起 15 日内，向有管辖权的房地产行政复议机关申请复议，递交复议申请书。

(2) 复议申请的处理。房地产行政复议机关应当自收到复议申请之日起 10 日内，作出受理或不予受理的决定；复议机关在受理复议案件后 7 日内应将复议申请书副本发送被申请人；被申请人应当在收到复议申请书副本 10 日内，向复议机关提交作出具体行政行为的有关材料或证据，并提出答辩状。

(3) 复议案件的审理。行政复议实行书面复议制度，即复议机关不通过开庭的形式，而是通过对复议申请书、答辩状及原决定的案卷进行审理并作出复议决定。复议决定应在收到复议申请之日起两个月内作出，复议期间具体行政行为不停止执行。复议机关复议房地产案件，不受复议申请范围的限制。

(4) 行政复议的决定。房地产行政复议机关可以根据案件情况，分别作出不同的复议决定。如对原有具体行政行为决定维持、决定补正或决定被申请人履行职责，对原具体行政行为决定撤销、决定变更、责令重新作出或自己直接作出具体行政行为。作出复议决定应当制作复议决定书。

(5) 复议申请人对复议决定不服，可以在收到房地产行政复议决定书之日起 15 日内，向人民法院提起行政诉讼。逾期不起诉，又不履行复议决定，属于维持原具体行政行为的，由最初作出具体行政行为的房地产行政机关申请法院强制执行或依法强制执行；属于改变原具体行政行为的，由复议机关申请法院强制执行或依法强制执行；被申请人拒绝履行复议决定的，复议机关可以直接或建议有关部门对其法定代表人给予行政处分。

11.2.3 房地产纠纷行政诉讼

1. 概述

房地产纠纷行政诉讼，是指自然人、法人或其他组织对房地产行政管理机关就当事人的房地产所作出的具体行政行为不服而提出的行政诉讼。

这里所说的具体行政行为，主要包括扣留、吊销或拒发房屋建设、施工和土地使用、规划等许可证，对房地产建设使用、交易中的违法行为进行的罚款、没收、拆除、查封等。

> 因房地产纠纷提起的行政诉讼，由房地产所在地的人民法院管辖。

因房地产纠纷提起的行政诉讼，由房地产所在地的人民法院管辖。我国《行政诉讼法》则是审理房地产行政案件的基本法律依据和诉讼活动准则。房地产纠纷的行政诉讼与行政复议、民事诉讼虽然联系密切，但它们之间存在很大的区别。

房地产纠纷行政诉讼必须遵循以下特有的原则：①充分保障自然人、法人和其他组织的诉讼权，作出具体行政的行政机关无权提起行政诉讼；②被告负有举证责任；③诉讼期间原具体行政行为不停止执行；④房地产纠纷行政诉讼不适用解调；⑤人民法院审理行政案件，对具体行为是否合法进行审查。

2. 房地产行政诉讼的受案范围

受案范围是指哪些行政案件由人民法院受理并负责解决。根据我国《行政诉讼法》的规定，房地产行政诉讼的受案范围主要有：①对罚款、吊销许可证和执照、责令停产停业、没收房地产等行政处罚不服的；②认为房地产行政机关侵犯法律规定的房地产企业经营自主权的；③认为符合条件申请房地产行政管理机关颁发的产权证、许可证和执照，行政机关拒绝颁发或不予答复的；④申请房地产行政管理机关保护人身权、财产的法定职责，房地产行政管理机关拒绝履行或不予答复的；⑤认为房地产行政管理机关违法要求履行义务的。

3. 房地产行政诉讼的基本程序

（1）第一审程序。当事人针对具体行政行为向人民法院提出行政诉讼，必须在法定期间内提起，且须递交书面诉状。人民法院接到起诉状后，经过审查，对符合起诉条件的，应在 7 日内立案；对不符合条件的，应在 7 日内作出裁定，通知原告不予受理，原告对此裁定可向上一级人民法院提起上诉。人民法院在立案之日起 5 日内，向被告送达起诉状，被告应在收到起诉状副本 10 日内提交具体房地产管理行政行为的有关材料及答辩状，人民法院在收到答辩状之日起 5 日内将答辩状副本发送原告。被告不提出答辩的，不影响审理。房地产管理行政诉讼案件一般以公开审理为原则，经过开庭准备、法庭调查、法庭辩论、合议评议等四个程序后，可以当庭判决，也可以择期宣判。人民法院应当在立案之日起 3 个月内作出第一审判决。需要注意的是，在诉讼期间一般不停止具体行政行为的执行。

（2）第二审程序。房地产行政诉讼当事人对第一审判决和裁定不服的，可以在上诉期限内向上一级人民法院提出上诉。上诉经受理的，由原审人民法院在 5 日内将上诉状副本送达对方当事人，对方当事人在收到上诉副本后 15 日内提出答辩状。人民法院根据全面审查的原则审理房地产行政诉讼上诉案件，具体方式有开庭审理和书面审理两种。开庭审理程序与一审程序基本相同，而书面审理则在事实清楚的情况下，对当事人所提交的诉状、答辩状、其他书面材料和证据进行书面审查和判决。人民法院审理上诉案件的期限为两个月，即从收到上诉状之日起两个月内作出终审判决。

（3）审判监督程序。人民法院和人民检察院等具有审判监督权的机关，对已经发生法律效力的房地产行政诉讼判决和裁定，发现有违反有关法律法规定的，应通过审判监督程序由指定的人民法院对有关的行政诉讼案件进行再次审理。

（4）判决和执行。人民法院对受理的房地产行政案件经过审理后可以根据不同情况作出不同判决，包括：判决维持、撤销、部分撤销或者重新作出具体行政行为；判决履行法定职责；判决变更行政处罚等。

自然人、法人或者其他组织具体行政行为既不提起诉讼又不履行的，房地产管理机关可以申请人民法院强制执行。房地产管理机关拒不履行人民法院已生效的判决和裁定的，人民法院可以采取强制措施予以执行。这些措施包括：从账户内划拨罚款或赔偿金、处以罚款、向上级部门提出司法建议或追究直接责任人员的刑事责任等。

11.3 房地产纠纷仲裁与民事诉讼

11.3.1 房地产仲裁

1.概述

房地产纠纷仲裁是一种准司法性的专业化仲裁，具有部门司法行为的效力。

房地产纠纷仲裁是一种准司法性的专业化仲裁，具有部门司法行为的效力。

房地产纠纷仲裁，是指争议双方当事人自愿的，由第三人（仲裁员）居中裁决的，具有法律效力的一种解决房地产权益纠纷的方法。它是一种准司法性的专业化仲裁，具有部门司法行为的效力，既有区别于房地产行政管理机关的管理活动，又有区别于人民法院对房地产纠纷的审判活动。

房地产纠纷的仲裁应遵循以下原则：

（1）自愿原则。当事人采用仲裁方式解决纠纷，应当双方自愿，仲裁案件的受理应以双方自愿签订的仲裁协议为前提；

（2）或裁或审、一裁终审原则。当事人选择仲裁方式，实际上就放弃了向人民法院诉讼的权利，而且无论哪一个仲裁委员会作出的仲裁，都是终局性仲裁，不存在上诉或申请复议等要求上一级机构处理的程序；

（3）当事人协议管辖原则。仲裁不实行级别管辖或地域管辖，仲裁委员会由当事人协议选定；

（4）遵循诉讼法的原则。仲裁既然是一种准司法活动，就应遵循诉讼法规定的一些原则，主要有：以事实为依据，以法律为准绳的原则；当事人权利平等原则；仲裁人员依法回避原则等。

2.房地产纠纷仲裁机构

我国的房地产纠纷仲裁机构有两个系统：一是各地方设立的仲裁委员会，我国平等主体的自然人、法人和其他组织之间发生的房地产纠纷，当事人有仲裁协议的，可以仲裁；二是中国国际商会设立的中国国际经济贸易仲裁委员会，只对涉外

房地产民事纠纷进行仲裁。

仲裁委员会设主任一人，副主任二人至四人，委员若干人。仲裁委员会独立于行政机关，与行政机关无隶属关系；仲裁委员会之间也无隶属关系。仲裁委员会办理房地产纠纷案件，可以由当事人共同选定一名仲裁委员进行仲裁，亦可约定由仲裁委员两人和一名首席仲裁委员组成仲裁庭进行仲裁。仲裁庭或者独任仲裁确定后，仲裁委员会应当将仲裁庭的组成情况书面通知当事人，告知当事人申请回避等权利。

3.房地产纠纷仲裁程序

（1）申请和受理。当事人申请仲裁应当符合一定的条件：①有仲裁协议；②有具体的仲裁请求和事实、理由；③必须属于仲裁委员会的受理范围。当事人申请仲裁，应当向仲裁委员会递交仲裁协议和仲裁申请书，并按照被诉人数提交申请书副本。

仲裁委员会在收到申请书之日起五日内，根据受理条件决定受理或不受理。受理仲裁申请后，仲裁委员会应当将仲裁规则和仲裁员名册送达申请人，并将申请书副本和仲裁规则、仲裁员名册送达被申请人。被申请人收到申请书副本后，应当向仲裁委员会提交答辩书，仲裁委员会将答辩书副本送达申请人。

（2）准备与调查。审核有关材料，是仲裁前准备的一个重要环节，也是仲裁庭调查取证的基础。仲裁机构有权查阅有关单位保管的与争议有关的档案、资料和原始凭证，有权组织现场勘察或物证技术鉴定。

（3）保全措施。

①证据保全。在证据可能灭失或者以后难以取得的情况下，当事人可以申请证据保全。仲裁委员会应将当事人的申请提交证据所在地的基层人民法院，由人民法院采取必要的保全措施。

②财产保全。仲裁委员会在处理房地产纠纷时，可以根据当事人提出的申请，以及保证裁决生效后的执行和防止造成更大财产损失的需要，对当事人申请仲裁范围内的有关房地产提请有管辖权的人民法院依照有关法律作出停用、停建、停止拆除、停止办理变更登记手续等保全措施的裁定。

（4）开庭和裁决。仲裁应当开庭进行，一般不公开进行。开庭时，仲裁员应认真听取双方当事人的陈述和辩论，出示有关证据，依法询问当事人，并征求其最后意见，在此基础上，经过评议作出裁决。在作出裁决前可以先行调解，当事人也可以自行和解。仲裁房地产纠纷应制作裁决书，裁决书由仲裁员签名并加盖仲裁委员会印章。裁决书自作出之日起发生法律效力。

（5）撤销裁决和执行。当事人提出证据证明裁决有《仲裁法》第五十八条规定的下列情形之一的，应当自收到裁决书之日起6个月内向仲裁委员会所在地的中级人民法院提出申请撤销裁决：

①没有仲裁协议的；

②仲裁的事项不属于仲裁协议的范围或者仲裁委员会无权仲裁的；

③仲裁庭的组成或者仲裁的程序违反法定程序的；

④裁决所依据的证据是伪造的；

⑤对当事人隐瞒了足以影响公正裁决的证据的；

⑥仲裁员在仲裁该案时有索贿，徇私舞弊，枉法裁决行为的。人民法院应在受理之日起两个月内作出撤销裁决或者驳回申请的裁定。人民法院认可可以重新裁决的，通知裁决庭重新裁决，并裁定中止撤销程序。

一方当事人逾期不履行裁决的，另一方当事人可以向人民法院申请执行。一方当事人申请执行裁决，另一方当事人申请撤销裁决的，人民法院应当裁定中止执行；撤销裁决的申请被裁定驳回的，人民法院应当裁定恢复执行。

11.3.2 房地产纠纷民事诉讼

1.概述

房地产纠纷民事诉讼，是指人民法院在双方当事人及其他诉讼参与人的共同参加下，审理和解决有关房地产纠纷所进行的司法活动。这是一种具有最高权威的解决房地产纠纷的方法。

房地产纠纷的民事诉讼与其他解决途径相比有显著特点：首先，人民法院通过诉讼途径来解决房地产纠纷是以审判权为根据的；其次，人民法院处理房地产纠纷是最终途径的、具有强制执行力的纠纷解决途径，而对于房地产行政管理机关或仲裁机关作出的已发生效力的调解书、决定书或裁决书，当事人一方不执行的，只能由另一方当事人向人民法院申请强制执行。

2.房地产纠纷民事诉讼的基本程序

对于房地产纠纷案件的审理，应依据《民事诉讼法》等法律规定的程序进行，其基本程序是：

(1) 起诉和受理。起诉必须符合我国《民事诉讼法》第一百零八条的规定，即：①原告是与本案有直接利害关系的公民、法人和其他组织；②有明确的被告；③有具体的诉讼请求和事实、理由；④属于人民法院受理民事诉讼的范围和受诉人民法院管辖。起诉的方式有口头起诉和书面起诉两种，书面起诉应递交起诉状，并按被告人数提交副本；当事人有权委托1人至2人作为诉讼代理人。人民法院在收到起诉状或口头起诉后，要进行诉讼时效的审查和起诉条件的审查，符合起诉条件的，应在7日内立案受理，并通知当事人。

(2) 审理前的准备。人民法院应在立案受理之日起 5 日内，将起诉状副本或口述笔录抄件发送被告，被告应在 15 日内提交答辩状，人民法院应当在收到答辩状之日起 5 日内将答辩状副本发送被告。人民法院应当在受理案件通知书和应诉通知书中告知当事人有关的诉讼权利和义务。除了简易程序或特别困难程序实行独任制外，人民法院审理第一审民事案件应组成合议庭，人数必须是单数，合议庭组成后应在 3 日内告知当事人。人民法院有权向有关单位和个人调查取证，有关单位和个人不得拒绝。

(3) 开庭审理。开庭审理包括法庭调查、法庭辩论、合议庭评议和裁判等内容，有些案件中还有法庭调解程序。人民法院对公开审理或者不公开审理的案件，一律公开宣告判决。房地产纠纷案件一般应在立案之日起 6 个月内审理终结。

(4) 第二审程序。第二审程序是指上级人民法院根据当事人的上诉请求，对下级人民法院尚未发生法律效力的判决和裁定进行审理和裁判的程序。当事人不服地方人民法院第一审判决的，有权在判决书送达之日起 15 日内向上级人民法院提起上诉；不服裁定的上诉期限为 10 日。第二审人民法院审理上诉案件可以进行调解，如能调解达成协议，则制作调解书，送达当事人后原审法院的判决书即视为撤销。第二审法院对上诉案件，经过审理，根据不同情形，分别作出维持原判、改正原判的判决，或作出发回重申的裁定等。第二审法院的判决和裁定是终审判决和裁定。人民法院审理对判决的上诉案件，应当在第二审立案之日起 3 个月内审结；审理对裁定的上诉案件，应当在 30 日内作出终审裁定。

(5) 审判监督程序。审判监督程序是指法定机关行使监督权，对人民法院的民事审判活动进行监督的程序。各级人民法院院长、上级人民法院、上级人民检察院等对已发生法律效力的判决、裁定，可以按照审判监督程序进行监督。当事人对已经法律效力的调解书、判决书、裁定书也可以在两年之内申请再审，再审期间不停止原裁判的执行。

(6) 执行程序。执行程序是保证人民法院的裁判能够顺利得以执行，保证当事人合法权利得以实现的法律程序。执行分为申请执行和移送执行两种。申请执行是指当事人一方不履行生效的法律文书所确定的义务，对方当事人可以向有管辖权的人民法院提出申请，请求人民法院强制执行，以实现自己的合法权益。申请执行的期限为两年。移送执行是指人民法院的判决、裁定和调解书发生法律效力之后，由审理该案的审判人员将案件直接交付执行人员执行。人民法院在执行时可以依法采取执行措施，由法律明文规定的强制措施包括冻结、划拨存款，扣留、提取收入，查封、扣押、拍卖、变卖财产，搜查隐匿财产，强制迁出房屋，强制退出土地等。

本章学习要点(Learning Essentials)

◎ 房地产纠纷是指在房地产开发、经营和管理过程中，当事人之间因房地产权益而产生的争议。它具有以下特征：纠纷涉及面广、法律关系复杂；政策性强；争议标的价值大。

◎ 按房地产纠纷涉及标的，房地产纠纷可以分为土地纠纷和房屋纠纷；按房地产纠纷的法律性质的不同可分为：房地产行政纠纷、民事纠纷、经济纠纷；按发生房地产纠纷的法律关系是否具有涉外因素，可将房地产纠纷分为：国内房地产纠纷和涉外房地产纠纷。

◎ 导致房地产纠纷的原因是多种多样的，主要有以下几项：历史原因、利益矛盾、合同不当或违反合同、当事人违反房地产管理法律、法规、侵犯他人的合法权益等。

◎ 处理房地产纠纷应当坚持的原则有：公民住宅利益优先原则；消费保护原则；利益协调和兼顾原则。

◎ 处理涉外房地产纠纷时可以适用的法律有国际惯例、冲突规范和国内实体法。

◎ 房地产纠纷行政处理，是指由房地产行政主管部门在自己的职责范围内，对某些特定情况下的房地产纠纷直接作出处理决定。

◎ 房地产纠纷案件的行政复议，是指不服房地产行政机关的行政处罚或处理决定，依法向上一级房地产行政机关提出重新处理，上级机关依法重新对房地产纠纷案件进行复查、复审、复核、复验等活动。

◎ 房地产纠纷行政诉讼，是指自然人、法人或其他组织对房地产行政管理机关就当事人的房地产所作出的具体行政行为不服而提出的行政诉讼。

◎ 房地产纠纷仲裁，是指争议双方当事人自愿的，由第三人（仲裁员）居中裁决的，具有法律效力的一种解决房地产权益纠纷的准司法性方法。

◎ 房地产纠纷民事诉讼，是指人民法院在双方当事人及其他诉讼参与人的共同参加下，审理和解决有关房地产纠纷所进行的司法活动。

案例展示教学（Case Application）

案例：刘桂英与被上诉人新民市城乡建设管理局、新民市市政工程管理处、新民市房屋拆迁管理办公室拆迁补偿协议纠纷案

【案情介绍】

原告：刘桂英

被告：新民市市政工程管理处、新民城乡建设管理局、新民市城市房屋拆迁管理办公室

2004年4月，经新民市政府批准，由市政工程处实施“北园路改建工程”，市政工程处委托拆迁办实施拆迁。2004年4月7日，城建局对拆迁地区公布了《拆迁公告》，公告中称拆迁范围：“东至站前大街，西至西环街，南至路中心线南7米，北至路中心线北7米”。拆迁过程中，原告要求按一类地区标准补偿，所拆房屋按商业用房标准进行补偿。原告所动迁房屋在产权登记证上登记为住宅。在2000年6月领取了营业执照。以家庭经营的形式经营“如意餐厅”，2002年9月1日因未验照与192家业户同时被吊销了营业执照，但至拆迁时，一直在经营。同时，要求将30平方米的房屋补足到45平方米，搬家费按2户补偿，从业人员按8人补偿，若产权调换，则要求有正规房屋产权证明，且在医院附近邻街同等面积的房屋。因被告未能满足原告的要求，双方未能达成协议。2004年5月27日，经市政工程处申请，城建局向拆迁双方下发了《新建拆裁字（2004）37号房屋拆迁裁决书》，裁决要求：1. 原告自本裁决书送达之日起5日内向被告提出安置方案。货币补偿的，原告的房屋补偿款为76160元。过渡期间补偿400元（200元×2个月）搬家费一户400元，从业人员补偿3200元（400元×8人）；产权调换的，则按原告房屋的补偿金和所调换房屋的房地产市场评估价格结清产权调换差价进行产权调换。2. 原告自收到裁决书之日起15日内搬出拆迁地，逾期不搬迁，将按规定实施强制搬迁。因为原告收到裁决书后没有向有关部门提出复议和起诉，也没有按裁决书中的要求去履行，2004年6月27日，距原告收到裁决书已超过15日，新民市人民政府针对原告下发了《强制拆迁公告》，公告后的第五天即2004年7月2日，被告邀请了公证处、街道办事处、派出所、城管等相关人员到现场，对原告的房屋实施了强制拆迁，并将原告房屋内的物品进行登记、公证后存放在为原告租赁的房屋内。其后，被告曾两次通知原告取回物品，但原告一直未将物品取回。强迁后的第三天，即2004年7月5日原告首次进京上访，并多次去省市等有关部门上访。在上级有关部门的敦促下新民市人民政府对当事人进行了调解，2004年8月6日达成《房屋拆迁补偿安置协议》，除领取了正常补偿费外，还多补偿原告一万元。但原告领取这些费用后，以被告违法拆迁了不在拆迁范围的房屋为由继续进京及省、市有关部门上访，在没有得到有关部门解决之后，遂于2006年5月22日，向法院起诉，要求赔偿。

法院经审理后根据相关法律判决：驳回原告刘桂英的诉讼请求。案件受理费50元，实际支出费用300元，计350元，由原告承担。

【法理评析】

本案是一起因因强制拆迁房屋而引发的行政赔偿纠纷。在被告强制拆迁原告房屋过程中，是否存在违法拆迁房屋的问题是本案处理的关键。根据《沈阳市房屋拆迁管理办法》第二十一条规定：“市政建设项目拆迁房屋，应当遵循先拆迁腾地，后处理纠纷的原则。被拆迁人必须服从建设需要，按工程建设要求，保证按期搬迁。”在本案，《拆迁公告》公布不久，被告市政工程处委托的拆迁办的工作人员就找原告谈话，告之有关拆迁的相关事宜，但按拆迁补偿的相关规定，双方未达成协议。为保证工程的顺利进行，市政工程处申请城管局对此事进行裁决，2004 年 5 月 27 日，城管局向双方下发了《新建拆裁字［2004］37 号房屋拆迁裁决书》，原告收到裁决书后，既未向有关部门申请复议和起诉，也未按裁决书中的要求去履行。在此情况下，新民市人民政府于 2004 年 6 月 27 日针对原告下达《强制拆迁公告》并实施了强制拆迁。据此，应该认定，被告是在依法进行拆迁。

思考题

1. 房地产纠纷的概念与特征。
2. 房地产纠纷有哪些主要类型？
3. 简述房地产纠纷的处理原则。
4. 处理房地产纠纷应如何适用法律？
5. 什么是房地产纠纷的行政处理？
6. 简述房地产纠纷行政复议的受案范围和基本程序。
7. 简述房地产纠纷行政诉讼的受案范围和基本程序。
8. 简述房地产纠纷仲裁的基本程序。
9. 简述房地产纠纷民事诉讼的基本程序。

参 考 文 献

[1] 最高人民法院民事审判庭．最高人民法院民事案件解析——房地产案件专集［M］．北京：法律出版社，1999.
[2] 朱树英．房地产开发法律实务［M］．北京：法律出版社，2002.
[3] 梁慧星．中国物权法研究（上、下）［M］．北京：法律出版社，1998.
[4] 梁慧星，陈华彬．物权法［M］．北京：法律出版社，1997.
[5] 孙宪忠．中国物权法原理［M］．北京：法律出版社，2003.
[6] 李开国，张玉敏．中国民法学［M］．北京：法律出版社，2002.
[7] 陈泉生．环境法原理［M］．北京：法律出版社，1997.
[8] 蔡守秋．环境法教程［M］．北京：法律出版社，1995.
[9] 闫铁流，张柱芹．建筑法释义［M］．北京：人民法院出版社，1998.
[10] 高富平，黄武双．房地产法新论［M］．北京：中国法制出版社，2002.
[11] 施正康．房地产法学概论［M］．上海：复旦大学出版社，1998.
[12] 於向平，邱艳．房地产法律制度研究［M］．北京：北京大学出版社，2004.
[13] 董藩．房地产法律制度［M］．大连：东北财经大学出版社，2000.
[14] 程道平．现代城市规划［M］．北京：科学出版社，2004.
[15] 王庆春．房地产开发概论［M］．大连：东北财经大学，2004.
[16] 华伟．房地产经济学［M］．上海：复旦大学出版社，2004.
[17] 陈忠．房地产法概论［M］．上海：上海交通大学出版社，1998.
[18] 王卫国，王广平．中国土地权利的法制建设［M］．北京：中国政法大学出版社，2002.
[19] 金俭．房地产法研究［M］．北京：科学出版社，2004.
[20] 罗水平，王锡财．房地产法实例说［M］．长沙：湖南人民出版社，2003.
[21] 赵勇山．房地产法论［M］．北京：法律出版社，2002.
[22] 陈信勇．房地产法原理［M］．杭州：浙江大学出版社，2002.
[23] 刘文锋．建设法规教程［M］．北京：中国建材工业出版社，2001.
[24] 王世涛．房地产法律制度［M］．大连：东北财经大学出版社，2000.
[25] 唐波．中国律师办案全程实录之11——房地产开发与销售［M］．北京：法律出版社，2004.
[26] 程信和，刘国臻．房地产法［M］．北京：北京大学出版社，2006.
[27] 黄健雄，丁丽贞．房地产法案例精解［M］．厦门：厦门大学出版社，2004.
[28] 王小莉．土地法［M］．北京：法律出版社，2003.

[29] 程信和，刘国臻．房地产法学［M］．北京：北京大学出版社，2001.
[30] 林嘉．以案说法：房地产法篇［M］．北京：中国人民大学出版社，2001.
[31] 曹晓燕，杨为乔．新编房地产法案例大点拨［M］．西安：陕西人民出版社，2001.
[32] 李永泉．建筑法与房地产法概论［M］．成都：西南交通大学出版社，2004.
[33] 张学兵．房地产法［M］．北京：中国经济出版社，2004.
[34] 刘亚臣．房地产经营管理［M］．大连：大连理工大学出版社，1994.
[35] 黄武双，朱平．房屋交易法律原理与案例精点［M］．上海：上海交通大学出版社，2005.
[36] 方华．房地产合同范本与实例［M］．广州：广东经济出版社，2004.
[37] 武家国．房地产法新教程［M］．上海：同济大学出版社，2005.
[38] 高富平，黄武双．房地产法学［M］．北京：高等教育出版社，2003.
[39] 李延荣，周珂．房地产法［M］．北京：中国人民大学出版社，2001.
[40] 马原．城市房地产管理法条文精释［M］．北京：人民法院出版社，2003.
[41] 符启林．房地产法教程［M］．北京：首都经济贸易大学出版社，2002.
[42] 兰花．房地产案例［M］．太原：山西教育出版社，2004.
[43] 刘文锋．建设法规概论［M］．北京：高等教育出版社，2004.
[44] 黄河．房地产法［M］．北京：中国政法大学出版社，2005.
[45] 王伯庭．房地产疑难问题法律解析［M］．长春：吉林人民出版社，2002.
[46] 赵雪恒．财政金融学［M］．北京：中国财政经济出版社，2004.
[47] 符启林．房地产法［M］．北京：法律出版社，2004.
[48] 罗小刚．物业管理投诉案例分析［M］．广州：广东经济出版社出版，2003.
[49] 许海峰．物业管理［M］．北京：人民法院出版社出版，2004.
[50] 夏善胜．物业管理法［M］．北京：法律出版社，2003.
[51] 何欣荣．物业纠纷典型案例评析［M］．北京：法律出版社，2003.
[52] 王文正，韩强．新编房地产法学［M］．北京：高等教育出版社，1998.
[53] 黄松有．民事审判指导与参考［M］．北京：法律出版社，2004.
[54] 邓宏乾．中国房地产税制研究［M］．武汉：华中师范大学出版社，2000.
[55] 陆红生．土地管理学导论［M］．北京：中国农业出版社，2008.
[56] 李凤章．房地产法教程［M］．北京：对外经济贸易大学出版社，2010.
[57] 邓保同，孙晋．房地产法［M］．北京：清华大学出版社，2011.

图书在版编目(CIP)数据

房地产法规/李岫，朱珊主编．--2版．--北京：人民交通出版社，2015

ISBN 978-7-114-10883-9

I.①房… II.①李… ②朱… III.①房地产法—中国—高等学校—教材 IV.①D922．181

中国版本图书馆CIP数据核字（2013）第212273号

书　　名： 房地产法规（第二版）
著 作 者： 李　岫　朱　珊
责任编辑： 王　霞（wxccpress@126.com）
出版发行： 人民交通出版社股份有限公司
地　　址：（100011）北京市朝阳区安定门外外馆斜街3号
网　　址： http：//www.ccpress.com.cn
销售电话：（010）59757973
总 经 销： 人民交通出版社股份有限公司发行部
经　　销： 各地新华书店
印　　刷： 北京鑫正大印刷有限公司
开　　本： 720×960　1/16
印　　张： 19
字　　数： 360千
版　　次： 2007年7月　第1版
2015年9月　第2版
印　　次： 2015年9月　第1次印刷　总第4次印刷
书　　号： ISBN 978-7-114-10883-9
定　　价： 35.00元